东胜区图书馆史

（1979—2018）

王　芳　刘锦山　主编

国家图书馆出版社

图书在版编目(CIP)数据

东胜区图书馆史:1979—2018/王芳,刘锦山主编. —北京:国家图书馆出版社,2019.8
ISBN 978 - 7 - 5013 - 6794 - 8

Ⅰ.①东…　Ⅱ.①王…　②刘…　Ⅲ.①图书馆史—史料—东胜区—1979 - 2018
Ⅳ.①G259.252.64

中国版本图书馆 CIP 数据核字(2019)第 107769 号

书　　名	东胜区图书馆史(1979—2018)
著　　者	王　芳　刘锦山　主编
选题策划	北京碧虚文化有限公司
责任编辑	高　爽　唐　澈
封面设计	耕者设计工作室

出版发行	国家图书馆出版社(北京市西城区文津街 7 号　100034) (原书目文献出版社　北京图书馆出版社) 010 - 66114536　63802249　nlcpress@ nlc.cn(邮购)
网　　址	http://www.nlcpress.com
排　　版	凡华(北京)文化传播有限公司
印　　装	北京鲁汇荣彩印刷有限公司
版次印次	2019 年 8 月第 1 版　2019 年 8 月第 1 次印刷

开　　本	787×1092(毫米)　1/16
印　　张	22.25　　彩插　1.5
字　　数	350 千字
书　　号	ISBN 978 - 7 - 5013 - 6794 - 8
定　　价	98.00 元

东胜区图书馆愿景、使命

愿景

——以新型智能化、网络化、数字化为定位，打造成集东胜区市民学习资源中心、社会教育中心、信息传输中心、学术交流中心和文化休闲中心于一体的当代智慧图书馆。

使命

——东胜，因热爱读书而受人尊重

东胜区图书馆坚持"海纳百川　书香万家　读者第一　服务至上"的宗旨，不断深化服务内涵，创新服务模式，提升服务质量，实行全免费开放，真正做到图书馆服务"零门槛，零距离"，全面满足读者需求。

所获重要荣誉

1992 年,获得内蒙古自治区首届少儿电子琴"彩虹杯"比赛组织奖

1996 年,在第一次全国县以上公共系统少年儿童图书馆评估定级工作中被评定为三级少年儿童图书馆

1999 年,获得内蒙古自治区档案局颁发的机关档案工作目标管理自治区三级先进单位

1999 年,在第二次全国县以上公共图书馆评估定级工作中被评定为三级图书馆

2005 年,在第三次全国县级以上公共图书馆评估定级工作中被评定为二级图书馆

2010 年,在第四次全国县级以上公共图书馆评估定级工作中被评定为二级图书馆

2013 年,在第五次全国县级以上公共图书馆评估定级工作中被评定为一级图书馆

2014 年,获得国家数字图书馆推广工程"图书馆故事随手拍"创意微视频大赛机构组优秀奖

2015 年,被内蒙古自治区图书馆学会评为 2010—2014 年度"先进集体"

2015 年,被内蒙古自治区文化厅评为 2013—2014 年度自治区"十佳图书馆"

2017 年,被内蒙古自治区图书馆学会评为 2016—2017 年度"先进集体"

2017 年,获得内蒙古自治区图书馆学会、内蒙古自治区图书馆颁发的全区首届"书香草原 大美北疆——蒙古娃少年儿童美术作品大赛"优秀组织奖

2017 年,被内蒙古自治区文化厅评为 2015—2016 年度自治区"十佳图书馆"

2017 年,被内蒙古自治区图书馆、全国文化信息资源共享工程内蒙古自治区分中心评为公共数字文化服务工作"先进集体"

2018 年,在第六次全国县级以上公共图书馆评估定级工作中被评定为一级图书馆

2018 年,获得中国图书馆学会"书香城市"(区县级)称号

2018 年,获得中国图书馆学会 2017 年度"全民阅读优秀组织"称号

东胜区图书馆沿革表

沿革	东胜县图书馆①	东胜县文化馆②	东胜市文化馆③（东胜市图书馆）	东胜市少年儿童图书馆④	东胜区少年儿童图书馆⑤	东胜区图书馆⑥（东胜区少年儿童图书馆）
地区	内蒙古自治区伊克昭盟	内蒙古自治区伊克昭盟	内蒙古自治区伊克昭盟	内蒙古自治区伊克昭盟	内蒙古自治区鄂尔多斯市	内蒙古自治区鄂尔多斯市
级别	县级	县级	县级	县级	县级	县级
时间	1979	1982	1984	1987	2001	2012

① 1979年9月28日,东胜县文化馆图书组分出,设立为东胜县图书馆。

② 1982年10月19日,东胜县图书馆归并回东胜县文化馆,复为东胜县文化馆图书组。

③ 1984年1月1日,正式撤东胜县,设东胜市;3月26日,在东胜市文化馆内设东胜市图书馆,实行两个牌子一套人马的管理体制,股级建制。

④ 1987年6月3日,《关于成立东胜市儿童图书馆的通知》(东编发〔1987〕9号)指出,经东胜市人民政府1987年5月29日市长办公会议研究同意,成立东胜市儿童图书馆,股级事业单位,隶属东胜市文化局。

⑤ 2001年2月26日,国务院批准同意撤销伊克昭盟,改设地级鄂尔多斯市;撤销县级东胜市,设立东胜区。东胜市少年儿童图书馆更名为东胜区少年儿童图书馆。

⑥ 2012年5月21日,根据《鄂尔多斯市东胜区机构编制委员会关于成立鄂尔多斯市东胜区图书馆的通知》(东机编字〔2012〕28号)文件,成立鄂尔多斯市东胜区图书馆(挂鄂尔多斯市东胜区少年儿童图书馆牌子),为鄂尔多斯市东胜区文化局二级事业单位。

王芳　馆长

（2006 年 5 月至今）

边嵋山　馆长
（1980年3月—1982年2月）

温云山　馆长（兼）
（1982年2月—1982年10月）

胡永德　负责人
（1987年6月—1987年10月）

杨根明　负责人
（1987年10月—1988年3月）

徐凤英　馆长
（1988年3月—1994年1月）

任贵全　馆长
（1994年1月—2005年11月）

张秉德　副馆长
（1990年11月—1994年4月）

徐美丽　副馆长
（1996年10月—2005年6月）

贺银花　副馆长
（2006年5月—2015年11月）

刘桂琴　副馆长
（2009年10月—2015年11月）

杭霞　副馆长
（2009年10月至今）

田永军　副馆长
（2012年5月—2013年6月）

郝文祥　副馆长
（2016年9月至今）

孙萌　副馆长
（2016年9月至今）

折俊梅　副馆长
（2016年9月—2018年1月）

刘梦柯　副馆长
（2018年1月至今）

图书馆获颁"文明单位"牌匾（1992 年）

东胜市少年儿童图书馆搬入文化大楼二楼（1994 年）

图书馆举办的中小学师生书画展（1994 年）

东胜区塔拉壕乡文化站图书室（1995 年）

任贵全馆长和东胜市文化局签订目标管理责任书（1996 年）

图书馆职工庆祝党的生日合影留念（1996 年）

图书馆参与"三下乡"活动开展咨询服务(1997年)

图书馆组织部分职工赴大连市少年儿童图书馆参观学习(1999年)

图书馆在鄂尔多斯广场开展天文科普活动（2009 年）

东胜区第四小学分馆挂牌成立（2010 年）

图书馆党支部开展建党 90 周年活动(2011 年)

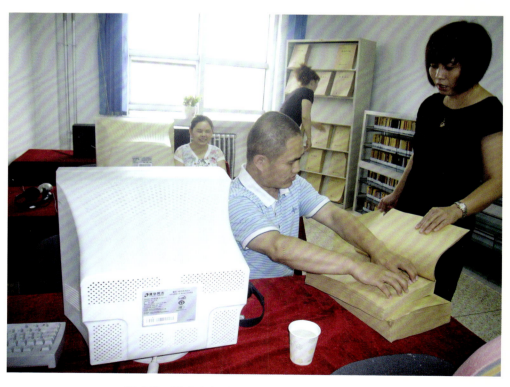

图书馆开设盲人阅览室为视障读者服务(2011 年)

东胜区文化局在通顺社区举行图书角启动仪式（2011 年）

图书馆举办的"读绘本·译故事"亲子表演活动（2014 年）

世界读书日活动中图书馆志愿者为群众提供服务（2015年）

2016图书节系列活动启动同时,铁西新馆部分区域开放试运行(2016年)

内蒙古第二届古筝艺术节在东胜区图书馆举办（2016 年）

东胜区图书馆志愿者团队（2016 年）

东胜区图书馆承办中国图书馆学会"阅读推广人"培育行动第八期培训班（2017 年）

图书馆开展 3D 打印创意设计展及体验活动（2017 年）

东胜区图书馆大厅全民阅读成果展（2017 年）

图书馆开展"文明礼仪　伴我成长"活动（2018 年）

世界读书日国学经典诵读活动（2018 年）

在图书馆企业家书架展区开展读书分享会（2018 年）

第十三届全国政协常委、副秘书长朱永新来馆参观调研（2018 年）

中国工程院院士龙乐豪来馆参观（2018 年）

"盛世华年　弘扬社会主义核心价值观"
青少年剪纸作品展（2018 年）

馆内企业家书架（2018 年）

转型发展与创客空间建设研讨会暨2017 e线图情年会合影

2017年7月22日 内蒙古 鄂尔多斯

转型发展与创客空间建设研讨会暨2017 e线图情年会参会代表合影（2017年）

序

2018年10月26日,刘锦山邀我赴甘肃省图书馆做有关公共图书馆发展趋势的学术报告,在兰州期间曾提及内蒙古有一个图书馆正在编撰图书馆史,希望杀青以后帮忙写篇序言,我毫不犹豫地答应了。自2005年中国图书馆学会成立图书馆史研究专业委员会以来,我一直担任主任委员,全力倡导各地图书馆编纂馆史馆志,因此为新编图书馆史志写序似乎是天经地义的职责,可是,我的时间和精力有限,基本上无法应承为图书馆史志写序之请。我之所以如此爽快地答应,并非完全出于职责所在,而是出于长久以来埋藏在内心深处的内蒙古情感。内蒙古,蓝天白云,无垠的草原,九曲的河流,翱翔的雄鹰,奔驰的骏马,遍地的牛羊,洁白的毡房,威武的汉子,美丽的姑娘,歌的世界,花的海洋,始终是令人向往的天堂。博尔赫斯说天堂是图书馆的模样,天堂里的公共图书馆又是什么模样?对此,远在南国广州、鲜有涉足内蒙古公共图书馆的我始终充满了好奇和猜想。我期待着这本图书馆史问世,更期待有机会为那里的公共图书馆歌唱。前天,刘锦山终于来电了,说《东胜区图书馆史(1979—2018)》付梓在即,希望我尽快完成序言,并随后发来了电子版书稿,令我欣喜。

拜读王芳、刘锦山主编的《东胜区图书馆史(1979—2018)》,仿佛飞到了辽阔的草原,眼前的《东胜区图书馆史(1979—2018)》顿时化作洁白的哈达,我看到了热情奔放的草原图书馆人向中国图书馆学会成立40周年的祝贺和向中华人民共和国成立70周年的献礼!

鄂尔多斯是内蒙古的经济新兴城市,以"羊煤土气"(羊绒、煤矿、稀土、天然气)四大产业闻名于世,蒙古语"鄂尔多斯"意为"很多宫殿",秦直道、昭君坟、成吉思汗陵等历史文化遗迹亦为世人所知。可是,那里的图书馆向来默默无闻,即使是图书馆界也知之甚少。倘若不是有机会阅读这本《东胜区图书馆史(1979—2018)》,那么,我对鄂尔多斯的图书馆也几乎一无所知,更不用说东胜区图书馆,实在令人惭愧。

鄂尔多斯市成立于2001年4月,东胜区图书馆则得名于2012年5

月，迄今不过 7 年，这大概是地处边陲的东胜区图书馆鲜为人知的原因之所在。然而，东胜区图书馆亦非横空出世，其文脉可以追溯到 1979 年成立的东胜县图书馆。1982 年，东胜县图书馆并入东胜县文化馆，隐然有形；1984 年东胜县改为东胜市，东胜市文化馆内设东胜市图书馆，名实难副；1987 年，东胜市图书馆更名为东胜市少年儿童图书馆，2011 年再更名为东胜区少年儿童图书馆，名称变更，职能窄化；2012 年 5 月，因创建国家公共文化服务体系示范区之需，在东胜区少年儿童图书馆的基础上成立东胜区图书馆，同时挂牌东胜区少年儿童图书馆，从少儿服务转向大众服务，名实相副，正式步入公共图书馆全面发展的轨道，成为新时代少数民族地区县级公共图书馆发展的范例。

东胜区图书馆因改革开放而诞生，又因市场经济而变故，再因公共文化服务而新生，40 年的历史犹如茫茫草原上的九曲河流，蜿蜒曲折，起伏跌宕，最后峰回路转，汇入公共文化服务体系建设的新时代潮流之中。这段历史正是我国改革开放后公共图书馆发展历程的真实写照。如何客观真实地记述这 40 年的生动发展历史，不仅需要像草原一样的宽阔胸怀，而且需要像大海一样的学术智慧。

我读过不少图书馆史志，起初对《东胜区图书馆史（1979—2018）》的编纂充满了疑虑和好奇，因为东胜区图书馆的历史远非许多百年老馆那样厚重，未必有许多值得大书特书的史事需要记述，而且编者亦非图书馆史志专家。可是，读完《东胜区图书馆史（1979—2018）》后，我对编者的才识和智慧由衷敬佩，不得不说，《东胜区图书馆史（1979—2018）》是新世纪以来县级图书馆史志编纂的典范。

《东胜区图书馆史（1979—2018）》的编撰肇始于 2015 年，迄今已有 4 年，可谓精心策划，精雕细琢。全书分编年发展史、专题发展史、统计数据、附录和大事记五个部分，在编纂方式上，突破了传统史志编纂的体例束缚，将编年体、纪传体、纪事本末体和当代史志编纂体例熔于一炉，充满了智慧，颇多创新。

第一部分编年发展史分文化馆图书组时期（1979 年 9 月—1987 年 5 月）、东胜市少年儿童图书馆时期（1987 年 6 月—2001 年 2 月）、东胜区少年儿童图书馆时期（2001 年 2 月—2012 年 4 月）和东胜区图书馆时期（2012 年 5 月—2018 年 12 月）四个时期。编年发展史以时间为经，以史事为纬，客观地记述各个时期发生的历史事件。从文体来看，编年发展史借鉴了大事记的编写方式，可是又与大事记有着显著的差异。这是一个大胆的尝试。其次,更为重要的是,编年发展史在以时间为中心,按年、月、日顺序记述史事的同时,将40年的东胜区图书馆发展历史划分了4个时期,使平静如流水的史实有了起伏跌宕和欢腾跳跃,读者可以清晰地分辨东胜区图书馆发展的阶段性。因此,这种编年发展史不仅具有记事备查功用,而且还具有了可读性。第三,在编年发展史的相关条目内插有近百张图片,这种图文并茂地记述史事的方式使传统的纯文字编年发展史具有了"图说"的功能,更加形象、直观、生动、活泼。

第二部分专题发展史,包括队伍建设、历任领导、骨干人才、组织管理、馆舍建设、技术建设、服务创新、体系建设和评估定级九个专题。在编纂体例上大致采用的是纪事本末体样式,每个专题详述其来龙去脉,其间亦有百余幅图片,与第一部分编年发展史共同构成了一个由总到分、经纬分明的整体。这与流行的史志编纂体例采用先分时期,同一时期内再分主题叙事的方式有着明显的不同,可谓是图书馆史志编纂方法的创新。历任领导和骨干人才两个专题的编纂体例有几分纪传体列传编纂方式的意味,历任领导专题列有13位东胜区图书馆负责人的小传,骨干人才专题内则列有14位骨干人才的小传。这些人物小传的记述均聚焦于传主对东胜区图书馆的贡献,简明扼要,重点突出,特色鲜明,且每个小传都附有传主肖像照片。这种编纂方式在已有的图书馆史志中并不多见,可以成为今后编纂图书馆史志的圭臬。过去的图书馆史志大多重视对史事的记述而刻意回避对事主的记载,《东胜区图书馆史(1979—2018)》则二者兼备,这种重视图书馆人历史作用的史观是人本精神的体现。

第三部分统计数据,包括图书馆发展年表、图书馆经费统计、图书馆服务统计、图书馆部门发展、图书馆馆级领导、图书馆职工名录、图书馆科研成果和图书馆获奖情况八项统计数据。数据统计的时间范围大多在1987年至2018年之间,全部以表格的方式展现,简明直观。以图书馆部门发展为例,详列了自1987年至2018年历年的科室部门设置和变化情况,从中可以窥见东胜区图书馆从小到大和各项业务增长变化的概要。这些统计数据相当于历年年度报告统计数据的集合,因此也就具有信息公开的价值和意义。

第四部分附录列有东胜区图书馆章程、规划等7项重要管理制度,是进一步了解东胜区图书馆现状必不可少的资料。

第五部分大事记提纲挈领、简明扼要地记录了东胜区图书馆从1979年发端到2018年之间发生的大事,在即将合上全书之际,让读者再次回味图书馆40年来所走过的路程，颇有韵味悠长之感。

综上所述，《东胜区图书馆史（1979—2018）》的五个部分是一个有机的整体，它们共同构成了一部完整的东胜区图书馆史，给图书馆界提供了一个全新的图书馆史编纂范例，值得图书馆界同仁学习和借鉴。

令人耳目一新的还有卷首的"东胜区图书馆愿景、使命"，这在目前所知的图书馆史志中大概是绝无仅有。

东胜区图书馆使命的表述是"东胜，因热爱读书而受人尊重"。这种表述的视角十分独特，其着眼点不在图书馆的功用，而在广大民众的素养。诚然，鄂尔多斯有令人羡慕的美丽草原和发达经济，但是这些并不足以令人尊重，唯有先进的文化，特别是全民阅读，才会在令人羡慕的同时获得世人的尊重，而推广全民阅读乃是《中华人民共和国公共图书馆法》规定的公共图书馆的重要任务和使命。由此可见，东胜区图书馆使命的表述的确有独具慧眼之美。

东胜区图书馆的愿景是"以新型智能化、网络化、数字化为定位，打造成集东胜区市民学习资源中心、社会教育中心、信息传播中心、学术交流中心和文化休闲中心于一体的当代智慧图书馆"。由此，我们不仅可以通过《东胜区图书馆史（1979—2018）》了解东胜区图书馆的过去和现在，而且还可以想象东胜区图书馆的美好未来。

修史的意义不仅在于知古鉴今，而且还在于开创未来。《东胜区图书馆史（1979—2018）》具备知古鉴今和开创未来的双重功用，我为编者点赞，并祈愿图书馆同人，特别是老少边穷地区的图书馆同人，通过阅读这本馆史，借鉴东胜区图书馆近年来成功腾飞的经验，共同推进全国公共图书馆服务体系建设的发展。衷心地祝愿鄂尔多斯东胜区图书馆的明天更美好！

是为序。

程焕文
国际图书馆协会联合会（IFLA）管理委员会委员
中国图书馆学会副理事长
中山大学文献与文化遗产管理部主任
2019 年 4 月 13 日

目　　录

前　　言

　　鄂尔多斯市东胜区图书馆得名于 2012 年 5 月，其前身是东胜区少年儿童图书馆，东胜区少年儿童图书馆的前身是 1987 年成立的东胜市少年儿童图书馆，而再往前追溯可至 1979 年成立的东胜县图书馆。因而，2019 年，东胜区图书馆迎来了建馆 40 周年。2019 年也是中华人民共和国成立 70 周年。欣逢盛世，宜修史以记。《东胜区图书馆史（1979—2018）》能在这一特别之年出版，实属一大盛事。

　　现在的东胜区在中华人民共和国成立初期为东胜县，归伊克昭盟所辖。时东胜县文化馆成立，其中设图书组，1979 年 9 月，该图书组分出设立为东胜县图书馆。1982 年 10 月，东胜县图书馆又并入东胜县文化馆，复为东胜县文化馆图书组。1984 年，东胜撤县设市，改为县级东胜市，随后在东胜市文化馆内设东胜市图书馆，实行两块牌子一套人马的管理体制。1987 年 6 月，在东胜市文化馆内设东胜市图书馆的基础上，正式成立东胜市少年儿童图书馆，从此图书馆方进入稳步发展期。进入 21 世纪后，随着党和国家对公共文化事业的日益重视，我国公共图书馆事业也迎来更加广阔的发展空间。2001 年初，伊克昭盟改设为地级鄂尔多斯市，东胜市同时改设为县级东胜区，东胜市少年儿童图书馆由此更名为东胜区少年儿童图书馆，继续快步前行。2011 年，以鄂尔多斯市创建国家公共文化服务体系示范区为契机，东胜区少年儿童图书馆迎来一大发展机遇，各项工作有了迅速而全面的发展。

　　因东胜区成人图书馆空缺，2012 年 5 月，在东胜区少年儿童图书馆的基础上成立东胜区图书馆，同时挂东胜区少年儿童图书馆牌子，从服务少儿群体到服务全体民众，东胜区图书馆进入了一个全新的发展阶段。2013 年，东胜区图书馆实施场馆改扩建工程，馆舍面积增至 2520 平方米，依据现代图书馆服务职能重新规划设置了功能区，引进自助借还系统，无线网络覆盖全馆，并购入 4 台 24 小时街区自助图书馆分布馆外，总分馆服务体系建设初见成效，为广大群众提供更便捷、更丰富的图书馆服务。是年，鄂尔多斯市成功通过示范区创建验收，成为第一批国家公共文化服务体系示范区，东胜区图书馆也顺利通过第五次公共图书馆评估定级，成为国家县级一级图书馆。2016 年 4 月，东胜区图书馆铁西新馆部分区域试运营，随后在 6 月正式开放。新馆占地 3.3 万平方米，内设 22 个功能区，为广大读者提供了更为丰富的阅览体验，以鄂尔多斯市市花马兰花为建筑原型的铁西新馆也从此成为东胜区新的文化地标、东胜市民的精神家园。

新馆开放后，东胜区图书馆迎来空前的跨越式发展，而不变的是东胜区图书馆人的服务精神。图书馆将"东胜，因热爱读书而受人尊重"立为自身使命，坚持"海纳百川，书香万家，读者第一，服务至上"的宗旨，不断深化服务内涵，创新服务模式，提升服务质量，实行全免费开放，真正做到图书馆服务"零门槛，零距离"，全面满足读者需求。图书馆顺应新时期图书馆事业发展趋势，明确未来愿景，提出以新型智能化、网络化、数字化为定位，将东胜区图书馆打造成集东胜区市民学习资源中心、社会教育中心、信息传输中心、学术交流中心和文化休闲中心于一体的当代智慧图书馆。

随着图书馆各项工作的蓬勃开展，编修馆史一事也正式提上日程。2015 年 6 月，经与北京碧虚文化有限公司董事长刘锦山博士多次商榷，初步确立编修框架。第一部分以时间为经，通过编年发展史方式对建馆以来的历史进行纵向梳理；第二部分以主题为纬，通过专题发展史方式对图书馆发展过程中的重要事件、业务领域以及人物进行专题研究，对图书馆历史展开横向梳理；第三部分为统计数据；第四部分附录收录图书馆的重要规章制度；第五部分为大事记。全书图文并茂，织就了东胜区图书馆的绚丽华章。

修史应以严谨为第一要务。在馆史编修工作正式开展后，我们一直牢记并多次强调这一点。因年代久远，加上馆舍多次搬迁，建馆之初的资料十分少见，有的资料数据难以吻合。为此，图书馆和碧虚公司合作，调派人员，组建馆史编修小组，将任务落实到个人，通过查阅馆内文献资料，上门采访老馆长、老职工，走访东胜区档案局和鄂尔多斯市档案局，多渠道查找、搜集、核实资料。期间，图书馆经历了新馆搬迁、第六次评估定级等重要事件，新的馆史资料又陆续充实进来。诚然，图书馆在不断发展，馆史永远只会是一份阶段性的成果。时至今日，历时数年，为纪念东胜区图书馆建馆 40 周年,为迎接 2019 年中国图书馆年会的召开,我们终于交出这一份成果。

我们正处于一个充满生机和活力的时代,党和政府对公共图书馆事业高度重视,投入力度前所未有,《中华人民共和国公共文化服务保障法》《中华人民共和国公共图书馆法》如脊柱基石,人民群众文化需求高涨,公共图书馆大有可为。我们对东胜区图书馆的未来充满信心!作为东胜区图书馆人,我们也将以更坚定的信念,为社会全体民众提供普遍均等、高效便捷的图书馆服务。

王芳

2019 年 4 月 1 日

第一部分　编年发展史

　　东胜区图书馆是东胜区政府投资兴建的公共文化服务机构。东胜区地处内蒙古自治区西南部、鄂尔多斯高原中东部,雄踞于九曲黄河"几"字弯之中,是鄂尔多斯市经济、科技、文化、金融、交通和信息中心,也是全市建成区面积最大、功能配套最完善、经济活跃度最高的城市核心区之一。至 2018 年,东胜区辖 3 个镇(铜川镇、罕台镇、泊尔江海子镇)、12 个街道办事处(富兴街道办事处、林荫街道办事处、建设街道办事处、公园街道办事处、交通街道办事处、天骄街道办事处、巴音门克街道办事处、诃额伦街道办事处、幸福街道办事处、纺织街道办事处、兴胜街道办事处、民族街道办事处)、27 个村、77 个社区;全区总人口 51 万余人,有蒙古、汉、满、回、达斡尔、朝鲜、藏、鄂温克、彝、壮、白、土家、苗等民族。

　　民国时期,东胜县隶属绥远省,基层公共文化服务主要由民众教育馆①开展。1939 年 12 月 1 日,东胜县民众教育馆成立,绥远省东胜社教推行组组长袁汝勤兼任馆长,馆址设于东胜城内东街,月经费 30 元,半数用于购置图书报刊,以开展阅览工作。1945 年,东胜县民众教育馆共有 5 人,其中馆长、干事、助理干事、雇员和公役各 1 人。1947 年 6 月,东胜县民众教育馆撤销。现东胜区图书馆的前身为东胜区少年儿童图书馆,而其建制最早可追溯至 1979 年,本编年发展史即以此为始。

　　东胜区在新中国成立初期为东胜县,1949 年 12 月由绥远省直辖县改归绥远省伊克昭盟所辖。1954 年,绥远省并入内蒙古自治区,东胜县属内蒙古自治区伊克昭盟领导。1983 年 10 月 10 日,经国务院批准,撤销东胜县,设立东胜市(县级),仍归伊克昭盟领导。1984 年 1 月 1 日,正式撤县设市。2001 年 2 月 26 日,国务院批准同意撤销伊克昭盟,改设地级鄂尔多斯市;撤销县级东胜市,设立县级东胜区。受此影响,在这段时间内,图书馆名称也几经更改。

　　因而,本书第一部分主要按照时间顺序对东胜区图书馆馆史进行系统梳理,以编年史的方式展现东胜区图书馆在不同历史阶段的发展情况。这里将东胜区图书馆的发展历程划分为四个阶段,分别是:文化馆图书组时期(1979 年 9 月—1987 年 5 月);东胜市少年儿童图书馆时期(1987 年 6 月—2001 年 2 月);东胜区少年儿童图书馆时期(2001 年 2 月—2012 年

---

　　①　民众教育馆是一个集图书馆、博物馆、体育场、音乐厅等各种社会功能为一体,采取阅读报刊、看戏、办壁报、讲演等方式对民众进行启蒙教育的公共文化机构。

4 月);东胜区图书馆时期(2012 年 5 月—2018 年 12 月)。

一、文化馆图书组时期(1979 年 9 月—1987 年 5 月)

1978 年 12 月,中国共产党第十一届中央委员会第三次全体会议做出实行改革开放的决策,由此开启了我国历史上的新征程,为我国经济、政治、文化、教育等各个领域带来显著而深远的改变。改革开放初期,我国图书馆事业也掀开了新的发展篇章。1978 年 11 月 13 日,国家文物事业管理局颁布了《省、市、自治区图书馆工作条例(试行草案)》。1979 年 7 月,中国图书馆学会成立大会暨第一次会员代表大会召开,通过了《中国图书馆学会章程》。1980 年 11 月,文化部图书馆事业管理局正式成立。1981 年 5 月,中国图书馆学会恢复了在国际图联的合法席位。1982 年 12 月,文化部颁布《省(自治区、市)图书馆工作条例》。1982 年 12 月 10 日,第五届全国人民代表大会第五次会议批准的《中华人民共和国国民经济和社会发展第六个五年计划(1981—1985)》提出:加强公共图书馆的建设;目前尚无公共图书馆的省、市、县,要逐步地建立起来;在大中城市要建立儿童图书馆;积极发展少数民族地区特别是边境地区的文化事业,建设和扩充图书馆等文化设施。这一系列政策举措有力地推动了我国公共图书馆事业的发展。

在这一历史形势下,东胜的图书馆事业也进行了一番探索,有曲折,也有成果。作为现在东胜区图书馆溯源的起点,东胜县图书馆成立于1979 年 9 月 28 日,是由东胜县文化馆图书组分出而设。但之后,图书馆与文化馆再度分分合合,管理体制、人员编制难以明确划分,图书馆尚未实现独立发展。因而,确切地说,从 1979 年到 1986 年期间,图书馆的发展应属于文化馆图书组时期。

1979 年

9 月,伊克昭盟图书馆和东胜县文化馆联合创办儿童阅览室,面积100 多平方米,阅览座位 100 个,收藏少年儿童读物 2000 余册。

9 月 28 日,东胜县文化馆①图书组分出,设立为东胜县图书馆,编制5—6 人。

---

① 1950 年 6 月,东胜县人民文化馆成立;1954 年 9 月 10 日,改名为东胜县文化馆;1968 年,东胜县文化馆裁撤;1971 年 10 月 1 日,恢复东胜县文化馆;1976 年 2 月 4 日,东胜县文化馆定编 20 人,内设宣传组、文艺组、图书组、后勤组。

1980 年

是年,图书馆职工有:边嵋山、徐凤英、张秀英、高立江、刘慧芳、王三牛。

1981 年

8 月,在东胜县文化馆楼西侧,通过募捐新建的儿童阅览室落成,计120 多平方米。此儿童阅览室建成启用后,原儿童阅览室撤销。时东胜县图书馆内设综合阅览室和儿童阅览室各 1 个。

1982 年

10 月 19 日,东胜县图书馆并入东胜县文化馆,复为东胜县文化馆图书组。

1983 年

10 月 10 日,国务院批准,撤销东胜县,设立县级东胜市;县级东胜市仍归伊克昭盟领导。

12 月,东胜县进行农村社队体制改革,将 10 个人民公社改建为 10 个乡(羊场壕乡、罕台庙乡、塔拉壕乡、泊尔江海子乡、柴登乡、漫赖乡、巴音敖包乡、潮脑梁乡、布日都梁乡、添尔漫梁乡),80 个生产大队改建为 80 个行政村,458 个生产队改为 462 个农业生产合作社。

1984 年

1 月 1 日,正式撤东胜县,设东胜市。东胜县文化馆更名为东胜市文化馆。

2 月,东胜市撤销城关镇建制,市区设公园路、林荫路、交通路、建设街 4 个办事处,下辖 35 个居民委员会。

3 月 26 日,在东胜市文化馆内设东胜市图书馆,实行两个牌子一套人马的管理体制,股级建制,馆内设成人借书处、成人阅览室、儿童阅览室。

8 月 17 日,东胜市文化馆与东胜市图书馆合定编 25 人(包括东胜市文化局创研室编制 2 人)。

1985 年

是年,东胜市文化馆由个人承包一年。

1986 年

7 月 5 日,东胜市文化馆大楼一楼分给文化馆作为儿童图书阅览馆;二楼东面大房间和西南面小房间分给老干局作为离退休干部活动场所;二楼其他两个房间和三楼分给科委作为科技干部阅览室。

二、东胜市少年儿童图书馆时期
（1987 年 6 月—2001 年 2 月）

1987 年至 2000 年，是我国经济迅猛发展时期，国内主要发展任务是以经济建设为中心。在市场经济影响下，"文化产业"作为一个新事物在我国文化领域逐渐出现并日益兴盛，但文化产业与文化事业之间的划分尚未有明确定论。以公共图书馆等为主要力量的文化事业在这一时期有了明显发展，但与经济、科技等领域比较，进展较缓慢，图书馆广泛开展文化经营活动之举更是引发较大争议。

东胜市少年儿童图书馆成立后，开始实现稳步发展，专注于为东胜区少儿群体服务。这一时期，随着自身业务服务的不断发展，图书馆多次搬迁扩建，馆舍面积逐步扩大，进一步推动了图书馆服务的提升。作为基层少年儿童图书馆，东胜市少年儿童图书馆的主要职能就是为少儿读者提供文献阅读服务和文化娱乐活动。文献阅读服务方面，图书馆不断丰富馆藏，使馆藏文献增长十余倍，为少儿读者提供更加丰富的阅读资源；在做好馆内服务之外，还积极在馆外设立图书流通点，经常开展送书进校、送书下乡等活动，使少儿读者借阅文献更加便捷。文娱活动基本实现常态化开展，每逢春节元宵、图书馆服务宣传周、"六一"儿童节、寒暑假、国庆节等特殊时段都积极开展相关活动，其他时段也积极组织参与各种公共文化活动，极大地丰富了少儿读者群体的文化娱乐生活。

1987 年

6 月，东胜市内林荫路办事处、公园路办事处、交通路办事处和建设街办事处分别改称林荫街道办事处、公园街道办事处、交通街道办事处和建设街道办事处。

"六一"期间，图书馆举办书法、绘画、象棋有奖比赛和游艺活动。

6 月 3 日，东胜市编制委员会发布《关于成立东胜市儿童图书馆的通知》（东编发〔1987〕9 号）指出，经东胜市人民政府 1987 年 5 月 29 日市长办公会议研究同意，成立东胜市儿童图书馆①，隶属东胜市文化局，股级事业单位，编制 7 人，人员由文化系统内部调整。东胜市少年儿童图书馆自此正式成立。

7 月 18 日，东胜市少年儿童图书馆正式开馆，胡永德担任图书馆负

---

① 《关于成立东胜市儿童图书馆的通知》（东编发〔1987〕9 号）中原文为"东胜市儿童图书馆"，但依据实际情况，应为"东胜市少年儿童图书馆"，同时期图书馆公章亦为"东胜市少年儿童图书馆"。

责人,馆址设在原文化馆儿童阅览室处。馆内设有阅览组、采编组、借阅组、财务组共 4 个科室,馆舍面积 222 平方米,馆藏资源 2000 册。开馆座谈会上,伊克昭盟文化处处长乌丽生、伊克昭盟图书馆馆长刘志壮、东胜市宣传部部长孙万祥分别在会上发表讲话。

暑假期间,图书馆为少年儿童举办象棋比赛。

图 1-1 图书馆举办的象棋比赛

同年,图书馆和东胜市妇女联合会共同举办读书演讲会,全年接待到馆读者 10 000 人次。

1988 年

8 月,东胜市少年儿童图书馆利用暑假举办东胜市中小学生书画培训班,由靳春生老师授课。

图 1-2 东胜市中小学生书画培训班结业典礼

10 月 5 日,经东胜市文化局研究决定,将调杨根明到东胜市文化局工作。

是年,馆内增设书库,开设少儿图书阅览室 1 个;实有职工 9 人;馆藏图书 2000 册,全年接待到馆读者 3600 人次,印本借阅 3600 册次。图书馆在东胜市第一小学、东胜市第五小学、塔拉壕村民办小学建立了 3 个图书流动点①,给每个流动点配备图书 150 册。

1989 年

1 月,图书馆举办东胜市中小学生春节书法绘画比赛。

图 1-3　东胜市中小学生春节书法绘画比赛

2 月,春节期间,图书馆举办小学生象棋比赛。

2 月,春节期间,图书馆举办少儿书画培训班,由金大鹏担任书法老师。在培训班期间,还召开了家长座谈会。

图 1-4　培训班上书法老师对学生作品进行点评

————————

① "图书流动点"及后文出现的"馆外基层服务点""图书室"等名称均为实施总分馆制建设前馆外建立的各类服务网点的名称。

8 月 16 日,图书馆举办"读好书和故事会"演讲比赛,共有来自 8 所学校的近 20 名学生参加比赛。

图 1-5　演讲比赛获奖选手合影留念

8 月 31 日,王志香调入图书馆工作。

是年,图书馆共新增图书 706 册,馆藏图书达 2706 册;新增阅览凳 53 个,共办理借书证 250 个、阅览证 1500 个,持证读者共 1750 人;阅览人次每月平均 300 人次,借阅人次每月平均 540 人次,全年到馆读者达到 10 080 人次,借阅人次达到 6480 人次,印本借阅达到 12 960 册次。同时在东胜市里 5 所小学建立了图书流动服务网点,流动图书 1000 多册,流动点每月平均借阅 1800 人次。

1990 年

1 月 3 日,王琪琴调入图书馆。

5 月,图书馆举办东胜地区小学生"学雷锋、学赖宁"故事会比赛,来自 9 所学校的 45 名学生参加比赛。

6 月,图书馆负责人徐凤英参加在赤峰市图书馆召开的"内蒙古少年儿童图书馆(室)工作经验及学术交流会"并宣读论文。

6 月 1 日,图书馆举办庆祝"六一"儿童节图书咨询活动。

7 月,图书馆和市团委举办东胜市辅导员和少先队员知识竞赛,东胜市委副书记千阿木尔参加活动,参赛的少年儿童和辅导员共 40 名。

暑假期间,图书馆举办少儿书法、绘画、电子琴培训班。

暑假期间,图书馆组织举办东胜地区小学生智力竞赛。

是年,图书馆藏书 3800 册、期刊 119 册,年新增图书 1180 册;持证读者共 1750 人;全年到馆读者达到 31 500 人次,印本借阅 4300 册次。全馆共有职工 12 人(徐凤英、张秉德、鲁美荣、刘桂荣、王琪琴、温丽、张永刚、封埃喜、刘桂琴、边巧兰、张秀英、王志香);设立 9 个图书室(亦为图书流动点),分别位于:巴音敖包乡中心学校、塔拉壕乡文化站、漫赖学校、巴音敖包乡文化站、漫赖乡文化站、潮脑梁乡文化站、罕台庙乡文化站、泊尔江海子乡文化站、添尔漫梁乡文化站。

图 1-6　少儿书法、绘画、电子琴培训班开学典礼

1991 年

1 月 5 日,图书馆举办新年联欢会活动。

图 1-7　新年联欢会活动

　　1月9日,"少儿图书工作座谈会"在东胜市少年儿童图书馆召开,盟市各级领导也参加了会议。

图 1-8　少儿图书工作座谈会

　　1月,图书馆组织举办"高唱好歌"比赛、电子琴大赛。

　　2月,春节期间,图书馆举办舞蹈比赛。

　　3月1日为元宵节,期间,图书馆举办棋类、书法、绘画、电子琴等比赛活动和灯谜、游艺活动。

　　5月,图书馆购回1500多册新书和连环画。

　　5月29日,东胜市妇女联合会和图书馆在鄂尔多斯影剧院联合举办庆祝"六一"国际儿童节文艺联欢会。

　　6月,图书馆举办罕台少儿大队营火晚会。

图 1-9　罕台少儿大队营火晚会

6月1日,图书馆在人民公园举办庆祝"六一"儿童节少年儿童图书咨询活动。

6月29日,为庆祝建党70周年纪念日,图书馆举办东胜地区少先队员"五热爱"读书演讲比赛,35名少年儿童参赛。

7月,图书馆在东胜市4个乡的5所中心小学以班为单位建立81个图书角。

暑假期间,图书馆举办少儿绘画、电子琴培训班。

9月,图书馆用4000多元购书经费购买1700多册少儿读物。

是年,图书馆主办了5期《东胜少图简报》和5期《知识小报》,介绍了图书馆的工作动态、会议消息、馆办活动。

截至1991年底,全馆共有职工13名(徐凤英、王志香、刘桂荣、边巧兰、温丽、刘桂琴、鲁美荣、王琪琴、张秀英、张秉德、张永刚、封埃喜、张彩云);藏书7000册,持证读者共2270人;全年到馆读者达19 670人次,印本借阅13 800册次。在原有9个图书流动点的基础上,图书馆又在馆外新发展集体借阅点3个,使馆外基层服务点达到12个,全年流通图书10 550册次,共举办活动467次。

1992 年

1月至3月,元旦、新春之际,图书馆举办少儿电子琴选拔赛并选拔出5名参赛者参加内蒙古自治区首届少儿电子琴"彩虹杯"比赛,最终有1名获优秀奖,4名获表演奖,图书馆荣获组织奖并获颁奖状。此次比赛由内蒙古自治区文化厅、教育厅、广播电视厅、文联、音协、团委、妇联、键盘学会联合主办。

图 1-10　图书馆选送的参赛者在少儿电子琴比赛中演奏

1月4日,"开拓发展少儿图书馆事业座谈会"在图书馆召开,盟市级领导、各校负责人、老师及师生代表参加座谈会。

2月,春节期间,图书馆还举办了中小学生书法、绘画、跳棋、舞蹈、唱歌等形式多样的比赛活动。

4月,徐凤英馆长参加由东胜市文化局组织召开的全市文化工作会。会上,图书馆获1991年文化系统目标管理考核验收一等奖,由东胜市委副书记千阿木尔颁发荣誉证书。

图1－11　徐凤英馆长代表图书馆领取一等奖荣誉证书

6月,图书馆向中央国家教育委员会争取到少年儿童图书209册,107种,价值523元。

6月1日,图书馆在人民公园举办庆祝"六一"儿童节图书咨询活动,为少年儿童提供少年儿童读物100多册。

7月1日,图书馆举办东胜地区小学生庆祝党的生日"社会主义在我心中"读书演讲比赛,共有29名学生参赛。

暑假期间,图书馆举办第六期书画培训班和第三期电子琴培训班。

12月,图书馆举办青少年科技手工制作作品展。

12月20日,经中共东胜市交通街道办事处委员会和中共东胜市文化局总支委员会研究决定,图书馆被评为办事处(系统)一级文明单位。东胜市文化局局长李世德特别为图书馆送来了"文明单位"牌匾。

是年,图书馆总量为7100册,持证读者共4120人;全年到馆读者为21 156人次,印本借阅10 114册次;设有馆外基层服务点共14个;举办各类活动共16次,《东胜少图简报》和《知识小报》各主办3期,为41名残疾儿童赠送50册图书。

1993 年

1月28日至2月6日,春节期间,图书馆举办象棋、跳棋、绘画、书法、歌咏、舞蹈、电子琴、猜灯谜、讲故事等十多项有奖活动,各项活动中均评出了一、二、三等奖。

图 1-12　图书馆春节期间举办的猜灯谜活动

2月6日,东胜市文化局与东胜市体委合并为东胜市文化体育局。

2月13日,图书馆举办春节游艺活动。

4月,在全市文化工作会中,图书馆获1992年文化系统目标管理一等奖。

5月,图书馆在全市第二届书法(硬笔)展览中荣获组织奖。

5月20日,图书馆定编8人。

6月1日,图书馆在人民公园举办少年儿童图书信息咨询活动。

6月5日,图书馆举办"增友谊、促工作"图书馆宣传周春游活动。徐凤英馆长在活动上讲话,参加活动的孩子们表演了多个节目。

图 1-13　图书馆宣传周春游活动

9 月,在东北、华北、西北"三北"希望杯少儿书画大赛中,图书馆组织各中小学生共 50 名参加比赛,共有 15 名学生获奖,其中获二等奖 1 名、三等奖 2 名、优秀奖 9 名,图书馆荣获组织奖。

12 月,图书馆职工张秀英同志正式退休。

12 月 19 日,图书馆举办东胜市地区中小学生隆重纪念毛泽东主席 100 周年诞辰大型文艺活动。

是年,图书馆开展藏书剔旧工作,馆藏图书总量变为 5922 册,持证读者共 5280 人;全年到馆读者为 20 600 人次,印本借阅 8300 册次;设有馆外基层服务点共 14 个。

图 1-14 纪念毛泽东主席 100 周年诞辰活动中的文艺表演

1994 年

1 月 18 日,图书馆成立档案管理领导小组。组长为徐凤英,副组长为任贵全,组员为王志香。

1 月 22 日,任贵全任图书馆馆长,同时免去徐凤英图书馆馆长职务。

1 月 31 日,徐凤英任图书馆党支部书记①。

2 月,春节期间,图书馆组织开展了丰富多样的比赛活动,包括电子琴、讲故事、书法、象棋等比赛,同时还举办了精彩有趣的游艺活动。

2 月 17 日,图书馆成立精神文明建设领导小组。组长为徐凤英,副组长为任贵全,组员包括刘桂荣、边巧兰、王志香。

---

① 由于历史原因,党支部的成立有两次下文:1994 年,东胜市少年儿童图书馆党支部经东胜市文化体育局批准成立。1996 年,东胜市直属机关党委另下达文件,同意东胜市少年儿童图书馆党支部成立。

2月28日,图书馆成立廉政建设领导小组。组长为任贵全,副组长为徐凤英,组员包括刘桂荣、边巧兰、王志香。

3月15日,图书馆成立综合治理领导小组。组长为任贵全,副组长为徐凤英,组员包括张永刚、封埃喜、温丽。

4月18日,图书馆成立优质服务领导小组。组长为徐凤英,副组长为任贵全,组员包括刘桂荣、边巧兰、王志香。

4月20日,图书馆成立文明市民培训学校领导小组。校长为徐凤英,副校长为任贵全,教务处成员包括王志香、刘桂琴,教员包括张彩云、温丽、王琪琴、边巧兰。

4月20日,张秉德同志调离图书馆,到东胜市文化馆工作。

6月,图书馆在上级有关部门的支持和帮助下,投资27万元购买了位于东胜市人民影剧院旧址上新盖的文化大楼二楼,用作图书馆馆舍。

6月1日,图书馆在人民公园举办了庆"六一"及图书宣传活动。

暑假期间,图书馆面向读者举办了书画培训班。

9月,图书馆举办系统党员培训。

10月,图书馆搬进在人民影剧院旧址上新盖的文化大楼二楼。

10月6日,图书馆为庆祝"校园艺术节"举办中小学师生书画展,共展出绘画47幅、书法24幅、剪纸3幅、木刻1幅。

10月27日,中共东胜市委员会、东胜市人民政府将图书馆命名为首批"青少年社会教育基地",并聘请图书馆徐凤英为教育指导老师。

10月29日,图书馆组织全体职工观看《文明市民广播电视讲座》录像。

12月,东胜市文化体育局副局长马玲代表图书馆向漫赖乡赠送图书70册。

图1-15 图书馆向漫赖乡赠送图书

是年,图书馆搬迁后新增馆舍面积270平方米,至年底,馆舍总面积达到583平方米,馆内设有办公室、财务室、借阅室、阅览室、文明市民学校 5 个科室。馆内共有职工 12 名,其中中专文化程度 2 名,自学函授电大图书专业结业 9 名;队伍素质好,全馆职工中有 7 户被评为文明户,占职工总数 60%;新培养 2 名职工加入共产党,1 名已批准为预备党员,1 名已上报。年新增图书 1509 册,馆藏图书达 7431 册;持证读者共 6031 人;年接待小读者 29 000 多人次,图书借阅量 48 000 多册次,组织大型活动 18 次;共建立 16 个图书流动点,年内流通图书 700 多册次。

图 1－16　1994 年东胜市少年儿童图书馆书库内景

1995 年

1 月 1 日,图书馆举办迎新年座谈会,东胜市文化体育局副局长马玲在新年座谈会上讲话。此次座谈会还得到电视台报道。

1 月 4 日,东胜市文化体育局来图书馆检查工作。

1 月 4 日,东胜市副市长袁翠玲到图书馆检查目标管理责任制。

1 月 18 日,图书馆第三产业蓓蕾电脑开业。

图 1－17　图书馆第三产业蓓蕾电脑开业

2月7日,春节期间,400多名青少年参加了图书馆举办的10项文娱活动,包括电子琴、跳棋、象棋等比赛。

2月8日,春节期间,图书馆举办绘画比赛。

2月10日,春节期间,图书馆举办歌咏比赛。

2月14日,元宵节期间,图书馆举办猜谜活动。

3月,图书馆在文化系统中获1994年目标管理责任制一等奖。

4月6日,图书馆被中共东胜市委员会、东胜市人民政府授予市级"文明单位"荣誉称号。

4月26日,图书馆举办"爱心献给下一代"捐书捐资活动,共捐书6640册,其中实际可用有价值的册数917册,合计267.21元。图书馆全体职工从4月底至5月底将近一个月的时间内向50多个单位筹集资金1.5万元,用于购买少儿图书2070册。

图1-18　图书馆举行捐书活动

6月1日,图书馆在人民公园举办庆"六一"及图书宣传活动周活动,义务开展图书咨询。

6月5日,文化系统党员在图书馆学习抗战史。

6月30日,图书馆举行"爱心献给下一代"座谈会。

7月,图书馆举办电脑培训班。

7月,图书馆举办英语培训班。

图 1-19　英语培训班学员汇报演出

7 月,暑假期间,每星期六下午图书馆在馆内举办电子琴培训班。

7 月 12 日,图书馆举办"爱国主义教育"演讲比赛,有 18 名学生参加比赛,并评出一等奖 1 名、二等奖 2 名、三等奖 3 名。

8 月 25 日至 9 月 4 日,图书馆进行图书清理,并将图书分类方法由《中国图书馆图书分类法》改为《中国图书馆图书分类法(儿童图书馆·中小学图书馆版)》。

图 1-20　图书馆职工清理图书

9 月,文化系统女职工大会在东胜市少年儿童图书馆召开。

10 月 1 日,国庆节期间,图书馆全体职工参加全盟"'95 鄂尔多斯歌会"比赛,文体系统获得第一名。

图 1-21　图书馆职工参加"鄂尔多斯歌会"比赛

11 月 22 日,图书馆举办各乡文化站站长及业务人员培训班。

12 月 21 日,徐凤英在潮脑梁乡文化站指导目标管理工作。

12 月 22 日,图书馆职工下乡至塔拉壕乡文化站图书室。

是年,图书馆组织少年儿童参加全国第三届"小百花"杯少儿书法绘画摄影大赛,最终有 12 名学生获优秀奖,8 名学生获三等奖。

是年,图书馆购书经费在原有 5000 元的基础上,又新增 3000 元,使馆藏图书达到 13 664 册;持证读者共 6866 人;全年到馆读者为 15 400 人次,印本借阅 20 450 册次;新增东胜市第六小学、鄂尔多斯学校 2 个图书流动点,使馆外基层服务点增至 18 个。

1996 年

1 月 19 日,经东胜市直属机关党委会议研究,同意图书馆成立党支部。党支部只设书记,由徐凤英担任。

2 月,春节期间,图书馆举办了一系列文娱比赛,包括歌咏、舞蹈等比赛,共有 310 人参加。

2 月,东胜市文化体育局改设为东胜市文化局。

3 月,任贵全馆长和东胜市文化局签订了目标管理责任书。

3月2日，图书馆举办爱国主义教育演讲比赛，来自市内各小学的25名学生参加比赛，比赛设一等奖1名、二等奖2名、三等奖3名。

3月25日，图书馆被中共东胜市委员会、东胜市人民政府命名为爱国主义教育基地。

4月5日，图书馆获东胜市文化局1995年目标管理责任制一等奖。

4月17日，图书馆在第一次全国县以上公共系统少年儿童图书馆评估定级工作中，被文化部评定为三级少年儿童图书馆，获颁证书和牌匾。

4月26日，图书馆在馆内举行"爱心献给下一代"捐书活动。

6月，图书馆党支部进行换届改选。

6月1日，"图书馆服务宣传周"期间，图书馆在人民公园开展庆"六一"及图书宣传活动，为少儿读者提供新读物250多册，阅读人次达450多人次。

6月1日，图书馆组织少年儿童参加全国第五届"小百花"杯少儿书法绘画摄影大赛，最终中有3名学生获优秀奖，1名学生获三等奖。徐凤英书记在大赛中荣获"优秀伯乐奖"。

6月17日，批准徐凤英同志退休。随后，徐凤英于7月正式退休。

7月1日，图书馆开展党员活动日，全体馆员庆祝党的生日，馆内女职工歌唱《没有共产党就没有新中国》。

图1-22　图书馆女职工歌唱《没有共产党就没有新中国》

9月10日，内蒙古自治区文化档案检查组前来图书馆检查档案工作。

图 1-23 检查组来图书馆检查档案工作

9月28日,内蒙古自治区领导前来图书馆检查指导工作。

10月10日,图书馆党支部向东胜市文化局党总支报告改选支部书记,党支部原书记徐凤英退休,经全体党员大会选举,一致同意任贵全为图书馆党支部书记。

是年,伊克昭盟煤炭局、煤炭销售管理总站等60多个单位及领导、职工纷纷伸出温暖之手,为图书馆捐书6795册,其中有使用价值的部分图书被纳入图书馆馆藏;捐款10 000多元,购买图书2500册。

截至1996年底,东胜市少年儿童图书馆馆舍总面积为583平方米,阅览座席60个;投入资金30 000多元购进新书,馆内藏书总量为19 393册;持证读者达到8000人;全年到馆读者为180 000人次,印本借阅400 000册次;设有馆外基层服务点共21个。

1997 年

1月,图书馆举办少年儿童绘画展。

1月,图书馆举办寒假书画培训班。

1月15日,图书馆举办猜灯谜活动。

2月,春节期间,图书馆举办多种多样的文娱比赛和游艺活动,包括演讲、舞蹈等比赛。

2月19日,图书馆举办元宵节游艺活动。

3月,图书馆举办电子琴培训班。

3月17日,在东胜市首次组织开展的文化、科技、卫生"三下乡"活动中,图书馆分别为泊尔江海子乡、罕台庙乡文化站送去图书200余册,同时开展图书咨询活动,帮助乡图书室进行图书整理,还印发了有关图书、科技等方面的知识宣传材料300份。

4月,图书馆在1996年全市文化目标管理系统中获一等奖。

6月1日,在人民公园举办了"图书馆服务宣传周"暨庆"六一"图书咨询活动,共接待小读者1000多人次,免费借阅图书2000余册次。同时,为了配合香港回归祖国、党的十五大召开和内蒙古自治区成立50周年等重大活动的宣传,图书馆印发各种宣传单1000份。

6月30日,"纪念卢沟桥事变60周年座谈会"在图书馆爱国主义教育基地活动室举行。

图1-24 纪念卢沟桥事变60周年座谈会

暑假期间,图书馆举办绘画培训班。

7月15日,图书馆组织开展鄂尔多斯文化节全盟少儿书画大赛。

图1-25 图书馆组织开展鄂尔多斯文化节全盟少儿书画大赛

8月18日,图书馆参加东胜市组织的"三下乡"活动,为巴音敖包乡整理图书2000册。

11月27日,东胜市的添尔漫梁乡改建为万利镇。

是年,图书馆馆藏图书达到21 378册;新办借阅证468个,持证读者共8468人;全年到馆读者23 758人次,印本借阅41 180册次;编印《东胜少图简报》和《知识小报》各4期;举办各种演讲、游艺等活动18次,举办电子琴、书画等各类培训班12期;每周开馆56小时;共设有馆外基层服务点18个。

1998 年

2月9日,图书馆举办中小学生爱国主义教育演讲比赛,有70人参加此次活动。

春节期间,图书馆举办绘画、跳棋等比赛。

3月13日,在东胜市"三下乡"活动中,图书馆先后到泊尔江海子乡、塔拉壕乡、布日都梁乡为农民提供图书咨询,并为小朋友提供图书500册,发放《知识小报》500份、《东胜少图简报》100份。

图 1－26　图书馆在"三下乡"活动中为群众服务

3月23日,图书馆开展"三下乡"活动,到灶火壕村为群众服务。

3月30日,图书馆被评为1997年度全市文化系统二级单位目标管理考核二等奖,并获颁荣誉证书。

6月,刘桂荣退养。

6月1日,值全国开展"图书馆服务宣传周"第十年之际,图书馆在公园开展"图书馆宣传周"暨爱国主义教育宣传活动,共接待群众1000多人次,提供爱国主义方面的书刊500余册,发放宣传材料1000余份。

7月,内蒙古自治区关心下一代工作委员会(简称"内蒙古关工委")及盟市关工委来图书馆检查并指导工作。

8月,田海军同志分配到图书馆工作。

8月5日,图书馆牵头,与东胜市团委、市教体局、市文化局共同举办东胜市中小学生"迎盛会"爱国主义教育演讲、歌咏比赛活动。

图1-27 图书馆等组织的"迎盛会"爱国主义演讲

8月19日,图书馆举办中小学生绘画展览。

12月6日,内蒙古自治区文化厅领导来图书馆指导工作。

图1-28 内蒙古自治区文化厅领导在图书馆视察工作

是年,图书馆图书购置投入10 061元,馆藏图书达24 000册;报刊投入3180元,期刊达到54种666册、报纸18份。新办借阅证546个,持证读者共 9014 人；全年到馆读者 24 674 人次，印本借阅 33 576 册次；设有馆外基层服务点共 15 个。全年出黑板报 5 期，编印《东胜少图简报》《知识小报》共 8 期；每周开馆 56 个小时，利用寒暑假及节假日举办各种活动 18 次，举办各种培训班 12 期，培训人数 583 人次；为配合全市"示范文化乡"和"示范文化站"的建设，全年下乡 124 人次（包括下各学校图书室），整理图书近 2 万册。

1999 年

2 月，春节期间，图书馆举办电子琴、歌咏、绘画、书法、跳棋、象棋、舞蹈以及爱国主义教育演讲等形式多样的比赛，还举办有奖猜灯谜活动。

4 月，图书馆荣获 1998 年度全市文化系统目标管理考核二等奖。

4 月 21 日，图书馆组织部分馆员去大连市少年儿童图书馆参观学习。

5 月 15 日，图书馆下乡整理图书，为万利镇中心学校图书室整理分类图书 3000 余册。

6 月 1 日，图书馆在伊克昭广场举办了"图书宣传周"暨庆"六一"咨询活动。

6 月 5 日，图书馆下乡整理图书，为布日都梁乡文化站图书室整理图书 500 册。

6 月 22 日，图书馆与东胜市教育局在东胜市政府礼堂共同举办"贺大庆、迎回归、庆盛节"演讲大赛。

图 1-29 "贺大庆、迎回归、庆盛节"演讲大赛

6 月 22 日，图书馆下乡整理图书，为巴音敖包乡文化站图书室整理分类图书 1000 余册。

7月,任贵全被中共东胜市直属机关委员会评为"优秀共产党员"。

7月1日,徐美丽被评为1999年度文化系统"优秀共产党员"。

7月2日,图书馆下乡整理图书,为羊场壕乡村文化室整理图书500余册。

7月15日,图书馆组织鄂尔多斯文化节全盟少儿书画大赛。

8月10日,图书馆下乡整理图书,为潮脑梁乡文化站图书室整理分类图书2000余册。

8月12日,图书馆下乡整理图书,为罕台庙乡文化站图书室整理图书2000余册。

8月18日,首届鄂尔多斯文化图书节开幕。在文化图书节期间,图书馆参加由伊克昭盟文化局、东胜市政府联合举办的为期六天的图书展销活动,提供图书咨询,共展出各类少儿读物2000余册,接待读者500余人次,印发各种宣传材料1000余份。

图1-30 首届鄂尔多斯文化图书节开幕式

8月,在首届鄂尔多斯文化节"东方杯"全盟少儿书画大赛中,图书馆选送的书画作品作者中有35人分别获得一、二、三等奖,有2人获器乐赛一等奖。

8月21日,东胜市副市长袁翠玲陪同内蒙古自治区文化厅厅长和文化系统领导到图书馆检查指导工作。

8月26日,图书馆下乡整理图书,为柴登乡文化站图书室整理图书2000余册。

9月,图书馆馆舍扩建完工。

图 1-31　扩建后的图书馆外观

9月3日,图书馆下乡整理图书,为泊尔江海子乡文化站图书室整理图书3000册。

9月6日,东胜市内塔拉壕乡改建为铜川镇。

10月,内蒙古自治区档案局向图书馆颁发机关档案工作目标管理自治区"三级先进单位"证牌。

10月,图书馆在全国公共图书馆第二次评估定级工作中,被文化部评定为"三级图书馆",获颁荣誉证书和牌匾。

10月,锡林郭勒盟文化系统代表前来图书馆参观。

10月1日,国庆节期间,图书馆举办少儿灯谜活动。

是年,图书馆完成对原馆舍的扩建,馆舍总面积达到970平方米,新增阅览座席108个。全馆共有职工13名,配备馆长、副馆长各1名,大专文化程度的职工占职工总数近50%。馆内设借阅处、综合阅览室、电教室以及两个培训室。

据统计,1999年,图书馆图书购置资金投入10 000元,使馆藏图书达到26 000册;征订报刊资金投入4000元,期刊达54种744册、报纸17份;新办借阅证405个,持证读者共9419人;全年到馆读者20 483人次,印本借阅32 400册次,每周开馆56小时;设有馆外基层服务点16个。图书馆利用寒、暑假及节假日举办各种比赛活动12次,举办绘画培训班12期,培训人数750人次。

2000年

1月1日元旦,图书馆全体职工共聚一堂欢度新年,并举办飞镖射击比赛。

1月11日,图书馆决定成立东胜市少年儿童图书馆妇女委员会领导小组,组长为刘桂琴,组员包括温丽、王志香。同时成立计划生育领导小组,组长为刘桂琴,组员为王志香。还成立了精神文明建设领导小组,组长为任贵全,副组长为徐美丽,组员包括刘桂琴、温丽、王志香。

2月,图书馆职工集中学习"三个代表"重要思想讲话。

图 1-32 图书馆职工集中学习"三个代表"重要思想讲话

3月9日,图书馆参加全市组织的"三下乡"活动。活动中,图书馆分别为布日都梁乡、柴登乡、漫赖乡送书共计 500 册。同时还开展了阅览指导和图书咨询活动,收到良好的社会效益。

4月,图书馆在 1999 年度文化系统目标管理责任制验收中被东胜市文化局评为一等奖。

4月19日,图书馆在党建、思想政治工作、阵地建设、"两个文明"建设方面取得显著成就,被中共东胜市委员会、东胜市人民政府命名为"标兵文明单位"。

5月,东胜市政府总体规划进行拆迁,将东胜市文化馆连同图书馆的儿童阅览楼一起拆除,图书馆馆舍面积由此减少到 270 平方米。

6月,图书馆在创建全国文化市工作中,被中共东胜市委员会、东胜市人民政府授予"先进集体"称号。

8月6日,内蒙古自治区第九届人民代表大会常务委员会第十七次会议通过《内蒙古自治区公共图书馆管理条例》,共六章三十四条。此条例自公布之日起施行。

至 2000 年底,图书馆共有人员 13 人,服务人口 190 473 人;年新增图书 988 册,馆藏图书总量为 26 488 册;持证读者共 9829 人;全年到馆读者为 20 500 人次,印本借阅 32 500 册次;设有馆外基层服务点共 14 个。

三、东胜区少年儿童图书馆时期
（2001 年 2 月—2012 年 4 月）

进入 21 世纪后，我国对于公共文化服务的发展日益重视，提出了深化文化体制改革的任务，并将文化事业与文化产业明确分离，做出公益性的文化事业与经营性的文化产业分途发展的方针。2005 年 10 月，我国明确提出"建设公共文化服务体系"的国家战略目标，开启了公共文化事业新的历史阶段。由此，我国图书馆事业尤其是公共图书馆也进入了前所未有的大发展时期。

2001 年，因东胜撤市设区，东胜市少年儿童图书馆也随之更名为东胜区少年儿童图书馆。在东胜区少年儿童图书馆时期，图书馆所处发展环境不断改善，图书馆自身发展不断加快，各项业务服务均实现长足进步。2001 年 10 月，图书馆迁新址，有了固定馆舍，馆藏不断增加，并在 2007 年开始了数字图书馆建设的探索，实现图书馆管理自动化，为读者新增自助式服务。2009 年之后，因东胜区暂无成人图书馆，东胜区少年儿童图书馆还拓展职能，开始筹备向区域内全体民众提供图书馆服务。这一时期，图书馆还积极参与全国文化信息资源共享工程、万村书库、草原书屋等重大文化工程项目的建设，开启总分馆建设探索之路，有力推动了区域内公共文化服务体系建设的进展。

2001 年

2 月 1 日至 2 月 7 日（农历正月初九至正月十五），图书馆举办少年儿童棋类、书画、歌舞、爱国主义教育和各种游艺活动，共有 600 多人参加活动，50 人获奖。

2 月 26 日，国务院批准同意撤销伊克昭盟，改设地级鄂尔多斯市，撤销县级东胜市设立东胜区。东胜在撤市设区的同时，将 10 个乡撤并为泊尔江海子、柴登、罕台、布日都梁、万利、铜川 6 个镇，增设天骄、富兴 2 个街道。因撤盟改市、撤市设区，东胜市少年儿童图书馆更名为东胜区少年儿童图书馆。

3 月 15 日、16 日，图书馆开展"文化下乡"活动，到泊尔江海子镇、铜川镇开展图书宣传、咨询活动，共赠送图书 200 多册，发放宣传资料近 600 份。

4 月，图书馆被东胜区文化局评为 2000 年度目标管理责任制一等奖。

4 月 13 日，东胜区少年儿童图书馆和鄂尔多斯市图书馆共同开展科普宣传周活动。

5 月至 6 月，图书馆在"图书宣传周"活动期间配合鄂尔多斯市妇联、团委及鄂尔多斯市图书馆等单位在鄂尔多斯广场开展图书展销、借阅咨询活动,此次活动接待咨询人数 200 多人,提供阅读书刊 600 余册,印制宣传材料 1200 份。

5 月至 6 月,图书馆与鄂尔多斯市关工委、团委、教育局、鄂尔多斯市图书馆及东方艺术园共同组织纪念建党 80 周年"东方艺术园杯"师生演讲比赛,来自东胜地区中小学的 2 万多名师生参加这次活动。6 月 15 日,决赛阶段的演讲在鄂尔多斯影剧院举行,1500 多名各界人士到场聆听。

图 1-33 纪念建党 80 周年"东方艺术园杯"师生演讲比赛

6 月,图书馆举办家长座谈会。

6 月 12 日,图书馆开展"送书到课堂活动",先后为两所学校 23 个班级送书,阅读、借阅人次达到 1300 多次,共阅览书籍近 3000 册次。

6 月 23 日,内蒙古自治区文化厅厅长来到新建的图书馆检查工作。

6 月 25 日,图书馆配合东胜区宣传部、土地局、教育局等单位在鄂尔多斯广场举办了以宣传保护土地、合理利用土地为主题的"土地杯"绘画比赛,共有 150 多人参加。

10 月,图书馆迁新址,搬入鄂尔多斯广场旁的科技少年宫大楼 4 层(宝日陶亥东街 10 号),馆舍面积 1120 平方米。

是年,图书馆共有职工 14 人,服务人口为 275 424 人;馆藏图书达到 26 701 册;新办借阅证 125 个,持证读者共 9954 人;全年到馆读者 16 999 人次,印本借阅 33 751 册次;设有馆外基层服务点共 12 个。

2002 年

3 月 19 日,图书馆在鄂尔多斯广场举办法律法规宣传活动。

4 月,图书馆以板报的形式推出了第一期"新书推荐"。

图 1－34　图书馆的第一期"新书推荐"

5月,图书馆被东胜区文化局授予"2001年度目标管理责任制考核工作实绩突出单位",并获得奖励500元。

5月,图书馆举办业务培训班,温丽老师为馆内职工讲授图书分类法。

5月,图书馆制作了庆"六一"主题板报。

5月11日,鄂尔多斯市图书馆学会第六届论文研讨会会员来图书馆参观。

6月,图书馆在"送书上门"活动中向东胜区第一小学、东胜区第三小学、东胜区第八小学提供优秀图书300册。

6月1日,图书馆在鄂尔多斯广场举办图书宣传活动。

图 1－35　图书馆开展"送书上门"活动

7月1日,王志香、刘桂琴被东胜区文化局评为"优秀共产党员"。

9月,图书馆举办第二期图书管理员培训班,由马秀莲老师给图书管理员们讲课。来自东胜区镇、街道办事处等的13名图书管理员参加此次培训。

是年,图书馆馆藏图书总量为29 245册;服务人口为291 768人;持证读者共10 174人;全年到馆读者25 025人次,印本借阅34 558册次;设有馆外基层服务点共12个。至年底,图书馆共有在岗职工12人,退休职工3人,退养职工4人;其中党员7名,入党积极分子1名。

2003 年

2月9日,图书馆举办象棋、跳棋比赛。

2月10日,图书馆举办书法绘画比赛。

2月11日,图书馆举办舞蹈比赛。

2月12日,图书馆举办歌咏比赛。

2月14日,图书馆举办元宵节游艺活动。

2月15日,图书馆举办少儿有奖猜灯谜活动。

图1-36 少年儿童读者在图书馆阅览室

3月,图书馆获得东胜区文化局颁发的2002年度目标管理责任制"一等奖"牌匾,并获奖励3000元。

3月,图书馆开展"三下乡"活动,在灶火壕村做图书宣传活动。

3月,杭霞由泊尔江海子镇文化站调至图书馆工作。

4月5日,《东胜文化信息》第一期出刊。张彩云被鄂尔多斯市东胜区文化局评为"2002年度《东胜文化信息》优秀通讯员"。

5月,图书馆再次被中共鄂尔多斯市东胜区委员会、东胜区人民政府评为"文明单位标兵"。

7月1日,任贵全被中共鄂尔多斯市东胜区委员会评为优秀共产党员。

7月11日,任贵全被鄂尔多斯市东胜区人民政府评为"抗击非典先进个人"。

8月27日,图书馆组织开展首届"优秀读者夏令营活动"。

9月,内蒙古在全自治区范围内启动文化信息资源共享工程。

12月,图书馆开展"三下乡"活动,走进铜川镇。

12月1日,图书馆在特殊学校举办送书上门、图书咨询活动。

图1-37 图书馆在特殊学校举办送书上门、图书咨询活动

是年,图书馆建立了西部第一家专门针对少年儿童开放的电子阅览室。该阅览室总投资20多万元,配有多种教育软件,且与北京101远程教育网达成合作协议。

是年,图书馆新增图书2000册,馆藏图书总量为31 245册;服务人口为312 121人;新办证200个,持证读者共10 374人;全年到馆读者41 092人次;印本借阅35 079册次;设有馆外基层服务点共12个。

2004 年

1月31日,图书馆举办书法、绘画比赛。

2月1日,图书馆举办歌舞比赛。

2月3日,图书馆举办"热爱东胜 建设东胜"少儿爱国主义演讲比赛。

图1-38　图书馆举办"热爱东胜　建设东胜"少儿爱国主义演讲比赛

2月4日,图书馆举办元宵节游艺活动。

3月,图书馆获得东胜区文化局颁发的2003年度目标管理责任制"一等奖"牌匾。

3月24日,康锐由布日都梁镇文化站调到图书馆工作。

5月19日,图书馆到特殊学校举办图书咨询活动。

7月1日,内蒙古文化厅派人员前来图书馆进行评估验收,图书馆顺利通过了二级图书馆达标验收工作。

8月22日,图书馆和星光电脑联合举办"星光电脑杯"计算机网络知识竞赛。

图1-39　"星光电脑杯"计算机网络知识竞赛

是年,张彩云被鄂尔多斯市东胜区文化局评为"2003 年度《东胜文化信息》优秀通讯员"。

是年,图书馆新增图书1193 册,馆藏图书总量为32 438 册;服务人口为325 268 人;持证读者共 10 574 人;全年到馆读者为 53 392 人次,印本借阅 36 189 册次;设有馆外基层服务点共 12 个。图书馆共获得中央级业务主管部门表彰 1 次,省级表彰 1 次,地级表彰 2 次,县级党委、政府表彰 12 次。图书馆由国家三级图书馆升级为二级图书馆。

2005 年

1 月 10 日,图书馆举办"全球通"杯迎春书画艺术大赛展。

图 1-40　"全球通"杯迎春书画艺术大赛展

2 月 18 日,春节期间,图书馆举办多项文化娱乐活动,包括中小学生象棋、跳棋比赛。

2 月 19 日,图书馆举办中小学生扑克比赛。

2 月 20 日,图书馆举办中小学生歌咏比赛。

2 月 21 日,图书馆举办少儿舞蹈比赛,舞蹈《马舞》获得舞蹈比赛一等奖。

2 月 22 日,图书馆举办少儿灯谜活动。

2 月 22 日,设在图书馆的"文化信息资源共享工程"东胜区支中心免费向广大读者开放,共接待读者 400 多人次。东胜区支中心是内蒙古自治区首批文化信息资源共享工程旗县级支中心试点之一,配发设备主要为:一台服务器、一台投影仪、一套卫星接收设备。支中心通过卫星接收设备,接收国家文化部通过卫星下发的数字资源。

图 1-41 "文化信息资源共享工程"东胜区支中心为读者播放电影资源

2月23日,元宵节期间,图书馆举办多项游艺活动。

4月,图书馆获得东胜区文化局颁发的2004年度文化工作目标责任制考核"实绩突出单位"牌匾。

6月22日,图书馆获颁证书,在全国第三次县级以上公共图书馆评估定级工作中被文化部评为国家二级图书馆。

7月2日,王志香同志被东胜区文化局党总支评为"优秀共产党员"。

9月8日,图书馆举办第二十一个教师节"园丁之歌"文艺晚会。

图 1-42 "园丁之歌"文艺晚会

11月,任贵全离岗。

是年,东胜区原6个镇撤并为泊尔江海子、罕台、铜川3个镇,增设巴音门克、诃额伦2个街道。

是年,图书馆年新增图书432册,馆藏图书总量为32 870册;服务人口为345 000人;持证读者共10 894人;全年到馆读者51 400人次,印本借阅88 519册次;设有馆外基层服务点共18个。

2006年

2月6日,春节期间,图书馆"文化之春"元宵文娱活动拉开帷幕,包括绘画、跳棋、象棋比赛等。

2月8日,图书馆在鄂尔多斯市晨旭艺术学校举办少儿歌咏、舞蹈比赛,比赛有10个参赛节目,共有80人报名参加。东胜区第八小学张莹演唱的歌曲《小螺号》和东胜区纺织学校韩鑫演唱的歌曲分获一、二等奖,东胜区第一小学苏日泰演唱的《我最摇摆》也获得并列第三,东胜区第四小学张雪科的顶碗舞《蓝色的蒙古高原》获独舞一等奖。

2月9日,图书馆举办少儿象棋、跳棋比赛。象棋比赛中东胜区第四小学篙勇取得冠军,东胜区第八小学刁威取得第二。跳棋比赛中东胜区第四小学的列波和郝蕊分获第一、第二名。

2月10日,图书馆举办"文化之春"中小学生电脑打字比赛,东胜区第八小学的小选手刁威获得了第一名。

图1-43 电脑打字比赛

2月11日,图书馆举办少儿游艺活动,活动设有吹蜡烛、扔乒乓球、扔水漂、套圈、猜灯谜等多项活动。当天,有1000多名少年儿童参加活动。

2月12日,图书馆举办少儿有奖猜谜活动,现场悬挂了400多条谜语,吸引了1000名少年儿童参加。

2 月 13 日,图书馆举办 2006 年"文化之春"扑克比赛。比赛共有 30 多人报名参加,分为 10 队,每队 3 人,采取淘汰赛制,按队产出两组获奖名额。最终,冠军队是由东胜区第四小学马鑫、东胜区第八小学韩晓恒、鄂尔多斯市第一中学白晋博组成的 9 队;亚军队是由东胜区纺织学校王琛、东胜区第五小学肖政远、东胜区第一中学苏欣组成的 2 队。

4 月,图书馆荣获"2005 年度责任目标考核实绩突出单位"称号。

5 月,王芳、贺银花到任。

6 月,图书馆荣获中共鄂尔多斯市东胜区委员会、鄂尔多斯市东胜区人民政府颁发的"十五"期间文化强区建设先进集体证书和牌匾。

6 月 1 日,为进一步推进全国"知识工程"建设,充分发挥少年儿童图书馆的阵地教育作用,图书馆通过倡导少年儿童多读书、读好书,开展健康的未成年人教育活动,来丰富广大少年儿童的精神文化生活,进而引导他们从小树立正确的荣辱观。图书馆在人民公园开展图书馆服务宣传周暨庆"六一"活动,活动以"培养阅读习惯 丰富科学知识"为宣传口号。现场开展图书咨询、办证、新书推荐、网上阅读咨询、散发宣传资料等多项活动,向广大少年儿童提供了丰富多彩的文化信息资源服务。此次活动共接待小读者 300 多人次,散发宣传资料 600 余份。

6 月 2 日至 6 日,图书馆利用在校学生阅读课的时间开展送书进课堂活动,为学生们送去适宜少年儿童阅读的图书资料。

7 月 3 日,为喜迎全区两个文明建设经验交流会和中国·内蒙古第三届国际草原文化节暨首届鄂尔多斯国际文化节(一会两节)的顺利召开,进一步提高青少年文化素养,展现其艺术风格,由鄂尔多斯市委宣传部、鄂尔多斯市教育体育局、鄂尔多斯市共青团委员会、鄂尔多斯市文学艺术联合会、内蒙古大学艺术学院鄂尔多斯市中等艺术分校、东胜区少年儿童图书馆等单位联合举办的"'神东杯'蒲公英第六届青少年优秀艺术新人内蒙古地区选拔赛暨鄂尔多斯市第二届中小学生艺术展演颁奖晚会"在鄂尔多斯广场举行。

8 月 3 日,为充分展示少年儿童的艺术才能,喜迎"一会两节"的胜利召开,鄂尔多斯美术家少年儿童艺术委员会、东胜区少年儿童图书馆、东胜区少儿艺术培训学校联合举办"百米画卷献礼'一会两节'活动"。本次活动由小画家们用自己的画笔在 120 米的长卷上描绘出腾飞的鄂尔多斯的美好景象。参加这次活动的有来自东胜地区各小学的 340 名小画家,最后他们将这幅充分表达自己对"一会两节"的期盼与祝福的画卷献给鄂尔多斯,由鄂尔多斯市委副市长安源、东胜区委书记杨红岩、东胜区文化局局长张光耀等领导亲自接收下这份情意浓浓的厚礼。

图1-44 "百米画卷献礼'一会两节'"活动

9月20日,图书馆党支部选举王芳为支部书记,王志香为组织委员,刘桂琴为宣传委员。

11月14日,图书馆举办《中国文献编目规则》(第二版)使用培训班。

图1-45 《中国文献编目规则》(第二版)使用培训班

是年,图书馆馆藏图书33 769册,期刊756件;新办借阅证320个,持证读者共11 214人;全年接待到馆读者48 027人次,印本借阅91 219册次;服务人口为446 000人;设有馆外基层服务点共18个。

2007 年

1 月 13 日,图书馆被评为 2006 年度鄂尔多斯市图书馆学会先进会员单位。

2 月 28 日,图书馆为期 5 天的春节、元宵节文娱活动正式拉开序幕。当天比赛的项目有象棋、跳棋、电脑打字和扑克。参加比赛的共有 80 多人,都是来自东胜地区各中、小学校学生。春节、元宵节文娱活动开展期间,参与者达 3000 多人。

3 月 1 日,图书馆组织全区各小学学生在八一幼儿园参加少年儿童歌咏、舞蹈比赛。参加歌咏比赛的共有 15 名选手,参加舞蹈比赛的有 3 队共 45 人。

3 月 2 日,图书馆在馆内开展书法、绘画比赛。参加人数共有 63 人,参赛者大多是由东胜区少年儿童艺校和音昌艺苑选送。

3 月 3 日,图书馆举办少儿游艺活动,前来参加的都是来自各中、小学学生以及学前班、幼儿园的小朋友们,参加活动的达 70 多人,活动项目有吹蜡烛、投乒乓球、套圈、抢椅子、揪鼻子。

3 月 4 日(农历正月十五),为不断丰富春节、元宵节活动,图书馆举办大型少儿有奖猜谜活动,参加活动的有 50 多人,年龄最大的是中学生,最小的是幼儿园的小朋友。

3 月 6 日,新闻出版总署、中央文明办、国家发展和改革委员会、科技部、民政部、财政部、农业部、国家人口和计划生育委员会联合发布《"农家书屋"工程实施意见》,计划"十一五"期间在全国建立 20 万家"农家书屋",要求各地有关部门密切配合,加强领导,把"农家书屋"工程同当地经济社会发展和新农村建设紧密结合,加大投入力度,引导和动员社会力量参与"农家书屋"建设,确保"农家书屋"工程取得实效。

3 月 10 日,图书馆成为鄂尔多斯市旗县内第一家完成回溯建库工作的图书馆。新增图书 3571 册,新订报刊 75 种、864 册。

3 月 10 日,文化信息资源共享工程东胜支中心在大庙梁举办活动,为基层老百姓播放视频。

3 月 30 日,文化信息资源共享工程东胜支中心在锦绣社区举办活动,为基层老百姓播放视频。

4 月 12 日,图书馆在东胜区光明小学开展迎内蒙古自治区成立 60 大庆①暨社会主义荣辱观教育活动。

---

① 1947 年 5 月 1 日,内蒙古自治政府宣告成立,标志着内蒙古人民的革命斗争和民族解放事业取得了伟大胜利。2007 年,内蒙古自治区迎来成立 60 周年大庆。

图 1-46　图书馆为光明学校学生播放爱国主义教育影片

5 月 22 日，文化信息资源共享工程东胜区支中心下基层举办活动，为老百姓播放视频。

6 月 1 日，为丰富青少年业余文化活动，弘扬民族文化的内在精神，开发智力，培养坚韧不拔的意志，同时欢庆"六一"国际儿童节，由东胜区妇联、东胜区文化局、鄂尔多斯棋类协会、东胜区少年儿童图书馆、鄂尔多斯市少年儿童棋院等单位联合举办的首届"新中源"杯少年儿童围棋大赛在鄂尔多斯广场隆重举办。参加本次围棋大赛的有来自东胜区第八小学、东胜区第一小学、东胜区第二小学、鄂尔多斯市少年儿童棋院等学校的学生 100 人。

6 月 1 日，为进一步推进"全国知识工程"建设，充分发挥少年儿童图书馆的阵地教育作用，通过倡导少年儿童多读书、读好书，开展健康的未成年人教育活动，引导他们做合格的社会主义建设者，图书馆在鄂尔多斯广场开展图书馆服务宣传周暨庆"六一"活动，参与者达 800 多人，共发放资料 600 余册。

6 月 29 日，文化信息资源共享工程东胜支中心在铁西社区举办"相约文明　构建和谐社区"宣讲活动，为基层老百姓播放视频。

8 月 3 日，东胜区少年儿童图书馆、鄂尔多斯市少年儿童棋院等单位联合举办"玛拉兹"杯全区首届少儿棋类大赛。

图 1-47 "玛拉兹"杯全区首届少儿棋类大赛

8月31日,李萍从东胜区第五小学调入图书馆。

是年,图书馆采购了 ILAS 小型版,建立书目数据库,成功过渡为文献资源自动化管理模式。图书馆馆藏图书为 37 340 册,报刊 864 册。图书馆每周开馆时间不少于 42 小时;新办借阅证 420 个,持证读者达 11 634 人;全年接待到馆读者 43 773 人次,电子阅览室接待 6000 多人次,印本借阅 44 590 册次;服务人口为 477 600 人;设有馆外基层服务点共 21 个。

2008 年

春节、元宵节期间,为丰富广大少年儿童的文化娱乐生活,图书馆举办东胜区少儿象棋、跳棋、五子棋、扑克、歌咏、舞蹈等多项活动,参加活动人次达 2000 多人次。

2月19日至21日(农历正月十三至十五),图书馆与东胜区文联组织大型书法、绘画、摄影展。

4月30日至5月17日,图书馆组织内蒙古自治区"蒲公英"(2008)第八届青少年优秀艺术新人选拔活动。

5月,图书馆被东胜区文化局评为"2007年度目标责任制考核实绩突出单位"。

5月1日,图书馆被中华儿童文化艺术促进会、北京电视台青少年节目中心、中华文化信息网、亚洲青少年文化艺术交流联盟、中国儿童网、蒲公英青少年优秀艺术新人选拔活动内蒙古地区组委会等单位共同授予"蒲公英青少年优秀艺术新人选拔活动内蒙古赛区优秀组织奖"。

5月3日至6日,图书馆组织首届"大地保险·鄂尔多斯杯"内蒙古自治区业余围棋大赛。

5月28日至6月8日,图书馆举办以"喜迎奥运 相约文明 让家园更温馨"为主题的教育文化系统师生书法、绘画展,展出作品500份。

6月,图书馆被鄂尔多斯市东胜区创建平安东胜领导小组办公室评为2007年度"平安单位"。

6月,为进一步推进全国"知识工程"的建设,充分发挥图书馆阵地教育作用,以"六一"儿童节为契机,图书馆在鄂尔多斯广场开展图书馆服务宣传周暨庆"六一"活动。活动以"保护文化遗产,弘扬民族文化,建设社会主义核心价值体系"为主题,开展了图书现场咨询、新书介绍、网上阅读咨询、文化信息资源共享工程宣传、散发宣传资料等一系列丰富多彩的活动,此次活动推荐新书200多册,接待小读者300多人次。为提倡青少年远离网吧,当天还播放了影片《让我欢喜,让我忧》。

6月3日,王琪琴病退。

8月1日,为丰富学生的暑假生活,培养学生的兴趣爱好,图书馆在鄂尔多斯广场隆重举办"百米画卷庆八一"军警民联欢晚会。在现场,近300名少年儿童动手作画,用1个小时画出了自己喜爱的山水、人物……表达他们热爱祖国、喜迎奥运的美好心愿。

9月,东胜区少年儿童图书馆被评定为"全国文化信息资源共享工程东胜区级支中心"。

11月3日,图书馆聘用张耀文同志为事业单位工作人员。

12月4日,鄂尔多斯市图书馆对东胜区少年儿童图书馆图书工作进行辅导,主要针对图书馆的图书编目、分类做辅导。

图1-48 鄂尔多斯市图书馆对东胜区少年儿童图书馆进行业务辅导

12月6日，东胜区文化科技卫生"三下乡"暨文明进万家及乡风文明进村"送温暖 献爱心"活动举办，图书馆参与开展"三下乡"活动。

图1-49 图书馆开展"三下乡"活动

是年，图书馆新增图书1232种、1386册，馆藏图书达38 726册，期刊达89种、924册；新办借阅证437个，持证读者达12 071人；全年接待到馆读者40 417人次，印本借阅69 940册次；服务人口为517 300人；设有馆外基层服务点共24个。

2009 年

2月6日至9日（农历正月十二至十五），东胜区少年儿童图书馆、东胜区文化馆开展一系列以"同庆元宵佳节、共谱和谐乐章"为主题的阵地文娱活动，有扑克、象棋大赛和书法、绘画、剪纸游艺、灯谜等娱乐活动。扑克大赛分成人组和少儿组，有12个代表队、48个小组，总计144人参赛。小组一等奖由泊尔江海子镇获得。象棋大赛也分为少儿组和成年组，少儿组的赵浩杰和成年组的蔚强分别获得冠军。

2月28日，为迎接2009国际天文年，促进东胜区天文普及和青少年科学素养提高，东胜区少年儿童图书馆特邀请内蒙古天文学会的老师，对天文知识进行讲解和指导，借助专业天文望远镜在鄂尔多斯广场、科技少年宫大楼九楼实地指导广大天文爱好者观测太阳、月亮、鹿林彗星、土星等天体。

3月18日，图书馆组织人员为建设街道办事处整理图书。

4月，图书馆派出一名职工参加由内蒙古文化厅组织的为期3天的文化信息资源共享工程培训班。

4月20日，图书馆举办政治业务知识讲座。

5月7日，图书馆在2008年文化工作目标责任制考核中荣获一等奖，被东胜区文化局授予"2008年度文化工作实绩突出单位"，并给予表彰奖励。

5月9日，位于鄂尔多斯市东胜区铁西二期开发区的东胜区图书馆新馆建设项目正式立项。

5月20日，图书馆组织人员为草原书屋整理图书。

6月1日，为贯彻《全国"知识工程"领导小组办公室关于在全国开展2009年度图书馆服务宣传周活动的通知》精神，并庆祝"六一"国际儿童节，使广大少年儿童充分感受到节日的快乐气氛和社会给予的特别关怀，图书馆在伊克昭公园开展图书宣传活动，围绕"庆祝建国60周年　倡导全民阅读　构建学习型社会"的活动主题，开展了新书推荐、现场办证、现场阅读、图书咨询、散发宣传单等系列活动，共展出科普读物、连环画、名家小说、小学生各类期刊等80多种、200多册，现场办证12个。

6月24日，图书馆组织人员为潮脑梁村草原书屋整理图书。

7月2日，图书馆组织人员学习《六个为什么》一书，深化对中国特色社会主义核心价值体系的认识和理解。

7月6日，为积极发挥少年儿童图书馆第二课堂职能，图书馆走进东胜区第五小学，深入课堂，以"读书伴我成长　读书成就未来"为主题，开展读书活动，共送去科普类、卡通类、文学类等读物102册。通过畅谈读书体会、交流读书心得，培养学生的阅读兴趣，开拓他们的阅读视野，提高他们的审美情趣和人文底蕴。

7月22日，上级领导到图书馆进行验收。

9月4日，图书馆举办图书分类知识培训班。

9月9日，图书馆组织人员为公园街道办事处通顺社区整理图书。

9月21日，图书馆举办馆内民主生活会。

9月25日，图书馆组织人员到鄂尔多斯市图书馆学习。

10月，杭霞被东胜区文化局任命为图书馆副馆长。

10月23日，图书馆组织人员为曙光社区整理图书。

10月28日，第四次全国县级以上公共图书馆评估专家组到图书馆开展评估验收工作。

11月9日，针对第四次全国县级以上公共图书馆评估验收中存在的不足，图书馆特邀请鄂尔多斯市图书馆段丽敏做现场辅导。

11月11日，图书馆组织人员为河额伦街道办事处整理图书。

12月14日，图书馆组织召开全体职工会。

12月18日，图书馆组织人员送书到万利小学开展读书活动。

图 1 – 50　评估专家组对图书馆进行评估验收

12 月 22 日,图书馆派出人员参加在鄂尔多斯市图书馆举办的业务培训。

12 月 29 日,图书馆在首届鄂尔多斯市公共图书馆业务知识竞赛中获得团体三等奖;杭霞、康锐获得个人二等奖。

图 1 – 51　首届图书馆业务知识竞赛现场

是年,图书馆馆藏图书达 40 322 册;持证读者达 12 811 人;服务人口为 555 700 人;全年到馆读者为 122 000 人次,印本借阅 87 000 册次;设有馆外基层服务点共 25 个。

2009 年,文化信息资源共享工程东胜区支中心成为内蒙古自治区文化厅54个旗县级支中心试点建设单位之一。试点建设的主要工作是对第一批试点单位的设备进行更新,并在未建立文化信息资源共享工程旗县级支中心的地区开展新建工作。期间,对每一个旗县支中心投资68万余元,配发设备主要有:4组专业机架式服务器、网络安全设备、磁盘阵列、投影仪、摄像机、照相机、服务器专用机房、共享工程制作室及由20台电脑组成的电子阅览室等。此次设备更新基本满足了东胜区支中心的硬件设施建设需求。此外,东胜区文化局还投资80余万元,在东胜区的镇、街道办事处打造"文化信息资源共享工程基层服务点",并为每个文化信息资源共享工程基层服务点统一悬挂牌匾,配发投影仪、电脑等设备,建立管理制度,实行统一管理模式。

2009年,图书馆确定20个村作为"草原书屋"试点。分别是补拉塔移民村草原书屋、枳机塔村草原书屋、朝脑梁村草原书屋、铜川村草原书屋、添漫梁村草原书屋、巴音敖包村草原书屋、城梁村草原书屋、什股村草原书屋、宗兑村草原书屋、海子村草原书屋、撖家塔村草原书屋、色连村草原书屋、查干村草原书屋、永胜村草原书屋、灶火壕村草原书屋、布日都梁村草原书屋、九成宫村草原书屋、公园街办事处碾盘梁村草原书屋、交通街道办事处羊场壕村草原书屋、天骄街道办事处大庙梁村草原书屋。

2010年

1月5日,图书馆组织人员为交通街道吉劳庆社区整理图书。

1月19日,东胜区第一幼儿园小朋友来图书馆参观。

1月29日,《文化部关于公布一、二、三级图书馆名单的通知》(文社文发〔2010〕5号)文件正式公布,图书馆在第四次全国公共图书馆评估定级工作中被评为国家二级图书馆,获文化部颁发的荣誉证书和牌匾。

2月21日至28日(农历正月初八至正月十五),图书馆利用"文化信息资源共享工程"平台,通过下载"文化信息资源共享工程"资源和购买影片,为广大青少年朋友播放《探索发现》《圆明园的毁灭》《共和国纪事》《极地大冒险》《文明与创造》《百年守望》《馆藏故事》等视频,共接待小读者600多名。

2月24日,图书馆举办2010年首届"万家乐"元宵文化节少儿棋类比赛。参赛选手按年龄被划分为两人一组,分别进行跳棋或象棋比赛。参赛选手中,最大的选手16岁,而最小的孩子才6岁。跳棋比赛实行淘汰赛,三局两胜;而象棋比赛为循环赛制,积分最高者胜出。经过激烈的角逐,最终产生象棋、跳棋比赛一等奖、二等奖、三等奖各一名,此外,参加活动的其他选手均获纪念奖。

2月25日,图书馆举办2010年"万家乐"元宵文化节少儿扑克比赛。现场气氛热烈,到场的少年儿童人数达52人,孩子们参与兴致非常高。

通过三轮的循环淘汰赛,比赛最终产生一等奖、二等奖、三等奖各一名,其余参赛选手均获得纪念奖。

2月26日,为活跃元宵节节日气氛,弘扬中华民族传统文化,展示当代少年儿童良好的精神风貌和艺术素养,图书馆举办首届"万家乐"元宵文化节少儿书法、绘画比赛,并取得圆满成功。参加本次比赛的有来自东胜区各幼儿园、小学、中学的71名书画爱好者,比赛分硬笔书法、软笔书法、绘画组进行。经评委认真、公正、公平的评选,评出书法软、硬笔一等奖1名、二等奖各2名、三等奖各5名;绘画一等奖2名、二等奖5名、三等奖7名,其他参与者都获颁鼓励奖。

2月27日,图书馆举行首届"万家乐"元宵文化节少儿征文比赛。此次征文比赛主题为"读书伴我成长 读书成就未来",共收到来自东胜区第五小学、万佳小学、东胜区第一中学、东联中学等学校学生作文80篇。经过评审,比赛最终产生一等奖6名、二等奖12名、三等奖24名、优秀奖38名。

2月28日,图书馆在科技少年宫四楼举办少儿游艺活动。此次闹元宵少儿游艺活动安排了吹蜡烛、扔乒乓球、击鼓传花、钓鱼、套圈圈、粘鼻子、顶气球等多个项目。活动从上午9:00开始,到11:00结束,共持续两小时,参加活动的少年儿童60多人,包括幼儿园小朋友、小学生、中学生,现场气氛热闹非凡。

3月,东胜区增设兴胜、纺织两个街道。

4月13日,图书馆派出人员参加在鄂尔多斯市图书馆举办的全市图书馆专业本科函授研修班暨继续教育培训班。

4月23日是第15个"世界读书日",图书馆协助鄂尔多斯市宣传部、鄂尔多斯市精神文明建设指导委员会办公室、鄂尔多斯市文化局、东胜区宣传部、东胜区精神文明建设指导委员会办公室、东胜区文化局在鄂尔多斯广场组织"鄂尔多斯市全民阅读启动仪式",并开展现场赠书和优惠售书活动。在捐赠仪式上,东胜区少年儿童图书馆接受鄂尔多斯市教育局、鄂尔多斯市电业局、邮政书店、少年儿童书店等9家单位赠予的图书共520册,各街道办事处和学校也得到其他单位赠送的图书。

4月25日,图书馆利用文化信息资源共享工程资源开展活动,为读者播放视频。

5月18日,东胜区第八小学学生来图书馆参观。

5月20日,图书馆在东胜区铁西实验幼儿园设立图书角。

5月20日至21日,图书馆举办图书管理员及文化信息资源共享工程管理人员培训班,培训时间为两天,地点为东胜区少年儿童图书馆电子阅览室。

5月26日,以"六一图书宣传周"为契机,图书馆在东胜区万利小学开展以"优质服务、特色服务,把图书送到校园,送到课堂"的图书下乡活动。通过开展一系列读书及共享工程播放优秀影片的活动,充分提高了广大学生的阅读积极性和爱国热情。

图 1-52　铁西实验幼儿园图书角

6 月 26 日,东胜区图书馆铁西新馆建设项目开始施工。

7 月 2 日,图书馆在火车站广场举办以"我美丽东胜美丽　我文明东胜文明　我和谐东胜和谐"为主题的百名少儿现场书画活动。

7 月 26 日,图书馆组织人员为草原书屋整理图书。

7 月 30 日,内蒙古文化厅白俊明处长到图书馆验收文化信息资源共享工程运行维护情况。

9 月 3 日,来自国家图书馆、内蒙古图书馆的代表一行人到图书馆参观,由馆长王芳等陪同接待,双方就图书馆的建设、馆藏发展、功能布局等展开交流。

图 1-53　国家图书馆、内蒙古图书馆代表参观铁西新馆建设工程

10 月 30 日,图书馆馆长王芳等赴深圳图书馆参加第三届中国公共文化设施建设管理论坛。

11 月,图书馆组织人员开展馆内学习活动。

11 月,图书馆组织人员到深圳图书馆考察学习。

图 1-54　图书馆人员在深圳图书馆考察学习

49

11 月,图书馆在东胜区滨河小学、培正中学、东胜区第四小学以及团结社区挂牌建立了分馆,在东胜区第一幼儿园挂牌建立了读书角。

11 月 1 日,由馆长王芳带队,图书馆一行 15 人赴国家图书馆参观学习。

11 月 18 日,东胜区委组织部到图书馆验收党建工作。

是年,图书馆馆藏图书 41 272 册,期刊 56 种;持证读者达 13 096 人;接待到馆读者 10 804 人次,印本借阅 17 531 册次;服务人口为 586 300 人;共设有分馆 4 个,分别是东胜区滨河小学分馆、东胜区培正中学分馆、东胜区第四小学分馆、团结社区分馆。

2010 年,文化信息资源共享工程东胜区支中心利用下发资源为广大人民群众服务,向锦绣园社区和天骄街道办事处大庙梁社区的居民们播放健康饮食讲座视频、爱国主义经典影片等,深受社区居民的欢迎;利用文化信息资源共享工程平台共开展活动 54 次、广场社区活动 6 次、馆内阵地活动 20 余次;暑期电影展播放电影 28 部,其中包括经典老电影、红色电影、国产大片、外国大片、动画片、讲座视频等。

2010 年,图书馆确定成立 26 个草原书屋,分别为:补拉塔移民村草原书屋、枳机塔村草原书屋、潮脑梁村草原书屋、铜川村草原书屋、添漫梁村草原书屋、常青村草原书屋、万利小学草原书屋、巴音敖包村草原书屋、城梁村草原书屋、什股村草原书屋、宗兑村草原书屋、泊尔江海子村草原书屋、海子湾村草原书屋、海畔村草原书屋、撒家塔村草原书屋、色连村草原书屋、查干村草原书屋、永胜村草原书屋、灶火壕村草原书屋、布日都梁村草原书屋、九成宫村草原书屋、庆丰社区草原书屋、公园街办事处碾盘梁村草原书屋、交通街道办事处羊场壕村草原书屋、安达社区草原书屋、林场村草原书屋。

2011 年

1 月 17 日,图书馆开展 2010 年度年终考核。

图 1-55　馆内年终考核

2 月 10 日至 17 日(农历正月初八至正月十五),图书馆利用"文化信息资源共享工程"平台,通过下载共享工程资源和购买影片,为广大青少年朋友播放爱国主义和励志题材的优秀影片《张海迪的故事》《儿童学习能力培养》《南征北战》《孙文少年行》等。

2 月 14 日至 17 日(农历正月十二至正月十五),为活跃元宵节节日气氛,弘扬中华民族传统文化,展示当代少年儿童良好的精神风貌和艺术素养,图书馆成功举办 2011 年"万家乐"元宵文化节少儿文娱系列活动。

2 月 14 日,图书馆举办中小学生象棋、扑克比赛,象棋比赛有 30 多名少年儿童参赛,扑克比赛有 40 多名少年儿童参赛。经评委认真、公正、公平的评选,评出中小学生象棋比赛一等奖、二等奖各 1 名;中小学生扑克比赛一等奖、二等奖、三等奖各 3 名。其他凡参与活动者均获得纪念奖。

2 月 15 日,图书馆举办少儿书法、绘画比赛,书法比赛有 30 名少年儿童参赛,绘画比赛有 60 名少年儿童参赛。经评委认真、公正、公平的评选,评出少儿书法(软笔)比赛一等奖、二等奖各 1 名,三等奖 2 名;少儿书法(硬笔)比赛二等奖、三等奖各 1 名;少儿绘画比赛一等奖 1 名,二等奖

2 名,三等奖 3 名,优秀奖 5 名。其他凡参与活动者均获得纪念奖。

2 月 16 日,图书馆举办"读佳篇名作　做书香少年"中小学生有奖征文大赛,共收到稿件 54 份。经评委认真、公正、公平的评选,最终评选出一等奖 1 名,二等奖 2 名,三等奖 3 名,优秀奖 43 名。其他凡参与活动者均获得纪念奖。

2 月 17 日,图书馆举办背夹气球、抢座位、锣声咣咣、掌上明珠、你做我猜等少儿游艺活动。参加活动的有来自东胜区各幼儿园、小学、中学的学生和家长千余人。

3 月 16 日,鄂尔多斯市图书馆老师到图书馆开展业务指导。

3 月 29 日,为了大力弘扬"人道、博爱、奉献"的红十字精神,图书馆举行"博爱一日捐"募捐活动。图书馆全体干部职工共捐献 2000 元爱心款,全部交予红十字会。

4 月 4 日,为缅怀革命烈士,弘扬和培育革命烈士精神,继承发扬革命传统,图书馆全体干部职工在革命烈士塔进行祭扫纪念活动,增强了广大干部职工的爱国热情。

4 月 13 日,图书馆组织人员为社区订报纸杂志。

4 月 22 日至 29 日,图书馆温丽等人参加在鄂尔多斯市图书馆举办的鄂尔多斯市第三届图书业务知识培训班,学习图书馆业务知识,包括分类、编目等。

5 月 14 日,图书馆组织主办"读红色经典　扬爱国激情"诗歌朗诵比赛,活动在罕台镇新世纪学校举办。

图 1-56　"读红色经典　扬爱国激情"诗歌朗诵比赛

5月19日至20日,图书馆举办社区报刊管理员及文化信息资源共享工程管理员培训班,全区图书管理员参加此次培训,主要讲授报刊管理基本知识,文化信息资源共享工程的建设、管理、使用、信息报送等。

6月19日至22日,馆长王芳等参加在乌审旗图书馆举办的全区文化信息资源共享工程西部盟市、旗县支中心师资技术人员培训班,主要学习内容包括:县级支中心、软件应用和技术维护;县级支中心管理与服务,资源制作与利用;乡村基层服务点日常管理、技术、培训与服务;盟市、旗县支中心及乡村基层点智能和服务网络体系建设。

6月29日,图书馆组织开展庆祝建党90周年图书馆党支部联欢活动。

7月19日,图书馆盲人阅览室接待盲人读者来馆阅读,为他们提供专门的盲文图书。

7月21日至22日,图书馆温丽等人参加在鄂尔多斯市图书馆举办的图书馆自动化与公共文化服务体系讲座。

7月27日,《内蒙古自治区人民政府办公厅关于做好全区"草原书屋"工程建设工作的通知》发布,通知指出:"草原书屋"工程是党中央、国务院确定实施的一项公共文化惠民工程和民生工程。自治区党委、政府高度重视"草原书屋"工程建设,2011年《政府工作报告》中明确将其列入"全区五大文化体系工程"之一。截至2011年7月,内蒙古自治区共投入资金近8000万元,完成了5000家"草原书屋"各类软硬件设施的配置。

7月28日,东胜区文化局图书角启动仪式在通顺社区举办。

图1-57 东胜区文化局社区图书角启动仪式

8月4日,图书馆组织人员开展创城学习。

8月7日,东胜区图书馆铁西新馆正式竣工。

8 月 22 日至 24 日,东胜区少年儿童图书馆田永军等人参加在鄂尔多斯市图书馆举办的全国文化信息资源共享工程知识与技能竞赛鄂尔多斯分赛区选拔赛。图书馆被评为团体优秀组织奖。

10 月,图书馆被中共鄂尔多斯市东胜区委员会、鄂尔多斯市东胜区人民政府评为"文明单位标兵"。

11 月,在区委、区政府的大力支持下,图书馆招录 95 名职工加入图书馆人才队伍中。

11 月 15 日,东胜区少年儿童图书馆与东胜区滨河小学、培正中学、东胜区第四小学完成续签,继续作为图书馆的分馆开展服务。

12 月 20 日,孙萌受聘加入东胜区少年儿童图书馆工作,聘用试用期为一年。

12 月 28 日,李喜光从杭锦旗林业局调入东胜区少年儿童图书馆工作。

是年,图书馆积极争取并在国家新闻出版总署等上级部门的支持下,与中国光华科技基金会达成捐赠协议。

是年,图书馆新增图书 597 985 册,馆藏图书达 639 257 册;新增读者 650 人,持证读者达 13 746 人;全年接待到馆读者 18 861 人次,印本借阅 31 069 册次;服务人口为 601 200 人;设有分馆共 6 个,分别是东胜区滨河小学分馆、东胜区培正中学分馆、东胜区第四小学分馆、团结社区分馆、老年活动中心分馆、蒙古族第二幼儿园分馆。

2012 年

1 月 6 日,由馆长王芳带队,图书馆组织人员到东莞图书馆考察学习。

1 月 12 日,邵彩霞从东胜区铁路学校调入东胜区少年儿童图书馆工作。

1 月 30 日至 2 月 6 日(农历正月初八至正月十五),东胜区少年儿童图书馆在科技少年宫四楼电子阅览室举办全国文化信息资源共享工程电影展播。

2 月 3 日至 6 日(农历正月十二至正月十五),为丰富广大少年儿童节日生活,增添元宵节节日气氛,东胜区少年儿童图书馆在科技少年宫四楼阅览室成功举办 2012 年"万家乐"元宵文化节少儿文娱活动。活动项目包括:中小学生象棋、扑克比赛,少年儿童书法、绘画比赛,"心连心同做文明人"演讲比赛,以及丰富多彩的吹蜡烛、抢座位、锣声咣咣、钓鱼、套圈、吹乒乓球等少儿游艺活动。参加本次活动的有来自东胜区各幼儿园、小学、中学的学生及家长千余人。经评委认真、公正、公平的评选,评出中小学生扑克比赛一等奖、二等奖、三等奖各 3 名;少年儿童书法(软笔)比赛一等奖、二等奖、三等奖各1名;少年儿童书法(硬笔)比赛一等奖、二等奖、三等奖各1名;少年儿童绘画比赛一等奖、二等奖、三等奖各1名;"心连心同做文明人"演讲比赛一等奖1名,二等奖2名,三等奖3名,优秀奖78名;其他凡参与活动者均获纪念奖。

2月13日,李艳枝从东胜区环境卫生事业局辅助岗位调入图书馆工作。

2月18日,图书馆在2011年度文化工作目标责任制考核中被东胜区文化局评为"实绩突出单位"。

2月27日,图书馆与广州图创计算机软件开发有限公司签署合同,购入Interlib区域图书馆集群自动化管理系统V2.0,并于3月开始使用该系统。通过该系统及相关配套智能化设备,图书馆实现自助办证、自助查询、自助借还等自助式服务。

2月28日,李翠萍从鄂托克旗审计局调入图书馆工作。

2月28日,图书馆组织83名职工到鄂尔多斯市图书馆进行30天的业务知识学习培训和实践操作培训。

3月,图书馆被评为2011年度鄂尔多斯市图书馆学会"优秀会员单位"。

3月6日,鄂尔多斯市图书馆组织召开论文研讨会、鄂尔多斯市图书馆学会"共享工程"年会暨"三八"馆际联谊活动。东胜区少年儿童图书馆共有103人参加此次活动。

3月17日至19日,图书馆组织人员参加在鄂尔多斯市图书馆举办的图书馆业务知识培训。图书馆的83名新入职职工,以及来自东胜区各镇、街道办事处文化站和社区图书室的多名职工共100余名学员参加培训。

3月30日,图书馆组织召开党支部工作会议。

4月,图书馆举办第一期计算机培训。

4月,图书馆组织人员将中国光华科技基金会所捐赠图书从临时库房搬至铁西新馆密集书库。

4月3日至18日,图书馆邀请Interlib软件公司的工程师来馆进行为期半个月的Interlib图书馆集群管理系统学习培训。

4月5日,图书馆组织人员为社区图书角整理图书报刊。

4月5日,图书馆组织人员到东胜区第一幼儿园阅读角为小朋友举办活动。

4月23日,图书馆与东胜区培正中学举办赠送与交换仪式。

图1-58　将图书从临时库房搬至铁西新馆密集书库

4月28日,图书馆举办以"传播优秀文化　弘扬爱国精神　提高业务技能　推进惠民服务"为主题的知识竞赛。

图1-59　知识竞赛现场

四、东胜区图书馆时期(2012年5月—2018年12月)

"十二五"以来,我国政府在公共文化服务体系建设方面的财政投入不断增加,政策支持力度也在不断加强。在政策支持、财政投入以及科技发展等利好因素的推动下,我国公共图书馆事业的发展日新月异。同时,图书馆也面临着更严峻的挑战,人民群众的文化需求日益增长,用户对图书馆服务水平的要求日益提升。社会效益、服务效能成为评估图书馆发展水平的重要标准,"转型"和"创新"成为各级各类图书馆最关注的内容。

2012年5月,鄂尔多斯市东胜区图书馆正式成立,同时挂鄂尔多斯市东胜区少年儿童图书馆牌子。进入东胜区图书馆时期后,图书馆的职能使命、业务范围、服务对象均发生了根本性的变化,而以鄂尔多斯市创建国家公共文化服务体系示范区、全国县级以上公共图书馆评估定级工作为契机,东胜区图书馆也成功实现了跨越式发展。图书馆进一步加强管理体制改革,建立健全以理事会制度为核心的公共图书馆法人治理结构,大力发扬党员干部先锋模范作用,优化提升人才队伍整体素质,有效提升了图书馆服务水平。经过改扩建、新馆开放,图书馆馆舍总面积达到35 520平方米,体量在全国县级馆中位列前茅,馆舍功能布局不断升级,馆藏文献类型数量均大幅增加,各种阅读推广活动开展得更加频繁,馆外分馆分布街道社区以及农牧民家门口,有效打通"最后一公里",为广大人民群众创造了更好的阅读环境。

2012 年

5月,鄂尔多斯市创建国家公共文化服务体系示范区工作进入关键时期。根据5月21日印发的《鄂尔多斯市东胜区机构编制委员会关于成立鄂尔多斯市东胜区图书馆的通知》(东机编字〔2012〕28号)文件,为切实提高图书资源利用率,给广大市民提供优质、便捷的图书借阅服务,并进一步做好图书新增工作和图书馆管理员队伍建设工作,结合东胜区实际,并经区编委2012年第一次会议研究决定,成立鄂尔多斯市东胜区图书馆(加挂鄂尔多斯市东胜区少年儿童图书馆牌子),为鄂尔多斯市东胜区文化局二级事业单位。

5月18日,图书馆开展礼仪知识培训。

5月26日至30日,全馆职工为老年活动中心分馆精心挑选了价值157 035.55元的5035册适合老年人阅读的图书。

5月31日是世界卫生组织发起的第25个世界无烟日,图书馆开展世界无烟日宣传工作,利用馆内宣传板报《无烟日》专栏大力宣传吸烟的危害,并组织职工集中学习,向读者发放宣传单,使广大少年儿童读者尽早培养远离香烟的意识,使成人读者认识到吸烟是多种疾患的行为危害因素。通过专栏教育和集中学习,使职工与读者直观了解了吸烟的危害,大家表达了对控烟活动的赞许和认同。

5月31日,图书馆党支部组织部分党员志愿者赴鄂尔多斯特殊学校,开展主题为"读书励志 放飞梦想"六一图书馆宣传、图书捐赠活动,全国文化信息资源共享工程东胜区支中心为特殊学校的学生们播放了励志影片。

图 1-60 "读书励志 放飞梦想"六一图书馆宣传活动现场

6月7日,根据关于成立鄂尔多斯市东胜区图书馆的通知,东胜区图书馆正式挂牌。

6月11日,图书馆开展"博爱一日捐"活动。

6月16日、17日两天,图书馆职工深入东胜区美食一条街开展电影播放活动,为群众播放两部喜剧电影《黄金大劫案》和《大武生》。

6月21日,图书馆组织人员整理图书。

6月30日,图书馆全体党员干部在科技少年宫参观红色经典记忆展览。在党支部书记王芳的带领下,图书馆党支部全体党员面向党旗庄严地重温了入党誓词,随后,一同唱响红色歌曲《没有共产党就没有新中国》。

7月3日,图书馆再次邀请 Interlib 软件公司的工程师到馆进行第二次培训。培训中,职工们结合实践操作中使用 Interlib 软件时遇到的问题,有针对性地请教工程师,与其共同讨论研究,最终将实际应用中遇到的所有问题予以解决。

7月26日,首届"九城宫"杯少儿书画大赛复赛在九城宫旅游景区开赛。活动由东胜区文化局主办,东胜区图书馆和九城宫旅游景区承办。此次活动以"热爱家乡 热爱大自然"为主题,旨在为顺应文化大发展、大繁荣的良好形势,进一步推进鄂尔多斯市国家公共文化服务体系示范区创建工作,丰富少年儿童暑期文化生活,为广大少年儿童书画爱好者提供展现自我价值的平台,提高其道德修养、艺术修养、审美情趣,积极引导少年儿童做一个有道德有理想的人,同时加强他们对家乡旅游文化的了解、认识与热爱。

8月6日至9日,图书馆参加由全国文化信息资源共享工程领导小组主办、文化部全国文化信息资源建设管理中心承办的全国"公共电子阅览室建设计划"百题知识竞赛活动。参加此次竞赛的有东胜区图书馆职工83人、各基层服务点24人。

8月20日,图书馆积极响应鄂尔多斯市创建国家公共文化服务体系示范区领导小组办公室、鄂尔多斯市文化局的号召,参加了全市公共文化服务体系建设知识竞赛活动。

8月30日,图书馆接待新疆团代表一行参观图书馆。

9月19日,图书馆在蒙古族第二幼儿园设立分馆,为其配送100册绘本读物供交换阅读。

9月10日,图书馆门户网站正式开通,网站分为八大板块、32个栏目,不仅涵盖了图书馆的各项工作内容,还内嵌了图书馆Interlib自动化管理软件的读者模块链接,并开通读者在线查询、续借、咨询、留言、微博互动等功能。

9月12日,东胜区人大常委会副主任李忠胜到图书馆调研。

9月15日至10月12日,图书馆在东胜区建立了7户图书馆基层服务点(文化户),其中罕台镇3户、铜川镇4户,并分别为每户配送图书300册,杂志7种,报纸5种。各户悬挂"东胜区图书馆服务点"的统一牌匾,从最贴近农民群众之处着手,以农村社会的最基本单元"户"为基点,选代表、建阵地、搞活动、做示范,以点带面推进农村文化阵地建设。

10月,为提高公共文化服务水平和服务能力,鄂尔多斯市政府统一为市内公共文化服务机构配送一批文化设备。图书馆将分配到的设备打造为汽车图书馆,并利用汽车图书馆走进各镇、街道、社区,开展移动阅读、移动办证、移动借还、消夏电影展播等服务。

10月,图书馆荣获鄂尔多斯市东胜区委组织部颁发的全市爱国歌曲大合唱优秀组织奖。

10月9日,著名毛体书法家、人物诗作家、学者黄振声老先生在鄂尔多斯市图书馆乔礼馆长的陪同下参观东胜区图书馆,并现场创作十余幅作品。

10月9日,图书馆成立林荫街道办事处益民社区分馆。

10月14日,图书馆迎接东胜区文化局考核组对图书馆目标责任制完成情况的验收。考核小组在听取馆长王芳对图书馆工作总结汇报之后,查阅了工作档案资料,并对领导班子工作进行问卷调查。

10月24日至26日,由内蒙古图书馆培训中心、鄂尔多斯市图书馆联合举办的图书馆学专业(函授)研修班和图书专业继续教育培训班在东胜区图书馆正式开班。培训邀请包头师范学院王龙教授、李红权老师就《信息检索教程》《中国丛书综录》《图书馆学概论》及《基层图书馆信息资源建设与服务》等知识进行详细讲授。共有80余名来自各旗区的图书馆职工参加本届业务知识培训班学习。

10月31日,图书馆接待幼儿园小朋友来馆参观。

11月,由馆长王芳带队,东胜区图书馆组织人员到深圳图书馆考察学习。

11月上旬,图书馆组织员工到技工社区的图书阅读角开展业务辅导工作,帮助该阅读角完成近4000册图书的加工及上架工作。

11月7日,根据鄂尔多斯市文化局文件精神,图书馆负责全市"我心中的美猴王"少儿绘画大赛东胜区范围内的宣传及作品征集。随后,对区内20余所幼儿园及小学进行了重点宣传,张贴宣传海报80幅,发放宣传册3000多册。

11月14日,图书馆接收东胜区政协捐赠的2000余册图书。

11月20日,为进一步完善图书馆门户网站,更好地服务读者,东胜区图书馆邀请倚天网络技术公司职工对馆内负责网站建设、微博更新及电子阅览室管理的相关人员进行网络技术培训,丰富其相关业务知识。

11月20日至24日,2012年中国图书馆年会在广东省东莞市举办,图书馆组织馆员参加年会。年会以"文化强国——图书馆的责任与使命"为主题,汇集国内外图书馆领域的从业人员、管理者、专家学者及相关企业负责人,总人数超过2000人,参展企业达数百家。

12月8日,图书馆成立考核督查小组,通过问卷形式对各社区阅读角包片干部进行走访摸底了解。

12月15日至20日,图书馆遵照按需设岗、职工自主报岗、超编人员考试上岗原则,进行全馆职工选岗、定岗,并对各科室副主任进行公开竞聘,最终确定各科室的人员及科室副主任人选。

12月25日,图书馆按照东胜区文化局下达的工作任务,派出三位副科领导对公园街道办事处通顺社区的三户贫困户开展"帮扶联系"工作,为每户送去米、面、油等生活用品和500元慰问金。

12月25日,图书馆组织员工开展民主生活会。

是年,图书馆将原先使用的ILAS小型版图书管理软件升级更换为Interlib图书自动化管理软件,实现馆藏文献智能化管理。

是年,图书馆馆藏图书达658 517册;新增读者571人,持证读者达14 317人;接待到馆读者39 659人次,印本借阅92 314册次;服务人口为602 300人;馆外流通点共20个,其中分馆11个、基层服务点(文化户)9个。11个分馆分别是蒙古族第二幼儿园分馆、东胜区第四小学分馆、东胜区培正中学分馆、益民社区分馆、团结社区分馆、东胜区滨河小学分馆、兴业社区分馆、第一幼儿园分馆、金融广场幼儿园分馆、老年活动中心、东胜区委宣传部分馆。9个基层服务点(文化户)分别是铜川杨文清、铜川曹俊丽、铜川赵秀莲、铜川王埃锁、罕台王振华、罕台郝峨山、罕台崔彦桂、泊江海张兰香、泊江海高围九。

是年，为创建国家公共文化服务体系示范区，鄂尔多斯市东胜区着力对所辖 11 个镇、街道办事处、53 个社区、35 个行政村进行软硬件设施的全面打造。作为其中一项基本工作，文化信息资源共享工程基层服务点也进行了全面建设及改善，各服务点的人员、硬件设施、场所面积等方面均得到进一步完善。

2013 年

1 月至 2 月，图书馆利用各中、小学寒假时间在电子阅览室组织开展第二期计算机培训活动，此次活动为期 24 天，免费面向未成年人开放，共有 35 位小朋友参加此次培训。

1 月至 4 月，为使各图书室在公共文化服务体系示范区创建工作中不受影响，使基层图书室实现规范化管理，图书馆主动承担对东胜区 3 个镇(罕台镇、铜川镇、泊尔江海子镇)和 8 个街道办事处(富兴街道办事处、建设街道办事处、林荫街道办事处、巴音门克街道办事处、诃额伦街道办事处、天骄街道办事处、公园街道办事处、交通街道办事处)文化站共计 33 000 册图书进行整理，并对管理员进行辅导。

1 月 27 日，2013 年"东方韵"鄂尔多斯地区名家书画、剪纸作品邀请展暨元宵节创作笔会在东胜区图书馆举办。

1 月 29 日，图书馆成立前进社区分馆，并为其授牌，赠书 2000 册，其中少儿读物 719 册、成人读物 1281 册。

2 月 16 日，图书馆启动元宵节图书展销活动。

2 月 17 至 24 日(农历正月初八至正月十五)，为弘扬优秀民族文化和地方文化，打造地方文化品牌的同时丰富市民节日文化生活，向广大青少年普及健康、丰富、充满文化色彩的过节方式，图书馆举办 2013 年"万家乐"元宵文化节少儿文娱活动，主要包含"中华德育故事"放映、青少年书法比赛、绘画比赛、少儿游艺活动、亲子游戏、猜灯谜 6 项活动。参加活动的青少年及家长达千余人。活动最后评选出绘画比赛青少年组一等奖 1 名，二等奖 2 名，三等奖 3 名；儿童组一等奖 1 名，二等奖 1 名，三等奖 2 名；书法比赛软笔组、硬笔组各一等奖 1 名，二等奖 2 名，三等奖 3 名；其他凡参与活动者都给予鼓励奖。活动邀请到的评委有：中国美术家学会会员、内蒙古美术家协会顾问剧宝科，东胜区美术书法协会副主席杨惠成，东胜区文联美术馆馆长刘元缙，东胜区书法美术协会会员付文龙。

图 1-61　2013 年"万家乐"元宵文化节少儿文娱活动

2 月 21 日至 3 月 3 日,图书馆在青铜文化广场举办"万册公益图书展"。

3 月 1 日至 6 月 1 日,图书馆举办成人计算机基础知识免费培训班,共有 100 余名成年人报名参加了培训,取得结业证书。学员们授予图书馆一面"全心全意服务读者"锦旗。

3 月 16 日,图书馆成立东胜区鸿波小学分馆,为其配备儿童图书500 册。

4 月至 7 月,图书馆对科技少年宫大楼的馆舍进行场馆改扩建及智能化系统升级。图书馆创新引入 RFID(无线射频识别)技术,实现图书防盗检测,实现读者自助借还,使图书馆的管理和服务从自动化迈向智能化。

4 月 4 日,为缅怀革命烈士,弘扬和培育革命烈士精神,继承发扬革命传统,图书馆组织部分干部职工在革命烈士塔进行祭扫纪念活动,增强广大干部职工的爱国热情。

4 月 6 日至 7 日,图书馆利用文化信息资源共享工程资源,开展为期两天的"少儿交通安全知识"系列视频展播活动,共有 200 余名小朋友参加活动。

4 月 7 日至 17 日,图书馆响应上级部门号召,组织全体职工参加义务植树活动。

4 月 12 日,包头市图书馆馆长带队到图书馆参观,由馆长王芳等陪同接待,双方就图书馆的建设、馆藏发展、功能布局、业务活动的开展等内容进行交流。

4 月 20 日,图书馆完成第五次评估的自评估工作。以公共图书馆第五次评估定级县级图书馆评估标准为依据,经过严格自查,东胜区图书馆的自评得分为:设施设备得分143分,经费与人员得分140分,文献资源得分156分,服务工作得分286分,协作协调得分80分,管理与表彰得分90分,重点文化工程得分90分,总计985分,7项县级一级图书馆必备条件均已具备。

4月23日,在第18个世界读书日到来之际,图书馆与鸿波小学分馆联手举办以"阅读,让我们的世界更丰富"为主题的世界读书日活动。

4月28日,金亦珂从林荫街道办事处益民社区调入东胜区图书馆工作。

5月初,图书馆成立纺织街道办事处兴业社区分馆,为其加工、配备图书2000册。

5月,图书馆在党政机关单位较集中的办公区域选取东胜区委宣传部、大型活动办公室两地,正式成立两个"图书流动点",并分别配送图书200册、500册。

5月4日,准格尔旗图书馆馆长带领全体馆员到东胜区图书馆参观,由馆长王芳等陪同接待,双方就图书馆的建设、馆藏发展、功能布局、业务活动的开展等内容进行交流。

5月7日,图书馆成立地方文献室,并从5月开始,在全区范围内面向党政机关、事业单位、社会团体及广大民众开展地方文献的征集工作。

5月8日,图书馆开展"世界微笑日"活动,共收集职工及读者"微笑照片"114张,通过加工制作,以幻灯片的方式进行循环播放,后期还录制了小读者寄语。

5月10日至11日,图书馆组织人员参与在鄂尔多斯市图书馆报告厅举办的图书馆学基础业务知识、公共电子阅览室监控管理系统及文化信息资源共享工程技术人员培训。此次培训特邀内蒙古图书馆文化信息资源共享工程技术指导张志军和鄂尔多斯市图书馆乔纪娟就图书馆学基础业务知识、公共电子阅览室监控管理系统、公共图书馆服务、图书馆宣传推广和阅读促进等方面内容进行讲解,共有来自各镇、街道办事处文化站及村、社区文化室的100余名图书管理员、公共电子阅览室管理员及文化信息资源共享工程技术人员参加此次培训。

5月12日起,图书馆每天开放时间由原来的8小时延长为12小时,即从8:30至20:30。由此,图书馆每周免费开放时间由56小时延长至84小时,并顺利在短时间内完成由对少年儿童读者服务变为向少年儿童和成人读者共同服务的过渡。

5月的最后一周为图书馆服务宣传周,图书馆在宣传周期间开展系列活动,主要包括:向广大青少年及社会读者推荐30种优秀电子读物;针对电脑培训班学员开展的"比比谁最快"打字竞赛活动;为丰富中老年人业余文化生活开展的"关爱老人健康,重温红色经典"主题电影放映活动,为东胜区松龄苑老年活动中心的老年人放映爱国电影《1942》;与培正中学分馆共同开展的"与经典同行,与名著为伴,环保节约,复兴中华,从我做起"朗读与演讲比赛。

6月8日,为进一步推进图书馆读者服务体系建设,方便读者了解、利用公共图书馆资源,图书馆正式开通微信公众平台。

6月9日,由东胜区文化局、东胜区教育局牵头组织,东胜区图书馆承办的"诵读经典诗文,传承华夏文明"端午节经典诗文诵读活动在鄂尔多斯广场正式举行。

6月10日,图书馆举办"满城书香飘东胜 共享文明阅读"爱心图书接力活动,并在馆内长期开展此活动。据活动统计,共397人参加交换阅读,交换图书1379册,接受捐赠图书90册。

6月10日至9月中旬,图书馆在鄂尔多斯广场举办"图书节"活动。

6月15日,图书馆举办"十佳阅读少年"表彰活动,根据小读者们2012年全年的图书借阅次数,评选出10名优秀小读者,并给他们颁发荣誉证书及购书卡。

6月下旬,图书馆党支部委员会召开会议,专题研究新党员发展及优秀党员推选工作,确定1名入党积极分子,有1名积极分子转为预备党员,1名预备党员转为正式党员,并推选优秀党员3名。

7月,图书馆被中共鄂尔多斯市东胜区委员会评为"先进基层党组织"。

7月8日,图书馆场馆改扩建及智能化系统升级正式完工,面向读者开放。改扩建完成后,馆舍面积增至2520平方米,服务窗口增至10个;开通百兆宽带网络,并实现无线网络全覆盖;安装自助借还机、自助办证机、自助查询机等智能化设备;采购4台24小时街区自助图书馆。

7月10日至8月下旬,图书馆利用汽车图书馆及文化信息资源共享工程的资源开展流动服务。汽车图书馆配备了图书、期刊、报纸近600册,白天深入各社区为居民提供上门借阅服务,晚上则利用共享工程资源为居民播放《致我们终将逝去的青春》《证人》《第101次求婚》等热门影片。期间共开展活动38次,受益人数达3500余人。

7月16日,由鄂尔多斯市文化局主办的"文化有你更精彩"文化志愿服务活动在康巴什隆重举行。图书馆通过展览和宣传的方式积极参与此次文化志愿服务活动。

7月18日,图书馆设在科技少年宫大楼楼下、联邦大厦门前的两台24小时街区自助图书馆正式启动。

7月19日,图书馆在鄂尔多斯市民政福利中心成立民政福利中心分馆,为其加工、配备图书2000册。

7月21日至27日,图书馆网络信息中心副主任郝文祥到山东大学参加"2013年度全国文化信息资源共享工程建设专题培训班"。

7月24日至26日，为巩固职工 Interlib 图书软件操作，图书馆邀请 Interlib 软件开发公司工程师来馆进行软件学习培训。

7月26日，图书馆党支部组织开展"颂建党伟业，创健康生活"系列活动，热烈庆祝中国共产党成立92周年。

8月2日，图书馆组织开展"绿色上网百名读者签名"活动，共106名读者参加此次活动。

8月15日，图书馆特邀内蒙古自治区宣玖防火知识宣传中心张帅奇教官来馆，进行消防知识普及专题讲座，图书馆全体馆员参加这次讲座。

8月18日，图书馆开展"绿色你我他，低碳靠大家，废物再利用，环保从小抓"亲子实践活动，共9组家庭参加本次活动。活动最后评选出最佳创意奖1名、最佳环保奖2名、最佳制作奖3名及优秀奖3名。

8月20日，图书馆民政福利中心分馆正式挂牌。根据福利中心的老人及儿童的阅读需要，共配送文史、保健类和少年儿童绘本图书1500册及期刊和报纸15种。

8月20日，图书馆在东胜区消防二中队设立图书流动点，并为其配送200余册适合官兵阅读的政治、军事、人文、历史等方面的图书和期刊，受到官兵们的一致好评。

8月23日，图书馆党支部举办"道德讲堂"活动。本次道德讲堂设有自我反省、唱歌曲、学模范、诵经典、发善心、送吉祥6个环节，通过"身边人讲身边事、身边人说自己事、身边事教身边人"的方式，引导全体干部职工做好事、做善事、当好人，在全馆营造重道德、守情操、讲文明、树新风、促和谐的浓厚氛围。

8月25日，图书馆开展以"大书迷，小书虫"为主题的亲子图书互荐故事会活动，共有10组家庭报名参加。

8月底，图书馆设在铁西公园北门、林荫广场西南角的两台24小时街区自助图书馆开始运行。

9月，图书馆被中共鄂尔多斯市委员会、鄂尔多斯市人民政府评为全市文明单位。

9月15日，图书馆在成人借阅室特别设立了"廉政专栏"，共采购图书54册，内容主要涵盖廉洁政治、拒腐防变等党员干部应遵守的基本要求，以提醒广大读者和党员干部时刻铭记廉洁奉公、遵章守纪。

9月17日，东胜区第四小学分馆被撤销。

9月18日，图书馆与鄂尔多斯市图书馆、民政福利中心分馆联合举办主题为"缘聚中秋　福临老年"中秋节活动，为43位老人们送去月饼、水果，并举办趣味游艺节目及精彩的现场书法创作活动，与他们共度中秋佳节。

9月22日，图书馆为东胜区26家草原书屋配送图书，以补充其藏书量,更新书目类别,丰富藏书体系,本次配书结合前期对各草原书屋摸底资料及居民阅读需求,共配送图书2565册,价值65 000余元,涉及文学艺术、少儿读物等多个类目,内容丰富,题材新颖。

10月,经东胜区政府批准,图书馆采购民国学术经典补遗图书3288册、价值168 000元。

10月1日至7日,图书馆利用文化信息资源共享工程资源开展精彩影片放映活动,内容以爱国主义教育影片为主,同时涵盖科幻片、动画片等多种类型,在节日期间充分满足各年龄段读者的观影需求。

10月8日至12日,副馆长刘桂琴带领图书馆4名业务骨干到苏州参加由中国图书馆学会举办的"城市图书馆服务体系建设研讨班(苏州班)",主要学习内容有:我国公共图书馆服务体系建设、苏州图书馆总分馆制建设与服务、嘉兴市城乡一体化公共图书馆服务体系建设、城市图书馆的"第三文化空间"。

10月8日至11月30日,图书馆开展中老年人计算机知识培训班,有44位中老年人报名参加,其中年龄最大的83岁,最小的41岁。

10月11日至12月30日每周五,为使职工进一步巩固核心业务知识,图书馆邀请鄂尔多斯市图书馆老师讲授图书分类知识和编目知识,全馆职工脱产参加培训。

10月17日,图书馆党支部组织东胜区第一幼儿园小朋友们来馆参观。党员志愿者带领小朋友们有序地参观了馆内公共电子阅览室、采编室、儿童外借室等各个功能区。

10月21日,乌兰察布市集宁区图书馆馆长带领全体馆员到东胜区图书馆参观,由馆长王芳等陪同接待,双方就图书馆的建设、馆藏发展、功能布局、业务活动的开展等内容进行交流。

10月30日,图书馆党支部组织实施"党员干部下基层联系服务群众"行动。党支部书记带领20名党员志愿者深入公园街道办事处通顺社区,对6个结对帮扶户开展走访基层帮扶活动。

截至10月,图书馆对各镇、街道办事处文化站、村、社区的图书室、公共电子阅览室、草原书屋及各分馆、社区阅读角、图书流动点共进行基层业务辅导520次,整理图书80 500册,推动了各基层图书室和公共电子阅览室规范化管理。

11月2日,文化部以文公共发〔2013〕52号文件向全国各省、自治区、直辖市文化局下发《文化部关于公布第五次公共图书馆评估定级上等级图书馆名单的通知》,鄂尔多斯市东胜区图书馆被正式评定为"国家县级一级图书馆",并获颁证书和牌匾。

11月2日,图书馆党支部召开"转变工作作风 提升服务水平"专题民主生活会,围绕保持党员队伍的先进性和纯洁性,以反对"四风"、服务读者为重点,紧密联系思想、作风和工作实际,由党支部书记带头,以整风精神开展批评与自我批评。

11 月 5 日至 7 日,由内蒙古图书馆培训中心、包头师范学院与鄂尔多斯市图书馆联合举办的全区第六届图书馆学专业本科(函授)研修班暨2013 年度图书馆业务继续教育培训班在东胜区图书馆正式开班,共有128 名来自各旗区图书馆、基层图书室管理员及东胜区图书馆分馆管理员积极报名参加了培训。培训内容主要有"图书馆学概论""基层图书馆信息资源建设与服务""信息检索"。

11 月 7 日至 9 日,2013 年中国图书馆年会在上海浦东举办,馆长王芳带领 1 名业务骨干赴上海浦东参加中国图书馆年会。年会主题为"书香中国——阅读引领未来",会议吸引了国内外 3000 余名图书馆业人士共聚一堂,探讨未来图书馆模式。

11 月 9 日至 11 日,馆长王芳带领 1 名业务骨干赴杭州参加公共图书馆服务体系建设研讨会。

12 月 2 日至 6 日,图书馆派出杭霞、聂慧 2 名职工赴广东佛山市图书馆参加由中国图书馆学会举办的城市图书馆服务体系建设研讨班(佛山班)。主要学习内容有:城市图书馆的流动服务、深圳图书馆城建设、城市图书馆的多元化服务、东莞城乡一体化图书馆服务体系建设、佛山图书馆总分馆制建设、公共图书馆的规划与实践——香港公共图书馆的设置和服务。

是年,以创建国家公共文化服务体系示范区为契机,图书馆进行馆舍改扩建,使馆舍面积达到 2520 平方米,采购计算机、24 小时街区自助图书馆等设备,加快数字图书馆建设进程,按要求完成了"创建公共文化服务体系示范区""申报国家县级一级图书馆""申报市级文明单位""创城"等资料整理、上报及创城志愿者服务工作,顺利通过检查验收,在公共图书馆第五次评估定级中被评为"国家县级图书馆一级图书馆"。较改扩建前,图书馆流通人次、册次均有大幅提高,平均每天流通 230 余人次、510 册次,是改扩建前的 2 倍;已运行的 4 台 24 小时街区自助图书馆共流通图书 16 519 册次,办理读者证 653 个。此外,为建立有效的读者沟通机制,提升读者满意度及建立图书馆创新岗位管理机制,图书馆还新设立阅读导读岗,并聘用专职人员,推动图书馆服务。

馆藏建设方面:图书馆 2013 年图书新增 10 135 册,报刊新增 1432 册,盲文图书新增 270 册,古籍新增 3288 册,视听文献新增 4417 件(套);电子图书方面,新增电子图书 5000 册和文化信息资源共享工程的共享电子图书 5325 册,其他电子资源新增 19 104 册。根据馆藏量统计,2013 年,图书馆文献总藏量为 728 888 册,其中,馆藏图书约 710 000 册(包含中国光华科技基金会捐赠的未加工图书在内)。

服务效能方面:2013 年,图书馆服务人口为 605 700 人;截至 2013 年底更换、办理读者证 3787 个,持证读者达 15 066 人;年内共接待读者 446 410 人次,印本借阅 335 159 册次。为读者举办的各种活动中,共组织各类讲座 20 次,共 4347 人次参加;举办展览 6 次,1954 人次参观;举办培训班 30 次,854 人次参与培训。图书馆拥有 110 台计算机,其中供读者使用的为 51 台。图书馆网站访问量达 29 474 人次。

是年,图书馆获得财政补贴收入 1037.8 万元,其中购书专项经费 17 万元;资产总计为 1078.6 万元,其中固定资产原值为 813.2 万元;图书馆实际使用房屋建筑面积为 2520 平方米,其中书库面积 200 平方米,阅览室面积 479 平方米(其中书刊阅览室面积 316 平方米、电子阅览室面积 163 平方米);拥有阅览室座席 108 个,其中,少年儿童阅览室座席 51 个、盲人阅览室座席 11 个。

人才培养方面:2013 年,图书馆 1 人晋升研究馆员(正高),1 人晋升副研究馆员(副高),2 人晋升图书馆员(中级职称),36 人评为助理馆员。至此,图书馆有从业人员 114 人,其中专业技术人才 58 人(包括正高级职称 1 人、副高级职称 4 人、中级职称 9 人、初级职称 44 人)。图书馆还鼓励职工积极撰写、发表专业论文,2013 年共发表论文 9 篇,其中国家级 6 篇、自治区级 1 篇、市级 2 篇。

基层党建和精神文明建设工作方面:2013 年,图书馆扎实开展创先争优工作,加强学习型党组织建设,夯实支部党建各项工作,共上报党建信息 20 条;党风廉政建设和机关行政效能建设效果显著,共上报党风廉政信息 13 条;精神文明创建活动有声有色,及时上报了精神文明信息 51 条,并于当年 9 月被正式授予"市级文明单位"称号。

宣传方面:2013 年,图书馆共发表新闻稿件 44 篇,分别为《内蒙古日报》1 篇、《内蒙古法制报》1 篇、《鄂尔多斯日报》8 篇、《鄂尔多斯晚报》15 篇、《东胜报》15 篇、《东胜文化报》4 篇;电台、电视台市区报道 14 篇;网站报道 29 篇,其中国家文化部 2 篇、国家数字文化网 1 篇、自治区级网站 6 篇、市级网站 8 篇、东胜区级网站 8 篇、其他网站 4 篇。

服务体系建设方面:2013 年,图书馆选取东胜区委宣传部、大型活动办公室、东胜区档案局、东胜区卫生局及东胜消防二中队 5 处新建了 5 个机关图书流动点,平均配送图书 500 册。截至 2013 年底,东胜区图书馆已在馆外共设立流通点 26 个,其中包括分馆 12 个、基层服务点(文化户)9 个、机关图书流动点 5 个。12 个分馆分别是:东胜区第四小学分馆、和顺社区分馆、民政福利中心分馆、东胜区培正中学分馆、益民社区分馆、团结社区分馆、东胜区滨河小学分馆、东胜区鸿波小学分馆、前进社区分馆、兴业社区分馆、第一幼儿园分馆、金融广场幼儿园分馆。此外还设立了 11 个"文化局社区阅读角",由图书馆负责统一管理、指导、督促、落实,为各社区阅读角订购5种报纸、20种期刊,总价17 340元,在管理方式上采取干部包片制,每人负责1个社区,每周督察1次。全年馆外流通11 264人次,图书借阅104 732册次。

文化信息资源共享工程建设方面:2013年,东胜区支中心利用文化信息资源共享工程资源,每周六、日在阵地开展优秀电影展播活动,播放《中华德育故事》等教育、励志类影片69场次,共接待观众2647人次;充分发挥支中心职能,及时接收、整合资源,为各基层服务点下放数字资源4TB,发放光盘102张。在馆外原有11个文化信息资源共享工程基层服务点的基础上,又在公园街道、纺织街道、民族街道、兴胜街道新成立4个文化信息资源共享工程基层服务点。这15个文化信息资源共享工程基层服务点积极利用文化信息资源共享工程资源开展丰富多彩的活动,至2013年10月底共上报活动信息91次。

2014年

2014年,鄂尔多斯市决定选派10名优秀专业文化人才到杭锦旗开展"三区"文化人才支援服务工作。东胜区图书馆选派孙萌同志到杭锦旗文化局从事文化支援服务工作,服务时间为两年,自2014年1月起至2015年12月止。

1月10日,图书馆进行2013年度各科室及全体在岗职工岗位责任考核,考核最终评选出优秀科室1个:办公室;优秀职工3名:张婧怡、杭霞、李海霞。

1月15日至2月14日,图书馆举办"天马行空创新意 欢天喜地庆元宵"创意花灯活动,共有51盏花灯参展。此次活动评出一等奖1名、二等奖2名、三等奖3名、优秀奖6名。

1月15日至2月14日,东胜区图书馆举办"赏年俗、知年俗、续年俗"为主题的年俗展活动。

1月18日,图书馆举办"易明易了议人生 趣味趣事驱忧愁"为主题的亲子故事会比赛,共有13组家庭踊跃报名参加,其中最大的孩子13岁,最小的只有8岁。最终白雨情家庭获得一等奖,霍怡璇等5组家庭分别获得二、三等奖,参赛选手均获得鼓励奖。

1月24日,图书馆开展科室副主任竞聘演讲。

2月7日,图书馆举办"青春无极限 元宵乐翻天"小学生电脑益智游戏比赛。

2月8日,图书馆举办以"爱在一起 快乐起航"为主题的亲子活动。活动主要以亲子互动游戏为主,分为"心有灵犀""我来比画你来猜""爆爆气球""抢板凳""水果蹲"五大板块。共有近30组家庭报名参加。

图 1-62　"爱在一起　快乐起航"亲子活动

2 月 9 日,图书馆举办"青春风采,我最闪亮"小学生知识竞赛。此次活动共有 11 所小学参加。最终,东胜区第二小学获得一等奖,东胜区第五小学获得二等奖,东胜区第八小学获得三等奖。

2 月 10 日,图书馆举办"夕阳无限好　快乐不掉队"中老年人电脑打字比赛。本次比赛共有 21 名中老年朋友参加比赛,并评出一、二、三等奖各 1 名。

2 月 11 日,图书馆举办"指尖溢出梦想,行动创作文化"小材大用环保主题服装秀。共有 26 位小朋友报名参加服装秀,同时邀请到蒙古族第二幼儿园的小朋友和家长展示蒙古族特色服装。比赛评出一、二、三等奖各 1 名。

2 月 12 日,图书馆举办"其乐融融庆元宵,色彩斑斓画月盘"手工制作活动,近 50 名小朋友报名参加此次活动。最后由现场观众投票评选出"最美小画家"3 名、"优秀小画家"5 名。

2 月 13 日,图书馆"回顾抒豪情　展望催奋进"经典诗文诵读活动拉开序幕。比赛通过语速、情感、节奏三方面最终评选出一、二、三等奖各 1 名。

2 月 13 日至 14 日,图书馆在三楼走廊悬挂出 200 余条谜语供广大市民朋友猜赏,谜语涉及文学、地名、生活常识等各个方面,猜中者获得奖品一份。

2 月 28 日,内蒙古乌海市图书馆馆长带领全体馆员到东胜区图书馆参观,由馆长王芳等陪同接待。双方就图书馆的建设、馆藏发展、功能布局、业务活动的开展等内容进行了交流。

3 月,馆长王芳公布了各科室新竞聘副主任人员名单。李俊梅、王艳任采编室副主任,刘一帆、任慧杰任网络信息中心副主任,郝晓华任财务室副主任,刘弈鸿任成人借阅室副主任,冯春燕任儿童阅览室副主任,松德日任儿童外借室副主任,程洁任地方文献室副主任,刁娅鑫任馆外流通室副主任,聂慧任辅导培训室副主任。

3月7日,图书馆召开党的群众路线教育实践活动动员大会。

3月15日,图书馆举办以"3·15保护消费者合法权益"为主题的亲子手绘T恤活动。此次活动共有30余组家庭前来参加。

3月15日,图书馆举办"讲故事·畅阅读——绘本乐翻天"活动。最终在17名表现优秀的参与者中选出"最佳语言奖""最佳形象奖""最佳表演奖"各1名。

3月19日,图书馆派出刘一帆参加由国家文化部全国公共文化发展中心举办的"2014年度文化共享工程暨公共电子阅览室市县骨干培训班"。

3月22日,为进一步践行党的群众路线教育实践活动,响应习近平主席提出的"爱读书、读好书、善读书"全民阅读号召,东胜区图书馆举办"读名著,享经典"读书交流活动。

3月28日,东胜区图书馆组织开展"读者工作"业务知识培训,由鄂尔多斯市图书馆边娜主讲如何为读者工作,以此提高基层图书室业务人员业务水平。

4月,图书馆引进少年儿童多媒体图书馆网络自主学习机。

4月1日,图书馆召开党的群众路线教育实践活动征求意见座谈会,座谈会邀请了东胜区文化局领导、退休老党员、分馆、社区阅读角、基层服务点相关负责人及读者代表,馆内科室主任以上管理人员参加了会议。

4月1日,"阅读与我同行 智慧成就梦想"东胜区第一届读书节全面启动,9月底结束。活动期间,图书馆组织开展六大系列的主题活动近80次,累计接待读者近3万人次,使活动达到"周周有亮点、月月有精彩、人人可参与"的效果。

4月1日,作为东胜区第一届读书节的一项主题活动,东胜区图书馆汽车图书馆的"家门口阅读"服务正式启动。自启动后服务从未间断,深入学校、社区、广场等人流密集地共61处,包括针对性回访服务在内共流动服务192次,办理读者证1649个,借还5679册次,服务近5万人次。

4月4日,根据鄂尔多斯市东胜区委办公室、区人民政府办公室关于印发《东胜区歌舞剧团文化体制改革实施方案》的通知(东党办发〔2012〕3号),鄂尔多斯市东胜区歌舞剧院刘翻云、赵乃、董巧君等43名同志的编制调制至图书馆,工作岗位仍保留在原单位。

4月5日至5月25日,图书馆第三期免费计算机培训班正式举办,主题为"习一技之长 得十分知趣",培训对象为成人,培训为期51天。

4月11日,包头市图书馆馆长带领全体馆员到东胜区图书馆参观,由馆长王芳等陪同接待。双方就图书馆的建设、馆藏发展、功能布局、业务活动的开展等内容进行了交流。

4月20日,图书馆开展"科普知识知多少"青少年科普知识讲座活动。

4月20日,图书馆举办以"多读书 巧动手 秀童趣"为主题的创意手工制作活动,共有40余名小朋友参加。

4月26日,"阅读传递青春正能量"有奖征文活动颁奖仪式在东胜区图书馆举行。"4·23"世界读书日和东胜区图书节期间,东胜区图书馆与培正中学联合举办此活动。

5月4日开始,因进行图书整理、设备检修以及职工学习活动,图书馆于每周二闭馆一天。

5月8日,图书馆为金融广场幼儿园分馆配送儿童绘本100册,为蒙古族第二幼儿园分馆配送100册儿童绘本及100册成人书籍。

5月11日,在母亲节来临之际,共有30余名读者参加东胜区图书馆举办的"浓情五月 拥抱母亲"创意电子贺卡制作活动。

5月11日,图书馆举办"读绘本·译故事"亲子表演活动,此次活动共有14组家庭报名参加。

5月14日,图书馆为民政福利中心分馆更新图书500册,并根据老人们的需求,配备饮食保健、养生类期刊近200册,装订报纸10本。

5月14日,图书馆在鑫海颐和院养老院成立鑫海颐和院分馆,首次配送各类图书930册、期刊180册、装订报纸10本。

5月17日,图书馆举办"普通话我最棒"诵读比赛,此次比赛共有31名小选手参加。

5月19日至5月21日,图书馆派出王芳、郝文祥、董育林三位同志赴包头市图书馆参加由文化部全国公共文化发展中心、内蒙古自治区文化厅、内蒙古包头市委市政府共同主办的"边疆万里数字文化长廊建设试点现场工作会"。

6月,图书馆万盛社区分馆正式成立,成为东胜区图书馆第14个分馆,配备图书500余册。

6月3日,图书馆组织开展报纸期刊管理业务知识培训,由鄂尔多斯市图书馆杨爱平主讲,主要为报纸期刊的征订、记到、装订等日常工作的经验交流,以此提高基层图书室业务人员业务水平。

6月15日,图书馆举办"小图书你别哭"书籍保护活动,有近30位小读者修补了42本图书。

6月15日,图书馆开展"分享精彩 共享快乐"易拉罐创意手绘活动。读者们以"生命科学"类目中丰富多彩的资源内容为灵感,通过在易拉罐上手绘图案的形式,表达自己对"生命的色彩"的理解。

6月27日,由馆长王芳、副馆长杭霞带领12名馆员赴包头市图书馆参加"图书馆发展热点问题和第三文化空间"专题知识讲座,主题为"打造国家公共文化服务体系示范区推进包头市文化繁荣发展"。

"七一"前夕,图书馆党支部组织党员干部走进鄂尔多斯市特殊教育学校,奉献爱心、传递温暖,为这里的学生们提供上门送书服务,切实解决他们阅读不便的问题,用实际行动践行党的群众路线。

7月至9月,图书馆利用共享工程资源开展消夏电影流动放映活动,共走进社区、广场等31地,放映《建党伟业》《环太平洋》等优秀电影38场次,服务3400余人次。

7月11日,图书馆第7个图书流动点——东胜区建设局图书流动点正式成立,共配送图书800册。

7月15日至8月15日,图书馆举办"阳光网络 快乐驿站"青少年数字资源暑期培训班。此次活动的目的是进一步推广图书馆优秀数字资源,宣传并提高"e线图情""知识视界""易趣少年儿童漫画馆""库克数字音乐图书馆"等数字资源在青少年群体的知晓率,使其利用率得到最大化。

7月15日,馆长王芳、办公室李海霞、采编室严娜和王艳一行去北京波士雅文化发展有限公司采购图书,此次共采购图书总价值231 713元,共3063种,约9190册。

7月18日,图书馆举办"我爱古诗词"填词活动。活动共设50首经典古诗词,分为5岁以下和5—9岁两组。小朋友们热情参与,现场气氛轻松活跃。

7月22日,由鄂尔多斯市委宣传部、鄂尔多斯市文化局主办,鄂尔多斯市图书馆承办,东胜区图书馆协办的"鄂尔多斯文化大讲堂"第五讲在东胜区图书馆顺利开讲。内蒙古作家协会会员、鄂尔多斯学研究会专家委员会委员甄达真讲授了"鄂尔多斯文化"。讲座以鄂尔多斯历史为出发点,对鄂尔多斯文化做了全面的阐述和解读。最后,甄达真将自著作品赠予图书馆,进一步充实了图书馆地方文献资源。

7月23日,图书馆举办"读好书我快乐 诗咏青春歌颂党"配乐诗歌朗诵比赛,共有20余位小读者前来参加。

7月24日,由馆长王芳带领东胜区图书馆3名业务骨干赴乌审旗图书馆参加鄂尔多斯市公共图书馆业务知识培训。

8月,图书馆对微信公众平台进行升级。全新的微信公众平台除了可以浏览图书馆定期发布的新闻动态和图书资源外,还新增了"借阅查询""资源推荐""服务公告"3个服务模块。读者只要轻松点击菜单就可获取内容,无须输入任何指令就能通过微信进行书目检索、读者借阅信息、图书续借等借阅查询服务,还可随时随地轻松掌握新书通报、借阅排行榜的资源推荐信息,足不出户体验图书馆数字化阅读推广服务。

8月7日,图书馆成立连环画室,并于8月14日面向读者免费开放。连环画室藏有连环画1036种,共1045册,内容包括纪念改革开放30周年优秀连环画作品选、庆祝中国共产党成立90周年百种红色经典连环画、中国古典名著连环画、经典传统连环画选本、志愿军英雄传画库等。

8月15日，图书馆邀请著名书画家、中国工艺美术家协会会员、南京林业大学艺术学院尹安石教授莅临图书馆参观指导并现场创作，为图书馆留下珍贵墨宝。

8月17日，图书馆举办"一本书、一句话、一摄影"倡议活动，以读者相互推荐一本好书或一段美文的方式，倡导全民阅读。

8月20日，为满足不同学历、不同年龄人群的学习需求，图书馆新增多种数字资源："上页百科视频""时夕乐听网""时夕乐考网""时夕乐学网"，"上页百科视频"资源整合收录约20 000多条视频，内容涵盖科学、文化、历史、地理、军事、经管、艺术、任务、法律、体育等；"时夕乐听网"覆盖30余个大门类、11个系列经典和流行的有声读物。

8月28日，图书馆党支部召开党的群众路线教育实践活动专题组织生活会。东胜区委第七督导组组长赵海荣、东胜区文化局分管联系领导袁成副局长及局相关职工出席会议，东胜区图书馆党支部全体党员参加会议，入党积极分子及读者代表列席会议。会议由东胜区图书馆党支部书记王芳主持。

8月，图书馆开始招募"小小图书管理员"到馆开展志愿服务活动，第一期共招募8至16岁志愿者20名，分4批开展为期一个月的志愿服务活动，体验公益服务的乐趣。通过参观图书馆各业务科室，熟悉图书馆日常管理和服务工作，了解相关规章制度，并由职工手把手指导排架、上书、借还书等操作流程，小志愿者们在短时间内迅速成为合格的"小小图书管理员"。

图1-63 小小图书管理员

9月，图书馆针对10个街道、社区的文化信息资源共享工程公共电子阅览室工作人员开展"服务见行动　辅导一对一"培训活动,一对一辅导公共电子阅览室操作人员掌握文化e管家相关软件功能、操作方法、维护修复系统损坏及升级更新软件,确保各公共电子阅览室正常运行。

9月,图书馆采购各类新书2800余种,共8500余册,包括医学、文学、哲学、宗教、教育、经济、法律、政治、语言、艺术、计算机应用等;新增党的群众路线、经典红色电影、优秀国内外电影、电影名曲等系列非书资源共209种,600多张光盘。

9月,图书馆利用全国文化信息资源共享工程资源举办"小小少年学习之旅"视频讲座共12场。

9月5日,为迎接第30个教师节,图书馆推出"最美的祝福献给最亲爱的您——'老师我想对您说'真心话征集活动",受到读者们的热情关注,有近40名中小学生读者参与其中,祝福老师,感恩老师。

9月10日至15日,图书馆程洁、李俊梅、王艳、冯春燕4名同志在包头市图书馆参加由全国图书馆联合编目中心与包头图书馆学会联合举办的"中文书目数据制作"培训班,由国家图书馆馆员万爱雯讲授。

9月18日,图书馆自编、自导、自演拍摄制作的首部图书馆题材微电影《遇见最美的你》发布。

9月19日,在全国第十七届普通话宣传推广周来临之际,图书馆携手培正中学分馆共同开展"诵读经典　传承文明　提升素质　爱我中华"经典诵读活动,共有400多人参加。活动旨在引导全校师生树立科学的语言观,增强师生说好普通话、写好规范字的意识,营造良好的语言氛围;同时通过诵读经典,让学生了解优秀的中华文化和民族精神,弘扬祖国优秀传统文化,增强民族自信心和自豪感。

9月20日,图书馆举办"心意卡片DIY"活动,活动共吸引近20名小读者报名参加。小朋友们积极发挥动手能力和想象力,用自己制作出的精美卡片向亲人和老师表达自己的心意。

9月23日,图书馆与鑫海颐和院养老院共同召开敬老茶话会,10名党员志愿者与100余位老人共度重阳佳节。

9月22日,图书馆参加由东胜区科协技术协会、教育局、科技局举办的"创新发展,全民行动"科普宣传活动。在活动中,图书馆志愿者向广大市民宣传科普知识,讲解图书馆职能、办证流程、馆藏资源等情况,发放了图书馆宣传册、"书香缘·梦空间"2014年读者活动手册及读者证办理须知等资料,发放量达100多册,接待咨询50多人。

10月,国家图书馆于2014年"世界读书日"期间开启的"图书馆故事随手拍"创意微视频大赛揭晓了获奖名单,共有来自全国各地图书馆的50余部参赛作品参与角逐,东胜区图书馆自编、自导、自拍的微电影《遇见最美的你》荣获机构组优秀奖。

10月10日,图书馆举办"我的中国梦"朗诵比赛。20名参赛选手用精彩生动的语言讲述自己对"学习与梦想"的理想,用真实的情感诠释自己对"中国梦"的美好憧憬,充分展示了新时代"中国少年强"的青春风采,使在场的每一位观众深受感染和震撼。

10月19日至24日,图书馆派业务骨干董育林赴浙江传媒学院学术交流中心参加"全市党员教育信息化骨干人员业务培训"。

10月26日,图书馆举办"狂欢万圣节,搞鬼乐翻天"少儿游艺活动,共有35名小朋友积极报名参加。

10月27日,东胜区滨河小学分馆被撤销。

11月9日,图书馆举办"我与图书馆"摄影活动,鼓励读者通过摄影的形式,展示阅读美好的瞬间,呼吁社会关注,倡导广大市民多读书、读好书、好读书。共有20余名读者主动参与此次活动,积极投稿。作品紧扣主题,展现了图书馆适宜阅读的场馆布置、读者阅读的精彩瞬间及职工优质服务的生动细节,从不同的视角诠释阅读与生活、读书与成长的互动关系。

11月11日,图书馆组织召开党的群众路线教育实践活动总结大会,深刻总结活动开展情况并开展民主评议工作。

11月17日至21日,由馆长王芳带领一名业务骨干赴杭州参加Inter-lib系统升级业务培训。

11月30日,图书馆"感恩的心·感谢有你"爱心接力真情传递活动正式结束。该活动原定于22日结束,但由于爱心人士不断赶来捐款,特延期至30日。活动共为患病儿童李涵宇筹集善款4029.80元,并在11月22日将首批捐款3530.30元交至被助人舅舅白卫东手中。随后,在12月1日,东胜区图书馆职工正式将11月23至30日筹集的499.50元捐款全部交至被助人李涵宇母亲白晓燕的同事(城管执法局二大队办公室主任魏振国及职工刘艳)手中,由他们将善款转交至被助人手中。

12月,图书馆采购文渊阁《四库全书》一套1500册、价值193 000元。

12月,图书馆被鄂尔多斯市文化新闻出版广电局评为"创建国家公共文化服务体系示范区先进集体"。

12月18日,蒙古族第二幼儿园分馆被撤销。

是年,服务体系建设方面:图书馆在馆外共设立流通点30个,其中分馆16个、机关图书流动点5个、基层服务点(文化户)9个。16个分馆分别是和顺社区分馆、民政福利中心分馆、东胜区培正中学分馆、益民社区分馆、团结社区分馆、东胜区滨河小学分馆、东胜区鸿波小学分馆、前进社区分馆、兴业社区分馆、第一幼儿园分馆、金融广场幼儿园分馆、鑫海颐和院分馆、万盛社区分馆、东胜区罕台镇新世纪小学分馆、东胜区第十二小学分馆、蒙古族第二幼儿园分馆。另设有社区阅读角10个、草原书屋26

个、万村书库 4 个、24 小时街区自助图书馆 4 台。2014 年,各馆外流通点流通 39 561 人次,借还图书 51 131 册次。其中,4 台 24 小时街区自助图书馆共流通图书 27 026 册次,办理读者证 712 个。此外,图书馆还对各镇、街道办事处文化站、村、社区的图书室、公共电子阅览室、草原书屋及各分馆、社区阅读角、图书流动点共进行基层业务辅导 819 次,整理图书51 612 册。

文化信息资源共享工程建设方面:2014 年,东胜区支中心下的 15 个文化信息资源共享工程基层服务点共上报活动信息 165 次;图书馆为基层服务点下放数字资源 1TB,发放光盘 200 张;利用阵地举办主题不同的视频展播活动共 172 场次,共接待观众 9820 人次。

馆藏建设方面:针对数字阅读、移动阅读等新型阅读方式越来越受读者欢迎的发展趋势,图书馆在 2014 年购置了少年儿童多媒体网络自助学习机、电子图书借阅机等数字阅读设备,并引进"蒙古族少年儿童动漫资源库""知识视界""易趣数字图书馆""易趣少年儿童动漫""超星汇雅电子图书""库克音乐""e 线图情"等 20 家数字资源,进一步充实馆内数字资源种类。2014 年,图书馆文献总藏量为 740 109 册,其中,馆藏图书约729 000 册(包含中国光华科技基金会捐赠的未加工图书 605 030 册在内)。

服务效能方面:2014 年,图书馆服务人口为 609 800 人,持证读者达22 247 人;总流通 496 600 人次,其中书刊文献外借人次 132 065 人次,书刊文献外借量为 344 347 册次。为读者举办的各种活动中,共组织各类讲座 24 次,共 3586 人次参加;举办展览 6 次,2043 人次参观;举办培训班10 次,810 人次参与培训。图书馆拥有 73 台计算机,其中供读者使用的为 50 台。图书馆网站访问量达 40 232 人次。

是年,图书馆获得财政补贴收入为 657.3 万元,其中购书专项经费23.2 万元;资产总计为 1000.3 万元,其中固定资产原值为 1000.3 万元;图书馆实际使用房屋建筑面积为 2520 平方米,其中书库面积 143 平方米,阅览室面积 623 平方米(其中书刊阅览室面积 460 平方米、电子阅览室面积 163 平方米);拥有阅览室座席 180 个,其中,少年儿童阅览室座席70 个,盲人阅览室座席 6 个。

媒体宣传方面:2014 年,图书馆共发表新闻稿件 53 篇,分别为《鄂尔多斯日报》15 篇、《鄂尔多斯晚报》18 篇、《东胜报》20 篇;电台、电视台市区报道 8 篇,网站报道 6 篇(其中国家级网站 1 篇、自治区级网站 1 篇、市级网站 3 篇、东胜区级网站 1 篇)。

学术研究方面:2014 年,图书馆共发表论文 8 篇,其中国家级 4 篇、自治区级 2 篇、市级 2 篇。

人才队伍建设方面:2014 年,图书馆 1 人通过转系(即专业技术人员转系列评审其他专业技术职务)评为图书馆员(中级职称),20 人评为助理馆员(初级职称)。至此,图书馆共有从业人员 105 人,其中专业技术人才 76 人(包括正高级职称 1 人、副高级职称 3 人、中级职称 9 人、初级职称 63 人)。

文化建设方面:2014 年,图书馆制定《东胜区图书馆党的群众路线教育实践活动实施方案》,扎实有序地开展党的群众路线教育实践活动;在 2014 年"晋位升级"工作中由八星荣升为九星级党支部;积极组织开展相关主题实践活动,共上报党建信息 21 条;积极开展新党员的发展工作,1 名重点培养对象转为预备党员,1 名预备党员转为正式党员;积极开展廉政文化建设工作,共上报党风廉政信息 12 条;积极开展各种群众性精神文明创建活动,及时上报精神文明信息 62 条。

2015 年

1 月 10 日,图书馆首次开办"大家一起学韩语"兴趣班,授课时间为每周六上午,使用教材为《标准韩国语》(第一册),授课老师为图书馆职工聂慧,共 20 余人报名参加。

1 月 13 日,图书馆进行 2014 年度各科室及全体在岗职工岗位责任考核,考核最终评选出优秀科室 1 个:办公室;优秀职工 3 名:金亦珂、王维宏、聂慧。

1 月 21 日,图书馆利用数字资源举办"乐儿科普知识挑战乐园"知识问答活动。52 名小读者通过观看动漫视频参与知识问答,这一寓教于乐的学习方式受到小朋友们的欢迎。

1 月 27 日,图书馆成功举办"满城书香·新年新 Young"图书馆新年茶话会暨颁奖典礼活动,图书馆各分馆、机关图书流动点等馆外流通点代表、社会各界读者代表及图书馆全体职工等 100 余人欢聚一堂,共同畅谈图书馆的发展前景。

1 月 16 日至 2 月 10 日,图书馆举办"我的安全 谁来保护"——"知识视界"安全与急救知识技能宣传教育活动,利用数字资源为读者普及自护自救知识和技能,受到市民广泛响应。

2 月的每周六、日,图书馆开展"佳片有约伴新岁 喜气洋洋迎金羊"电影展播活动,共播放 8 场电影,每次观影人数多达 32 人,参加人数共 256 人。

2 月 26 日,老年活动中心分馆因合同到期被撤销。

3 月的每周六、日,图书馆开展"修身行礼仪,养性重谦和"中华礼仪公益大讲堂活动,共播放 8 场,累计共有 275 人参加活动。

3 月 4 日,图书馆举办"三阳开泰春意闹,万户花灯元宵明"有奖猜谜活动。活动结合鄂尔多斯本土地方特色的原创谜语,吸引了不同年龄层次的 200 余名市民前来参加，欢度元宵佳节。

3 月 11 日至 13 日，由馆长王芳带领郝文祥、金亦珂、王维宏赴深圳参加 2015 年度全国基层文化队伍示范性培训班，学习广州图创 Interlib 第三代图书馆自动化系统总分馆运行模式。

3 月 16 日至 4 月 30 日，东胜区文化局选派东胜区图书馆员工杭霞参加东胜区委组织部举办的东胜区第十四期青年干部培训学习班。

3 月 18 日，呼和浩特市图书馆馆长带领全体馆员到图书馆参观，由馆长王芳等陪同接待。双方就图书馆的建设、馆藏发展、功能布局、业务活动的开展等内容进行交流。

3 月 29 日，图书馆组织职工及读者近 50 余人自己动手制作环保纸质菊花，为清明节"爱心菊花敬先烈"活动做准备，同时也以此表达自己的缅怀之情。

4 月的每周六、日，图书馆开展"走进网络时代·开启智慧之窗"视频讲座活动，共播放 8 场，累计共有 320 人参加活动。

4 月，图书馆为民政福利中心分馆交换配送 200 本图书。

4 月，图书馆为东胜区委宣传部机关图书流动点交换配送 88 册图书。

4 月，图书馆组织全体职工分批参加义务植树活动，用自己的实际行动为家乡添彩增绿。

4 月 3 日，图书馆党支部组织干部职工在烈士陵园开展"爱心相思菊 先烈精神代代传"清明祭奠活动。

4 月 8 日起，图书馆"习一技之长 得十分之趣"第四期成年人免费计算机培训班正式开班。当月累计报名参加 58 人次，根据报名读者的实际情况，分为零基础组与初级组，受到市民欢迎。培训班一直持续至 6 月 5 日。

4 月 9 日至 10 日，图书馆的 3 名副科干部参加东胜区妇联举办的全区妇女干部培训班。

4 月 11 日，图书馆的 3 名职工参加四十九期领导干部双休日讲座。

4 月 12 日，图书馆组织开展"亲子阅读推广"系列之亲子故事会活动，近 20 名小朋友和自己的爸爸妈妈参与到这场精彩有趣的活动中，分享阅读乐趣。

4 月 19 日，图书馆举办以"牵手'悦'读，乐享美文"为主题的少年儿童诵读比赛活动，来自东胜区各小学的近 40 名学生代表参加比赛。

4 月 20 日、29 日、30 日，金融广场幼儿园、民族幼儿师范幼儿园老师及学生分批到图书馆参观，加强互动交流，推动资源共享。

4 月 23 日，"书香润心灵，'悦'读促成长"——2015 年东胜区第二届读书节系列活动全面启动，东胜区图书馆组织开展快乐签名、寻找最美阅读天使、现场互动问答、读者荐购图书、汽车图书馆现场服务及爱心图书接力、数字阅读推广等多项主题活动,市民在活动中传递快乐、分享阅读。

4月26日,图书馆联合"去哪玩"微信公众平台举办"疯狂的3D打印机"免费科普体验活动。参加者在活动中体验了先进的"3D打印"技术,并现场阅读科普书籍,感受科技魅力。

4月30日,图书馆的44名干部职工赴康巴什参加鄂尔多斯市公共文化从业人员培训班,聆听《关于加快构建现代公共文化服务体系的意见》讲座,学习如何构建现代公共文化服务体系。

5月的每周六、日,图书馆开展"走进微电影 传递正能量"视频讲座活动,播放微电影《豪猪式爱情》《善缘》《21度的夏天》《爸爸的亲人》。共播放16场电影,累计共有645人参加活动。

5月,图书馆"习一技之长 得十分之趣"第四期成年人免费计算机培训班继续进行,累计报名参加学习65人,年龄最大的为72周岁。通过专业、系统的教学,学员已基本掌握计算机基础操作知识。

5月6日至13日,图书馆选派任慧杰、董育林赴济南参加"2015年全国基层文化队伍培训班"。

5月10日,为迎接母亲节的到来,图书馆组织到馆读者开展"大声说出你的爱"之真情献母亲视频拍摄活动。短片以感恩母亲为主题,为母亲们献上节日礼物。

5月12日至13日,图书馆全体馆员赴康巴什参加鄂尔多斯市图书馆系统2015年度继续教育培训班。

5月12日至15日,图书馆选派一名业务骨干在宁夏图书馆参加海恒智能有限公司举办的为期4天的智能化设备维护培训班。

5月20日,图书馆承办的第五届东胜图书节正式开幕。鄂尔多斯广场展出近6万册、3500种精品打折书籍,让市民充分享受低价购书的实惠。

5月20日至22日,馆长王芳赴晋江市参加中国图书馆学会举办的第五届百县馆长论坛,会上主要讨论了县级图书馆在构建现代公共文化服务体系中的地位和作用。

5月21日,全国文化共享工程东胜区支中心在成功申报成为"公共文化空中大课堂"全国县级同步接收点之一后,举办了"公共文化空中大课堂"远程视频培训。来自东胜区文化系统的100多名职工参加首次直播培训,其中包括图书馆全体馆员。随后于7月、9月、11月针对基层工作人员队伍继续开展了三期相关业务知识培训,进一步提升基层文化队伍的综合素质和业务水平。

5月25日至31日,图书馆开展"图书服务宣传周"活动。汽车图书馆继续深入各社区开展流动借阅及电影放映服务,同时,爱心图书接力活动也将站点从馆内"搬"到馆外。此外,图书馆联合书展推出惠民便民服务——"书展进社区",部分精选图书跟随汽车图书馆走进各个社区,方便居民在家门口办证阅读的同时淘到低价好书。

5月30日,图书馆举办"'+'一抹色彩·绘多样幸福"主题绘画活动,来自东胜区各小学及幼儿园的近40名绘画"小高手"们共同参与活动,用手中的画笔描绘七彩斑斓的快乐画卷,共庆"六一"儿童节的到来。

6月的每周六、日,图书馆开展"奇妙世界·缤纷童年"优秀科幻电影展播活动,播放《冰河世纪》《卑鄙的我》《里约大冒险》等动画电影10场,累计共有416人参加活动。

6月,根据鄂尔多斯市精神文明建设委员会办公室关于2015年文明单位与结对村共建乡风文明工作的安排部署,图书馆与罕台镇罕台村结对,与罕台村委会签订共建协议书。

6月,束亚琼、张婧怡从图书馆调入东胜区人民法院。

6月16日,图书馆组织开展"粽情五月五 党群同乐庆端午"主题系列活动,馆员及读者们通过共同参与道德讲堂话端午、民俗文化忆端午、趣味游艺乐端午、粽叶飘香品端午等环节,感受节日喜庆气氛,增进了馆员及读者间的感情。

6月16日,第一期道德讲堂在东胜区图书馆举办。

图1-64 第一期道德讲堂

6月16日,鄂尔多斯市第九届哲学社会科学普及周启动仪式在图书馆召开。

6月17日,图书馆联合东胜区民族宗教事务局及蓝天社会帮扶中心共同举办的"蒙古语会话培训班"正式开班。培训班实行全年免费授课,由3名蒙古族志愿者义务担任授课老师,共有70余名市民报名参加培训。

6 月 19 日,图书馆全体馆员参加由东胜区文化局举办的关于"三严三实"专题党课。

7 月的每周六、日,图书馆开展"电影唤起红色记忆"视频观看活动,播放《师夷长技以制夷》《中学为体,西学为用》《振奋中华》等电影。共播放 8 场电影,累计服务 326 人次。

7 月,图书馆党支部被中共鄂尔多斯市东胜区委员会评为先进基层党组织。

7 月 3 日,图书馆的"共享工程"消夏电影展播活动正式启动,活动从 7 月开始至 9 月底结束,每周五至周日深入社区、居民小区、广场以及外来务工人员聚集地,为市民免费放映电影 1—2 部,把精彩电影不断送到群众家门口。

7 月 9 日,图书馆公共文化空中大讲堂继续直播开讲,课程分为"国际视野中的'公共文化'建设"和"大设计视觉下的城乡文化",包括图书馆职工及市民在内的 60 余人听取讲座。

7 月 13 日,由东胜区图书馆联合蓝天社会帮扶中心举办的"雅言传承文明 经典浸润人生"第一届普通话免费培训班在东胜区图书馆正式开班,每周一、周二 19:00—20:00 为学员集中授课,共有 30 余名学员参加培训。

7 月 18 日,图书馆的第四期计算机培训班正式开启,以"阳光网络快乐驿站"为主题,培训对象为青少年,每周三、周五上午为小学员开展针对性培训。此培训持续至 8 月 15 日。

7 月 21 日,图书馆党支部举办纪念抗日战争胜利 70 周年系列活动之"同护一片蓝天 共享一份和平"少年儿童绘画比赛,30 余名小选手用精彩画作充分表达自己的爱国情感和对世界和平的渴望。

8 月,图书馆组织开展"弘扬传统文化 重温民族风俗"电影展播活动,播放《寻找那达慕》《嘎达梅林》《一代天骄成吉思汗》等电影。共播放 20 场电影,累计参加 903 人。

8 月,图书馆举办"铭记抗战历史 弘扬民族精神"少年儿童红色经典图书推荐活动,累计为小读者推荐近 150 册图书,受到小读者的欢迎。

8 月,图书馆党支部组织以"缅前辈风采 抒儿女豪情"为主题举办职工朗诵比赛,馆员积极参与,用诗歌缅怀英烈,强化图书馆人作为一名人民公仆的使命感、责任感。

8 月,图书馆开展"小小志愿者"活动,活动共吸引 39 名志愿者来馆并在儿童外借室开展公益服务。这是图书馆开展的第二期志愿者活动,每个志愿者上岗 7 天,每天工作 2 小时。

8 月 12 日起,连环画展正式在图书馆四楼开展。此展览全方位、多角度地向广大读者朋友系统展示中国连环画的发展历史。

8 月 19 日,图书馆利用数字资源举办"乐儿智慧夏令营航海之星"活动,以观看科普动画结合知识问答的方式激发少年儿童探索海洋知识的热情。

图 1-65 "乐儿智慧夏令营航海之星"活动

8 月 20 日,图书馆在鄂尔多斯市福利院开展关爱空巢老人的红色纪念活动,以"回忆那些年——重拾红色记忆"为主题,为老人送去连环画及历史文献资料,播放红色电影,与老人互动,共同迎接迎抗战胜利 70 周年。

8 月 20 日,图书馆举办"浓情七夕,鹊桥相会"爱情之旅活动,为当日到馆的夫妻及情侣读者赠送正版图书一册,倡导爱情忠贞、家庭幸福的美好生活。

8 月 26 日,图书馆举办"不能抹去的记忆"纪念世界反法西斯战争胜利 70 周年活动,采访抗战老兵,听老兵讲述抗战故事。

8 月 28 日,图书馆派两名业务骨干赴鄂尔多斯市图书馆参加内蒙古自治区公共文化服务管理监控平台操作培训。

9 月,图书馆成立公安分局指挥中心分馆和学府幼儿园分馆,分别配送 800 余册图书及 200 册精美儿童低幼绘本,将文化服务送到官兵及在校学生身边。

9 月,图书馆组织开展"学弟子规,做文明人"国学精华精粹展映活动,共播放 15 场电影,累计参加 702 人。

9 月,图书馆被内蒙古自治区图书馆学会评为"2010—2014 年度先进集体"。

9 月,图书馆分别对罕台镇、铜川镇、泊尔江海子镇的文化室进行辅导,整理图书近 3000 册,进一步做好基层图书馆规范化建设。

9月1日,图书馆组织全体党员参观"清风伴我行"廉政图片展。

9月2日,图书馆组织开展走访慰问抗战老战士活动,聆听老战士讲述抗战故事,并制作视频,组织馆员观看视频、开展学习讨论活动。

9月12日至15日,馆长王芳参加了在伊金霍洛旗举办的八省区图书馆界蒙古文文献工作学术研讨会暨内蒙古自治区图书馆学会第七次会员代表大会。

9月18日,图书馆举办"与历史对话——摇摆巴赫"主题公益音乐讲座,特邀请专业乐评老师担任主讲,带领现场近80名听众深切感受作曲家独具魅力的情怀。在普及音乐知识的同时,图书馆为读者了解和掌握数字资源提供服务和帮助。

9月18日,图书馆组织开展以"铭记历史　缅怀先烈"为主题的道德讲堂活动。

9月19日,图书馆积极响应全国科普日活动号召,围绕"万众创新　拥抱智慧生活"的主题,组织开展系列科普宣传活动,引导市民充分利用图书馆资源。

9月19日,图书馆举办"小鬼变魔法"亲子活动。现场近20组家庭参与其中,感受亲子乐趣。

9月25日,图书馆迎来铜川幼儿园小朋友到馆参观,共接待近150人,职工对各业务科室做了详细介绍,帮助小朋友进一步了解图书馆。

10月,图书馆组织开展"走进百家讲坛　聆听专家精讲"视频讲座活动,共播放14场,累计服务641人次。

10月,图书馆在广泛征集读者建议的基础上,完成2016年报纸期刊预订工作。

10月22日,图书馆深入特殊学校举办"走进盲人世界　关爱从心开始"主题活动,为这里的学生提供送书上门、阅读辅导服务,切实解决他们阅读不便的问题。

10月26日至29日,图书馆派代表参加在青岛市图书馆召开的构建现代公共图书馆服务体系研讨班。该研讨班由中国图书馆学会主办,主要围绕现代公共图书馆服务体系建设展开,会上以不来梅图书馆为例介绍了德国公共图书馆总分馆建设,此外还介绍了苏州图书馆总分馆制建设与服务、嘉兴城乡一体化图书馆服务体系建设,以及青岛市图书馆在示范区建设中的作用与实践。

10月28日,图书馆被内蒙古自治区文化厅评为"2013—2014年度自治区十佳图书馆"。

11月,图书馆举办"聆听世界　最美的旋律——'钢琴诗人'肖邦名曲赏析"活动,为市民播放《我的心灵听见了》等经典名曲,共播放7场次,累计服务284人次。

11月16日，图书馆为建设局分馆调配成人图书400册。

11月18日，图书馆为鸿波小学分馆更换成人图书100册、少年儿童图书161册、绘本50册。

11月20日，图书馆为金融广场幼儿园分馆更换成人图书100册、绘本150册。

11月21日，图书馆组织开展"感恩父母 学会分享"亲子活动，共有60余组家庭积极参与。通过欣赏亲子照片、追寻小人书回忆、制作感恩卡片、唱响感恩的心等系列互动环节，参与家庭增进了亲子交流。

11月23日，图书馆为公安分局指挥中心分馆更换成人图书100册。

11月23日，图书馆党支部在公园街道通顺社区开展帮扶慰问活动，对社区内生活困难的6户居民进行了走访慰问，为每户困难家庭送去慰问金，帮助他们解决实际困难。

11月25日，图书馆为鑫海颐和院分馆更换成人图书50册。

12月，图书馆举办"坐看星际大片 穿越时空隧道"活动，为市民播放《侏罗纪》《新神奇四侠》等影片，共播放8场次，累计观看353人次。

12月9日，图书馆铁西新馆家具设备招标的书架阅览桌椅项确定中标供应商。

12月15日至17日，由馆长王芳带领1名馆员郝文祥赴广州参加"2015年中国图书馆年会——中国图书馆学会年会·中国图书馆展览会"，年会主题为"图书馆：社会进步的力量"。来自全国各省（区、市）文化厅（局）和公共文化处有关负责人，各级图书馆工作者，文化部相关司局和直属单位，有关专家学者、企业代表和特邀嘉宾超过3500人参加会议，另外还有国际图书馆协会联合会主席多纳·希德尔等30多位海外图书馆界嘉宾参加年会。

12月22日，图书馆成立大学生创业园分馆，首次配送图书2037册，其中少年儿童图书300册、成人图书1737册。

12月26日，图书馆组织开展"晒出幸福，我的相册我做主"DIY亲子活动，共有13组家庭积极参与，通过共同制作亲子照片、讲解展示等互动环节，增进亲子交流，培养小朋友动手能力。

12月29日至30日，图书馆组织全体职工完成2015年度考核工作。

12月底，图书馆顺利完成2015年度业务工作、市级文明单位及创建全国文明城市档案资料验收考核工作。

是年，图书馆新开放了蒙文资料室，通过对不同阅读群体开展针对性服务，使服务内容更加细化、服务形式更加多样化。为充分满足读者阅读需求，积极采纳读者荐购建议，通过实地及网上采购等多种方式不断扩充阅读资源。为进一步带给读者全新的数字阅读体验，2015年，图书馆新购置了库克移动数字音乐图书馆、超星少年儿童学习一体机、云屏数字借阅一体机、超星电子借阅一体机、九星期刊一体机五台数字阅读设备,并新购进了库克视频、库客剧院、超星电子借阅系统、才智小天地等25种数字资源,其中包括电子图书64 153册、期刊1100册、音乐50万余首、视频资源1089小时,进一步充实了馆内数字资源的种类。

馆藏建设方面:根据入藏量统计,2015年,图书馆新增普通图书16 306册,新增报刊1073册,新增蒙文图书1832册,新增古籍1500册,新增视听文献403件(套),新增电子图书15 000册,新增其他电子资源144 769册。根据馆藏量统计,2015年,图书馆文献总藏量为762 381册,其中馆藏图书约740 000册(包含中国光华科技基金会捐赠的未加工图书606 591册在内)。

服务效能方面:2015年,图书馆新办理读者证3664个,持证读者达26 468人;服务人口为505 800人;总流通人次为255 625人次,其中书刊文献外借191 536人次;书刊文献外借量为412 530册次。为读者举办的各种活动中,共组织各类讲座23次,共3458人次参加;举办展览7次,2182人次参观;举办培训班9次,925人次参与培训。图书馆拥有73台计算机,其中供读者使用的为48台。图书馆网站访问量达17 325人次。

是年,图书馆获得财政补贴收入为814.1万元;年度新增藏量购置费5.3万元,新增数字资源购置费44.9万元;资产总计为1253.5万元,其中固定资产原值为1114万元;图书馆实际使用房屋建筑面积为2520平方米,其中书库面积143平方米,阅览室面积623平方米(其中书刊阅览室面积460平方米、电子阅览室面积163平方米);拥有阅览室座席180个,其中,少年儿童阅览室座席70个、盲人阅览室座席6个。

人才培养方面:2015年,图书馆7人评为图书馆员(中级职称),2人转系评为图书馆员(中级职称),3人评为助理馆员(初级职称)。至此,图书馆有从业人员102人,其中专业技术人才78人。图书馆还鼓励职工积极撰写、发表专业论文,2015年共发表论文7篇,其中国家级3篇、自治区级4篇。

图书馆文化建设方面:2015年,东胜区图书馆一直注重加强创建学习型、服务型、创新型基层党组织,共上报党建信息18条;积极开展新党员的发展工作,4名重点培养对象转为预备党员,1名预备党员转为正式党员;积极开展廉政文化建设工作,上报党风廉政信息12条;组织干部职工参加祭奠先烈活动、举办健康知识讲座、开展道德讲堂等群众性精神文明创建活动,及时上报精神文明信息58条。

图书馆宣传方面:2015年,图书馆共发表新闻稿件45篇,分别为《鄂尔多斯日报》7篇,《鄂尔多斯晚报》5篇,《东胜报》33篇;电台、电视台市区报道2篇;网站报道6篇,其中国家级网站4篇、东胜区级网站2篇。

服务体系建设方面:2015年,东胜区图书馆已在馆外共设立流通点

30个,其中分馆15个、机关图书流动点6个、基层服务点(文化户)9个。15个分馆分别是和顺社区分馆、民政福利中心分馆、益民社区分馆、团结社区分馆、东胜区鸿波小学分馆、前进社区分馆、兴业社区分馆、第一幼儿园分馆、金融广场幼儿园分馆、学府幼儿园分馆、鑫海颐和院分馆、万盛社区分馆、东胜消防二中队分馆、神山潮脑梁分馆、大学生创业园分馆。6个机关图书流动点分别是东胜区卫生局机关图书流动点、东胜区档案局机关图书流动点、东胜区委宣传部机关图书流动点、建设局机关图书流动点、铁西管委会机关图书流动点、东胜区公安局机关图书流动点。另有草原书屋26个、万村书库4个、24小时街区自助图书馆4台。2015年,各馆外流通点流通13 823人次,借还图书109 787册次。其中,4台24小时街区自助图书馆共流通图书19 101册次,办理读者证310个。此外,东胜区图书馆全年对各镇、街道办事处文化站、村、社区图书室、公共电子阅览室、草原书屋及各分馆、图书流动点共进行基层业务辅导279次,整理图书25 000册,有效推动了各基层图书室规范化管理。

文化信息资源共享工程建设方面:2015年,东胜区支中心利用文化信息资源共享工程资源,每月在阵地举办主题不同的视频展播活动,累计播放120场次,共接待观众4817人次;及时接收、整合资源,为基层服务点下放数字资源1TB;开展了丰富多彩的活动,15个文化信息资源共享工程基层服务点在2015年共上报活动信息179次。

2016 年

1月,图书馆利用文化信息资源共享工程优质资源,开展"缤纷冬日·快乐寒假"少年儿童优秀电影展映活动,共展播电影10场,累计服务443人次。

1月15日至2月19日,图书馆利用文化信息资源共享工程数字资源举办冰雪奇幻之旅"知识视界"新年送好礼、科普视频欣赏有奖活动,期间参加活动的报名人数达70余人,浏览网页次数230余次。

1月29日,图书馆党支部组织全体干部职工认真贯彻学习中共鄂尔多斯市东胜区第七次代表大会第五次年会、东胜区第八届人民代表大会第五次会议精神,并结合图书馆实际,对下一步工作进行安排部署。

2月,图书馆在公共电子阅览室开展"金猴迎春"话说春节风俗礼仪讲座。

2月,伴随着小年的到来,图书馆"欢乐迎新年 书香伴佳节"2016年元宵节系列活动正式拉开序幕。活动之一的"小年耍大牌 乐在'棋'中"棋牌类活动在东胜区图书馆开展,扑克、象棋、跳棋、五子棋比赛分别以小组竞技的形式开展。

2月18日,图书馆在华研尚街地下一层举办的"阅读越精彩"惠民图书展正式开展,书目包含精品绘本、精品国学、收藏鉴赏等8个系列,共3万多册,1000余种。

2月22日元宵节期间,图书馆举办游艺活动、知识竞赛、益智游戏、知识讲座、猜灯谜、大型书展等系列活动,以群众喜闻乐见的活动形式,搭建便于群众参与的活动平台,满足不同年龄市民文化需求。

3月,图书馆被列为旅游标准化试点单位。随后,图书馆严格按照旅游标准化要求细则,成立工作小组,对馆内标识标牌进行整改规范,对旅游标准化建设进行大力宣传,对职工进行培训。

3月,图书馆在儿童外借室举办"学雷锋纪念日"专题图书推荐活动,让小读者更全面地了解雷锋事迹。

3月,刘琼、刘慧从东胜区图书馆调入东胜区社会保险事业管理局;李瑞琴从东胜区图书馆调入东胜区环境监测站。

3月18日,由图书馆组织的第三届"读绘本·译故事"亲子表演活动走进智慧谷幼儿园。

图1-66 第三届"读绘本·译故事"亲子活动

3月20日,图书馆在儿童外借室举办"回忆文化长河 传颂历史人物"活动,由小读者讲述自己喜欢或熟悉的历史人物,与其他小读者进行交流分享,启迪更多的小朋友了解历史人物,学习历史知识。

3月25日,图书馆微信公众平台升级为微服务大厅。

3月26日,图书馆联合鄂尔多斯市青少年书法协会共同举办书法教学公益培训班。此次书法培训共吸引了400余名学生报名参加,由4名书法家协会教师执教,采取周末全天分批授课的模式开展软笔书法教学。此免费培训共18课时,每课时60分钟。

3月28日,图书馆第三届"读绘本·译故事"亲子活动在学府幼儿园分馆举办,300 多名小朋友和家长参加活动。

3 月 31 日,"公共文化空中大课堂"远程视频培训在图书馆公共电子阅览室开播,来自东胜区文化系统的近百名基层文化工作人员参与在线学习。此次课程包括"现代公共文化服务创新案例分析"及"推进国家文化治理的几个重要问题"。

清明节期间,图书馆党支部组织干部职工和读者开展"清明时节雨纷纷 一束鲜花祭故人"祭奠活动。一是通过网络、微信平台及印发材料向职工和读者宣传清明节相关知识;二是从 4 月 1 日至 4 日进行文明低碳的网络祭祀,通过网上献花、点烛、撰写思念寄语等形式进行祭拜;三是组织职工和读者在烈士陵园开展清明祭奠活动,馆员和读者们在革命烈士纪念碑前,鞠躬默哀,庄严宣誓,向先烈们敬献爱心相思菊,寄托对烈士们的哀思。

4 月,图书馆在每周六、日 15:00 进行电脑培训,内容为计算机基础知识类视频教程"电脑入门的基本常识""学会简单办公软件运用知识"等。

4 月,图书馆 1163 册新书与读者见面,涉及文学、哲学、养生类。

4 月,张小红、张旭玲从东胜区大型活动办公室调入东胜区图书馆。

4 月 2 日是"国际儿童图书日",图书馆联合鄂尔多斯畅游旅行社特举办"走进图书馆,漫步知识殿堂"读书活动。

4 月 6 日,图书馆第五期计算机培训正式开班。此次培训对象主要是中老年人,参加培训的人数共 32 人,培训课时共计 20 节课。培训通过 PPT 进行集中授课和单独指导的形式进行,培训内容以初级基础知识和生活实用知识为主,包括计算机基础知识,输入法的基本操作,QQ 聊天工具的使用,文件夹的建立,Word 文档的复制、粘贴,在线观看、下载电影,在线听音乐等。

4 月 8 日,图书馆举办基层图书室管理员业务知识培训班和文化信息资源共享工程及公共电子阅览室管理系统技术人员培训班。培训班面向各镇、街道文化站长,村、社区文化室图书管理员,文化信息资源共享工程技术人员及公共电子阅览室管理员、草原书屋、万村书库图书管理员共 50 余名干部。

4 月 13 日,图书馆调整开馆时间,调整后具体开馆时间为 8:30—12:00,14:30—19:00。

4 月 14 日,图书馆成立新馆搬迁领导小组,下设临时办公室,成立工作协调组、图书挑选组、过刊资料装订组、采编工作组、下乡辅导组、图书搬运组及宣传报道组。

4 月 19 日,东胜区培正中学分馆被撤销。

4 月 22 日,图书馆党支部在新馆书库设立临时会议室,现场召开"两学一做"(学党章党规、学系列讲话,做合格党员)专题学习动员会。

4月23日,图书馆联合鄂尔多斯市青少年书法协会共同开办书法教学公益培训班,并挂牌成立"东胜区图书馆青少年书法教学基地"。

4月26日,图书馆签署协议,正式加入全国图书馆联合编目中心,成为其成员馆。随后,东胜区图书馆在2016年向全国图书馆联合编目中心提交馆藏数据84 383条,下载书目数据9989条。

4月29日,由东胜区委、区政府主办,区委宣传部、区文化体育旅游局承办的"东胜,因热爱读书而更受人尊重"2016图书节系列活动启动。启动仪式上,市民代表宣读东胜区全民阅读倡议书,主办方表彰东胜区2015年度"阅读之星",向社区居民代表、文化大院和文化示范户赠书,向广大读者派发"惠民绿书签",并举行"全民阅读"邮票首发赠送仪式。现场还举行"阅读悦精彩"图书知识有奖竞赛、本土书法家现场创作笔会、本土作家荐书、个人读书会等主题活动。当天,图书城开始试运行,同时东胜区图书馆新馆部分功能区域开放,24小时自助图书馆试运行,少儿阅读体验馆试开馆。

4月29日,图书馆在新馆组织举办专家讲座,著名文化学者、内蒙古自治区文史研究馆馆员安源教授担任主讲人。

图1-67　座无虚席的专家讲座现场

5月,燕娜从图书馆调入东胜区财政局。

5月,杨晶从图书馆辞职。

5月,"六一"国际儿童节即将来临之际,图书馆少儿阅读体验馆开展"魔法气球手工制作"亲子活动,共有30余组家庭参与。

5月5日,图书馆党支部组织开展"两学一做"专题学习教育活动。党支部书记王芳亲自抓、带头学,首先带领大家对《习近平总书记系列重要讲话读本(2016年版)》中前两个部分"中华民族近代以来最伟大的梦想"和"实现中华民族伟大复兴的必由之路"进行全文认真地学习,细细地领会,并向大家强调,当前虽是图书馆筹备启动的关键时期,时间紧,任务重,但学习同等重要,要将"两学一做"学习教育与图书馆各项业务工作做到"两不误、两促进",既要使学习教育取得实际成效,又要确保各项业务工作的稳步推进。接着,党支部书记王芳向全体职工从三个方面传达了东胜区委书记于新芳4月30日调研图书馆时的讲话精神:①解放思想,创新思维;②加大招商力度,制定优惠政策;③继续加大宣传力度。要求大家要将"两学"中学习领会到的精神内涵与区委领导的讲话精神紧密结合,将领会到的精神转化为促进图书馆事业发展和全心全意为读者服务的思路和举措,转化为提高工作效能的具体方法和实际行动。会后,党员同志们又在党员微信群中就当天学习的内容进行讨论交流,撰写心得体会。

5月6日,图书馆新馆筹备建设期间,东胜区民族宗教事务局组织一批志愿者来到东胜区图书馆进行义务服务。

5月12日,图书馆党支部坚持开展"两学一做"学习教育,全体党员重温党章党规,继续加强党性教育修养。全体图书馆党员干部首先对《中国共产党章程》前四章进行集中学习。全体党员干部还重温入党誓词,学习《交一笔特殊党费》《这个厅级干部的处分为何要中央批准》等"看案例学党章"系列文章。通过学习正反典型案例,使党员干部受警醒、学榜样、明底线、知敬畏。党员干部们纷纷表示,今后不仅要将党章党规牢记于心,更要将其转化于行,在图书馆新馆建设期间,发挥党员干部带头作用,树立大局意识、责任意识,吃苦在前,接受挑战,带领全体职工做好开馆前的各项工作。

5月12日,图书馆与鄂尔多斯市东胜区普瑞祥和电子有限公司签署合同,购入图书馆业务服务器、数字资源服务器、电脑、盲文打字机等软硬件设备。

5月14日,图书馆就馆藏数字资源中的库克音乐数字资源开展了"聆听音乐新宠　感受自然声籁"的音乐培训,向读者讲解库克数字资源内容、操作方法、实用意义,并由接受培训的音乐爱好者现场利用室内Wi-Fi在线搜索自己感兴趣的音乐版面,然后收听自己喜欢的音乐,学习古典钢琴曲的基本韵律知识。

5月17日,图书馆党支部号召全体职工进行"博爱一日捐"募捐活动,捐出一天收入,奉献一份真情。作为"两学一做"学习教育的重要载体,捐赠活动由党员干部带头,广大职工踊跃参与,现场共募集到捐款3750元,用于慰问关怀特殊群体。

5月20日,图书馆党支部召开"两学一做"第三次集中学习会。此次集中学习会继续第二次集中学习内容,学习《中国共产党章程》的第四章至第六章内容。会议强调,真学、真懂是前提,真信、笃行是结果。在新馆建设筹备期间,图书馆全体党员干部职工必须做到学用结合、知行合一,要发扬不怕苦、不怕累的拼搏精神,紧密团结在党支部周围,服从和接受党支部的领导,同时要发扬创新精神,一切工作以建设市民满意的图书馆为目标。会上,党支部书记王芳对全体党员干部的"做"给予了肯定,无论是在阴冷潮湿的密集书库中挑选图书的干部,还是干劲十足、用"愚公移山"的执着精神搬运图书的干部,还是经过 10 道工序一本一本加工图书的干部,还是在少儿阅读体验馆认真服务读者的干部,每个人都用自己的辛勤努力,加班加点,认真踏实地完成工作中的每一个环节,每一项任务,充分体现了图书馆的凝心聚力、攻坚克难的优良品质。今后,全体干部职工仍需继续发扬吃苦在先的工作作风,把"学"和"做"有机统一起来,用"做"体现"学"的成果,将自身的思想和行为与党章党规和习近平系列重要讲话的要求相对照,敢于担当,积极工作,为倡导全民阅读,建设品质东胜,实现"东胜,因热爱读书而更受人尊重"做出自己应有的贡献。

5 月 21 日,图书馆党支部开展"两学一做"第四次集中学习。

5 月 25 日,图书馆党支部开展"两学一做"第五次专题学习。全体党员集中学习于 5 月 18 日召开的内蒙古全区苏木乡镇党委换届、"两学一做"学习教育和农村牧区"三项重点工作"座谈会精神。会议由党支部书记王芳主持,首先全体党员简要了解了苏木乡镇党委换届工作及农村牧区三项重点工作。苏木乡镇党委换届工作已进入关键阶段,各级党委要统筹谋划,严把政治关和廉政关,认真抓好党代表挂选工作。会议重点对"两学一做"进行了学习传达。内蒙古自治区党委常委、组织部部长李鹏新强调,"两学一做"是深化党内教育的又一次重要实践,也是推动党内教育从"关键少数"向全体党员拓展、从集中性教育向经常性教育延伸的重要举措。"两学一做"要重创新、求实效,要抓好"做"这个关键,全体党员结合图书馆业务工作,就如何做一名合格党员,如何树立示范标杆等问题进行了深入探讨。最后,党支部书记王芳再次强调图书馆全馆上下要统一思想,提高认识,增强"两学一做"学习教育的思想自觉、行动自觉,以学习教育的新成效凝聚正能量,为建设品质东胜做出更大的贡献。

5 月 28 日,第一期古琴免费培训班在东胜区图书馆铁西新馆 C 座二楼展厅正式开班。此次培训班零门槛,零费用,由满天星古琴社社长张渊老师执教,每周授课一次,学期为两个月。教学内容主要包括古琴知识以及基本弹拨技法。

5 月 29 日,图书馆利用共享资源在公共电子阅览室开展"汲取国学精华　领悟人生智慧"国学讲座活动,读者们聆听了当代著名国学专家赖国全老师的讲座。

6月,张观存从东胜区大型活动办公室调入图书馆。

6月,田永军从图书馆调入东胜区文化体育旅游局。此前已于2013年6月调至东胜区文化局,2016年6月完成调出手续。

6月3日,图书馆全体馆员在报告厅开展"两学一做"第六次集中学习,认真学习了习近平总书记系列重要讲话后五节内容。集中学习过程中还随机点名提问相关知识点,让每位馆员加深学习印象,党员还利用休息时间自发组织讨论学习,不断创新学习方式,提高学习质量。

6月8日,图书馆召集全体党员及科室负责人进行"两学一做"第七次集中学习。会议强调,全体党员要以"两学一做"学习教育为契机,在思想上、工作中发挥先锋模范带头作用,以点带面抓好全体职工政治理论教育,提高读者服务意识,全面提升职工的综合素质。新馆启动后,藏书量、读者流通量及图书流通量都将大幅上升,全体馆员一定要转变思想观念,创新服务模式,提高服务质量。通过设置党员先锋岗,推选优秀共产党员,实行全员"双向选择"等方式,激励党员及全体馆员以思想素质的升华促进服务意识、提高服务能力。希望通过图书馆人提供的全方位优质阅读服务,引导市民崇尚读书,以学习为乐,以学习为荣,形成"好读书、读好书、善读书"的社会风尚,让东胜因热爱读书而受人尊重。

6月8日,端午节前夕,图书馆开展"书香情缘 粽情端午"走进特殊教育学校活动,由东胜区图书馆党支部组织党员干部走进鄂尔多斯市特殊教育学校,为孩子们送去了生活用品和盲文图书。互动中,特殊教育学校的师生们精心准备了诗歌朗诵,而图书馆的同志们为孩子们戴上五彩平安绳,表达了他们对特殊教育学校的孩子们最真心的祝福和最美好的祝愿。活动结束后,图书馆的党员干部还与特殊教育学校的老师们进行了交流。

6月11日,图书馆在多功能厅举办了高考填报志愿公益讲座。

6月中旬,图书馆召开党支部委员会、党员大会,专题研究发展新党员以及优秀党员、党务工作者推选工作。

6月14日,东胜区政协副主席刘兰香到图书馆调研,了解图书馆目前存在的困难时,立即号召广大市民参与图书馆建设,并于16日与东胜区政协副主席武飞雄亲自带领政协领导干部及蓝天社会帮扶中心共计20余名志愿者加入到图书馆志愿服务的行列中。

6月16日,图书馆全体干部职工集中参加"公共文化空中大课堂"的培训,跟随讲师学习了"新型城镇化进程中公共艺术的影响力"及"公共数字文化管理与服务"。

6月17日,图书馆党支部召集全体馆员开展第八次"两学一做"集中学习。会上集中学习了《习近平总书记系列重要讲话读本(2016年版)》中的《用社会主义核心价值观凝聚力量——关于建设社会主义文化强国》。会上指出,目前图书馆新馆建设已进入攻坚阶段,工作任务繁杂,在这关键时期,加强党章党规、学习习近平总书记系列讲话具有十分重要的意义。一方面,通过"两学一做"进一步提高职工思想政治素质,让每一位职工充分认识图书馆承担的社会责任,努力将学习成果转化为加强和改进工作的实际成效。另一方面,以"两学一做"为契机,让全体馆员学会运用马克思主义的立场、观点和方法,增强每一位干部职工解决实际问题的能力。通过统一思想,全馆人员凝心聚力、脚踏实地、埋头苦干,确保图书馆6月30日顺利开馆。

6月18日,图书馆联合鸿波小学分馆在图书馆多功能厅举办"集百家之长,汇青春风采———一站到底"百科知识竞赛。参赛选手经鸿波小学海选后确定,有12位同学进入决赛。经过1个多小时的激烈角逐,最终五年级的王芯浦同学脱颖而出,成为此次竞赛的"百科王"。

6月18日,由东胜区政协组织,来自鄂尔多斯市徒步协会、爱丽雅家政公司等机构的社会志愿者30余名、文化系统职工30名来到图书馆,另有20余名志愿者自发组织到馆,开展图书挑选、搬运、上架等任务,为新馆建设出力。

6月21日,东胜区装备制造基地的志愿者们来到区图书馆,同图书馆职工一起搬运、拆包、上架图书。

6月22日,图书馆与广州图创计算机软件开发有限公司签署合同,购入图书馆业务系统软件,包括全媒体客服平台、电子资源馆外访问系统等。

6月22日,图书馆通过《东胜报》发布《全民捐书倡议书》,呼吁各行各业的机构和社会各界人士为东胜区图书馆建设献计献策,捐献图书。

6月24日,为实现总分馆运作模式,提升图书馆服务能力,图书馆开始实行"身份证一卡通"服务,身份证即为本人读者证,身份证号即为读者证号。对于已申办读者证的用户,图书馆系统自动将其身份证和原读者证进行转换,身份证升级为读者证,无须读者操作。读者只需携带身份证即可进行图书借还,原读者证无效。而新申办读者证的用户,持本人身份证,在自助办证机上按照操作步骤,即可将本人身份证升级为读者证;并可根据个人需求缴纳押金,100元押金最多可外借2册图书,200元押金最多可外借4册图书,默认借期均为30天,到期前可续借1次,续期为10天。

6月下旬,图书馆举办高考志愿填报公益讲座,讲座邀请职业讲师为考生及时提供报考思路和帮助。

6月28日,鄂尔多斯市图书馆第四次理事会和第十一届鄂尔多斯市图书馆学会年会预备会在图书馆会议室举行。

6月29日,第十一届鄂尔多斯图书馆学会年会暨图书馆论坛在图书馆顺利召开。会上,王芳、杭霞、郝文祥、任慧杰、聂慧被评为鄂尔多斯市图书馆学会优秀会员。

6月30日,图书馆举办新馆开馆仪式,鄂尔多斯市委常委、东胜区委书记于新芳,东胜区人大常委会主任郝军海,东胜区政协主席伊平出席开馆仪式,并与内蒙古自治区、鄂尔多斯市相关部门负责人一起按下启动球。东胜区委常委、宣传部部长贺海云致辞,东胜区副区长聂永胜主持仪式。来自东胜区各中小学、企事业单位及市民共1万多人参加了当天的开馆仪式。新馆以鄂尔多斯市市花马兰花为原型,面积为3.3万平方米,设计藏书容量100万册,读者座席900余个。当天还举行了鄂尔多斯市图书馆分馆、24小时自助图书馆、东胜当代艺术馆揭牌仪式。

图1-68 图书馆开馆快闪节目

6月30日,图书馆在新馆举办"童心飞扬·爱绘阅读"亲子读书会。

6月30日,图书馆在新馆室外开设跳蚤市场,吸引大批民众参加。

6月30日,图书馆铁西新馆正式开馆运行,当日新增读者245人,流通563册次,人流量达20 000人次。

6月30日至11月15日,图书馆推出的"你阅读 我买单"读者荐购活动共荐购图书2201册、价值49 062.4元。该活动是东胜区图书馆新馆启动期间推出的一项惠民服务,颠覆了"采、编、藏、借"的传统图书馆服务模式,让读者成为图书馆的"主人",收获了良好口碑。

6月30日至11月15日,在"图书捐赠"中,东胜区图书馆共接收到9家单位、23位个人捐赠的图书969册。该捐赠活动是由东胜区委宣传部倡导的,以实现文献资源最大化利用为目的的公益行动。

6月30日,新馆启动期间,图书馆实现了与鄂尔多斯市图书馆、伊金霍洛旗图书馆三地图书通借通还,为读者提供更多文献及资源的选择权,提高文献利用率,实现资源共建共享。截至 11 月 15 日,"三地通"共流通图书 364 册。

2016 年上半年,图书馆党支部共收缴党费 5134 元。党费收缴工作由专人负责,全体党员一直做到自觉、主动、按时、足额上交党费。

7 月,关于召开全区公共图书馆民族地方文献工作经验交流座谈会(培训)在巴彦淖尔市临河区举办,图书馆派程洁、刘先飞两人参加了培训。

7 月,东胜区图书馆与鄂尔多斯市脑立方教育咨询有限公司联合举办的"挑战你的想象,挑战你的极限"魔方展示活动在图书馆二楼展厅举行。

7 月,图书馆聘用 11 位同志为科室主任。分别为:[办公室]李海霞(事物)、聂慧(政务);[采编室]严娜;[网络信息中心]董育林;[馆外流通、培训室]刁娅鑫;[物业办公室]任慧杰;[中文、蒙文、外文图书区]刘弈鸿;[青少年图书区]王艳;[地方文献、工具书区]程洁;[报纸期刊区]王宁;[文化信息资源共享工程支中心公共电子阅览区、音乐视听区、数字资源体验区、多媒体体验区]乔建芬;[少儿阅读体验馆]冯春燕。

7 月,李倩、刘梅从东胜区规划局调入图书馆;卢美丽从东胜区家畜改良站调入图书馆;温彪从东胜区爱国卫生运动委员会办公室调入图书馆;庞翠玲从东胜区东联现代中学调入图书馆;刘梦柯、王萍从东胜区实验中学调入图书馆;高子涵从东胜区农牧业产业化办公室调入图书馆;许圆梅从东胜区爱国卫生监察大队调入图书馆。

7 月,李萍从图书馆调入东胜区文物保护管理所。

7 月 1 日,在中国共产党建党 95 周年之际,图书馆党支部被中共鄂尔多斯市委员会授予"先进基层党组织"荣誉称号。

7 月 1 日,智慧谷幼儿园毕业会演在图书馆举办。

7 月 4 日至 8 月 15 日暑假期间,图书馆面向社会各界积极开展志愿者招募行动,经过报名、培训和选拔之后,共招募志愿者 46 名,社会反响良好。

7 月 8 日,东胜区第三届儿童文化节颁奖典礼在东胜区图书馆举行。此次儿童文化节包括"修己达人,点亮生命"百日读书活动、"感悟经典,相约圣贤"东胜区少儿朗诵大赛、"中华好儿郎"少儿故事大赛、"心随舞动,舞动梦想"少儿舞蹈大赛等五项活动。活动自 5 月开始,历时两个月,近 1000 名小朋友积极参与。

7 月 10 日,第八届金色童年全国青少年艺术大赛鄂尔多斯赛区初赛在图书馆举行。此次活动由金色童年鄂尔多斯组织委员会主办。

7 月 13 日,图书馆举办的"阳光网络 快乐驿站"第五期青少年计算机培训班正式开班。培训时间为 7 月 13—29 日,每周三、五全天授课,课程采用 PPT 系统讲解与现场指导相结合,培训内容为计算机入门基础操作、办公软件(Word/PowerPoint)操作、网络基础操作以及家庭常用软件介绍等。

7月15日，为纪念长征胜利80周年，图书馆文化信息资源共享工程支中心以"红色经典进基层"为主题的为期3个月消夏电影大展播活动在园丁小区拉开序幕。

7月16日，图书馆在少儿阅读体验馆举办"五彩米豆　巧手变变变"亲子手工制作活动，共22组家庭参与此次活动。

7月20日至24日，图书馆馆长王芳参加在赤峰市图书馆召开的2016民族图书馆用户服务创新与阅读推广学术研讨会。会议由中国图书馆学会用户研究与服务专业委员会、中国图书馆学会民族文献阅读推广专业委员会主办，北京雷速科技有限公司协办，主要探讨如何把握图书馆发展的总体趋势，深入挖掘民族用户的需求，加强民族文献的阅读推广，进一步加强用户服务创新，更好地发挥民族图书馆的特色、功能和服务能力。

7月25日至30日，图书馆馆员松德日参加在鄂尔多斯市图书馆举办的《中华古籍总目·蒙文卷》编纂研讨会暨第五期民族古籍普查培训班。

7月27日，儿童文学作家杨红樱在图书馆举办签名售书活动。

7月27日，为期15天的的第三期"图书管理员志愿者"服务圆满结束，共有10名志愿者参与服务，其中有5名同学因表现突出荣获"优秀志愿者"称号。

7月29日至8月3日，图书馆派出郝文祥参加在呼和浩特市图书馆举办的2016 e线图情年会暨图书馆营销创新研讨会。会议主题为"营销：图书馆效能提升的引擎"，李国新、程焕文、吴晞、索传军、李东来、张伟、李晓秋、刘锦山等业内知名人士受邀在会上围绕图书馆营销创新这一主题进行学术报告讲座。期间还举办数字图书馆推广工程和共享工程技术培训班。

7月30日，图书馆举办话剧体验活动，在图书馆报告厅演出话剧《方向》。

7月30日，内蒙古第二届古筝艺术节在图书馆开展。300多名来自各地区的师生齐聚一堂，8支优秀筝乐团参加演出。

7月31日，动画片《新大头儿子小头爸爸》编剧、儿童文学作家段立欣读者见面会在图书馆举办。

8月的每个周末，图书馆"汽车图书馆"都深入东胜区铜川镇添漫梁村开展文化下乡服务，"汽车图书馆"为添漫梁村的村民提供图书、报纸、杂志免费阅览，为有需要的群众现场办理借书证，让农村群众在家门口就享受到丰盛的"文化大餐"。

8月，屈亚萍从伊金霍洛旗图书馆调入东胜区图书馆；边瑞从东胜区泊江海卫生院调入东胜区图书馆；赵雪洁从东胜现代服务业管理学校调入东胜区图书馆。

8月4日，由文化部统筹开展的全国基层文化队伍远程培训第16期"公共文化空中大课堂"在图书馆多功能厅直播开课，共有来自基层的文化工作者共计141人参加此次培训。

8月6日至20日，图书馆联合意正书院举办亲子国学大课堂系列活动。大课堂一共分为四项内容，分别为经典诵读、彩绘人生、启迪梦想、礼仪教学。

8月7日，著名架子鼓鼓手梁承光主讲的架子鼓讲座在图书馆举行。

8月8日，许圆梅等9名图书馆新职工正式上岗。

8月8日，东胜图书城启动仪式在图书馆举行。东胜区副区长聂永胜主持启动仪式，东胜区委常委、宣传部部长贺海云致辞，东胜区人大主任郝军海及东胜区委副书记、政法委书记李新树为东胜图书城揭牌。此次活动以"东胜，因热爱读书而受人尊重"为主题，旨在进一步激发全民读书热情，营造"爱我鄂尔多斯，建设品质东胜"的书香氛围。活动现场，与会人员参观东胜图书城和东胜区图书馆，参加"你阅读·我买单"主题活动，体验了24小时自助图书馆和东胜区、伊金霍洛旗、康巴什区三地图书通借通还；本土书法家现场创作书法作品，本土作家荐书，并与广大读者沟通交流、分享读书心得体会；同时还举办图书跳蚤市场、爱心图书接力、亲子读书会、"传承经典·弘扬国粹"书法展等活动。

8月9日，图书馆举办"岁月无声　真爱永恒"七夕之旅特别活动，共有7对不同年龄阶段的情侣参加。

8月12日，为期15天的第四期图书馆志愿者服务圆满结束，共有15名志愿者参加这一期志愿服务。

8月13日，"科普知识　挑战乐园"活动在东胜区图书馆举办。

8月13日，"阅读点亮梦想"知识问答活动在东胜区图书馆举办。

8月23日至25日，图书馆派出孙萌、王艳赴河北省石家庄市参加"全国图书馆未成年人服务提升计划"。会上围绕少年儿童阅读空间建设与服务、少年儿童阅读推广工作基础理论研究、少年儿童阅读推广活动策划与组织、德国与美国图书馆少年儿童服务理论与实践等展开讨论。

8月24日，东胜区区长王美斌、副区长聂永胜一行调研图书馆。

8月24日至25日，图书馆地方文献室主任程洁、刘先飞赴巴彦淖尔市临河区参加"全区公共图书馆民族地方文献工作经验交流座谈会"。会上邀请了内蒙古自治区民族地方文献专家学者做民族地方文献相关学术讲座，各盟市公共图书馆相互交流征集、收藏及利用民族地方文献的经验、做法和体会，并开展数字图书馆推广工程相关地方数字资源建设标准规范的技术培训。

8月25日，图书馆迎来多家网络媒体、新闻媒体代表共40余人参观。

8月30日，国家旅游局对东胜区旅游标准化创建工作进行终期评估,图书馆顺利完成国家旅游标准化工作小组的验收工作,为东胜区创建全国旅游化标准化示范区增添亮色。

9月伊始,图书馆利用文化信息资源共享工程优质资源于每周六、日组织开展"珍爱生命 安全第一"安全教育视频讲座。这一系列讲座从交通安全、校园安全、防火、防溺水、防侵害、如何自护等方面,结合真实案例为中小学生读者讲解各类安全知识,提高安全防范技能。

9月,中共鄂尔多斯市东胜区文化体育旅游局党组发布关于干部任免职及岗位调整的通知,折俊梅、郝文祥、孙萌任图书馆副馆长,张旭玲、石婷、李红梅、丁海峰调至图书馆工作,青格勒调至东胜区文化馆工作。

9月,图书馆聘任折俊梅、孙萌、郝文祥为图书馆副馆长,杭霞于2009年10月被东胜区文化局任命为图书馆副馆长。其中杭霞分管办公室日常事务、物业管理、党建、党风廉政建设、精神文明建设、财务等;郝文祥分管数字资源建设与推广运用,网络信息化服务,网络软硬件建设与管理,共享工程资源建设与利用,公共电子阅览室管理;孙萌分管总馆读者服务、采编加工、培训等业务工作;折俊梅分管读者活动、馆外流通点建设及分馆读者服务工作。

9月,鄂尔多斯市红十字会在图书馆设立鄂尔多斯市东胜区红十字会人道文化传播点。

9月1—13日,首届"书香草原 大美北疆"书画作品展在东胜区图书馆开展,参展作品有小朋友创作的绘画、书法、手工作品。

9月3日,亲子国学大课堂汇报演出在图书馆举办。

9月5日,鄂尔多斯市委书记白玉刚一行深入东胜区图书馆、东胜区图书城进行调研,强调图书馆建设要突出引领性和参与性,积极倡导全民阅读,在丰富市民精神文化生活的同时,有力提升城市品质。

9月5日,鄂尔多斯市老干部考察团在图书馆进行参观考察。

9月10日,图书馆召开第六次公共图书馆评估定级动员大会,东胜区文化体育旅游局党组书记、局长刘向东,东胜区图书馆馆长王芳、副馆长杭霞、郝文祥、孙萌、折俊梅以及图书馆全体职工参加会议。

9月10日,为将民俗文化传承与欢度佳节相结合,图书馆携手鄂尔多斯农商银行举办"大手牵小手"中秋亲子DIY主题活动,来自全市的100组亲子家庭参加此次亲子制作冰皮月饼活动。

9月11日,图书馆举办"大手牵小手创意DIY 童趣迎中秋活动"之橡皮泥手工制作活动。

9月11日至14日,王芳馆长、杭霞副馆长、聂慧、乔建芬、张瑞一行五人前往达拉特旗参加内蒙古自治区西部盟市旗县两级公共图书馆第六次评估定级培训,会上针对第六次评估定级工作做了详细的讲解,《县以上公共图书馆第六次评估定级工作评估标准(征求意见稿)》在指标分值设置、功能定位模块划分、创新加分等多方面进行了修订和补充，形成"保障条件、业务建设、服务效能"三位一体的评估体系。

9月13日开始，东胜区图书馆青少年图书区、成人图书区开始排架，共计58 000册。

9月22日，鄂尔多斯市团委书记韩涛带领中央团委一行15人到图书馆调研。

9月22日，鄂尔多斯市人大代表及各旗区人大代表共50余人到图书馆调研。

9月22日，第17期"公共文化空中大课堂"如期在东胜区图书馆多功能厅开讲，共有东胜区文化系统干事150余人参与培训。

9月23日，内蒙古自治区副主席刘新乐，内蒙古红十字会党组书记、常务副会长王芳等一行15人来东胜区图书馆调研。

9月26日，宁夏回族自治区中卫市副市长赵建新和东胜区政协党组副书记、副主席王文希一行20人到图书馆调研。

9月26日至29日，图书馆馆员张瑞、折紫霞参加在包头市图书馆举办的西部盟市、旗县两级公共图书馆第六次评估定级培训，以迎接文化部县以上公共图书馆第六次评估定级工作，提升公共图书馆业务建设水平，提升图书馆文献分类标引工作。

9月27日，鄂尔多斯市委宣传部副部长赵子义到图书馆进行创城督察指导。

9月28日，东胜区委副书记、政法委书记李新荗带领锡林浩特考察团到图书馆调研。

9月28日，图书馆职工走进智慧谷幼儿园，与小朋友一起开展"我是中国娃　会讲普通话"普通话推广活动。

9月29日，东胜区精细化治理办公室一行4人来图书馆督查指导城市精细化治理工作。

10月，原联邦大厦银座入口处的24小时街区自助图书馆搬迁至图书馆东门南侧。至此，4台24小时街区自助图书馆具体位置为：图书馆东门南侧、鄂尔多斯广场科技少年宫楼下、铁西公园北门、林荫广场西南角。

10月，张小红从东胜区图书馆调出，调入东胜区纪律检查委员会。

国庆节期间，图书馆正常开馆，开馆时间为8：30—12：00，14：30—19：00。

10月9日，图书馆党支部、来自第十二小学二年级五班的同学们和鄂尔多斯农村商业银行罕台支行的职工们一起走进鑫海颐和院分馆开展"爱驻夕阳　关爱老人"重阳节主题活动。活动以一曲《感恩的心》拉开帷幕，活动现场有两位老人泼墨挥毫写下对老年生活的祝愿，丰富多彩的小游戏深受老人们的喜爱。

10月10日,馆长王芳被达拉特旗文化旅游广播电影电视局聘为达拉特旗图书馆新馆功能设计咨询专家。

10月14日,图书馆职工对图书馆东门南侧的24小时街区自助图书馆进行图书更换。

10月13日至14日,图书馆派出馆员57人参加在鄂尔多斯市图书馆举办的全市2016年度继续教育培训班。会上主题报告有张志军主讲的"利用现代图书馆资源优势开展创新服务",刘锦山主讲的"阅读推广与创新服务",段丽敏主讲的"机读目录"。

10月18日,东胜区图书馆新闻中心机关图书流动点正式成立,并首次为其配送图书200余册,涉及文学、历史、新闻、科教文体等类目。

10月19日,锡林郭勒盟文化体育新闻出版广电局局长斯琴巴特尔、锡林郭勒盟图书馆馆长王力军等一行来图书馆调研。

10月21日,星河幼儿园小朋友及家长共计250余人参观图书馆。

10月22日,图书馆面向小读者举办"书海寻宝"活动,共有30余位读者参加。活动以知识问答环节拉开序幕,选手们随机组成4组进行比拼。

10月25日至28日,馆长王芳参加在安徽省铜陵市举办的2016年中国图书馆学会年会,会议主题为"创新中国:技术、社会与图书馆"。

10月26日,馆长王芳、副馆长郝文祥赴安徽省铜陵市参加"信息时代　数字未来——2016年数字图书馆业务技能竞赛"并获得三等奖。此次竞赛由中国图书馆学会主办,于6月启动,历时4个月经过三轮竞争。图书馆全体职工参与了初赛,有13人进入复赛阶段。郝文祥以复赛满分的成绩获得"2016年数字图书馆业务技能菁英"称号,代表华北地区参加全国总决赛,获得三等奖。

10月26日,内蒙古自治区人大常委会副主任廉素,鄂尔多斯市人大常委会党组书记、主任龚毅,以及东胜区委书记于新芳一行20人到图书馆调研视察。

10月27日,鄂尔多斯市文化新闻出版广电局调研员奇向东一行12人到图书馆调研。

10月29日,图书馆举办了一场别开生面的话剧互动体验式活动,来自拾凡话剧社的演员们与体验者们分享了什么是话剧、都有谁在玩话剧、话剧到底怎样玩等内容,并邀请现场读者一起参与话剧训练游戏,体验话剧的魅力所在。

11月,图书馆深入罕台镇罕台村,开展与嘎查村结对共建乡风文明行动工作,捐赠价值5000余元的图书、期刊合订本及影像碟片用于村图书室建设,并为辖区村民播放电影《铁道游击队》。

11月,康锐退职。

11月2日,鄂尔多斯市政府办公室主任李鹏一行15人来到图书馆调研。

11月3日开始,因供热检修,图书馆关闭青少年图书区域、中文蒙文外文图书区域、报纸期刊区域、地方文献区域、共享工程电子阅览区域以及总服务台3天。在此期间,少儿阅读体验馆、24小时自助图书馆、24小时街区自助图书馆以及青少年宫分馆均正常开放。

11月3日,图书馆职工来到武警东胜区中队,签订共建协议,东胜区图书馆武警中队图书流动点正式揭牌成立。这是图书馆成立的首个军民共建馆外流通点,实行专人管理,首次配送图书200册,包括军事科学、历史地理、文化教育、法律法规等类别,并不定期进行更新,为武警官兵提供更多的阅读选择,为部队提供优质的精神食粮。

11月5日,图书馆面向小读者开展"宝宝总动员,巧手拼拼乐"创意亲子活动,共有20多位读者参与。

11月11日,鄂尔多斯市东胜区文化体育旅游局发布《东胜区图书馆、文化馆法人治理结构工作实施方案》,要求建立健全图书馆组织框架,建立起科学的理事会管理制度,并充分发挥其职能,使之规范运行。

11月14日至15日,图书馆馆员王维宏、王雅珺参加了东胜区新闻摄影培训班,学习新闻摄影的方式、方法,应注意的事项。

11月15日的统计数据显示,图书馆新增读者6709人,环比增长1.3倍;读者性别比例中女性占64%,读者年龄比例中青年占比达70%。

11月16日,明天幼儿园50余名小朋友到图书馆少儿阅读体验馆参观实践。

11月17日,由东胜区文化体育旅游局主办,东胜区图书馆承办的第18期"公共文化空中大课堂"在东胜区图书馆多功能厅开讲,培训包含"地方如何用足用好文化改革发展政策"和"乡镇文化站服务创新案例解读"两场讲座,共有来自基层的100余位文化工作人员参与。

11月19日,图书馆开展首届"阅天下之言·品百味人生"诵读比赛。比赛当日共有来自各个学校的20位读者参加,最后来自东胜区实验小学的杨一诺荣获第一名。

11月21日,由东胜区文化体育旅游局党组书记、局长刘向东宣讲,图书馆全体干部职工参加的十八届六中全会精神《关于新形势下党内政治生活的若干准则》和《中国共产党党内监督条例》专题学习会议在图书馆多功能厅召开。

11月22日,图书馆组织全体行政人员及部分业务人员收看中国共产党内蒙古自治区第十次代表大会实况直播。

11月25日,图书馆成立东胜区富兴街道永宁社区卫生服务中心图书流动点,共配送 150 册图书。至此东胜区图书馆共成立 33 个馆外流通点。

11 月 28 日,东胜区文化体育旅游局对图书馆进行 2016 年目标责任制考核。

11 月 28 日,鄂尔多斯市委党校副校长达赖一行 42 人对东胜区图书馆进行调研。

11 月 28 日,图书馆党支部组织开展在职党员进社区帮扶活动,29 名在职党员深入通顺社区,慰问 5 户贫困户,了解民情民意。党员们还自筹资金为每户购买了米、面、油等慰问品,帮助他们缓解生活压力,送去问候和祝福。

11 月 30 日,图书馆党支部召开"学党章、学讲话,争做合格党员"专题组织生活会,党支部全体党员参加会议,环节干部列席会议并发言。会前,组织全体党员干部深入学习贯彻中央六中全会精神、内蒙古自治区第十次党代会精神、《关于新形势下党内政治生活的若干准则》和《中国共产党党内监督条例》,努力提高思想认识;通过召开座谈会、走访调查等多种形式,面向党员、群众、服务对象广泛征求意见,并将意见归纳整理到发言材料中。会上,党支部书记王芳同志首先代表支委做 2016 年度党建、党风廉政建设工作报告,并在理想信念、发挥先锋模范作用、廉洁自律等方面开展了批评与自我批评,深刻剖析产生问题的思想根源,明确了今后的努力目标和整改措施。随后,支部全体党员和环节干部依次开展了批评与自我批评,大家都紧密联系自己的思想和工作实际,实事求是,查找思想作风中的不足,发现工作实践中的差距,总结经验吸取教训。最后,对支部全体党员进行了民主评议。

12 月,图书馆采购公共文化服务与地方特色展示平台(地方文献数据库)。

12 月每周六、日下午,图书馆在馆内多功能厅为广大读者播放传统文化系列讲座。

12 月,图书馆发布 2016 年优秀读者名单、2016 年东胜区图书馆优秀馆外流通点和图书捐赠优秀集体。2016 年优秀读者名单有:公共电子阅览室,阿格热、胡勇、贾浩升、张敏、乌云其木格;中文、蒙文、外文图书区,韩世飞、李鸿安、武小燕、齐钰萌、王海青、张健标;青少年图书区,杨佳晨、王海燕、陶永红、魏鑫茹、刘银旺、韦莉、王子豪、王桂英、侯芳、刘雲、张旨博、陈二计、胡暄佳、白小利、李雨龙、林晓录、张二富、李红梅、吴雨霏、刘宏宇。2016 年东胜区图书馆优秀馆外流通点为:学府幼儿园分馆、鸿波小学分馆。图书捐赠优秀集体:东胜区民政局、东胜区宣传部、东胜城投集团公司、鄂尔多斯弘基炜业控股集团有限公司。

12 月 6 日,学府幼儿园 34 名小朋友到图书馆少儿阅读体验馆参观实践。

12 月 6 日，图书馆党支部组织召开会议，集中传达中国共产党内蒙古自治区第十次党代会精神，党支部书记王芳向各位党员干部详细传达了内蒙古自治区党委书记李纪恒《紧密团结在以习近平同志为核心的党中央周围，把祖国北部边疆这道风景线打造得更加亮丽》的报告。她提出，大家要自觉地用自治区第十次党代会精神武装头脑、指导实践、推动工作，尤其是广大党员同志，继续在工作中发挥党员的先锋模范作用。大家也一致认为，在今后的工作中要以李纪恒书记的讲话精神为指导，立足本职工作岗位，以时不我待的精神状态，努力拼搏、真抓实干，圆满完成各项工作任务，为自治区第十次党代会献礼。

12 月 7 日，鄂尔多斯市文明办对图书馆进行文明单位验收。

12 月 7 日，康和丽舍幼儿园小朋友到图书馆参观实践。

12 月 9 日，鄂尔多斯市文化新闻出版广电局副局长李玺一行 9 人到图书馆督查指导。

12 月 9 日，东胜区委常委、政府副区长高屹东一行到图书馆进行安全生产检查工作，东胜区各相关安全生产部门督察人员陪同检查。高屹东一行在东胜区文化体育旅游局刘向东局长及东胜区图书馆王芳馆长的陪同下仔细查看了馆内烟感报警系统、消防控制室、消防栓、灭火器、消防通道、安全监控等设施设备，全面了解了东胜区图书馆安全生产存在的问题和隐患，并对各项安全生产工作提出具体指导意见。高屹东强调，图书馆是重点消防单位，要不断强化安全制度的落实和常规检查工作，要牢固树立安全意识，做到警钟长鸣，防患于未然。同时，对东胜区图书馆进一步做好安全生产工作提出整改意见：一是加大重视，切实增强责任意识、紧迫意识和忧患意识，充分认识到做好当前安全生产工作的重要性，做到常抓不懈；二是重在预防，找准问题，继续深入排查并及时消除各类隐患，尽快拿出安全生产责任书，定期排查，记录工作总结和计划，逐步整改到位；三是狠抓落实，对检查中发现的问题，立即采取措施加强整改，彻底消除安全隐患。东胜区图书馆认真逐条落实检查组指出的问题，严格按照要求做好整改工作，提高全员安全责任意识和防范能力，将安全责任明确到岗，落实到人，确保各项安全措施落实到位，为市民营造安全舒适的阅读环境。

12 月 10 日，为纪念红军长征胜利 80 周年，同时纪念毛泽东同志诞辰 123 周年，中国毛体书法家协会会员张随成先生亲临东胜区图书馆开展书法作品展。张随成先生多年来潜心研摹"毛体"书法艺术，造诣颇深，在开展现场泼墨挥毫即兴创作书法作品，为广大读者带来一场视觉盛宴。此次"纪念红军长征胜利 80 周年"张随成毛体书法作品展展出作品 80 多幅，展期 2 周。

12月10日,图书馆举办"妙笔书写方块字,中华文化我传承"汉字听写大赛,共有12名实力选手以小组为单位参赛。

12月11日,以"热爱读书生涯 成就睿智人生"为主题的读书会在图书馆多功能厅成功举办。此次读书会由东胜区图书馆、教育局联合举办,利荣读书会创始者王利荣、宋艳婷、李玉荣以及刘军受邀到场,并有逾100名书友报名参与了此次活动。此次活动为东胜区图书馆第一期读书会活动,目的是让人们养成良好的阅读习惯,提升阅读品味,通过民间读书会的交流分享,每个人都能找到适合自己的阅读方法。

12月11日,"揭秘魔方奥秘 开启智慧之门"亲子大课堂在图书馆如约开讲,内蒙古魔方协会会长田大庆现场讲解指导快速复原金字塔魔方的多种方法,并带来了提升注意力和记忆力的有效训练方法。

12月12日,鄂尔多斯市质量技术监督局组织企业家一行50人来东胜区图书馆参观。

12月13日,图书馆地方文献区、蒙文图书区、工具书区搬至B座3层。

12月15日,图书馆进行安全生产自查工作。

12月16日,陕西省府谷县委常委、宣传部部长尚建林,府谷县文体广电局局长谭玉山,府谷县图书馆馆长刘静宁等一行20人到图书馆参观调研,由馆长王芳陪同接待,双方就图书馆的建设、馆藏发展、功能布局、业务活动的开展等内容进行了交流。

12月16日,图书馆携手先行者青少年文学社共同举办的"与文字面对面"主题活动在报告厅正式开讲。本土作家苏怀亮和李青敏两位老师与现场观众分享阅读精髓。苏怀亮老师谈到青少年应如何读书,如何有选择地读书,如何合理安排青少年假期学习时间,将阅读融入生活;李青敏老师以"振飞你美丽的翅膀——联想与想象"为题,向在座观众传授写作经验与技巧。很多读者朋友将这些理解和感悟记录下来,收获良多,说希望能够在以后的学习生活中灵活运用,在实践中,让自己的写作能力得到不断提升。在最后的互动交流环节中,两位嘉宾老师与在座家长探讨如何与孩子共度假期的话题。各位家长积极提问,对孩子在假期生活中如何读书与学习存在的普遍问题产生共鸣,将现场气氛推向高潮。最终,在两位老师的引导下,家长们找到了满意的解决方法,为活动圆满结束画上了句号。

12月18日,图书馆联合鄂尔多斯市朗诵协会一起举办"播撒诗意,种植美好"新年诗会。开场由萨娜会长等人一起朗诵《谢谢你》,为本次新年诗会拉开序幕,之后是由图书馆职工(折俊梅、刁娅鑫、赵雪洁、吴贺、刘奕鸿、杨千柳、王雅珺、王宁、折紫霞、乔建芬、任慧杰、杨晨)组成的12人朗诵组,朗诵了本土作家未来的作品《品质东胜,一路书香》。此外,年会上还有男声独唱《星光灿烂》,斯力更话剧社带来的小品等节目。

12月20日至23日,馆长王芳赴厦门参加由中国图书馆学会、海峡两岸出版交流中心等主办的首届海峡两岸图书馆馆长交流季论坛。此次论坛的主题为"海峡两岸图书馆文献资源建设与阅读推广"。

12月21日,为进一步了解数字资源,维护好本馆数字资源版权,图书馆全体职工共同观看了吕淑萍老师的讲座"引进数字资源版权管理方法"。讲座从五个部分展开,前两部分简单介绍了引进数字资源工作的特性和引进方式,第三、四部分通过大量的实例分析了引进数字资源的版权风险以及如何进行风险防范与版权管理,最后对版权管理制度进行总结。

12月24日,图书馆举办"糖果甜甜圣诞节,动动小手合家欢"圣诞亲子活动,职工准备了各种心愿卡,家长和小朋友们一起装扮圣诞树。在圣诞树下,爸爸妈妈和孩子们一起阅读绘本故事、拆圣诞礼物,共同感受温暖欢乐的圣诞气氛。

12月31日,图书馆举办2017年迎新年会暨颁奖典礼,东胜区委常委、宣传部部长贺海云、文化体育旅游局领导班子、图书馆业界同人、馆外流通点代表及社会各界读者代表受邀与图书馆全体员工欢聚一堂,共同回顾图书馆建设成绩,畅想书香东胜美好未来。开场前,东胜区文化体育旅游局局长刘向东致辞,他首先肯定了图书馆2016年所取得的成绩,期望图书馆人再接再厉,推动全民阅读推广工作迈向新台阶。随后,东胜区图书馆馆长王芳围绕新馆建设、阅读推广、业务发展等方面向来宾就图书馆全年工作做简要汇报。年会中,图书馆对荣获2016年度"图书捐赠优秀集体""优秀读者""优秀志愿者""优秀馆外流道点""书香家庭"等7个奖项的集体及个人进行了表彰奖励,鼓励和感谢社会各界对图书馆工作的支持与帮助,希望社会各界一如既往地关心和支持图书馆事业发展。表演环节,东胜区图书馆全体演唱原创馆歌,向来宾致敬;鄂尔多斯市朗诵协会、可乐相声大会等社会团体组织,以及东胜区图书馆馆外流通点纷纷选送诗歌朗诵、相声、舞蹈、歌曲、哑剧等精彩文艺节目助阵参与;上级业务单位也以乐器表演、赠送书联的形式对东胜区图书馆新馆启动所取得的成绩表示祝贺。

12月31日的统计数据显示,图书馆共接待读者837 717人次,其中文献借还135 674人次,电子阅览室接待上机读者6052人次;印本借阅601 232册次,文学类文献借阅率最高,占比67%,马列主义类文献占比最低,仅为291册次。

是年,东胜区图书馆在公共文化服务体系建设方面取得重要进展。截至2016年底,图书馆共有馆外流通点36个,其中分馆19个、机关图书流动点8个、基层服务点(文化户)9个。19个分馆分别是青少年宫分馆、和顺社区分馆、民政福利中心分馆、益民社区分馆、团结社区分馆、东胜区鸿波小学分馆、前进社区分馆、兴业社区分馆、第一幼儿园分馆、金融广场幼儿园分馆、鑫海颐和院分馆、万盛社区分馆、东胜消防二中队分馆、学府幼儿园分馆、新闻中心分馆、神山潮脑梁分馆、富兴社区分馆、香水湾小区分馆、大学生创业园分馆。8个机关图书流动点分别是东胜区卫生局机关图书流动点、东胜区档案局机关图书流动点、东胜区委宣传部机关图书流动点、东胜区建设局机关图书流动点、武警中队机关图书流动点、铁西管委会机关图书流动点、东胜区公安局机关图书流动点、交易中心机关图书流动点。至此，东胜区图书馆总分馆体系建设取得成效，形成了真正意义上的总分馆模式，以铁西馆为总馆，青少年宫分馆、24小时街区自助图书馆及24小时自助图书馆，以及设在学校、社区、敬老院、机关单位等处的36个馆外流通点为分馆和基层服务点，积极探索可行的总分馆运行模式，实现资源共建共享和服务效能的提升。全年馆外图书借还12 894人次，借还图书28 553册次；图书馆根据需求为东胜区委宣传部图书流动点以及鸿波小学分馆、学府幼儿园分馆更换图书各1次，共计600册；共开展汽车图书馆"家门口阅读服务"16次，服务人群约200人次；成功举办基层图书室管理员业务知识培训班和文化信息资源共享工程及公共电子阅览室管理系统技术人员培训班，共面向基层开展图书业务辅导310次，辅导图书26 530册。此外，东胜区图书馆还与泰达图书馆、榆林市星元图书馆、呼和浩特新城区图书馆、包头市青山图书馆等10家图书馆建立了馆际互借文献传递关系，与东胜区博物馆、东胜区文化馆实现资源交换，信息共享。

文化信息资源共享工程建设方面：2016年，全国文化信息资源共享工程东胜区支中心对基层电子阅览室进行业务辅导20次，为基层群众的上网需求提供保障；开展公益电影展播累计33场次，其中馆外12场次、馆内21场次，让市民真正体会到"文化惠民"就在身边；开展"公共文化空中大课堂"5期，参训人次达500余人次，为推动基层文化工作队伍建设，提高服务水平及创新能力提供了人才保障和智力支持。2016年，东胜区图书馆还启动了数字图书馆推广工程。

人才队伍建设方面：2016年，图书馆新进职工17人，共有2人通过图书馆馆员资格审核，1人通过助理转系。至此，图书馆有从业人员99人，其中专业技术人才81人（含高级职称1人、副高职称4人、中级职称17人、初级职称59人）。2016年，图书馆职工在各类期刊发表论文9篇，其中国家级4篇、省区1篇。3篇获得"一等奖"，1篇获得"优秀奖"，由此在一定程度上反映了东胜区图书馆的科研水平。

2016年，图书馆共有11名职工获得17项荣誉。其中，5人被评为"鄂尔多斯市图书馆学会优秀会员"，分别是：王芳、杭霞、郝文祥、任慧杰、聂慧；3人被评为东胜区文化体育旅游局"优秀党员"，分别是：王芳、郝文祥、严娜；1人被东胜区文化体育旅游局评为"优秀党务工作者"，即杭霞;2 人被东胜区文化体育旅游局评为"优秀党员志愿者",分别是:张瑞、刘弈鸿;3 人被东胜区文化体育旅游局评为"最美基层干部",分别是:聂慧、孙萌、董育林;郝文祥荣获"数字图书馆业务技能竞赛三等奖""数字图书馆业务技能菁英"(国家级),萨如拉荣获"学习使用蒙古语文模范个人"称号。另外,还有多人荣获"数字图书馆业务技能能手"称号,包括王芳、郝文祥、程洁、金亦珂、折俊霞、董育林、张瑞、王宇烨、郭丽娜、邵彩霞、王雅珺、刘弈鸿、巴图青格勒。

党建工作方面:图书馆紧紧围绕"两学一做"学习要求,制订了《2016 年东胜区图书馆学习计划》,规定学习主要内容,明确学习方式和学习要求。坚持集中学习和自主学习相结合,全年共开展集中学习 36 次,每位党员撰写学习笔记 36 篇、心得体会 32 篇。在党员中开展专题研讨会 3 次,并完成专题研讨会发言稿 3 篇。2016 年,东胜区图书馆支部共有党员 33 名,其中离退休党员 2 名,在职党员 29 名,其中 1 名包括预备党员;重点培养对象 11 名;新入党申请人 1 名。2016 年,东胜区图书馆支部充分发挥党员干部先锋模范作用和基层党组织的战斗堡垒作用,带领全馆职工奋力拼搏,出色地完成上级交办的各项任务,开创党建工作新局面,赢得了业务工作和党务工作双丰收,被鄂尔多斯市委组织部授予"先进基层党组织"荣誉称号。

为进一步深化图书馆管理体制及运行机制改革,推进法人治理工作,2016 年,东胜区图书馆理事会正式成立,第一届理事会包含 13 名成员,理事会讨论并通过《东胜区图书馆"十三五"规划》《东胜区图书馆章程》等重要文件。此外,图书馆根据区文明办要求,建立"东胜区图书馆志愿服务队",注册"网络文明"志愿者 7 人、"志愿内蒙古"志愿者 24 人,积极按照上级文件要求开展志愿服务活动。

2016 年,图书馆被区文化体育旅游局列为城市精细化治理工作试点单位,图书馆按照精确、细致、深入的要求,对馆内管理各个环节实施精准化操作,并采取优化工作流程、细化管理标准、完善考核体系等措施,对原有的制度规章进行细化,制定《东胜区图书馆精细化服务标准汇编》,进一步提升了图书馆整体服务能力与水平。

馆藏建设方面:2016 年,图书馆新购进了公共文化服务与地方特色库平台,新试用软件通数字资源,共拥有各类数字资源 20 余种,资源总量共 25TB,均对读者免费开放。根据入藏量统计,2016 年,图书馆新增普通图书 128 619 册,新增报刊 5103 册,新增蒙文图书 231 册,新增盲文期刊 60 件,新增视听文献 443 件(套),新增地方文献 1137 册,新增电子资源 37 500 册(件)。根据馆藏量统计,2016 年,图书馆文献总藏量为 877 803 册,其中馆藏图书约 848 000 册(包含中国光华科技基金会所捐赠的未加工图书 572 790 册在内)。

服务效能方面:2016 年,图书馆服务人口为 508 500 人,持证读者达 34 603 人。图书馆不断创新阅读推广模式,共举办 68 次阅读推广活动,共有 28 387 万人参与并受益。各类数字资源访问总量为 143 300 次。为读者举办的各种活动中,共组织各类讲座 35 次,共 5780 人次参加;举办展览 10 次,4320 人次参观;举办培训班 12 次,1350 人次参与培训。图书馆拥有 248 台计算机,其中供读者使用的为 196 台。图书馆网站访问量达 25 623 人次。

2016 年,图书馆获得财政补贴收入为 1934.7 万元,其中购书专项经费为 168 万元;年度新增藏量购置费 196.9 万元,新增数字资源购置费 95.2 万元;资产总计为 3648.5 万元,其中固定资产原值为 3348.2 万元;图书馆实际使用房屋建筑面积达到 35 520 平方米,其中书库面积 1500 平方米,阅览室面积 12 129 平方米(其中书刊阅览室面积 9978 平方米、电子阅览室面积 2151 平方米);拥有阅览室座席 1080 个,其中,少年儿童阅览室座席 168 个、盲人阅览室座席 12 个。

宣传接待工作方面:2016 年新馆启动后,图书馆共接待政府部门领导、企业单位、图书馆同行、媒体等各界人士参观考察 23 次,接待人数 2000 余人,极大地提升了图书馆的社会知名度。此外,接待学校、幼儿园参观 4 次,接待人次 800 余人。截至 2016 年底,图书馆微信公众平台有粉丝 6512 人,官方微博共有粉丝 4013 人;共发表新闻稿件 67 篇,分别在《鄂尔多斯日报》发表 7 篇、《鄂尔多斯晚报》发表 24 篇、《东胜报》发表 23 篇、网站报道 13 篇。

2017 年

1 月初,图书馆举办年终颁奖典礼,东胜区相关领导以及图书馆业界同人、馆外流通点代表及社会各界读者代表受邀与图书馆全体员工欢聚一堂,共同回顾图书馆建设成绩,畅想书香东胜美好未来。颁奖典礼上,图书馆对荣获 2016 年度"图书捐赠优秀集体""优秀读者""优秀志愿者""优秀馆外流通点""书香家庭"等 7 个奖项的集体及个人进行了表彰奖励。

1 月 5 日,文化部发布通知,第六次全国县级以上公共图书馆评估定级工作开始启动。东胜区图书馆作为县级公共图书馆参与评估,积极着手相关工作。

1 月 6 日,图书馆新年首场话剧演出在多功能报告厅打开序幕,本土话剧演出团斯力更话剧社的社员和图书馆广大读者、众多话剧爱好者齐聚一堂,斯力更话剧社自导自演的《银行大劫案》《花开那年》《梅雪恋》为广大读者送上了一场精彩的文化盛宴。

1 月 7 日至 8 日,图书馆开展以"翰墨书香,新春送对联"为主题的楹联赠送活动,活动邀请本土书法家现场创作,共书写 2000 幅对联免费赠送现场读者及市民朋友。

1 月 12 日,图书馆 2017 年首期公共文化空中大课堂在馆内多功能报告厅远程播讲。

1 月 14 日,图书馆与鄂尔多斯朗诵协会联合举办"让悦读与朗诵照亮人生"朗诵会。

1 月 16 日,图书馆启动"两会"服务,通过发放专题信息资料、搭建信息服务平台等方式为参会代表及委员提供文献信息参考服务。

1 月 17 日至 2 月 17 日,图书馆在一楼共享大厅举办中国传统剪纸展迎新春活动,展出温立桃、李婵等本土民间剪纸艺人精品佳作。

春节前夕,图书馆邀请退休职工到馆集中进行春节慰问并召开迎新年座谈会,多位高龄老职工和曾任馆领导参与活动。

2 月,石婷从东胜区文化市场综合执法大队调入图书馆。

2 月,巴图青格勒从图书馆调入东胜区文化馆。

2 月初,图书馆职工利用春节时间将最新采购的 3000 余册图书陆续送到 26 个草原书屋,确保群众在欢庆之余享受到丰富的文化大餐。

2 月 6 日,图书馆举办"纸"尖上的艺术——中国传统剪纸展,吸引了众多市民前来观看。

2 月 6 日至 11 日,图书馆开展"品质东胜,多彩青春"本土微电影公益展映活动。

2 月 10 日,图书馆完成位于图书馆东门南侧、科技少年宫大楼楼下及铁西公园北门 3 台 24 小时街区自助图书馆的图书更换工作,方便市民借阅。

2 月 11 日,图书馆开展"神猴辞旧岁　金凤闹元宵"猜灯谜活动。

图 1-69　猜灯谜活动

2月11日,图书馆青少年图书区开展"情暖元宵"亲子包汤圆活动。

2月11日,"东胜记忆"主题文化沙龙在图书馆举办。

2月11日至16日,由东胜区文化体育旅游局主办,东胜区图书馆、杨帆书法艺术工作室承办的"一缕清风"相约鄂尔多斯——全国特邀名家书法作品暨杨帆书法艺术作品展在图书馆举办。此次书法作品展的千余幅作品全部在图书馆一楼展出,展区分为全国特邀名家、鄂尔多斯市特邀名家、杨帆书法作品和学员作品四个展区。

2月19日,2017年"话剧体验营"在图书馆进行第一场表演。来自拾凡话剧社的社员们带来了他们精心准备的话剧《爱情!谎言?》。活动旨在将书籍和话剧充分结合,把静止的画面和无声的文字鲜活地呈献给读者,借助话剧形式助力阅读推广,从而更有效地激发读者的阅读兴趣。

2月24日,图书馆举办"二十四节气"图片展。

2月25日,由图书馆携手东胜区青少年阅读体验中心举办的2017年首场"阅读点亮人生"大课堂在图书馆报告厅正式开讲。首期开讲的主题是"成长是一种幸福",东胜区民族幼儿师范幼儿园园长孙桃眉担任主讲嘉宾。

2月27日,图书馆新的馆外流通点——东胜区公共资源交易中心图书流动点正式成立,首次配送各类图书600册,包含宗教哲学、社会科学、政治法律、文学及历史地理类等各大类。

3月,图书馆开展第一期职工读书分享会。图书馆计划每月开展一次职工读书分享会,每期共读一本书。读书会可以激发职工的读书热情,提高个人素养,更好地为读者服务,同时,读书会有利于在馆内形成热爱读书的良好氛围,带动更多的人加入到读书的行列中来,让大家爱上阅读,共同建设书香东胜。

3月,王苏暄从东胜区财政资金监督管理局调入图书馆。

3月1日,鄂尔多斯市达拉特旗文化旅游广播电影电视局、达拉特旗图书馆领导一行到图书馆参观。

3月3日至5日,中国图书馆学会关于开展第六次全国县级以上公共图书馆评估定级培训班在天津举办,馆长王芳、副馆长郝文祥带领图书馆5名业务人员赴天津参加这一为期3天的培训班。

3月5日,图书馆馆长王芳等7人到天津图书馆参观学习。

3月7日,"解读女性与家庭关系"讲座在图书馆举办。

3月8日,科尔沁右翼前旗文体广电局党组书记、党委书记、局长王淑瑗、科尔沁右翼前旗图书馆馆长李春龙等一行到图书馆参观调研。

3月9日,古琴培训班在图书馆举办。

3月11日,第二期读书会在图书馆B座一楼大厅开讲。由樊登视频讲座《匠人精神》开场,樊登读书会鄂尔多斯分会会员围绕《匠人精神》分享读书心得。

3月18日,图书馆联合金融广场幼儿园分馆举办"读绘本·译故事"亲子共读活动。来自30组家庭的家长和孩子共同走进图书馆,共同享受阅读的快乐。

3月19日至21日,图书馆派出王维宏、金亦珂参加由北京雷速科技有限公司、北京碧虚文化有限公司联合中国图书馆学会民族文献阅读推广专业委员会、呼和浩特市图书馆等主办的绩效评估与民族文献阅读推广研讨会。

3月20日,图书馆走进特殊教育学校,开展关爱沉默天使活动。

3月25日,图书馆举办"让阅读成为孩子一生的习惯"讲座。

4月,图书馆正式启动"馆长接待日",每月第二周、第四周的星期三上午,馆领导轮流值班,不仅扮演"向导"角色带领读者认识图书馆,更为读者提供资讯服务、解答读者疑问,广纳意见。

4月,李丽梅从图书馆调入东胜区文化馆。

4月5日至5月5日的每周三、周五,图书馆利用馆内丰富的电子资源,开展第六期计算机培训班,主题为"学无止境 快乐老年"。此次培训班以老年人计算机基本操作能力普及和推广为主,目标是帮助老年人更好地学习和掌握计算机在日常生活中的应用。培训内容主要为计算机基础知识、Windows 操作系统、Word 文字处理软件、Excel 电子表格处理软件以及家庭常用工具软件介绍。

4月9日,图书馆举办亲子阅读活动。

4月9日,图书馆派出郝文祥等参加由广州图创计算机软件开发有限公司主办的评估定级填报系统培训。

4月10日,图书馆第一届理事会第一次会议召开,会上讨论了理事会章程,并由馆长王芳汇报图书馆情况,理事会成员对图书馆"三重一大"(即重大决策、重要人事任免、重大项目安排和大额度资金使用)项目展开讨论。

4月12日,文化部中国美术馆书记游庆桥、国家图书馆数字资源部主任曹宁、文化部全国公共文化发展中心资源建设部处长助理吴哲、国家图书馆数字资源推广工程建设协调组副组长温泉、内蒙古文化厅公共文化处处长白俊明、内蒙古图书馆采编中心主任王志勇及鄂尔多斯市文化新闻出版广电局副局长李玺、鄂尔多斯市图书馆馆长乔礼、东胜区文化体育旅游局局长刘向东一行到图书馆参观。

4月14日至19日,由中国图书馆学会主办的"书香长沙·活力东亚"中国图书馆第十一届全民阅读论坛在湖南省长沙市举办,图书馆馆长王芳赴长沙参会。

4 月 16 日，"4·23"世界读书日新华书店系列活动之乐乐趣"子宁姐姐讲故事"在图书馆举办。

4 月 23 日，配有完整录音录像设备的全区首座"朗读亭"在东胜区正式投入使用，"朗读亭"有 3 米高，占地约 2.5 平方米。东胜共设 2 个"朗读亭"，其中 1 个设于图书馆东门南侧，另一个为流动"朗读亭"，不定期出现在广场、书店、社区、学校、商场等人员密集场所。"朗读亭"内设有一套专业的录音、录像设备，免费向市民开放，每一位朗读者都可免费录制专属声音并拷贝作品。

4 月 23 日，"东胜，因热爱读书而受人尊重——2017'热爱读书　行动起来'"活动启动仪式在图书馆举办。鄂尔多斯市委常委、东胜区委书记于新芳，鄂尔多斯市委政研室主任、改革办副主任于永崇，鄂尔多斯市委宣传部副部长、文明办主任赵子义，东胜区政协主席伊平及东胜区四大班子在家领导和市区两级相关部门负责人出席启动仪式。于新芳致辞并宣布活动正式启动，东胜区委副书记、政法委书记李新树主持仪式。当天还开展了《千字文》吟诵、好书推荐、古籍捐赠、"企业家书架"揭牌、2016年度"阅读之星"表彰等十多项丰富多彩的系列活动。

4 月 26 日，乌审旗图书馆领导及职工到图书馆参观，馆长王芳等陪同接待，双方就图书馆的建设、馆藏发展、功能布局、业务活动的开展等内容进行交流。

4 月 29 日，"爱的能量场"大型教育讲座在图书馆举办，主讲人为家庭教育导师杜占全。

4 月至 6 月，作为第六次评估的参评公共图书馆，图书馆严格按照评估标准进行自查自评，将自评数据录入"全国公共图书馆评估定级管理服务平台"。

5 月，张晓霞从图书馆调入东胜区人民武装部。

5 月，东胜区图书馆成为第三家碧虚优秀企业文献长期保存示范基地。碧虚优秀企业文献长期保存示范基地是北京碧虚文化有限公司与全国 12 家有重要影响的图书馆合作建设的企业文献专题馆。基地依托碧虚网（http://www.bixu.me, http://www.bixu.cc）的优秀企业文献，通过印本资源与数字资源两种载体，实现优秀企业文献的长期保存利用，为地方经济建设、社会发展、学术研究与决策咨询提供高品质的服务。是年，图书馆通过示范基地建设，引进 7000 册（份）优秀企业印本文献。

5 月 1 日，图书馆举办"我劳动　我快乐——第四期志愿者书籍保护行动"，共计有 30 位读者参与其中。在活动现场，父母和孩子共同发挥志愿精神，修复破损书籍并整理归类，延长图书使用寿命，发挥图书的最大功效，使广大读者能够及时借阅到所需图书，方便读者以后借阅使用。

5月6日,图书馆开展"神奇绿叶 创意无限"亲子树叶粘贴画活动。

5月6日至8日,郝文祥、乔建芬、张瑞参加由内蒙古自治区图书馆学会主办的关于第六次全国公共图书馆评估条目详解研讨会。

5月7日,图书馆开展《想吃苹果的鼠小弟》绘本讲故事活动。

5月7日至13日,2017年全国基层文化队伍示范性培训——第五期全国县级图书馆馆长培训班在河北沧州举办,图书馆馆长王芳参加培训并获得证书。培训内容主要有政治理论和党性修养、公共文化政策理论、县级图书馆评估标准解读、公共图书馆业务能力建设、领导能力与团队建设等。

5月11日至14日,图书馆派出郝文祥等参加由内蒙古自治区图书馆学会、鄂尔多斯市图书馆主办的第六次全国公共图书馆评估条目详解研讨会。

5月13日,图书馆开展"心灵手巧 百变麦穗"亲子活动。

5月13日至14日,寻找"未来演说家"全国演讲大赛鄂尔多斯赛区比赛在图书馆举办。

5月14日,"我有'心'事要投递 给母亲的一'封'惊喜"母亲节活动在图书馆举办。

5月20日,"小手指印画 欢乐动物园"亲子活动在图书馆举办。

每年5月第三个星期日为全国助残日。5月21日是第27个全国助残日,图书馆联合鄂尔多斯市特殊教育学校、鄂尔多斯市朗诵协会在图书馆举办"文化助残·共圆梦想"全国助残日启动仪式,同时也拉开了公共图书馆服务宣传周系列活动的序幕。启动仪式上,图书馆共享大厅展出特殊教育学校师生的书画、美术、皮雕等作品,学生们还现场制作十字绣、串珠、饰品、插花等手工作品,大厅内前来观赏的市民络绎不绝。

5月26日,图书馆第一届理事会第二次会议在馆内会议室召开,会上讨论并通过了《东胜区图书馆"十三五"规划》《东胜区图书馆章程》等重要文件,不断深化图书馆管理体制及运行机制改革,推进法人治理工作。

5月26日,图书馆派出郝文祥等参加由同方知网(北京)技术公司主办的评估定级填报系统培训。

5月27日,经统计,图书馆微信公众号粉丝数已达4965人,共发布信息1044条;微博共有粉丝2094人,共发布信息3063条。

5月28日,图书馆举办"浅吟轻唱诵古韵 悠悠诗情润心灵"端午节诵读比赛。

图 1-70 端午节诵读比赛

6月,图书馆举办主题为"绿色环保 你我同行"的亲子手工制作活动。活动共有近20组家庭参与其中,大家利用平日里常见的易拉罐、饮料瓶等废旧物品,经过绘画、装饰等简单程序,使其"改头换面",变废为宝。

6月1日至9月1日,由东胜区环境保护局主办,内蒙古鸟类摄影学会协办,东胜区图书馆等承办的"让鸟儿飞"大型鸟类自然生态摄影展在图书馆大厅首次亮相。本次展览收集到鸟类摄影作品500余幅,活动旨在唤起全社会"保护生态环境,共建绿色家园"的社会意识和社会责任,为建设生态文明东胜汇聚更多力量。

6月3日,图书馆举办湿拓画亲子活动。

6月5日至9日,由全国图书馆联合编目中心主办的2017年度上传资格培训班在鄂尔多斯市图书馆举办,主要讲授中文普通图书的著录规则。图书馆馆员李俊梅参加培训并获得证书。

6月9日,由鄂尔多斯市东胜区民族宗教事务局主办的东胜区翻译人员培训在兴胜街道办事处举办,主要讲授翻译基础理论、公文翻译、新名词术语翻译、社会市面用文翻译等。图书馆馆员松德日参加培训。

6月26日,团结社区分馆被撤销。

6月下旬,图书馆开展的"流动图书馆"活动走进东胜区林荫街道蒙欣社区,为辖区居民提供为期一周的图书借阅服务。"流动图书馆"以中型客车为载体,配备开放式书架、活动式阅览桌椅等一整套自动化管理服务系统,造型美观、设备先进、功能齐全,实现图书通借通还。

7月,图书馆特邀内蒙古消安防火中心宣传办公室工作人员进行消防安全知识讲座并现场进行防火演练活动。

7月1日至30日,"童心向党·爱我东胜"美术作品展在图书馆举办。

7月1日至31日，图书馆举办"翰墨歌盛世　丹心普华章"书法展。

7月1日至8月1日，图书馆举办"秀笔一挥·画我所愿"涂鸦月活动。

7月3日至8日，图书馆举办青少年手工艺品展。

7月5日，由中国图书馆学会主办，内蒙古图书馆学会、鄂尔多斯市图书馆学会、东胜区文化体育旅游局、东胜区图书馆共同承办的以"少年儿童阅读推广"为主题的2017年全国"阅读推广人"培育行动第八期培训班在图书馆正式开班。中国图书馆学会副理事长刘小琴，儿童阅读教育专家、儿童文学作家王蕾博士，内蒙古自治区图书馆学会秘书长乌兰格日勒出席。仪式由东胜区文化体育旅游局党组书记、局长刘向东主持，东胜区委常委、宣传部部长贺海云致辞欢迎各位学员的到来，中国图书馆学会副理事长刘小琴致辞并代表中国图书馆学会向东胜区图书馆授予"阅读推广人"培育项目实践基地称号。王蕾博士为学员们开展"母语文化背景下桥梁书及分级阅读教育的价值"的专题讲座，潘芳老师与学员分享交流温州市少年儿童图书馆阅读推广案例。当天，刘小琴参观东胜区图书馆并指导工作，开班仪式后，来自全国28个省市地区的200余名学员们也参观了东胜区图书馆。

7月7日，以第六次评估标准为依据，图书馆完成自评估工作，经过严格自评、自查，图书馆自评估总得分1443分，其中基本分项得分997分，加分项得分446分。另外，读者满意率调查问卷共采集问卷578份。

7月7日，"我是讲书人"国际讲书大赛鄂尔多斯赛区启动仪式在图书馆报告厅举行，此次活动由东胜区文化体育旅游局、东胜区教育局主办，东胜区图书馆、东胜区教育发展中心、雷蒙读书会协办，樊登读书会鄂尔多斯分会承办。

7月10日，为使全市公共图书馆在第六次评估定级中取得良好成绩，贯彻执行《鄂尔多斯市图书馆学会关于组织鄂尔多斯市图书馆、东胜区图书馆业务骨干分赴全市各公共图书馆开展第六次评估定级辅导推进工作》要求，经图书馆馆务会研究决定，选派3名业务骨干赴达拉特旗图书馆与准格尔旗图书馆开展业务辅导。

7月11日至12日，图书馆刁娅鑫、乔建芬、张瑞3人到达拉特旗图书馆和准格尔旗图书馆参观，并开展第六次公共图书馆评估定级资料的整理、上传、自评等方面的交流及辅导。

7月14日，图书馆通过《东胜报》发布公告，面向社会各界招募志愿者，指出"凡年满10周岁；热爱公益文化事业，具有服务他人、服务社会的意识；遵守馆内各项规章制度，履行志愿者服务承诺，自觉维护图书馆和志愿者形象的市民均可报名"。

7月15日，图书馆完成第六次评估的系统资料上传工作。

7月20日，图书馆第五期志愿者服务活动开启，志愿者服务队伍进行了为期 15 天的服务,参加人数 28 人。

7 月 22 日至 23 日,转型发展与创客空间建设研讨会暨 2017 e 线图情年会在东胜区图书馆举行。此次会议由北京雷速科技有限公司、北京碧虚文化有限公司联合中国图书馆学会民族文献阅读推广专业委员会、内蒙古自治区图书馆学会、上海市浦东新区图书馆学会、《图书与情报》编辑部、呼和浩特市图书馆学会、包头市图书馆学会、呼伦贝尔市图书馆学会、通辽市图书馆学会、赤峰市图书馆学会、鄂尔多斯市图书馆学会、东胜区文化体育旅游局、东胜区图书馆共同举办。鄂尔多斯市东胜区文化体育旅游局党组成员、副局长邵勇,鄂尔多斯市图书馆学会理事长、鄂尔多斯市图书馆馆长乔礼,内蒙古自治区图书馆学会常务副理事长乌恩,十方集团股份有限公司事业四部副总裁高淑一等领导和嘉宾出席会议并致辞。来自北京、上海、山东、重庆、安徽、河南、湖南、甘肃、广东、江苏、黑龙江及内蒙古等地的 160 余位代表出席会议。北京雷速科技有限公司、北京碧虚文化有限公司董事长刘锦山在开幕式上宣读了《e 线图情图书馆联盟倡议书》,并在研讨会上做了"图书馆转型发展与创客空间建设""碧虚网:中国经济生活的百科全书""e 线图情:现代图书馆必备的百科全书"等主题报告。此外,还有多位专家、学者在研讨会上做了主题报告,依次包括:著名文化学者、上海开放大学教授鲍鹏山做"图书馆的力量"主题报告;东胜区图书馆馆长王芳做"东胜区图书馆转型发展之路"主题报告;河北省高等学校图工委副秘书长、河北大学图书馆副馆长任瑞娟做"空间、资源、服务——高校图书馆三维融合发展理论与实践"主题报告;杭州图书馆、杭州少年儿童图书馆馆长褚树青做"书香社会,信用中国——公共图书馆构建资源共享体系的构想和展望"主题报告;上海市浦东新区图书馆学会理事长、浦东图书馆馆长张伟做"公共图书馆转型发展之浦东图书馆逻辑"主题报告;教育部全国高校图工委副主任、郑州大学《周易》与古代文献研究所所长崔波做"广泛浸润经典,提升文化自信"主题报告;河南省古籍保护专家委员会委员、河南大学文献信息研究所所长李景文做"河南大学的古籍保护"主题报告;河南省图书馆学会副理事长张怀涛做"图书馆转型与图书馆员责任"主题报告;山东省图书馆副馆长李西宁做"寻找科技与人文的和谐统一——山东省图书馆转型与发展的思考"主题报告;教育部长江学者特聘教授、南开大学商学院信息资源管理系教授柯平做"图书馆评估与转型发展"主题报告。会议期间,碧虚网优秀企业文献长期保存示范基地精品印本文献展同步举行。

8 月 4 日,图书馆第五期志愿者服务活动落下帷幕。根据志愿者服务总时长、服务效果、服务态度等,综合评选出王锦浩、张璞琦、乔嵩岳、任博楷、刘珈彤和郭晶晶等 7 名优秀志愿者,并对他们进行颁奖。

8 月 5 日,图书馆第六期志愿者服务队伍开始正式上岗服务。

暑假期间，图书馆面向青少年儿童读者开展了形式新颖、内容丰富、理念超前的系列活动，包括互动拍照体验、虚拟现实安全教育体验、3D海洋绘画体验、少儿触摸屏体验活动等，让孩子们感受科技创新成果，激发爱科学、学科学、用科学的热情。

8月初，图书馆在鄂尔多斯市文化旅游投资集团有限公司和诃额伦街道家园社区分别设立分馆，方便公司职工和周达居民借阅。分馆成立后同步实现与总馆图书通借通还。

8月初，由东胜区图书馆携手满天星古筝教研机构共同开展的"古韵今声·筝心相守"古筝专场汇报演出在馆内报告厅举办，演出既有传统古筝曲目，又有大型套曲，还安排了当下较为流行的古筝曲目，为观众带来一场高水平的视听盛宴。

8月14日，达拉特旗图书馆馆长带领全体馆员到东胜区图书馆参观，馆长王芳等陪同接待。

8月19日，陕西省韩城市司马迁图书馆一行到东胜区图书馆参观。

9月，罗浩琨从东胜区诃额伦街道办事处调入图书馆。

9月，赵雪洁从图书馆调入东胜区财政局。

9月初，鄂尔多斯地区首个以企业命名的书架展区正式提供阅览外借综合服务。该企业家书架位于图书馆B座五楼，书架总面积1100平方米，设有海元物产集团、鄂尔多斯集团等9家企业的书架展区，包括社科类、文学类等各类图书资源。此外，30%的文献资源为企业文化宣传展示类文献，充分树立品牌形象，传播企业优秀文化。

9月1日，因图书馆分馆整顿，公安分局指挥中心分馆被撤销。

9月10日，为迎接《联合国防治荒漠化公约》第十三次缔约方大会成功召开，同时教育和引导广大青少年树立节能环保理念，由东胜区图书馆主办，尚上美术中心承办的"携手防治荒漠·种植绿色家园"书画作品现场创作在图书馆展厅进行。共有100余位读者报名参加此次书法、绘画活动。

9月11日，图书馆完成全国公共图书馆第六次评估定级复评检查工作。

9月12日，学府幼儿园分馆被撤销。

9月19日，由于地址搬迁，大学生创业园分馆被撤销。

9月22日，伊金霍洛旗图书馆馆长带领全体馆员到图书馆参观学习。

10月，万志鹃从图书馆调入东胜区文化馆；阿丽娅、苏娟、杨丽、张媛媛、赵慧娟、赵鑫、宗颖从图书馆调入东胜区文化发展办公室。

10月初，图书馆党支部以"社会主义核心价值观"为主题组织举办第四期馆员读书沙龙活动。活动以诵读《你好，社会主义核心价值观》这部经典作品为开场,随后是《社会主义核心价值观托起中国梦》朗诵等,最后由全体党员朗诵的原创诗歌《我奉献,我快乐——献给图书馆人的诗》,展现了图书馆人拼搏向上、砥砺奋进的精神品格。

10月16日,"妙笔东风 翰墨胜境——周本刚书画作品展"在图书馆举办。

10月17日,"访地方名人 探文献深意"系列访谈在图书馆开启。

10月27日,图书馆部分职工、志愿者及读者走进东胜区民政福利中心分馆开展"九九重阳节 浓浓敬老情"重阳节主题活动。

10月31日,图书馆举办万圣节活动。

11月,图书馆被内蒙古自治区图书馆学会评为"2016—2017年度先进集体"。

11月,为深入学习贯彻党的十九大精神,东胜区图书馆党支部安排部署全体干部职工开展形式多样、内容丰富的系列学习活动,包括召开学习宣传贯彻党的十九大精神动员大会、"学习宣传贯彻党的十九大精神专题研讨会",以及邀请专业人员开展党的十九大精神专题宣讲等,在全馆上下营造深厚的学习氛围。

11月,图书馆荣获全区首届"书香草原 大美北疆——蒙古娃少年儿童美术作品大赛"优秀组织奖。为内蒙古自治区成立70周年献礼,集中展示内蒙古自治区各民族少年儿童精神风貌,内蒙古自治区图书馆于2016年至2017年在全区举办"书香草原 大美北疆——蒙古娃少年儿童美术作品大赛"。此次比赛共征集到全区12个盟市旗县、乡村、牧区各民族少年儿童创作的2000余幅绘画。

11月,图书馆被内蒙古自治区图书馆、全国文化信息资源共享工程内蒙古自治区分中心评为公共数字文化服务工作"先进集体"。

11月,图书馆被内蒙古自治区文化厅评选为"2015—2016年度自治区十佳图书馆",这是图书馆连续第二次荣膺此项殊荣。

11月2日,由中国图书馆学会主办的全国县级图书馆总分馆制建设研讨会在苏州市吴江举办,共谋县级总分馆制建设的新经验、新做法,100多位来自全国各地图书馆的负责人参加此次研讨会。图书馆王芳馆长、李海霞、刘弈鸿、冯春燕、王宁、乔建芬前往参会,会上主要对图书馆转型发展展开研究和探讨。

11月3日,由中国图书馆学会主办的2017年"书香社区"论坛在宁波举办,图书馆折俊梅、王维宏、任慧杰、刘梦柯、田海军参加此次论坛。

11月3日,因图书馆分馆整顿,万盛社区分馆被撤销。

11月8日至11日,出版界图书馆界全民阅读年会(2017)在昆明举办,来自全国27个省市的出版社和各级各类图书馆300余位与会代表,紧紧围绕"阅读推广与图书馆服务效能提升"主题,共同探讨新时期公共文化建设新途径,加快推进全民阅读。图书馆郝文祥、刁娅鑫、严娜、金亦珂、张瑞、王艳、崔廷吉、程洁参加了会议。

11 月 19 日,图书馆举办感恩节活动。

11 月 26 日至 28 日,由内蒙古图书馆主办的 2017 年度全区数字图书馆推广工程、文化信息资源共享工程建设培训班在呼伦贝尔市图书馆举办,来自全区各个盟市、旗县图书馆近 200 名业务骨干参加培训。图书馆派王芳、乔建芬、丁娅楠参加培训。

11 月 28 日,因图书馆分馆整顿,兴业社区分馆被撤销。

11 月 29 日,因图书馆分馆整顿,前进社区分馆被撤销。

12 月,为深入学习宣传贯彻党的十九大精神,同时为积极响应内蒙古图书馆发起的"同读一本书,共圆中国梦"的号召,图书馆启动了主题为"同读一本书,共圆中国梦"的阅读挑战赛活动。阅读挑战赛以现场定时阅读、自由答题和集中答题三个环节开展,参赛者通过阅读指定书目《习近平谈治国理政·第二卷》后参与答题。

12 月,图书馆在全区青少年中开展"社会主义核心价值观"主题征文比赛。活动共收到文章 122 篇、绘画作品 84 幅。经过评选,最终共选出 65 篇优秀文章、29 幅优秀绘画作品,并颁发获奖证书,同时在图书馆铁西总馆青少年图书区举办获奖作品展,设置征文墙专门展出获奖文章和绘画作品。

12 月,冯艳、梁燕、祁渲、石进、田琴、王燕从图书馆调入东胜区文化馆;王彦龙、闫晓宇从图书馆调入东胜区文化发展办公室。

12 月,王苏暄从图书馆辞职。

12 月初,为充分发挥图书馆的信息服务职能,满足立法决策机构和"两会"代表、委员的信息需求,图书馆在"两会"现场设立咨询服务点,以传统咨询手段和现代技术相结合的形式,积极为与会代表、委员提供全面、系统、可靠的信息服务。

12 月 7 日,因图书馆分馆整顿,益民社区分馆被撤销。

12 月 11 日,因图书馆分馆整顿,鑫海颐和院分馆被撤销。

12 月 21 日,由东胜区文化体育旅游局主办的深入学习宣传贯彻党的十九大精神图文展暨 2017 年全民阅读活动成果展启动仪式在图书馆举行。

12 月 24 日,"炫彩·珠珠珠　幸福·串串串"亲子手工制作暨棉花糖姐姐第一期阅读培训班毕业典礼在图书馆举行。

12 月 26 日,因图书馆分馆整顿,民政福利中心分馆被撤销。

2017 年,图书馆接收王文俊捐赠《四库全书》一套、《大藏经》三套共 6000 册,价值 30 万元。

馆藏建设方面,2017 年,图书馆共拥有各类数字资源 20 余种,资源总量共 26TB,内含电子图书近 8 万册,电子期刊 1000 多种,音乐资源 50

万余首,视频资源 1000 多个小时,所有资源均对读者免费开放。根据入藏量统计,2017 年,图书馆新增普通图书 31 580 册,新增报刊 3604 册,新增蒙文图书 1394 册,新增盲文期刊 57 件,新增视听文献 1094 件(套),新增地方文献 1967 册,新增外文图书 463 册,新增古籍图书 387 册,新增草原书屋藏书 14 124 册。根据馆藏量统计,2017 年,图书馆共藏有文献资源 912 585 册(件),其中馆藏图书约 859 000 册(包含中国光华科技基金会所捐赠的未加工图书 547 172 册在内)。

2018 年

1 月起,图书馆利用"走出去"宣传、"请进来"解读,新媒体与传统媒体相结合宣传,线上线下有奖问答等多种形式,持续开展"公共图书馆法宣传月"系列活动,包括:利用图书馆官网、微信、微博公众平台、LED 显示屏集中向社会公众广泛宣传《中华人民共和国公共图书馆法》;线下馆员积极向读者及市民发放宣传单、手册等;馆内组织全体馆员集中学习法规全文,抄写全文;组织观看北京大学教授、国家公共文化服务体系建设专家委员会主任委员李国新主讲的解读《中华人民共和国公共图书馆法》专题讲座;等等。

1 月,根据安置退伍军人文件,奥磊、布音希迪、杨树林被分配至图书馆工作。

1 月 1 日,《中华人民共和国公共图书馆法》正式施行。

1 月 2 日,为深入学习宣传贯彻《中华人民共和国公共图书馆法》,深刻领会和把握其主要精神实质,图书馆召开专题学习会,由馆长对《中华人民共和国公共图书馆法》中关于图书馆的建设、运行、服务、法律责任等方面的规定进行逐条解读,对涉及免费开放、特殊群体服务等部分进行着重强调。全体馆员根据该法六个章节对照本馆工作展开讨论,进一步明确了今后的服务内容、发展原则和努力方向。

1 月 5 日至 11 日,图书馆党支部书记、馆长王芳光荣当选鄂尔多斯市人大代表,首次走进"两会",王芳馆长围绕持续深化巩固国家公共文化服务体系示范区创建成果主旨,提出《关于深化全民阅读推广、推进总分馆运行保障体系的建议》。

1 月 7 日,图书馆举办"琪琪妈妈讲绘本"活动,琪琪妈妈为小朋友们讲述了《莎娜的红毛衣》绘本。活动让小朋友在快乐中发展丰富的想象力并培养他们体贴别人的同情心。

1 月 14 日,图书馆开展《爱丽丝梦游仙境》儿童音乐剧表演活动,近百名家长和儿童齐聚图书馆多功能报告厅观看这一儿童剧。此次演出是图书馆 2018 年首场儿童文化盛宴。

1 月 14 日,60 多位青少年怀着对诗歌的憧憬、对朗诵的热爱来到图书馆 C 座,参加"东图书韵"声音书房之"悦读越动听"首期东胜青少年冬季诗歌朗诵会活动。

1 月 14 日,图书馆举办"琪琪妈妈讲绘本"活动,琪琪妈妈为小朋友们讲述了《爱做梦的羊》绘本。

1 月 20 日,为深入贯彻落实党的十九大精神,传承中华民族传统文化,弘扬社会主义核心价值观,展现新时代新风貌,图书馆结合党的十九大精神和《中华人民共和国公共图书馆法》,举办"笔墨传情·书写温度"答题送对联活动,鄂尔多斯市 10 位书法名家到场泼墨挥毫,书写新春祝福,在新春佳节来临之际,为群众营造欢乐祥和的节日氛围。"迎新送对联"是图书馆多年坚持开展的一项公益服务,此次活动与以往相比,服务范围扩大、活动内容创新成为新亮点。此次活动首次设立了分场,联动分馆香水湾小区同期开展活动,方便市民就近参与。此外,还设置答题兑奖环节,两地共设置 2000 道题目,内容紧跟新时代步伐,包含党的十九大及《中华人民共和国公共图书馆法》相关知识,不仅增强了活动的趣味性,更突出文化性,让书香过节、文化过节成为新时代节庆风俗标签。

1 月 20 日,图书馆服务助力"区委八届六次全会暨全区经济工作会议"顺利召开,持续发挥图书馆信息服务职能,满足参会代表的信息需求。

1 月 21 日,为丰富小朋友的寒假文化生活,图书馆少儿阅读体验馆举办"绿色环保·你我同行"创意亲子手工活动,利用废旧物品,变废为宝,提倡低碳生活,共享亲子时光,活动吸引 20 组家长及小朋友共同参与其中。

1 月 22 日,泰翁绘画工作室 30 人到图书馆参观。

1 月 26 日,第十一届艺术盛典·七色未来全国青少年才艺展示系列活动鄂尔多斯地区语言类选拔赛在图书馆举办。

1 月 26 日,图书馆与启程教育共同开展以"诵经典美文,品书香诗韵"为主题的诵读展演活动,参加活动的 50 余名小选手通过提前报名的方式参与进来,经过精心准备,小选手摩拳擦掌大展身手,朗诵的同时穿插独唱《小螺号》、小品《问路》、非洲手鼓等节目,为活动增添了喜庆氛围,为大家带来一场精彩的演出。

1 月 27 日,图书馆举办第六期"东图书韵"读书会,邀请樊登读书会东胜分会共读《人生效率手册》,与大家一起探讨如何卓有成效地过好每一天。

1 月 28 日,"寒风凛冽·大雪纷飞"亲子活动在图书馆少儿阅读体验馆举办。

2 月 1 日,"星耀中华　古韵新声"首届古筝春晚在图书馆多功能厅精彩呈现,当《云裳诉》《渔舟唱晚》《虞美人》等流传较广的名曲随着琴弦的波动声声入耳时,现场爆发出热烈的掌声。

2月1日,东胜区铁路学校二年六班18人到图书馆参观。

2月2日,内蒙古自治区党委政研室副巡视员、改革专项督察组组长刘全乐一行到图书馆参观调研。

2月2日,为深入学习宣传贯彻落实党的十九大精神和习近平新时代中国特色社会主义思想,以继承传统文化、弘扬红船精神、坚定文化自信、践行社会主义核心价值观、合力共筑中国梦为主线,图书馆"红船铸初心 砥砺谱华章 逐梦新时代 扬帆新征程"系列主题展盛大开展。

2月2日,为喜迎《中华人民共和国公共图书馆法》实施,图书馆把宣传该法与学习宣传贯彻十九大精神结合起来,开展公共图书馆法系列宣传活动,首次以线上展览与线下展览相结合的方式,用耳目一新的360度视觉效果全方位解读《中华人民共和国公共图书馆法》,让更多的市民了解图书馆、利用图书馆,共享文化改革发展成果,提高人民群众的文化获得感。

2月2日,第七期"东图书韵"读书会——"沐四季风 享读书乐"亲子读书会在图书馆多功能报告厅如期举行。此次读书会共读书目是《猎人笔记》,来自实验中学26班的40多组家庭报名参与。

2月3日,为丰富孩子们的假期生活,激发孩子们的创新热情,增强孩子们的动手能力,图书馆利用数字资源贝贝国学开展了别开生面的"彩泥趣味玩偶DIY"手工制作活动。

2月5日,东胜区铁路学校17人到图书馆参观。

2月11日,图书馆举办"赏年俗·品年味"春节习俗图文展,通过岁时信仰、民间风俗、饮食文化等,形象生动地再现了过年的传统习俗及历史情结。此次展览以线上和线下的形式开展,展示了从农历腊月二十三至正月十五元宵节期间的风俗习惯。

2月12日,图书馆党支部严格按上级党委要求,组织召开2017年度图书馆党支部组织生活会,开展民主评议党员。此次会议由图书馆党支部书记王芳主持,东胜区文化体育旅游局党委成员、文化发展办副主任袁成到会指导。

2月13日,馆长王芳亲自率队与各副馆长、物业安保人员一同对总馆及青少年宫分馆馆内各安全设施设备进行逐项检查,重点对消防设施、配电系统、供暖管网及空调系统进行了详细的安全隐患排查,对安全应急预案、危险源辨识及设备操作等方面进行了现场检查。

2月14日,图书馆党支部领导班子兵分两路分别走访慰问10名退休党员和退休职工,为他们送去新春的祝福和全馆干部职工的节日问候。

2月27日,图书馆党支部组织举办"共读一本书"开班仪式,馆长王芳主持此次开班仪式,并就如何抓好学习型党支部、建设书香图书馆及如何做一名学习型、实干型、修养型、创新型的干部提出具体要求。

2月27日,图书馆武警执勤一中队分馆正式成立,图书室面积120平方米,配有图书 500 册,内容涵盖政治、历史、军事、文学、哲学、计算机等种类,图书内容丰富、实用价值强,受到官兵的热烈欢迎。

2 月 27 日(农历正月十二),图书馆"文明礼仪 伴我成长"数字资源互动游艺活动吸引众多中小学生参与,提前预热传统元宵佳节。

2 月 28 日(农历正月十三),图书馆"欢乐闹元宵·花灯喜乐汇"创意花灯亲子手工制作活动热闹开场,让小朋友们在与家长共同制作花灯的过程中感受欢乐祥和的节日气氛。

3 月 1 日(农历正月十四),图书馆"奋进新时代 谱写新篇章"元宵节系列文化活动惊喜不断,馆内人气爆棚,猜灯谜、诗词对对碰、孔子学院"开笔礼"、创客体验多项活动齐上阵,图书馆以传统与科技结合的活动方式带领市民共同度过一个兼具年俗味、科技感和国际范的元宵佳节。

3 月 2 日(农历正月十五),图书馆主打"合家欢"亲情牌,推出亲子互动合作的手工包汤圆及亲子游艺活动,营造出"全家老幼庆团圆、其乐融融闹元宵"的节日氛围。

3 月 4 日,新时代女性共聚图书馆参加诗歌沙龙活动,大家一起阅读、一起朗诵、一起分享,提前庆祝"三八"国际劳动妇女节。

3 月 5 日,图书馆党支部积极组织全体干部职工观看十三届全国人大一次会议直播,认真聆听国务院总理李克强所做的《政府工作报告》。

3 月 5 日,图书馆志愿服务队积极参与"传承雷锋精神 弘扬时代新风"2018 年东胜区学雷锋志愿服务集中示范活动启动仪式,现场为市民宣传党的十九大精神,发放图书馆整理汇编的《十九大精神汇编》,同时,积极普及《中华人民共和国公共图书馆法》,发放图书馆原创读者活动台历及 2018 年读者活动手册等。深受广大群众欢迎,累计发放各类宣传类资料 300 余册。

3 月 8 日,图书馆举办"阳光心态 快乐工作"女性心理健康公益沙龙,邀请资深心理咨询师井卉老师为女性读者和职工排减压力,开启一场心灵之旅。

3 月 13 日,图书馆与鄂尔多斯市弘基装饰装潢工程有限公司签署 24 小时自助图书馆室内装修设计合同。

3 月 16 日,图书馆与鄂尔多斯市云安消防设备维护有限公司签署消防设备设施检测项目合同。

3 月 16 日至 17 日,为了帮助更多脑力爱好者提升自己的记忆水平,图书馆开设了"脑力竞技·无限可能"超级记忆力培训营,邀请主讲人杨晶为广大读者带来一次免费的记忆力培训。

3 月 20 日,东胜区委书记张占林、宣传部部长贺海云一行到图书馆参观调研。

图 1-71　东胜区委书记张占林等在图书馆参观调研

3 月 20 日,图书馆特邀诃额伦派出所副所长黄永强同志到馆,针对读者及物业安保人员开展"提高全民安全意识,倡导安全文明风尚"的安全知识主题讲座。图书馆职工、明喆物业安保人员及部分读者共计 60 余人参加此次安全讲座。

3 月 21 日,图书馆以"雷锋月"为契机,组织开展了 2018 年第三次主题党日活动暨雷锋月文化志愿服务活动。第一项为理论学习,全体党员集中学习《习近平总书记系列重要讲话读本》之"绿水青山就是金山银山——关于大力推进生态文明建设"、《习近平关于社会主义生态文明建设论述摘编》之"贯彻创新发展理念,推动形成绿色发展方式和生活方式"。第二项为守绿护植行动,全体党员撸起袖子拿起修剪刀、水桶等工具,对馆内的绿植集中进行了浇水、修枝、清理,让馆内阅览环境焕然一新。

3 月 22 日,内蒙古自治区文化厅副厅长李晓秋一行到图书馆调研。

3 月 24 日,鄂托克旗旗委宣传部副部长乌日希拉、宣传部办公室主任张军和网信办、精神文明室代表一行到图书馆调研。

3 月 24 日,图书馆党支部组织全体党员在周末观看了大型纪录片《厉害了,我的国》。

3 月 24 日起,图书馆为广大读者提供更加人性化的服务,在馆内各个楼层安装免费手机充电站,该设备有 4 种通用手机的充电口,可同时为 8 部手机充电,可满足日常生活中绝大多数手机的充电需求。

3 月 25 日,来自各行各业的 30 余位读书爱好者一起参加由图书馆和樊登读书会东胜分会共同举办的"学会这些方法,压力从此不在"第八期读书会。此次读书会特别邀请到本土知名心理学老师、国家二级心理咨询师井卉,从专业的心理方面回答了为什么敲击疗愈会有这么神奇的效果,同时解答了许多书友心理方面的困惑。

3月26日—4月1日,为给读者提供更专业、更多元的阅读服务及学习空间,为"4·23"世界读书日及暑期阅读高峰期做好准备,图书馆进一步规划完善功能区布局,同时打造书法馆、摄影馆、创客体验区等区域,提升图书馆服务能力和读者阅读体验。经上级部门批准,图书馆于3月26日(周一)至4月1日(周日)闭馆,进行组装书架、整理图书、图书排架、报刊装订、网络设备更换等工作。4月2日正常开放。期间所有工作均由图书馆职工自己动手完成。经过70名职工(15名男性、55名女性)的艰苦奋战,大家齐心协力共同完成多项任务:拆架后组装书架170组;下架、上架、排架图书50 000册;重新排架图书60 000余册;将馆长室、副馆长室、行政综合办、业务综合办、活动办、物业办、网络信息中心由A座一层搬迁至C座2层。

3月27日,内蒙古自治区爱国卫生运动委员会副主任、内蒙古自治区卫生健康委员会副主任伏瑞峰一行到图书馆进行创建国家卫生城市复检工作。

4月,图书馆被评为"双优双美"文明服务示范窗口。

4月,为加强图书馆人才队伍建设,引导馆员深入学习公共图书馆相关法律、法规、政策,全面提升图书馆服务能力与水平,根据中国图书馆学会、内蒙古自治区图书馆学会、鄂尔多斯市图书馆学会部署,图书馆积极参与"依法办馆　创新发展——新时代公共图书馆建设与服务"主题活动。

4月2日,经过一周的改造升级,图书馆以崭新的面貌展现在读者面前。同时,馆内芝麻信用借还体验区也正式和广大读者见面,读者只需满足两个条件(①有实名认证过的支付宝账号;②支付宝芝麻信用分值达到550分),无须身份证,无须押金,用手机扫一扫屏幕上方的二维码即可享受免押金借还图书服务。

4月2日,图书馆联合东胜区明天幼儿园在馆内开展了一期棉花糖姐姐讲故事阅读推广活动,希望让全民阅读的种子在幼儿心中生根发芽。

4月2日,东胜区第九小学41人到图书馆参观。

4月3日,图书馆党支部组织党员干部、部分读者及志愿者开展"祭奠革命英烈　传承民族薪火"活动,祭扫烈士墓,缅怀革命先烈。党支部书记、馆长王芳带领大家在革命烈士纪念碑前,一起唱国歌,鞠躬默哀,向先烈们敬献菊花。

4月3日,东胜区明天幼儿园25人到图书馆参观。

4月9日,图书馆鄂尔多斯监狱分馆正式揭牌成立,内蒙古自治区监狱管理局狱侦处副处长李冬、鄂尔多斯监狱教育科科长方向和、图书馆馆长王芳共同出席揭牌仪式。同时,图书馆与鄂尔多斯监狱签署分馆合作共建协议,建立长期合作关系,切实将图书馆阅读服务送进"高墙"。

4月10日,东胜区文化体育旅游局局长李聿刚一行到图书馆参观调研。

4月13日,图书馆党支部积极响应东胜区委、区政府齐心协力植树造林、共建共享绿色家园的号召,组织干部职工全力投入义务植树活动中,以此次义务植树活动为载体,争做绿色生态的宣传者、争做绿化东胜的建设者、争做绿色家园的呵护者、争做绿色发展的践行者,为决胜全面小康、建设经济强区提供绿色保障。

4月13日,东胜区第九小学41人到图书馆参观。

4月18日,东胜区兴科幼儿园60人到图书馆参观。

4月18日,东胜区志愿者联合会年会暨志愿服务颁奖典礼正式举行。会上,图书馆被授予"最佳志愿服务组织"荣誉称号。

4月18日,继首期成功访谈甄达真老师后,第二期"访地方名人 探文献深意"访谈活动如约而至,东胜区知名作家何知文老师做客现场。这是图书馆精心策划推出的文化访谈系列活动,旨在宣传展现鄂尔多斯本土深厚的历史文化,挖掘地方文献资源背后的故事。

图 1-72 "访地方名人 探文献深意"访谈活动

4月19日,为深入贯彻党的十九大精神,进一步增强党员领导干部抓好党风廉政建设的责任感和自觉性,积极推动支部党风廉政建设深入开展,图书馆党支部组织全体馆员深入东胜区廉政教育基地开展"不忘初心,牢记使命"廉政教育主题参观活动。

4月20日,东胜区铜川第二幼儿园40人到图书馆参观。

4月20日起,为营造全民阅读良好氛围,提升城市文化品位,助力东胜现代化建设,图书馆对"4·23"世界读书日"你阅读 我买单"图书荐购惠民服务全面升级。升级后,读者可在位于鄂尔多斯市中心的新华书店进行图书荐购,荐购的图书可以归还至图书馆、青少年宫分馆、24小时自助图书馆及24小时街区自助图书馆。

4月22日,在"4·23"世界读书日到来之际,并伴随第18个世界知识产权日来临之即,由东胜区委、区政府主办,东胜区委宣传部、东胜区文化体育旅游局承办,图书馆等单位协办的"4·23"世界读书日主题活动启动仪式在图书馆隆重举行。现场书香氛围浓厚,参与者超千人,再次彰显东胜阅读文化新活力。

4月22日,第九期"东图书韵"读书分享会在图书馆企业家书架处举办,活动由图书馆和樊登东胜分会合作开展,此次共读书目为《干法》。

4月23日,东胜区未来世界幼儿园60人到图书馆参观。

4月26日,为深入学习宣传贯彻党的十九大精神,深刻领会习近平新时代中国特色社会主义思想,根据东胜区文化体育旅游局机关党委安排,作为开展"不忘初心 牢记使命"主题教育的活动之一,图书馆党支部组织全体党员开展"不忘初心跟党走 牢记使命勇担当"专题研讨活动。

4月28日,东胜区蓝天幼儿园60人到图书馆参观。

5月1日起,为学习宣传贯彻党的十九大精神,纪念"五四"运动99周年,弘扬"爱国、进步、民主、科学"的"五四"精神,培养爱国主义思想,激发青年历史责任感,同时丰富广大读者的历史文化生活,营造良好的文化氛围,图书馆举办为期一个月的"青年当自强""五四"运动图文展。

5月2日至4日,东胜区蓝天幼儿园组织人员分批到图书馆参观,其中,第一批60人、第二批120人、第三批60人。

5月4日青年节当天,为加快推进书香企业建设,培育健康文明、昂扬向上的优秀企业文化,引导全社会形成全民阅读合力,由鄂尔多斯市工商联主办,东胜区工商联、图书馆承办的"建设书香企业 助推高质量发展"鄂尔多斯市工商联主题读书日活动在图书馆五楼企业家书架举行,这也是图书馆的第十期读书会活动。鄂尔多斯市委统战部副部长、工商联党组书记陈晶,鄂尔多斯市工商联(总工会)主席、会长聂永胜,和各旗区工商联负责人、近30家企业负责人及代表共同参与了此次活动。

5月7日,图书馆开展计算机培训活动。

为加强基层图书室、公共电子阅览室建设,进一步贯彻落实内蒙古自治区新闻出版广电局对草原书屋建设提出的要求,贯彻落实鄂尔多斯市委常委、东胜区委书记张占林3月20日调研图书馆时对总分馆建设提出的指导性意见,经图书馆馆务会议研究决定,由分管副馆长牵头,成立基层业务普查工作小组,并从5月7日起,正式开始对东胜区12个街道办事处及77个社区、3个镇及27个村的基层图书室、公共电子阅览室展开全面普查,同时开始草原书屋书目数据加工工作。

5月10日,内蒙古自治区国家通用语言文字工作专项督导评估组莅临图书馆督导检查。内蒙古自治区督导组组长苏娅教授就图书馆语言文字规范化管理工作提出了一些意见和建议,为图书馆今后的语言文字工作指明了方向。根据反馈意见,图书馆共完成100余处语言文字的规范整改工作。

5月10日,东胜区智多星幼儿园80人到图书馆参观。

5月11日,"学做新父母 经营好家庭 传承好家风"专题文化讲座在图书馆开讲。

5月11日,达拉特旗宣传部部长崔永平一行到图书馆参观调研。

5月12日,图书馆首期"演讲与口才"公益培训班在多功能报告厅成功举办。此期活动以"五月感恩季 有爱大声说"为主题,特邀西北大学播音与主持专业毕业、曾任电视台栏目主持人的任彩斌老师主讲,通过活动报名系统报名的30位青少年准时参加了培训。

5月18日,图书馆党支部组织党员参加"穿越时空的隧道 历史沟通的桥梁"——东胜区文化体育旅游局庆祝5·18国际博物馆日暨主题党日徒步秦直道活动。全体党员高举旗帜沿秦直道遗址徒步,一路上,大家相互鼓励、相互帮助,最终徒步6公里。

5月18日,为有效提高鄂尔多斯市地区中小学生的英语口语能力,引导学生更好地利用图书馆资源自主学习,由图书馆主办,西安龙文网络科技有限公司承办的首届MyET英语口语大赛开赛,此次比赛分线上比赛和线下比赛两个环节。5月18日至6月28日,300余名参赛者参加了线上比赛,通过MyET智能语音分析系统自动打分,最终有20名学生进入总决赛。

5月19日,由图书馆主办,鄂尔多斯市以梦为马传媒有限公司承办的第二期"脑力竞技·无限可能"超级记忆力培训营开启,为期一天的培训,让报名参加的10位读者都收获了如何记忆的秘密。

5月19日,图书馆开展"玩转魔方"体验活动,活动使参与者在玩中提升记忆力、专注力、逻辑思维能力、观察力、手眼协调能力以及自信心。

5月19日,"金牌主播"第二届青少年播音主持人选拔赛鄂尔多斯分赛区海选活动在图书馆举办。

5月19日,第十一期"东图书韵"读书会在图书馆开展。此次读书会邀请樊登读书会东胜分会走进图书馆为大家分享书籍《正面管教》,让广大家长们学会如何教育孩子。

5月20日,图书馆被评为2017—2018年度扶残助教爱心单位。

5月21日,为深入推进学习型党组织建设,引导广大党员干部勤读书、读好书,激发党员干部忠诚于祖国、热爱家乡的真挚情怀,由东胜区委组织部党支部、东胜区委宣传部党支部、图书馆党支部共同开展的"不忘初心 牢记使命"主题党日活动暨诵读分享会在图书馆报告厅举行。

5月27日,图书馆组织开展"乐儿科普园——找朋友"认识磁铁活动,运用乐儿多媒体数字资源带领小读者认识什么是磁铁并了解磁铁的种类,通过提问、实践、验证等方式让儿童获取知识经验,培养儿童对科学实验的兴趣。

5月29日,图书馆在培训室举办"插花品香 雅致人生"花艺沙龙,图书馆职工30余人参加。本次活动由包商银行伊煤路支行承办,现场准备了各类鲜花花材,并邀请专业老师讲解插花艺术与技巧,指导大家进行插花活动。

6月1日,《东胜文史资料第十辑》出版发行暨赠书仪式在图书馆举行。市区两级离退休领导,参与编撰的专家学者,东胜区直有关部门,第八、九届区政协委员以及社会各族各界代表参加此次活动。赠书环节中,图书馆获赠10套《东胜文史资料第十辑》。这部珍贵的史料有力地充实了图书馆地方文献馆藏,《东胜文史资料》第一辑到第十辑都珍藏于图书馆地方文献阅览区。

6月1日,鄂尔多斯公共图书馆代表队在全国"依法办馆 创新发展——新时代公共图书馆建设与服务"知识学习竞赛活动中荣获二等奖。经过选拔,鄂尔多斯市图书馆3名馆员、图书馆1名馆员(郝文祥)及达拉特旗图书馆1名馆员组成参赛队伍,代表内蒙古自治区参加复赛、决赛。经过现场紧张激烈的角逐,最终荣获全国二等奖。

6月2日,为展示孩子们的绘画才艺,在第30个公共图书馆服务宣传周来临之际,图书馆联合丹青少儿美术培训中心共同开展"笔绘丹青 出彩童年"图书馆首届"丹青杯"亲子百米长卷绘画大赛,让孩子们用自己的双手精心绘制美丽的图画。

6月2日,图书馆开展以"绘梦天使 书香童年"为主题的绘本剧演出活动。活动以班级、家庭为单位,开展绘本剧表演比赛,生动展现绘本内容,让孩子们在享受绘本故事表演所带来快乐的同时爱上绘本、爱上阅读,活动展示了孩子们阳光快乐的风采,增加了孩子们的自信心。

图 1-73　绘本剧演出活动

　　6月3日,为提高青少年艺术修养,给广大少年儿童搭建一个交流沟通、展示才艺的文化平台,同时庆祝"六一"国际儿童节的到来,由图书馆主办,鄂尔多斯市朗诵协会、魅力语言艺术中心协办的"庆祝六一　放飞梦想"儿童诗歌朗诵会在图书馆 C 座一楼举行,约 100 人参与此次活动。

　　6月4日,为大力弘扬"人道、博爱、奉献"的红十字精神和雷锋精神,关爱社会弱势群体,践行群众路线,图书馆党支部组织开展"博爱一日捐"活动,共捐赠 8560 元。

　　6月8日,图书馆为期一个月的"心系夕阳　让老年人走进网络世界"第七期计算机培训圆满结束。

　　6月9日,图书馆举办"演讲与口才"第二期公益培训班。此次课程讲授当众讲话的原则与方法,帮助学员克服紧张、增强自信,以做到重点突出、语言有力、条理清晰地表达,增强讲话的说服力和感染力。

　　6月16日,为迎接端午节的到来,弘扬中国传统文化,发扬传统文化的魅力,坚定文化自信,促进学生对我国传统文化的认识和学习,培育社会主义核心价值观,图书馆组织开展"品味端午　传承文化"知识竞赛。

　　6月16日,为响应党的十九大提出实施健康中国战略要求,倡导文明健康生活方式,图书馆联合鄂尔多斯市康和妇儿健康服务中心开展"宋氏儿推　阳光育儿"大型健康公益讲座。

　　6月19日,为推进总分馆建设,助力全民阅读,推动书香东胜阅读推广系列活动的开展,图书馆以"书香润泽心灵　阅读丰富人生"为主题携手各分馆开启第十二期读书会。各分馆的分享者在书香中畅聊自己喜爱的书籍,以文会友,就所读内容分享读书感悟,畅谈文学心得,促进了彼此的沟通和交流,真正做到学有所思、学有所获。

6月19日，为进一步加大安全生产宣传力度，落实图书馆消防安全综合治理工作，确保在馆读者、职工生命及财产安全，图书馆特邀请东胜区公安消防大队教官进行消防安全知识讲座及防火演练活动。

6月21日，图书馆党支部组织开展主题党日暨"支部书记讲党课"专题活动，由党支部书记王芳主讲，全体馆员认真聆听了本次党课。

6月24日，图书馆开展高考志愿填报及大学规划公益讲座，邀请鄂尔多斯市教育局心理专家工作坊、爱心助高考活动组成员、国家二级心理咨询师井卉老师做客图书馆，和广大考生家长展开探讨，为考生指点迷津，为高考助力。

6月24日，由樊登读书会东胜分会承办的"东图书韵"第十三期读书会在图书馆企业家书架如期开展，大家共同阅读了《可复制的领导力》一书。

6月27日，国务院教育督导委员会和国家语言文字工作督导评估专家组一行对图书馆创建语言文字规范化示范点工作进行了实地评估验收。

6月29日，图书馆党支部组织开展以"不忘初心跟党走　牢记使命勇担当"迎"七一"纪念建党97周年系列活动，为党的生日献礼。

6月30日，由东胜区教育局联合东胜区科学技术协会、东胜区科技局、东胜区文化体育旅游局举办鄂尔多斯市东胜区第六届中小学生科技节活动，包括航模类、车模类、海模类和魔方类，其中魔方竞赛在图书馆举办。

6月30日，"金牌主播"第二届青少年播音主持选拔赛鄂尔多斯分赛区复赛活动在图书馆举办。

7月1日，图书馆组织开展"童心向党"庆"七一"诗歌朗诵会活动，这也是"东图书韵"声音书房"悦读越动听"朗读系列活动的第四期。

7月2日，鄂尔多斯市残联宣传部主任庞秀花一行到图书馆参观调研。

7月8日，"东图书韵"第十四期读书会在图书馆举办，活动由樊登读书会东胜分会承办，众人共同阅读了《终身学习》一书。

7月14日，图书馆开展以"如何提升孩子的学习力"为主题的讲座，帮助更多的父母成为孩子的助力陪伴者，使青少年能够改善学习模式，轻松学习。

7月15日，图书馆开展"'码'上阅读　书香东胜——扫码看书全城共读"活动，通过微信公众平台发布、馆内现场展出经典热门电子图书，线上线下扫码共读、品评经典。

7月15日至8月15日，图书馆开展"多彩童年　快乐暑假"优秀动画电影展播活动，通过展播优秀动画电影，与孩子们欢度暑假。

7 月 16 日，"鄂尔多斯好人榜""新时代好少年"入选名单发布仪式暨全市文明服务示范窗口颁奖典礼在乌审旗举行，图书馆作为 2017 年度全市文明示范窗口单位接受表彰。这是图书馆继被评为市级文明单位后精神文明创建工作取得的又一佳绩。

7 月 16 日，图书馆组织举办"爱心传递　真情助学"活动。

7 月 19 日，图书馆第七期志愿者培训如期开展，共有 17 位志愿者参加此次培训。

7 月 20 日，图书馆党支部组织党员积极参加东胜区文化体育旅游局机关党委开展的"逐梦新时代　扬帆新征程"学习宣传贯彻党的十九大精神庆祝改革开放 40 周年主题联展暨七月主题党日活动，全体党员现场观看，感受东胜区改革开放以来的巨大变化。

7 月 21 日，由图书馆主办、西安龙文网络科技有限公司承办的首届 MyET 英语口语大赛线下总决赛在图书馆 C 座一楼如期举行。

7 月 28 日，图书馆开展第三期"演讲与口才"公益培训班活动，主题为"你的声音同样可以迷人"，邀请鄂尔多斯市公众演讲与口才协会会长、麦之声品牌创始人、演说中国鄂尔多斯区域负责人任彩斌老师。此次讲座吸引近 60 名学员参加。

7 月 29 日，作为"东图书韵"心理健康沙龙，"常常去帮助"心理健康科普系列活动在图书馆正式启动运行。第一期以"远离抑郁"为主题，国家二级心理咨询师井卉老师为参与活动的读者们讲述了诊疗椅上的故事，并分享这些年来心理咨询中抑郁症个案的故事经历，以及她个人的感触，让参加活动的每个人都一起来关注和认识抑郁症。

8 月，图书馆完成辅助岗位人员的增减变动统计，并经社保局审核通过。

8 月，图书馆讨论通过《东胜区图书馆专业技术职称评聘实施方案》。

8 月，图书馆整理、报送创建国家全域旅游示范区迎检档案及全民科学素质教育档案。

8 月，图书馆完成草原书屋 1500 余册图书的加工工作。

8 月 1 日，图书馆全新的 24 小时自助图书馆正式开放。

8 月 3 日，图书馆第七期志愿者服务活动落下帷幕，9 名优秀志愿者获颁奖励。此期志愿者服务队伍从 7 月 20 日开始进行为期 15 天的服务，参加人数共 21 人。

8 月 3 日，图书馆在创客体验区开展"探索恐龙的奥秘——重返侏罗纪公园"活动，利用数字资源，开展动画屋、拓展营、恐龙知识大 PK 等虚拟体验环节。

图 1 - 74 "探索恐龙的奥秘——重返侏罗纪公园"活动

8 月 5 日,为了让更多的读者了解自己的家乡,认识当地的经济、文化发展历程,访地方名人系列活动第三期"访地方名人　探文献深意——文学篇"在图书馆五楼企业家书架如约而至,东胜区知名作家郝崇理老师做客现场。

8 月 8 日,图书馆第八期志愿者培训如期开展,共有 13 位志愿者参加此次培训。

8 月 13 日,第十三届全国政协常务委员兼副秘书长、民进中央副主席、中国教育学会第八届理事会学术委员会顾问朱永新一行到图书馆参观调研。

8 月 13 日,《文化和旅游部关于公布第六次全国县级以上公共图书馆评估定级上等级图书馆名单的通知》(文旅公共发〔2018〕49 号)发布,图书馆被评为一级图书馆。全国公共图书馆评估定级工作每 4 年开展一次,这是图书馆连续第二次获此殊荣。

8 月 18 日,图书馆开展第四期"演讲与口才"公益培训班活动,主题为"手的动作会说话"。

8 月 19 日,"东图书韵"第十五期读书会在图书馆企业家书架举办。活动由樊登读书会东胜分会承办,众人共同阅读了《穷查理宝典》一书。

8 月 19 日,图书馆开展"东图书韵"声音书房"悦读越动听"朗读系列活动之第六期"七夕,让我们倾听真爱的声音"朗诵会。

8 月 21 日,图书馆党支部组织开展 8 月"主题党日＋"活动,全体党员集体参观了"逐梦新时代　扬帆新征程"东胜区庆祝中国共产党成立97 周年暨纪念改革开放 40 周年书画摄影展。

8 月 21 日,东胜区城乡建设管理综合大队一行到图书馆参观。

图 1 – 75　第四期"演讲与口才"公益培训班活动

8 月 22 日,内蒙古自治区网络安全检查组一行到图书馆开展网络安全专项检查和整治工作,检查组由内蒙古自治区党委网信办网络处干部、国家计算机网络与信息安全管理中心技术人员、鄂尔多斯市委保密局干部、鄂尔多斯市国家安全局干部、鄂尔多斯市网安支队民警、鄂尔多斯市网信办网管科干部等 12 人联合组成。

8 月 23 日,图书馆第八期志愿者服务活动圆满落幕,13 名志愿者进行了为期 15 天的志愿服务,共计服务时长 37.5 小时。

8 月 24 日,图书馆首个律师事务所分馆——蒙南律师事务所分馆正式成立,图书馆首次为其配送 600 册图书,并全部辅导整理上架、实现通借通还。

8 月 26 日,图书馆举办第二期"东图书韵"心理健康沙龙,此次活动由鄂尔多斯市现代家政服务业协会承办,邀请心理咨询师帮助读者远离焦虑。

8 月 27 日,图书馆召开专题会议,学习全国宣传思想工作会议精神、部署下阶段意识形态工作,党支部书记、馆长王芳主持会议,全体干部参加学习。通过观看视频,集中学习了习近平总书记在全国宣传思想工作会议重要讲话精神,同时,会议从抓好责任落实,加强学习教育,做好思想政治工作、坚持正确舆论导向和坚持典型引领等方面对下阶段图书馆的意识形态工作进行部署。

8 月 27 日,鄂尔多斯市委副书记、政法委书记于新芳一行到图书馆参观调研。

图 1-76 鄂尔多斯市委副书记、政法委书记于新芳等在图书馆参观调研

9月,图书馆打造休闲区,为读者提供便捷的用餐区域。

9月,图书馆更正部分区域标识标牌内容,并制作上墙。

9月,图书馆对馆内24小时自助图书馆以及古籍阅览室进行维修改造,包括:为古籍阅览室上架图书1700册;为24小时自助图书馆及古籍阅览室安装3台空调,并调试完毕;为24小时自助图书馆购入14组存包柜,完成安装调试并开始试运行,同时还在存包区安装了2个监控。当月,维修改造工程顺利竣工并完成验收。

9月,根据《鄂尔多斯市东胜区第21届全国推广普通话宣传周活动实施方案》(东汉语委发〔2018〕3号)文件精神,图书馆开展以"说好普通话,迈进新时代"为主题的普通话宣传周活动。

9月1日,图书馆开展小豆伴电影学堂活动,为读者们放映电影《跑吧!孩子》。

9月5日,图书馆党支部召开支委会议,研究9月主题党日活动及日常党政工作。

9月6日,陕西省榆林市府谷县图书馆馆长郑永峰一行到图书馆参观。

9月8日,图书馆组织开展以"彰显声音魅力,成就主持梦想!"为主题的第五期"演讲与口才"公益培训班活动。

9月11日,为进一步深入学习贯彻习近平新时代中国特色社会主义思想和党的十九大精神,积极响应党中央的号召,大力表彰宣传信念坚定、对党忠诚、担当作为、干事创业的新时代典型,图书馆党支部组织全体党员学习郑德荣等7名同志"全国优秀共产党员"先进事迹。

9月12日,为满足蒙古族小朋友的阅读需求,图书馆在少儿阅读体验馆新设蒙文版绘本专栏,新购进50余册蒙文版低幼绘本,图书种类丰富,内容健康向上,其中包括《铁木真首次胜利》《狼和小羊羔》《丑小鸭》《皇帝的新装》等。

9月14日,杭锦旗文化体育广电局局长赵建章一行到图书馆参观。

9月14日,鄂尔多斯市工商联主席聂永胜与企业家一行6人莅临图书馆商讨企业家书架运行事宜。

图1-77　鄂尔多斯市工商联主席聂永胜等商讨企业家书架运行事宜

9月14日,图书馆党支部组织召开"郑德荣等7名同志先进事迹集中学习会暨'我为什么入党? 我为群众做什么?'"专题学习研讨会。

9月16日,"东图书韵"第十六期读书会在图书馆企业家书架举办。活动由樊登读书会东胜分会承办,众人共同阅读了《童年的秘密》一书。

9月19日,中国工程院院士龙乐豪一行到图书馆参观。

9月20日,为迎接传统佳节中秋节的到来,进一步弘扬中华民族优秀传统文化,培育和践行社会主义核心价值观,充分发挥图书馆公共文化阵地作用,图书馆特联合各分馆、企业及读者朋友们共同开展"心向明月　共诵中秋"经典诵读活动,一起诵中秋,过中秋。

9月20日,图书馆聘请专家对24小时自助图书馆维修改造工程进行验收,验收结果为合格。

9月21日,图书馆开展"学习先进事迹　争做合格党员"主题党日活动,组织党员干部清理4台24小时街区自助图书馆,同时联合东胜区文化体育旅游局机关党支部开展图书修补工作。

9月26日,由鄂尔多斯市图书馆及各旗区图书馆代表组成的公共图书馆总分馆建设督导、推进、技术指导专家组一行对图书馆总分馆制建设情况进行实地调研。

9月30日,为给广大读者朋友营造良好学习氛围,图书馆强化领导、夯实责任、齐抓共管,扎实做好安全隐患大排查各项工作,馆长王芳亲自带队集中开展安全生产大排查行动。

10月,图书馆完成中、初级职称申报工作,22名同志申报中级职称,5名同志申报初级职称。

10月,酣客公社鄂尔多斯分社入驻图书馆企业家书架。

10月,图书馆更换青少年宫分馆老化的线路和损坏的灯管,以及年检灭火器。

10月,图书馆签订24小时自助图书馆及古籍阅览室工程的审计合同。

10月9日,根据东胜区委组织部、区委宣传部关于召开"学习先进典型　发挥模范作用"专题组织生活会的文件要求,按照东胜区文化体育旅游局机关党委的安排部署,图书馆党支部在充分学习交流、征求意见、谈心谈话的基础上,召开了专题组织生活会。

10月10日,图书馆完成24小时自助图书馆14组存包柜的验收工作。

10月10日,图书馆召开"讨论接收李俊梅同志为预备党员"支部大会。

10月10日,图书馆召开10月安全生产工作会议。

10月13日,图书馆成立三度书吧分馆。

10月13日,图书馆开展"小小讲书人"比赛活动。

10月16日,图书馆开展"清风干部"选树创优动员评选大会,经过民主测评,杭霞、郝文祥、刘梦柯、郝晓华4名同志被评为"清风干部"。

10月17日,图书馆党支部组织全体党员及部分职工来到民政福利中心开展"敬老爱老"系列活动,通过文艺联欢、书香慰问及温情关怀等多种形式,与这里的老人们共度重阳节。

10月18日,重庆市委宣传部一行30余人到图书馆调研全国文明城市建设工作。

10月20日,图书馆开展第十七期"东图书韵"读书会活动。

10月21日,图书馆开展第六期"演讲与口才"公益培训班活动。

10月25日,图书馆党支部组织全体党员干部参加"2018我的电影党课"学习活动,观看《共和国第一大案》。

10月27日,图书馆举办第三期"东图书韵"心理健康沙龙,活动主题是"了解自闭症"。

10月27日和28日,图书馆党支部号召广大读者共同参加"2018我的电影党课",组织播放《战狼2》《冲出亚马逊》两部电影。

10月29日,为顺利完成总分馆建设本年度任务,图书馆制定"图书加工计划表""总分馆建设进度表",有序推进各项工作。26个草原书屋和4个万村书库图书加工工作已进入收尾冲刺阶段,全馆上下全力以赴对剩余未加工图书进行集中加工整理。

10月31日,鄂尔多斯市工商联主席聂永胜一行到图书馆参观调研。

11月2日，为扎实推进东胜区公共图书馆总分馆建设，图书馆职工每日全力以赴提效率、加班加点赶进度，10余名职工将泊尔江海子镇9个二级分馆，共计1.1万余册图书分别送回并整理上架。图书馆已为各分馆加工图书3.5万余册。

11月7日，东胜区宣传部部长贺海云一行到图书馆参观调研。

11月7日，纺织街道办事处分馆成立。

截止11月8日，图书馆完成罕台镇、泊尔江海子镇、铜川镇3个镇及兴胜街道办事处、纺织街道办事处2个街道办事处分馆的智能化服务升级工作，并抓紧部署对12个一级分馆及62个二级分馆全部实现通借通还、统一流转以及全区范围内文献资源共享方面的工作。

11月9日，东胜区人大代表一行到图书馆参观。

11月9日，图书馆党支部召开支委换届选举第一次会议，并已将换届选举请示递交至局机关党委。

11月10日，第十八期"东图书韵"读书会在图书馆举办。活动由樊登读书会东胜分会承办，众人共同阅读了《成吉思汗与今日世界之形成》一书。

11月11日，图书馆与鄂尔多斯市朗诵协会合作组织开展"诗意书香"全城亲子朗诵会活动。

11月13日，林荫街道办事处分馆成立。

11月13日，图书馆服务宣传队跟随"弘扬乌兰牧骑精神 到人民中间去"基层综合服务队走进罕台镇色连村，作为"草原文化轻骑兵"队伍中的一员，图书馆服务宣传队以"推动公共图书馆法落地 助力全民阅读书香社会"为主题，为广大农牧民提供借阅证办理、图书借还、扫码借书等服务，现场开展"你阅读 我买单"图书荐购活动，并为大家解读《中华人民共和国宪法》《中华人民共和国公共图书馆法》政策法规。

图1-78 图书馆服务宣传队走基层下乡开展服务活动

11月14日,图书馆重新成立前进社区分馆。

11月16日,图书馆服务宣传队跟随"弘扬乌兰牧骑精神 到人民中间去"基层综合服务队走进铜川镇常青村站,开展图书借阅及宣传咨询服务活动。

11月16日,图书馆总分馆建设推进工作组加紧深入各街道办事处、社区进行实地图书加工及智能化服务升级工作,共加工整理图书8630册,完成1个一级分馆(林荫街道办事处)及9个二级分馆(纺织街道南湖社区、建设街道桥西社区、交通街道祥和社区、天骄街道天骄社区、河额伦街道伊煤社区、公园街道前进社区、公园街道育才社区、建设街道亿利金威社区、兴胜街道春晖社区)文献资源通借通还工作。

11月16日,在2018年鄂尔多斯市文明委全体会议暨创城工作表彰会上,图书馆荣获"全市创建第五届全国文明城市工作先进单位"荣誉称号。

11月19日,图书馆召开创城迎检工作部署会议,并成立创城档案资料整理工作小组;对场馆内部进行全面排查,开始对馆内卫生进行全面清理;制作精神文明宣传标识标牌;整理和更新馆内电子宣传屏创城宣传内容;完成全部档案整理工作。

11月20日,图书馆服务宣传队跟随"弘扬乌兰牧骑精神 到人民中间去"基层综合服务队走进富兴街道兴农社区站,开展图书借阅及宣传咨询服务活动。

11月21日,图书馆党支部认真组织开展主题党日活动,组织开展支部书记讲廉政党课活动,由支部书记解读《中国共产党纪律处分条例》;图书馆党支部党员干部走进特殊学校开展以"为你读书"爱心朗读为主题的党日活动暨志愿服务活动。

11月22日,图书馆服务宣传队跟随"弘扬乌兰牧骑精神 到人民中间去"基层综合服务队走进纺织街道南湖社区站,将图书借阅及宣传咨询服务直接送达居民"家门口",切实打通阅读最后一公里,真正实现图书馆的普惠服务。

11月25日,图书馆举办第四期"东图书韵"心理健康沙龙,活动主题是"面对双心,心理医生会怎么帮助你",由心理咨询师帮助大家了解并应对"双心"(心理、心脏)方面的问题。

11月26日,图书馆服务宣传队跟随"弘扬乌兰牧骑精神 到人民中间去"基层综合服务队走进泊尔江海子镇海畔村站,宣传服务队依据现代农民生产生活特征,精心挑选出涉及农业科技、文学艺术、生活保健等图书、报刊,带到村民身边,提供现场办证、现场借阅等贴心服务,与村民零距离开展互动服务。

11月29日,呼包鄂工商联及企业家150余人到图书馆参观。

11月29日至12月1日,为期3天的2018年鄂尔多斯市图书馆专业技术人员继续教育培训班在图书馆圆满结课。来自鄂尔多斯市图书馆、东胜区图书馆、达拉特旗图书馆、杭锦旗图书馆、鄂托克旗图书馆、鄂托克前旗图书馆、乌审旗图书馆、准格尔旗图书馆、伊金霍洛旗图书馆的280余人参加培训。

　　11月30日,鄂尔多斯市图书馆学会、全国文化信息资源共享工程鄂尔多斯市支中心、东胜区图书馆联合举办的2018年度鄂尔多斯市图书馆专业人员继续教育培训班暨公共数字文化服务推广启动仪式在图书馆举行。

　　11月30日,鄂尔多斯市图书馆公共数字文化服务推广启动仪式在图书馆举行,乌兰牧骑历史照片巡回展第一站在图书馆同期开展。作为公共数字文化服务推广活动中一项,此次展览依托内蒙古图书馆"乌兰牧骑多媒体资源库",精选300幅乌兰牧骑老照片和4部乌兰牧骑专题片,充分展示了乌兰牧骑建立60年来扎根草原、服务牧民、继往开来的奋进历程,生动再现了乌兰牧骑在党和国家领导人亲切关怀下不断成长壮大的历史画面。

　　12月,图书馆完成16个草原书屋1196册图书的配送工作。

　　12月,图书馆整理完成扫黑除恶工作档案并向东胜区文化体育旅游局报送。

　　12月1日,图书馆组织举办"歌颂伟大新时代　沐浴书香共成长"亲子朗诵会活动。

　　12月3日,图书馆召开党支部换届选举第二次会议,讨论、选举产生4名候选委员,并向机关党委请示。

　　12月4日,中国图书馆学会下发《关于公布2017年全民阅读工作有关名单的通知》,东胜区图书馆荣获"2017年全民阅读优秀组织"荣誉称号。全国共有21家图书馆获此殊荣,图书馆是内蒙古自治区唯一上榜的图书馆。

　　12月6日,图书馆服务宣传队跟随"弘扬乌兰牧骑精神　到人民中间去"基层综合服务队走进公园街道园林社区站,为居民提供直达"家门口"的图书借阅及宣传咨询服务,让市民在家门口便可享受阅读的乐趣,切实打通阅读"最后一公里"。

　　12月6日,由东胜区文化体育旅游局主办,东胜区图书馆、东胜区第三小学、东胜区实验中学联合承办的"盛世华年　弘扬社会主义核心价值观"青少年剪纸作品展在图书馆C座一层展出。

　　12月6日至8日,第一届全国灰色文献年会在广东省东莞图书馆举行。此次年会由北京雷速科技有限公司、北京碧虚文化有限公司联合东胜区图书馆、东莞图书馆、赤峰市图书馆、《图书馆建设》编辑部、《图书与情报》编辑部共同举办,旨在跟踪和了解灰色文献开发和利用的现状和趋势,加强灰色文献开发利用的理论研究和实践探索,促进图书馆界灰色文献资源开发利用工作的开展。东莞市文化广电新闻出版局副书记、副局长、东莞图书馆理事会理事长王旭辉,广东图书馆学会理事长、广东省立中山图书馆馆长刘洪辉,黑龙江省图书馆学会副理事长、《图书馆建设》编辑部常务副主编毕洪秋,《图书与情报》编辑部副主编王景发,《图书与情报》编辑部常务副主编魏志鹏等领导和嘉宾,以及来自北京、上海、安徽、甘肃、广西、黑龙江、湖南、吉林、江苏、内蒙古、山东、山西、浙江和广东等地的 200 余位代表出席了此次会议。会上,首家"碧虚优秀企业文献长期保存示范基地"东莞图书馆正式揭牌,并发布了《关于成立灰色文献建设与开发利用联盟倡议书》《灰色文献开发利用东莞宣言》。还有多位专家、学者在会上做了主题报告,东莞图书馆馆长李东来、鄂尔多斯市图书馆馆长乔礼、东胜区图书馆馆长王芳、北京雷速科技有限公司和北京碧虚文化有限公司董事长刘锦山、安徽省高等学校图书情报工作委员会副秘书长林泽明、赤峰市图书馆馆长刘淑华、浙江省图书馆馆长褚树青、科尔沁区图书馆馆长王黎、上海社会科学院信息研究所研究员王世伟等专家学者先后围绕东莞灰色文献建设、旅蒙商祥泰隆账簿文献开发利用、成吉思汗祭祀文献开发利用、企业灰色文献开发利用、图书馆灰色文献资源开发利用、口述历史灰色文献开发利用、灰色文献开发利用与地方文献工作、馆史资料开发利用、灰色文献地位等主题展开报告,涉及灰色文献开

141

图 1-79　第一届全国灰色文献年会全体代表合影

发利用的现状、发展趋势、现实意义、版权建设、服务方式以及典型案例等,内容丰富全面。专家们以高度的理论视角和扎实的实践为基础,向与会代表展示图书馆灰色文献开发利用的最新发展成果,对于促进图书馆灰色文献开发利用工作的开展具有积极意义。会议期间还举办了主题为"我们,为未来保存现在"的图书馆灰色文献开发利用典型案例展览,展出了"东莞灰色文献建设""草原丝路灰色文献开发利用——以旅蒙商祥泰隆账簿文献为例""赤峰记忆——赤峰市图书馆口述历史项目开发利用""成吉思汗祭祀文献开发利用""传世之馆,必有传世之作——科尔沁区图书馆馆史资料开发利用""碧虚企业文献开发利用""e线图情图书馆专业灰色文献开发利用"等有关机构灰色文献开发利用所取得的成果。

12月8日,内蒙古自治区工作组创城工作检查组到图书馆开展"全国文明城市"检查工作。

12月8日,"鄂尔多斯我的家"第三届鄂尔多斯诗歌那达慕诗歌朗诵大赛预赛在图书馆开赛。

12月8日,在"泊尔江海子镇柴登城梁村美丽乡村行"之际,图书馆和乌兰牧骑一行来到柴登村。现场组织开展免费"送图书、送知识"活动,为当地群众送去一顿丰盛的"文化大餐"。

12月9日,"鄂尔多斯我的家"第三届鄂尔多斯诗歌那达慕"诗韵墨香"书写大赛预赛在图书馆开赛。

12月11日,图书馆召开馆务会议,会上传达东胜区文化体育旅游局当日会议精神,部署春节、元宵节活动工作任务;召开民族团结专题、意识形态专题会议,并部署相关工作;强调年底验收、考核档案整理工作;严肃干部管理制度,安排部署帮扶慰问工作。

12月13日,"鄂尔多斯我的家"第三届鄂尔多斯诗歌那达慕比赛东胜赛区预赛圆满落幕。

图1-80 第三届鄂尔多斯诗歌那达慕诗歌朗诵大赛

12月14日,图书馆服务宣传队跟随"弘扬乌兰牧骑精神 到人民中间去"基层综合服务队走进建设街道亿利金威社区站,冬日寒风冽冽,前来参加的群众热情不减,工作人员现场为群众发放了各类宣传手册,提供书刊借阅服务,并解答了在场群众的问题,为促进农村文化建设、丰富群众精神文化生活助力添彩。

12月14日,中国图书馆学会公布2018年"书香城市(区县级)"发现活动名单,鄂尔多斯市东胜区作为本年度华北地区代表、内蒙古自治区唯一入选区县,光荣成为全国10个上榜城市之一。

12月17日,内蒙古自治区社会科学界联合会杭栓柱主席一行到图书馆参观调研。

12月18日,图书馆服务宣传队跟随"弘扬乌兰牧骑精神 到人民中间去"基层综合服务队走进铜川镇枳机塔村站,将文化知识送到群众中,工作人员现场为群众发放了各类宣传手册,提供书刊借阅服务,并解答了在场群众的问题。

12月18日,图书馆组织全体党员干部、物业人员及市民读者共同收看庆祝改革开放40周年大会直播。

12月19日,图书馆召开换届选举党员大会,选举产生新一届党支部委员会。

12月19日,为深入贯彻落实区委、区政府精准扶贫工作精神,进一步做好精准扶贫工作,图书馆党支部深入泊尔江海子镇城梁村,对结对帮扶贫困户开展年前走访慰问。

12月20日,图书馆作为东胜区新时代文明实践站试点,派代表参加为期三天的"鄂尔多斯市学校心理健康教育教师培训班"。

12月18日、20日,图书馆分别对老馆长徐凤英、任贵全进行家访,采访老馆长任职期间图书馆建设情况,进一步充实馆史档案资料。

12月21日,图书馆党支部联合鄂尔多斯市文旅集团有限公司分馆党支部开展"不忘初心共筑中国梦 牢记使命齐迈新时代"主题党日知识竞赛活动。

12月21日,以"刀剑如梦 金庸在心"为主题的第三期博源集团读书会活动在图书馆举办。

12月23日,"阅读让生活更和美"迎新年悦读朗诵比赛在图书馆举办。

12月26日,"鄂尔多斯我的家"第三届鄂尔多斯诗歌那达慕颁奖晚会在鄂尔多斯大剧院举行,图书馆荣获优秀组织奖。

12月27日,图书馆派人员赴浙江宁波参加2018年"书香城市(区县级)"论坛,接受颁奖,馆长王芳应邀在会上做"温暖之城 书香充盈"主题报告。

12 月 30 日,图书馆举办第五期"东图书韵"心理健康沙龙,活动主题为"管理疼痛,心理医生会怎么帮助你"。

　　是年,图书馆新增读者 7116 人;年到馆读者 1 395 157 人次;流通图书409 357 册次,其中"三地通"(指东胜区、康巴什区、伊金霍洛旗三地图书通借通还)流通 12 250 册;数字资源访问量达 16 万次。全年共报送信息 881 条,采用 126 条,其中,国家级媒体报道 3 篇、自治区级媒体报道 5 篇、市级媒体报道 38 篇、区级媒体报道 56 篇、东胜区文化体育旅游局采用 15 篇、电台报道 9 次。全年共接待政府领导、企事业单位、社会团体、学校等代表参观调研 29 次、431 人次。

　　馆藏建设方面,2018 年,图书馆拥有中国党建期刊文献总库、知网、易趣等 39 个数字资源库,内含电子图书近 8 万册、电子期刊 1000 多种、音乐资源 50 万余首、视频资源 1000 多小时。根据入藏量统计,2018 年,图书馆新增图书 16 989 册,新增报刊 1000 册,新增蒙文图书 63 册,新增盲文期刊 100 件,新增草原书屋藏书 10 638 册,新增视听文献 990 件(套),新增地方文献 3018 册。根据馆藏量统计,2018 年,图书馆总藏量为 945 383 册(件),其中馆藏图书约 876 000 册(包括中国光华科技基金会所捐赠的未加工图书在内)。

　　2018 年,图书馆共设有馆外流通点 83 个,其中,一级分馆 12 个、二级分馆 62 个、特色分馆 9 个。

144

　　2018 年度,图书馆荣获各级各类荣誉 7 项,包括:2018 年度"书香城市(区县级)"、"2017 年全民阅读优秀组织"荣誉称号、鄂尔多斯市"双美双优文明服务示范窗口""2017 年度全市文明服务示范窗口""创建第五届全国文明城市工作先进单位"、东胜区"最佳志愿服务组织"、"鄂尔多斯我的家"第三届鄂尔多斯诗歌那达慕优秀组织奖。

第二部分　专题发展史

一、队伍建设

　　馆员是图书馆发展的第一要素。在以书为中心的传统图书馆向以人为中心的现代图书馆发展中,馆员的重要性也在不断提升。图书馆各项业务工作的开展、服务的提供都离不开馆员,馆员的业务技能、服务水平直接影响到图书馆的工作效率及其社会效益。因而,图书馆人才队伍建设也成为现代图书馆发展中的一个重要内容。一直以来,图书馆十分重视人才队伍建设,着力打造一支服务能力硬、综合素质强的馆员队伍,建立健全科学的人才培养和激励制度,不断增强馆员队伍的凝聚力、向心力和战斗力。

"走出去、请进来"的人才培养战略

　　21 世纪以来,我国图书馆事业发展日益受到重视,出现了一系列与此相关的国家和地方政策,图书馆人才队伍建设也在不断规范和完善。2000 年 8 月 6 日,内蒙古自治区第九届人民代表大会常务委员会第十七次会议通过《内蒙古自治区公共图书馆管理条例》,共六章三十四条。该条例自公布之日起施行。其中,第四章"公共图书馆工作人员"对公共图书馆的人才结构做了具体规定,要求公共图书馆工作人员应当具备中专以上文化程度;旗县级图书馆馆长或者副馆长应当具有本专业中级以上专业技术职称;旗县级公共图书馆工作人员中,大专以上文化程度的应当不低于40％。2002 年,《国务院办公厅转发文化部国家计委财政部关于进一步加强基层文化建设指导意见的通知》(国办发〔2002〕7 号),明确提出"建立健全群艺馆、文化馆、图书馆和乡镇(街道)文化机构的工作岗位规范,逐步实行工作人员从业资格制度"。随后,由劳动和社会保障部委托文化部文化艺术人才中心组织有关专家制定的《图书资料馆员》国家职业标准自 2004 年 7 月 27 日起试行。该标准将图书资料馆员定义为从事文献信息采集、组织、流通、管理、开发与服务等工作的人员,并将该职业分为五个等级,要求职业能力为具有观察、判断、沟通、讲解和普通话语言表达能力。2010 年 9 月 1 日,《文化部关于开展全国基层文化队伍培训工作的意见》发布,要求在"十二五"期间,对现有县乡专职文化队伍和业余文化队伍(包括业余文艺骨干、村/社区文化活动室工作人员等)

进行系统培训,建立健全基层文化队伍培训工作体制和机制,县级图书馆工作人员参加脱产培训的时间每年不少于 15 天,乡镇(街道)、村(社区)基层文化专兼职人员参加集中培训时间每年不少于 5 天。

"走出去、请进来"是东胜区图书馆始终坚持的人才培养战略。一直以来,东胜区图书馆都非常重视人才队伍建设,采取"走出去、请进来"的方式加强馆员在职学习,不断提升人员业务素质。在每年年初,东胜区图书馆坚持制订职工学习计划,将业务培训、党务教育、网络继续教育等内容形成学习安排,并定期组织集中学习;依据上级培训安排,选派业务骨干外出培训,学习先进经验等。1999 年,图书馆制定了《东胜市少儿图书馆党员教育培训制度》,要求副科以上的党员干部要参加党校的培训学习,一般党员要参加机关党委举办的党员培训班,培训班吸收申请入党的积极分子参加。2009 年,图书馆制定了专业技术人员继续教育学习计划,要求馆内专业技术人员的继续教育学习中应包含专业知识和公共知识,采取集中培训和自学相结合的方式进行,其中,公共知识部分学习不低于 40 学时,专业知识部分学习不低于 50 学时。2012 年,东胜区图书馆还专门制定了《学习制度》,将每周五下午定为集中学习时间,主要学习党的路线、方针、政策、上级有关文件精神及计算机网络知识、图书业务知识;同时要求每月撰写 800 字以上的学习心得,由考核人员进行不定期检查,并列入年终岗位责任制考核中。在馆领导的带动下,全馆形成了良好的学习氛围。图书馆积极为馆内业务人员提供岗位培训、继续教育,积极鼓励受聘人员、专业技术人员、管理人员继续深造、学习,坚持组织干部职工参加中国图书馆学会、内蒙古图书馆学会及鄂尔多斯市图书馆学会等专业机构开展的业务培训活动,使馆员的业务水平和技能得到了较大提高。

为提高图书馆服务质量和服务效率,更好地发挥其职能,2009 年,东胜区少年儿童图书馆积极向上级争取专业技术人员,成功为图书馆人才队伍增加了计算机专业人员。2011 年,东胜区委区人民政府为加快图书馆事业发展,通过人力资源和社会保障局为东胜区图书馆引进 85 名本科生充实馆员队伍。因场地及资源的局限性,东胜区图书馆采取"走出去"人才培养计划,申请在鄂尔多斯市图书馆开展为期 1 个月的全封闭集中培训,让这批"门外汉"迅速摆脱"零基础"的窘境。2013 年,东胜区图书馆组织馆内业务人员参加由包头师范学院与内蒙古自治区图书馆培训中心、鄂尔多斯市图书馆联合举办的"2013 年度图书馆学专业本科(函授)研修班",通过在职培训提升图书馆职工的业务技能。

经过多年发展,东胜区图书馆已拥有一支年轻化的服务队伍,至 2017 年第六次全国县级以上公共图书馆评估定级工作开展时,馆内拥有职工 78 人,其中研究生 3 人、大学本科 62 人、专科 11 人、中专及中专以

146

下 2 人;初级职称 43 人、中级职称 15 人、副高级职称 4 人、高级职称 1 人。馆领导均具有本科以上学历,副高职称以上占比达 20%;45 周岁以下占比达 80%。

图 2-1　2017 年在鄂尔多斯市图书馆馆长带领下,东胜区图书馆馆长王芳与鄂尔多斯市各旗县区图书馆馆长一行考察天津图书馆

图 2-2　2017 年,图书馆领导班子合影

馆员业务研究工作

东胜区图书馆每年年初制订全年工作计划,并经馆务会议研究通过后执行,年终认真总结回顾,以便更好地开展下一年度工作。岗位管理规范,全馆人员推行按需设岗,并严格按照程序采取按岗聘用、竞争上岗。1998 年,图书馆实行内部机构体制改革,采取竞聘上岗,4 人内退,工作人员由 13 名减到 9 人,并对馆内的部(室)主任及工作人员进行了优化重组。2012 年 12 月,图书馆制定了《东胜区图书馆职工岗位聘用实施方案》,提出坚持科学高效、以编定岗、按需设岗、竞聘上岗、按岗聘用、人岗相宜、责权明确、公开平等、竞争择优相结合的原则,在馆内采取职工与馆领导双向选择的方式进行定岗。首先由职工自愿报岗,每位职工可选择两个岗位,即首选岗和次选岗;随后进行考试定岗或选岗自述,如果报岗人数超过岗位需求,则通过考试择优选用,而当报岗人数在岗位所需范围之内时,则要求每位选岗职工进行选岗自述;定岗时,根据考试和岗位需求及自主报岗情况,以满足首选岗为先,择优聘用,未能入首选岗的职工尽量满足次选岗。馆内副主任岗位采取竞聘方式,首先由所在部室人员自愿申报竞聘,随后竞聘者进行演讲,然后进行干部民主推选,最后由考评小组核分、汇总,确定各部室副主任。

图书馆还制定岗位责任制、发表论文和信息奖励制度、绩效考核、考勤管理等考核与分配激励制度,年终对全体干部职工进行考核。

推进图书馆学理论研究是图书馆的工作重点之一。为充分调动职工的科研工作积极性,推动学术创新,提高馆员素质,营造良好的学术氛围,2011 年,图书馆制定了《东胜区少年儿童图书馆科研工作奖励制度》,此后还制定了《东胜区图书馆业务激励制度》,激励馆员进行学术研究。如职工的科研论文获得学术研讨会或图书馆学会授予的奖励,馆内实行再奖励,获得国家级奖励者,一等奖奖励 500 元,二等奖奖励 400 元,三等奖奖励 300 元;获得自治区级奖励者,一等奖奖励 400 元,二等奖奖励 300 元,三等奖奖励 200 元;获得市级奖励者,一等奖奖励 300 元,二等奖奖励 200 元,三等奖奖励 100 元。如职工获得信息报道方面的奖励,也可再获得相应奖金激励。这些激励举措取得了显著效果,2013—2016 年间,全馆员工共发表论文 41 篇。另外,东胜区图书馆还成立了业务研究小组,每年开展两次业务研究会议,聘请专家学者前来讲学,并专门针对馆内的运行情况、管理人员、管理手段、规章制度、服务方式及藏书结构等情况进行调查研究,撰写研究报告,为今后进一步开展好图书馆工作奠定基础。

图书馆还积极组织派遣员工参加各级图书馆学术交流,学习先进地区图书馆的经验,从 2013 年到 2016 年,平均每年参加全市性的学术研讨会达 5 次,参加全省性的学术研讨会达 2 次,参加全国性的学术研讨会达 2 次。

基层工作人员辅导

除注重本馆人才队伍建设外,基层图书馆(室)的人才队伍建设也是东胜区图书馆工作的重点。为实现基层图书室的规范化管理,进一步促进基层图书室的业务发展,让广大群众享受到优质便捷的图书借阅服务,东胜区图书馆每年有计划地开展基层图书室业务辅导工作,选派业务骨干组成业务辅导小组,2013 年至 2016 年间,年均投入 2.3 万元培训经费,年均辅导 234 次。

2015 年 5 月 21 日,全国文化共享工程东胜区支中心在成功申报成为"公共文化空中大课堂"全国县级同步接收点之一后,举办了"公共文化空中大课堂"远程视频培训,来自东胜区文化系统的 100 多名工作人员参加首次直播培训,其中包括图书馆全体馆员。随后于 7、9、11 月针对基层工作人员队伍继续开展了三期相关业务知识培训,进一步提升基层文化队伍的综合素质和业务水平。

同时,东胜区图书馆还积极参加市图书馆学会的各项业务指导工作、学术交流活动以及其他学会活动,并且经常承担市图书馆学会活动中的重要工作,且于 2015 年参与承办内蒙古自治区图书馆学会第七次会员代表大会暨八省区图书馆界蒙古文文献工作学术研讨会,2017 年承办中国图书馆学会"阅读推广人"培育行动第八期培训班。

图 2 - 3　2017 年"阅读推广人"培育行动第八期培训班

二、历任领导

徐凤英（1988 年 3 月—1994 年 1 月任馆长）

图 2-4　徐凤英

徐凤英,女,汉族,1941 年 4 月出生于陕西省榆林市。中共党员,1966 年 6 月入党。1949 年入学,1957 年 9 月起就读内蒙古伊克昭盟第一中学,并于 1960 年 7 月毕业。1961 年至 1963 年就职于乌审旗毛织厂,任出纳、保管员;1967 年 3 月至 1971 年 3 月于乌审旗乌兰什巴台公社任教;1971 年 4 月至 1974 年 8 月在东胜市第二小学任教;1975 年 9 月至 1977 年 8 月在东胜市第五小学任教;1977 年 9 月至 1987 年 6 月于东胜市文化馆下设的阅览室工作,任组长;1988 年 3 月至 1994 年 1 月任职东胜市少年儿童图书馆,担任馆长职务;1994 年 1 月至 1996 年 6 月任图书馆党支部书记;1996 年 7 月退休。

在图书馆工作期间,共发表《办好第二课堂,培养"四有"新人》等专业论文 3 篇。获各级奖励和表彰 14 次,1987 年 7 月、1989 年 12 月、1991 年 12 月均被东胜市直属机关委员会评为"优秀共产党员";1990 年 10 月,被伊克昭盟儿童少年工作委员会评为"全盟家庭教育先进工作者";1990 年 12 月被评为"东胜市宣传系统先进工作者";1991 年 3 月,被中共伊克昭盟盟委宣传部评为"全盟宣传战线先进工作者";1991 年 5 月被内蒙古自治区儿童少年工作委员会评为"全区热爱儿童先进工作者";1991 年 6 月被伊克昭盟儿童少年工作委员会评为"儿少事业先进工作者";1992 年 3 月,在 1991 年度"巾帼建功"活动中,做出突出成绩,被东胜市妇联评为"巾帼建功"女标兵;1993 年 3 月 3 日,被东胜市人民政府评为 1992 年度"巾帼建功"标兵;1993 年 5 月,在东胜市第二届硬笔书法展览中荣获组织奖;1993 年 9 月,在华北、西北、东北希望杯绘画、书法、篆刻大赛评比工作中,荣获一等奖;1995 年 3 月,被东胜市人民政府评为 1994 年度"巾帼建功"标兵;1996 年 6 月,在文化部批准举办的第五届全国"小百花杯"少年儿童书法、绘画、摄影大赛中荣获"优秀伯乐"奖。

任贵全（1994 年 1 月—2005 年 11 月任馆长）

任贵全,男,汉族,1953 年 12 月出生于内蒙古自治区鄂尔多斯市东胜区。中共党员,1988 年 6 月入党。1960 年入学,1966 年 9 月起就读东胜县第一中学,并于 1969 年 7 月毕业;2005 年 9 月至 2008 年 7 月就读内蒙古党校函授学院,专业为法律。1969 年 7 月至 1972 年 11 月在东胜县羊场壕公社九五大队劳动;1972 年 11 月至 1979 年 9 月在内蒙古煤矿建井处工作;1979 年 9 月至 1985 年 4 月就职于东胜市电影管理站;1985 年 4 月至 1987 年 12 月就职于东胜电影院,任经理;1987 年 12 月至 1989 年 3 月就职于东胜人民电影院,任副经理;1989 年 3 月至 1993 年 2 月就职于东胜市电影管理站,任副站长;

图 2-5 任贵全

1993 年 2 月至 1993 年 7 月就职于东胜市电影公司,任经理;1993 年 7 月至 1994 年 1 月就职于东胜市文化市场管理办公室,任副主任;1994 年 1 月入职东胜市少年儿童图书馆,任馆长,负责馆内全盘工作。2005 年 11 月离岗。

在图书馆工作期间,获各级奖励和表彰 11 次。1990 年 11 月,在 1990 年的工作中成绩显著,被评为"东胜市宣传系统先进工作者";1991 年 12 月,在 1991 年度被东胜市直属机关党委评为"优秀共产党员";1992 年 3 月,被文化系统评为 1991 年度"优秀共产党员";1992 年 3 月 16 日,因在 1991 年度各项工作中成绩显著,被东胜市直属机关党委评为"优秀共产党员";1998 年 7 月,被评为"优秀共产党员";1999 年 7 月,被东胜市直属机关党委评为"优秀党员";2001 年 4 月,被中共东胜市委员会、东胜市人民政府评为"九五"期间"全市小康文化工程建设先进个人";2001 年 6 月,被东胜区文化局党委评为 2000 年度"优秀党务工作者";2003 年 7 月,被中共鄂尔多斯市东胜区委员会评为"优秀共产党员";2003 年 7 月,被中共鄂尔多斯市东胜区委员会、东胜区人民政府评为"抗击非典先进个人"荣誉称号;2004 年 7 月,被中共鄂尔多斯市委员会评为 2004 年度"优秀共产党员"。

王芳(2006 年 5 月至今任馆长)

王芳,女,汉族,1968 年 2 月出生于内蒙古自治区鄂尔多斯市东胜区,中共党员,2000 年 12 月入党。2011 年 12 月毕业于中央党校函授学院。1985 年 7 月至 2006 年 4 月就职于东胜区委党校,任办公室主任职务。2006 年 5 月调任至东胜区少年儿童图书馆,担任馆长职务至今。

图 2-6 王芳

在图书馆工作期间，共发表《让图书馆服务更贴近基层群众——东胜区图书馆建设与服务创新实践》等专业论文 10 篇,《月下情诗随风来》等著作 2 部。先后荣获公共文化设施管理先进个人（文化部主管中国文化管理学会授奖）、内蒙古自治区基层图书馆优秀馆长（内蒙古自治区图书馆学会授奖）、创建全国文明城市先进工作者（中共鄂尔多斯委员会、鄂尔多斯市人民政府授奖）等各级奖励和表彰 20 余次。

2007 年，王芳在图书馆工作不到一年的时间，带领团队完成图书回溯建库工作，初步实现自动化管理。2009 年，全国文化信息资源共享工程东胜区支中心成立。支中心在王芳的带领下争取多方资金，在各镇、街道办事处建立 15 个基层服务站点，使东胜区"文化共享工程"基层服务点覆盖率达 100%，进一步提高数字文化服务辐射能力、完善图书馆数字服务网络。2012 年 5 月，因东胜区图书馆（挂东胜区少年儿童图书馆牌子）正式成立，开始任东胜区图书馆、东胜区少年儿童图书馆馆长。2013 年，王芳带领团队实施场馆改扩建工程，短短 2 个月将 600 多平方米的旧馆改扩建为 2520 平方米，并增设新的功能区，引进自助借还系统，馆内实现无线网络全覆盖，在内蒙古自治区各旗县图书馆中率先引进 4 台 24 小时街区自助图书馆，实现馆内馆外通借通还，进一步提升图书馆的现代化、智能化、网络化服务水平。是年，图书馆顺利通过国家县级一级图书馆评定工作。2016 年，任馆长的第十年，王芳带领团队仅用 3 个月的时间完成占地 3.3 万平方米的铁西新馆内部修缮、功能布局、图书整理上架等工作。新馆于 6 月 30 日正式开放，设近 30 个功能区域，丰富读者的阅览体验，成为东胜区新的文化地标，也成为东胜市民的精神家园。2017 年，王芳带领团体顺利通过第六次全国县级以上公共图书馆评估定级,图书馆复评为国家县级一级图书馆。同年,任鄂尔多斯市第四届人大代表。2018 年,带领团队在前期总分馆覆盖的基础上,通过深入走访调查及数据收集整理,建立了适应大众阅读需求的"三地五级"阅读服务网络体系,即东、康、伊三地道借通还服务圈及市图书馆、区图书馆、镇(街道)分馆、村(社区)分馆、文化户五级网络化覆盖的总分馆服务网络体系,真正将图书馆优质服务输送到群众家门口,并先后组织开展全民阅读优秀组织和书香城市评选工作,图书馆成功获颁全民阅读优秀组织及书香城市荣誉称号。

张秉德(1991 年 3 月—1994 年 4 月任副馆长)

张秉德,男,汉族,1947 年 7 月出生于内蒙古自治区鄂尔多斯市东胜区。中共党员,1982 年 7 月入党。1955 年入学,1964 年 9 月起就读伊克昭盟第一中学,并于 1966 年 7 月毕业。1966 年 7 月至 1977 年 4 月就职于东胜县乌兰牧骑;1977 年 5 月至 1991 年 2 月就职于东胜市文化馆,任办公室主任。1991 年 3 月至 1994 年 4 月就职于东胜市少年儿童图书馆,担任副馆长,主要负责业务工作。

图 2-7 张秉德

徐美丽(1996 年 10 月—2005 年 6 月任副馆长)

徐美丽,女,汉族,1963 年 3 月出生于内蒙古自治区鄂尔多斯市东胜区。中共党员,1993 年 12 月入党。1971 年 9 月入学,1989 年 8 月起就读中央党校伊盟分院,专业为党政管理,并于 1992 年 6 月毕业。1981 年至 1985 年 5 月就职于东胜市百货公司;1985 年 5 月至 1996 年 10 月就职于东胜市宣传部;1996 年 10 月至 2005 年 6 月就职于东胜区少年儿童图书馆,担任副馆长,主要负责业务工作。

在图书馆工作期间,共发表《浅谈少儿图书馆工作的重要性》等专业论文 5 篇。获

图 2-8 徐美丽

各级奖励和表彰4次:1999年4月,被东胜市委宣传部评为1998年度"全市宣传思想工作先进个人";1999年7月,被东胜市文化局评为1999年度文化系统"优秀共产党员";2001年3月,被东胜市文化局党支部委员会评为2000年度"优秀共产党员"。

贺银花(2006年5月—2015年11月任副馆长)

贺银花,女,蒙古族,1968年1月2日出生于内蒙古自治区鄂尔多斯市准格尔旗。中共党员,1999年12月入党。1975年入学,1984年9月起就读于伊克昭盟第一中学,1987年7月毕业;1995年6月就读于中共中央党校函授学院经济管理专业,1998年6月毕业;2003年就读于内蒙古党校函授学院法律专业,并于2005年12月毕业。1990年10月至2006年4月就职于鄂尔多斯市东胜区文化局社会文化管理委员会办公室,任科员。2006年5月入职东胜区少年儿童图书馆,任副馆长,主要负责业务工作。

图2-9　贺银花

2017年9月起派驻罕台镇色连村担任村指导员职务。

在图书馆工作期间,发表《浅谈社区图书馆建设》等专业论文4篇。

刘桂琴(2009年10月—2015年11月任副馆长)

刘桂琴,女,汉,1963年10月出生于内蒙古自治区鄂尔多斯市东胜区。中共党员,1999年6月入党。1973年入学,1979年至1981年在东胜市第四中学读高中。1981年12月在东胜市供销社工作,任售货员。1987年12月入职东胜市少年儿童图书馆,负责出纳工作。2009年10月被东胜区文化局任命为东胜区少年儿童图书馆副馆长。2012年5月被东胜区委组织部任命为东胜区图书馆副馆长(副科级),负责业务工作。

在图书馆工作期间,共发表《在市场经济条件下少儿图书馆如何为少年儿童的健康成长创造良好的文化环境》等专业论文9篇。获各级奖励和表彰4次:1993年3月,被东胜市宣传部评为"1992年度先进工作者";1999年5月,在东胜市大学习大讨论有奖知识竞赛中荣获二等奖;2002年7月,被东胜区文化

图2-10　刘桂琴

局评为"优秀共产党员"；2004年7月，被中共鄂尔多斯市直属机关委员会评为"优秀共产党员"。

杭霞（2009年10月至今任副馆长）

图2-11　杭霞

杭霞，女，汉族，1980年12月出生于内蒙古自治区鄂尔多斯市东胜区。中共党员，2008年1月入党。2001年6月，毕业于内蒙古商业学校市场营销专业，获中专学历；2003年12月，毕业于内蒙古师范大学公共关系专业，获大专学历；2008年6月，毕业于内蒙古大学行政管理专业，获本科学历。2001年9月至今就职于东胜区图书馆（东胜区少年儿童图书馆），现任党支部副书记、副馆长。期间，2002年1月至2003年2月被东胜区文化局派至泊尔江海子镇文化站工作。2003年3月至2009年9月，在东胜区少年儿童图书馆工作，先后在报刊阅览室、电子阅览室、图书借阅室、办公室工作。2009年10月至今任东胜区图书馆副馆长，先后分管业务工作和办公室工作。2012年3月至今任东胜区图书馆党支部副书记。

在图书馆工作期间，共发表《浅谈图书馆核心业务模式变迁——以东胜区图书馆为例》《浅谈如何融合社会力量参与建设书香社会》等专业论文9篇。获各级奖励和表彰5次。2007年，作为业务骨干力量，协助领导，利用6个月时间完成东胜区少年儿童图书馆回溯建库工作，建立少儿图书数据库管理工作，实现了图书馆手工操作向网络化操作的一大跨越。2009年，在全市首届公共图书馆业务知识竞赛中获二等奖。2018年，在"依法办馆　创新发展——新时代公共图书馆建设与服务"知识竞赛中获"研学之星"荣誉称号。自2011年东胜区图书馆新馆建成后，一直参与新馆建设工作,包括资金、人员申请,功能区划分,内部装修设计,招投标前期准备工作,馆舍搬迁及搬迁后运营等。2018 年 7 月至 2018 年 12 月,参与鄂尔多斯市图书馆申报的国家地方文献专题资源建设项目,最终项目圆满完成。

田永军(2012 年 5 月—2013 年 6 月任副馆长)

图 2－12　田永军

田永军,男,汉族,1981 年 7 月出生于内蒙古自治区鄂尔多斯市东胜区。中共党员,2010 年 7 月入党。1988 年入学;2003 年 7 月,毕业于内蒙古师范大学计算机科学与技术专业,获本科学历。2003 年 8 月至 2013 年 6 月就职于东胜区图书馆(东胜区少年儿童图书馆),先后任电子阅览室主任、图书馆副馆长,主要负责计算机网络、图书网络后台数据库维护等工作。

在图书馆工作期间,共发表《面向 21 世纪的图书馆网络化信息资源建设》等专业论文 6 篇。获各级奖励和表彰 4 次。任职期间,在图书管理工作中做了大量工作,尤其是图书馆从手工借阅向电脑借阅的实现、文化信息资源共享工程东胜区支中心的建立、东胜区图书馆网络后台数据库的建立、馆藏图书从几万册到近百万册的增加、东胜区新图书馆的搬迁及功能布局等工作,得到了社会和上级领导的肯定与好评。

郝文祥(2016 年 9 月至今任副馆长)

图 2－13　郝文祥

郝文祥,男,汉族,1989 年 5 月出生于内蒙古自治区鄂尔多斯市东胜区,中共党员,2011 年 6 月入党。1996 年入学;2011 年 7 月,毕业于内蒙古农业大学土木工程专业,获本科学历。2011 年 9 月入职东胜区少年儿童图书馆,2013 年担任网络信息中心主任,主要负责馆内网络、共享工程、数字图书馆、公共电子阅览室、数字设备等。2016 年 9 月至今担任东胜区图书馆副馆长,负责馆内数字资源及设备采购维护、公共电子阅览室、数字图书馆、馆内网络运营及网络安全等工作。

在图书馆工作期间,共发表《基层图书馆中灰色文献的收藏价值与获取途径——以东胜区图书馆为例》《试论网络环境下的图书馆员工素质的提升和读者服务工作》等论文共 5 篇。多次参加图书馆年会、培训及竞赛,获得各级奖励和表彰 12 项。

2016 年,为保证新馆 6 月如期开馆,负责招标各类家具、网络设备、图书资源、业务软件等近 11 项,并同时开展后期组装家具、布局网络、安装调试设备等工作,配合其他工作组共同完成开馆任务。

孙萌(2016 年 9 月至今任副馆长)

孙萌,女,汉族,1989 年 6 月出生于内蒙古自治区乌海市海南区。2008 年 9 月至 2011 年 7 月,就读西京学院,专业为旅游管理,大专毕业。2014 年 9 月,毕业于内蒙古大学会计学专业,获本科学历。2011 年 12 月入职东胜区少年儿童图书馆。2013 年 7 月至 2014 年 8 月担任成人借阅室主任,主要负责成人读者的咨询借阅和相关服务、期刊的装订工作,以及成人全民阅读活动的开展。2014 年 8 月至 2015 年 4 月参加“三区人才计划”,协助杭锦旗图书馆工作人员开展相关业务工作。2015 年 4 月至 2016 年 5

图 2 - 14　孙萌

月任儿童外借室主任,负责青少年的咨询借阅和相关服务、期刊的装订工作及青少年全民阅读活动的开展。2016 年 9 月至今任东胜区图书馆副馆长,负责协助馆长开展图书采购、编目、排架、流通等业务工作,以及基层业务培训、总分馆建设等工作。

在图书馆工作期间,2016 年获得东胜区文化体育旅游局颁发的“最美基层干部”称号,2017 年获得东胜区文化体育旅游局颁发的“2016 年度先进工作者”荣誉称号。

折俊梅(2016 年 9 月至 2018 年 1 月任副馆长)

折俊梅,女,汉族,1976 年 1 月出生于内蒙古自治区鄂尔多斯市。

图 2 – 15　折俊梅

1983 年入学;1998 年 7 月,毕业于伊克昭盟师范学校。1998 年 9 月至 2003 年 9 月就职于铜川镇小学;2003 年 9 月至 2011 年 4 月,就职于东胜区实验小学,任班主任。2011 年 5 月,入职东胜区少年儿童图书馆,担任科室主任,主要负责儿童阅览室阅览活动;2016 年 9 月至 2018 年 1 月,任东胜区图书馆副馆长,主要负责宣传、活动工作。

在图书馆工作期间,共发表《浅谈如何做好图书馆少儿阅读推广工作》等专业论文 2 篇。2016 年 12 月,被东胜区文化体育旅游局评为“2016 年度先进工作者”。

刘梦柯(2018 年 1 月至今任副馆长)

图 2 – 16　刘梦柯

刘梦柯,男,汉族,1971 年 6 月出生于内蒙古自治区鄂尔多斯市杭锦旗。中共党员,1995 年 7 月入党。1995 年 7 月,毕业于内蒙古农牧学院萨拉齐分院农学师资专业,专科学历。2005 年 10 月,毕业于中央广播电视大学汉语言文学专业,本科学历。

1995 年 9 月至 2007 年 8 月在杭锦旗农林职业技术中学任教,期间先后任教务副主任、政教主任。2002 年 9 月,被中共杭锦旗委员会、杭锦旗人民政府评为优秀教师;2005 年 12 月,在内蒙古自治区教育厅、教育部现代远程教育实验研究总课题组参加子课题“基于卫星收视环境下应用教学资源提高学生思维能力素质的研究”并获结题证书;2006 年 9 月,被中共杭锦旗委员会、杭锦旗人民政府评为优秀班主任。2007年9月至2011年8月,在杭锦旗巴拉贡中学任教,期间任政教主任兼年级部主任。2009年4月,所带班级被鄂尔多斯市教育局、中国共产主义青年团鄂尔多斯委员会评为市级先进班集体;2009年5月,所带班级被内蒙古自治区教育厅、共青团内蒙古自治区委员会评为自治区级先进班集体;2010年11月,被鄂尔多斯市教育局评为市级德育工作先进个人;2011年9月被中共杭锦旗教育局委员会评为优秀共产党员。2011年9至2016年7月,在东胜区实验中学任教,期间先后任德育处副主任兼年级部德育主任、综合办公室主任。2016年1月,参与中国伦理学会德育委员会"十二五"规划重点课题"校园行为文化研究与实践"研究并获结题证书。

  2016年8月至今,在东胜区图书馆工作。2016年8月至2017年1月,在报纸期刊区工作;2017年2月至2018年1月,任工会主任兼负责文印室工作;2018年1月至今,任副馆长。2017年7月,参与了中国图书馆学会2017全国图书馆未成年人服务提升计划(内蒙古站)暨"阅读推广人"培育行动第八期培训班;2018年5月,参加中国图书馆学会主办的依法办馆创新发展知识竞赛活动,被评为研学之星;2018年12月,论文《地区灰色文献开发利用》在第一届全国灰色文献年会征文中获得优秀奖。

159

三、骨干人才

聂慧(办公室主任)

  聂慧,女,汉族,1987年3月出生于内蒙古自治区鄂尔多斯市东胜区。中共党员,2016年6月入党。1993年,入小学;2004年9月,就读于山东大学威海分校,专业为国际经济与贸易;2006年9月,作为交换生,就读于韩国清州大学,专业为国际贸易,并于2008年7月在中韩两所大学毕业。2008年7月至2010年3月,就职于韩国YOUNGJIN LOGISTICS(国际货运代理公司),担任亚洲区进出口专员。2010年5月至2010年12月,在澳大利亚ABC学院进行语言研修。

图2-17 聂慧

2011 年 11 月，入职东胜区少年儿童图书馆，在采编室工作期间，组织并参与加工图书 4.3 万余册；2013 年，主要负责基层图书室摸底及 24 小时自助图书馆的整体运行工作；2014 年 1 月，任培训室副主任，主持开展汽车图书馆的"家门口阅读"服务，累计服务 200 余次，取得良好社会效果；2015 年，主要负责基层图书室业务辅导及职工的业务培训工作，并针对读者开展蒙古语、普通话及韩国语的公益培训，同时协助进行全民阅读推广工作；2016 年，新馆建设期间，主要负责方案拟定、信息宣传及礼仪策划等工作；2016 年 7 月，任办公室主任，主要负责政务工作。

在图书馆工作期间，共发表《东胜区个人灰色文献的开发利用》等论文 2 篇，曾获"最美基层干部"及"图书馆学会优秀会员"等荣誉称号。

李海霞（办公室副主任）

李海霞，女，汉族，1975 年 6 月出生于内蒙古自治区鄂尔多斯市杭锦旗。2009 年 9 月至 2012 年 7 月，就读于北京中医药大学，专业为公共事业管理。2008 年 12 月至 2010 年 3 月，就职于鄂尔多斯市东胜区铜川镇卫生院。2010 年 3 月，入职东胜区少年儿童图书馆，主要负责阅览室工作。2011 年 6 月至今，任办公室副主任。

在图书馆工作期间，共发表《如何推动图书馆先进文化发展的作用》等专业论文 2 篇。曾于 2011 至 2014 年，以及 2018 年，被评为图书馆先进工作者。

图 2-18　李海霞

郝晓华（会计）

郝晓华，女，汉族，1977 年 11 月出生于内蒙古自治区鄂尔多斯市伊金霍洛旗。1995 年 7 月毕业于内蒙古自治区伊克昭盟技工学校，基层核算专业，中专学历。2008 年 1 月，毕业于中央广播电视大学，行政管理专业，专科学历。2011 年 1 月，毕业于中央广播电视大学，行政管理专业，本科学历。

1995 年 9 月至 2009 年 11 月，就职于鄂尔多斯集团公司东伟羊绒制品有限公司综合事务部，从事图书、报刊、档案资料等管理工作。2009 年 12 月，入职东胜区少年儿童图书馆，2009 年 12 月至 2010 年 4 月，在东胜区少年儿童图书馆阅览室工作，主要负责报纸期刊的登记整理装订。2010 年 5 月至今，任会计，负责财务工作。

图 2 – 19　郝晓华

在图书馆工作期间,2010 至 2017 年,连续被评为年度考核优秀。共发表《浅析图书馆地方灰色文献的开发利用》等专业论文 7 篇。

苏铁英(党务干事)

图 2 – 20　苏铁英

苏铁英,女,汉族,1986 年 6 月出生于内蒙古自治区鄂尔多斯市东胜区。中共党员,2012 年 6 月入党。2010 年 7 月,毕业于吉林财经大学信息经济学院会计学专业。2010 年 7 月至 2011 年 11 月,就职于东胜区林荫街道三台基社区,任社区民生志愿者。2011 年 11 月,入职东胜区少年儿童图书馆。2011 年 11 月至 2018 年 1 月,任档案管理员,负责档案工作;2018 年 1 月至今,任东胜区图书馆党务干事,负责党建工作。

在图书馆工作期间,共发表《图书馆转型发展研究——以鄂尔多斯市东胜区图书馆为例》等专业论文 2 篇。2018 年 5 月,获得中国图书馆学会 2018 年度知识竞赛活动初赛"研学之星"称号;2018 年 2 月,被评为东胜区图书馆党支部 2017 年度"优秀党员"。

金亦珂(蒙文阅览区主任)

图 2-21　金亦珂

金亦珂,女,汉族,1989 年 1 月出生于内蒙古自治区鄂尔多斯市准格尔旗。中共党员,2013 年 7 月入党。2011 年 7 月,毕业于内蒙古师范大学历史学(文化产业管理)专业。2011 年 8 月至 2012 年 12 月,就职于东胜区林荫街道办事处。2013 年 4 月,入职东胜区图书馆,负责文书工作。2018 年 1 月至今,任东胜区图书馆蒙文阅览区主任兼负责文书,并于同年 11 月担任图书馆党支部纪检委员。参与东胜区图书馆第五次、第六次全国县级以上公共图书馆评估定级工作及新馆前期的招标筹备工作。

在图书馆工作期间,共发表《蒙古语灰色文献征集开发利用路径的初探》等专业论文 4 篇。获"东胜区创建第五届全国文明城市工作先进个人"等各级奖励和表彰 5 次。

王维宏(活动办公室主任)

王维宏,女,汉族,1988 年 7 月出生于内蒙古自治区鄂尔多斯市东胜区。中共党员,2010 年 12 月入党。2011 年 7 月,毕业于内蒙古大学公共事业管理(文化艺术管理)专业。2011 年 8 至 10 月,就职于东胜区巴音门克街道办事处园丁社区。2011 年 11 月入职东胜区少年儿童图书馆,在办公室任职,主要负责党建、党风廉政及精神文明建设工作。2012 年 3 月至 2017 年 12 月,担任图书馆党支部组织委员兼宣传委员;2018 年 1 月至今,任东胜区图书馆活动办公室主任,负责策划、组织馆内外阅读推广活动,同时负责意识形态、新时代文明实践志愿服务及精神文明建设工作,并于同年 11 月担任图书馆党支部宣传委员,负责支部学习、宣传及主题党日党员活动等工作。入职期间,曾参与第五次、第六次全国县级以上公共图书馆评估定级工作及新馆前期的招标筹备工作。

图 2 − 22　王维宏

在图书馆工作期间,曾发表专业论文《创新思维在图书馆传统服务中的作用》。获各级奖励和表彰 7 次:2012 年,在东胜区图书馆 2012 年度职工岗位目标责任考核中荣获"优秀工作者"称号;2012 年,被东胜区文化局党总支评为东胜区文化系统"优秀共产党员";2013 年,被东胜区图书馆评为"优秀工作者";2014 年,参加"心系群众跟党走　为民务实转作风"知识竞赛,荣获团体赛二等奖;2015 年,在"美在东胜"拍客大赛中荣获优秀奖;2015 年,被中共鄂尔多斯市东胜区文化局委员会评为 2015 年度优秀党务工作者;2018 年,在中国图书馆学会主办的"依法办馆　创新发展——新时代公共图书馆建设与服务"知识学习竞赛中获得"研学之星"称号;2018 年,被中共鄂尔多斯市东胜区委宣传部评为"2018 年度东胜区优秀通讯员、网评员"。

刁娅鑫(活动办公室干部)

刁娅鑫,女,蒙古族,1988 年 3 月出生于内蒙古自治区鄂尔多斯市东胜区。2011 年 7 月,本科毕业于内蒙古农业大学水土保持与荒漠化防治专业;2015 年 12 月,硕士毕业于内蒙古农业大学农业推广专业。2011 年 9 月,入职东胜区少年儿童图书馆,主要负责图书编目和验收工作。2014 年 3 月,任馆外流通室副主任,负责分馆运行、辅导、交换图书及读者活动、工会等工作;2016 年 7 月至 2018 年 1 月,任馆外流通、培训室主任,负责分馆运行、成立、辅导、图书交换及读者活动开展;2018 年 1 月至今,在东胜区图书馆活动办公室负责全民阅读推广活动。

图 2 - 23　刁娅鑫

任慧杰 (物业办公室主任)

图 2 - 24　任慧杰

任慧杰,男,汉族,1986 年 9 月出生于内蒙古自治区鄂尔多斯市达拉特旗。中共党员,2017 年 11 月入党。2009 年 7 月,毕业于内蒙古工业大学印刷工程、工商管理专业。2009 年 8 月至 2011 年 11 月,就职于内蒙古博源集团公司,任综合办公室干事。2011 年 11 月,入职东胜区少年儿童图书馆,负责电子阅览室设备维护等工作。2012 年 10 月至 2014 年 8 月,在网络信息中心,负责设备维修维护等工作;2014 年 9 月至 2016 年 9 月,担任电子阅览室主任;2016 年 9 月至今,任东胜区图书馆物业办公室主任,负责对接物业,监管馆内卫生、安全保卫、设备维修维护等工作。

在图书馆工作期间,发表专业论文《论图书馆的数字化建设》。获各级奖励和表彰 3 次:2016 年,在"第十一届鄂尔多斯市图书馆徐汇年会暨图书馆论坛"被鄂尔多斯市图书馆学会评为优秀会员;2017 年,被东胜区文化体育旅游局评为 2016 年度先进工作者;2018 年,在中国图书馆学会主办的"依法办馆　创新发展——新时代公共图书馆建设与服务"知识学习竞赛中获得"研学之星"称号。

张瑞(网络信息中心主任)

图 2 - 25　张瑞

张瑞,女,汉族,1988 年 11 月出生于内蒙古自治区鄂尔多斯市东胜区。中共党员,2007 年 12 月入党。2010 年 7 月,毕业于内蒙古农业大学工商管理专业。2010 年 9 月至 2011 年 11 月,就职于鄂尔多斯羊绒制品股份有限公司,任出纳工作。2011 年 11 月,入职东胜区少年儿童图书馆,担任采编室工作人员,主要负责图书的采购、加工等采编工作。2013年,参与图书馆改扩建及智能化系统升级的工作;2016 年 4 月至 6 月,参与图书馆新馆筹备建设工作;2016 年 9 月至 2017 年 7 月,承担全国县级以上公共图书馆第六次评估定级的档案整理工作;2018 年 1 月至今,担任东胜区图书馆网络信息中心主任,负责馆内设备与系统的维护、网络技术处理、数字资源推广、非书资源加工、电子阅览室管理、总服务台服务、创客系列活动等工作。

在图书馆工作期间,共发表《图书馆转型与内涵发展》等专业论文 2篇。获各级奖励和表彰 3 次。2018 年,主持并参与 24 项全民阅读活动,其中东胜区图书馆首届英语口语大赛、"扫码看书　全城共读"、21 天阅读计划等活动取得了良好的效果,得到了社会的普遍认可;新创建的创客系列活动也深受读者的喜爱。

李俊梅(业务综合办公室主任)

李俊梅,女,汉族,1986 年 12 月出生于内蒙古自治区鄂尔多斯市东胜区。中共党员,2018 年 10 月入党。2010 年 7 月,毕业于内蒙古师范大学经济学专业。2010 年 9 月至 2011 年 10 月,就职于鄂尔多斯市东胜区林荫街道办事处三台基社区,任干事。2011 年 11 月,入职东胜区少年儿童图书馆,担任采编室干事,主要负责图书的分类、编目、验收等工作。2018 年 1 月至今,任东胜区图书馆业务综合办公室主任,工作内容包括:负责业务辅导、培训工作;负责分馆、汽车图书馆、社区图书室、草原书屋及万村书库、街区 24 小时自助图书馆的整体工作;负责全馆人员、馆外流通点管理员的业务培训工作;负责推进总分馆建设;负责管理 24 小时自助阅览室、密集书库;负责督查 Interlib 系统书目数据库的维护工作;组织开展读者阅读推广活动。

图 2 - 26　李俊梅

在图书馆工作期间,曾全权负责馆内报纸、期刊的建库、装订及加工验收等工作;参与制定东胜区图书馆图书分类规则;与馆内职工及基层图书室管理员进行业务交流数次。2014 年 9 月 9 日至 2014 年 9 月 13 日,参加包头市图书馆举办的中文书目数据制作班,并取得资格证;2017 年 6 月 5 日至 9 日,参加全国图书馆联合编目中心 2017 年度上传资格培训班,并取得上传资格证。

严娜(中文阅览区主任)

严娜,女,蒙古族,1988 年 11 月出生于内蒙古自治区鄂尔多斯市东胜区。中共党员,2011 年 6 月入党。1995 年开始入学,2007 年 9 月至 2011 年 7 月,就读于内蒙古科技大学包头师范学院,专业为政治学与行政学。2011 年 11 月,入职鄂尔多斯市东胜区少年儿童图书馆。2012 年 12 月至 2017 年 12 月,担任采编室主任,主要负责制订馆内图书采购计划,主持采编室日常图书加工、业务辅导等工作;2018 年 1 月至今,任东胜区图书馆中文阅览区主任,负责制订馆内采购计划,主持中文阅览区日常整架、服务读者等工作。

图 2 - 27　严娜

在图书馆工作期间,发表专业论文《论移动互联网时代图书馆的发展趋势》。获 2013、2014、2015 年度文化系统优秀共产党员。

王艳(少儿阅读体验馆主任)

图 2 - 28　王艳

王艳,女,汉族,1987 年 10 月出生于内蒙古自治区鄂尔多斯市东胜区。中共党员,2010 年 5 月入党。1993 年开始入学,2007 年 9 月至 2011 年 6 月,就读于皖淮北师范大学,专业为应月化学。2011 年 11 月,入职东胜区少年儿童图书馆,从事采编工作,负责图书的采购、加工、录入、验收和上架工作。2016 年 7 月至 2017 年 12 月,任东胜区图书馆青少年图书区主任,负责青少年读者的图书借还工作和青少年阅读推广活动,期间还见证和参与了新馆建设工作和东胜区图书馆被评为县级一级图书馆的评估定级工作;2018年1月至今,任东胜区图书馆少儿阅读体验馆主任,负责绘本的采购、分库和维护工作以及幼儿阅读推广活动。

图书馆工作期间,在做好日常工作和读者咨询服务的同时,发表了一篇专业论文《浅谈如何开展幼儿阅读推广》。获各级奖励和表彰3次,2017年至今主持并参与全民阅读推广活动30项,其中棉花糖姐姐讲故事和"彩色乐园"宝宝涂鸦活动的开展得到了广大读者的一致认可,并取得良好的效果。

王宁(报纸期刊阅览区主任)

图2-29 王宁

王宁,女,汉族,1984年1月出生于内蒙古自治区鄂尔多斯市东胜区。1991年开始入学,2003年9月至2006年7月,就读于内蒙古工业大学,专业为电子商务。2007年12月至2010年5月,就读于天津科技大学财务管理专业。2007年9月至2011年12月,就职于东胜区城市管理综合执法局。2012年1月,入职东胜区少年儿童图书馆,在儿童阅览室工作。2014年4月至2015年4月,挂职于幸福街道和谐社区。2015年5月至2016年6月,在成人阅览室工作;2016年7月至今,任东胜区图书馆报纸期刊阅览区主任,负责现报刊及过报刊的各项服务工作。

程洁(地方文献区主任)

程洁,女,汉族,1986年8月出生于内蒙古自治区鄂尔多斯市东胜区。中共党员,2011年6月入党。1994年开始入学,2005年9月至2009年7月,就读于内蒙古大学,专业为公共事业管理。2010年3月至2011年10月,就职于中国电信内蒙古分公司鄂尔多斯分公司,任市场部职员。

2011 年 11 月,入职东胜区少年儿童图书馆,在采编部、外借室任职员。2013 年 5 月至今,担任地方文献区主任,负责地方文献资源的收集、加工、整理以及参考咨询工作。

图 2-30　程洁

　　在图书馆工作期间,共发表《浅谈县级图书馆地方文献工作》《转型时期的图书馆文化建设》等论文 4 篇;获得各级奖励和表彰 5 次;举办读者活动(包括展览、讲绘本故事、访谈、讲座等)近 15 项。

　　参与东胜区图书馆 2017 年、2018 年为东胜区政府两会服务工作,负责收集十九大资料、人大代表、政协委员提案和答复、政府报告等多项资料,汇总《东胜区图书馆服务两会专题材料》《十九大专题材料》等资料,并到现场提供服务、赠送资料,受到代表和委员们的欢迎。

169

四、组织管理

图书馆组织沿革

1.图书馆早期的组织沿革

　　1979 年 9 月 28 日,原属东胜县文化馆的图书组独立分出来,设立为东胜县图书馆。这就是现在东胜区图书馆的建制最初。这一时期,虽然东胜县图书馆已分出,但却没有独立馆舍,其馆址设在文化馆楼内,馆内分设综合阅览室和儿童阅览室。当时,伊克昭盟图书馆(现为鄂尔多斯市图书馆)也与东胜县文化馆同在一座大楼内开展工作。1979 年 9 月,伊克昭盟图书馆与东胜县文化馆联合创办了儿童阅览室,面积 100 多平方米,阅览座位 100 个,收藏少儿读物 2000 余册。伊克昭盟图书馆于 1977 年搬迁至东胜县文化馆一楼,直至 1983 年 10 月伊克昭盟图书馆位于东胜区伊金霍洛东街 22 号的馆舍落成后，才开始搬出，到 1984 年 4 月 1 日，伊克昭盟图书馆全部从东胜县文化馆楼内迁出。1981 年 8 月，通过募捐新建的儿童阅览室在东胜县文化馆楼西侧落成启用，原儿童阅览室即被撤销。1982 年 10 月，东胜县图书馆复归为东胜县文化馆图书组。1984 年 1 月，东胜撤县设市，3 月在东胜市文化馆内设东胜市图书馆，实行两个牌子一套人马的管理体制，股级建制，馆内设立成人借书处、成人阅览室、儿童阅览室。

1987 年 5 月 29 日，经东胜市人民政府市长办公会议研究同意，成立东胜市儿童图书馆①，并于 6 月 3 日由东胜市编制委员会发布《关于成立东胜市儿童图书馆的通知》(东编发〔1987〕9 号)。东胜市少年儿童图书馆由此正式成立。同年 6 月，东胜市文化馆的儿童阅览室扩建为东胜市少年儿童图书馆②；7 月 18 日，东胜市少年儿童图书馆正式开馆，馆址即设在原东胜市文化馆儿童阅览室处，馆舍面积为 222 平方米。开馆座谈会上，伊克昭盟文化处处长乌丽生、伊克昭盟图书馆馆长刘志壮、东胜市宣传部长孙万祥分别发表讲话。

在成立之初，东胜市少年儿童图书馆仅有编制 7 人，由胡永德担任图书馆负责人，馆内部室建设也较为简单，共设有 4 个科室：阅览组、采编组、借阅组、财务组。1988 年，东胜市少年儿童图书馆馆内增设书库，开设少儿图书阅览室 1 个，实有职工 9 人(徐凤英为图书馆负责人)，开始在馆外建立图书流动点。1990 年 10 月，徐凤英被任命为东胜市少年儿童图书馆馆长，年底全馆职工增至 12 人。1991 年，东胜市少年儿童图书馆增设副馆长一名，由张秉德担任。1993 年，东胜市少年儿童图书馆定编 8 人，至年底实有职工 14 人。1994 年 1 月，任贵全被任命为东胜市少年儿童图书馆馆长，徐凤英不再担任馆长一职；同月，东胜市文化局批准东胜市少年儿童图书馆成立党支部，徐凤英任党支部书记。同年 10 月，东胜市少年儿童图书馆主体搬入人民影剧院旧址上新盖的文化大楼的二楼。完成搬迁后，图书馆的馆舍总面积达到 583 平方米，馆内藏书 7431 册，设有办公室、财务室、借阅室、阅览室、文明市民学校五个科室。1997 至 1999 年间，东胜市少年儿童图书馆对馆舍进行扩建，馆舍总面积增至 970 平方米。1998 年，图书馆实行内部机构体制改革，采取竞聘上岗，由此对馆内部(室)主任及职工队伍进行了优化重组。2000 年 5 月，东胜市政府总体规划进行拆迁，将图书馆的儿童阅览楼连同文化馆楼一起拆除，图书

---

① 《关于成立东胜市儿童图书馆的通知》(东编发〔1987〕9 号)中原文为"东胜市儿童图书馆"，但依据实际情况，应为"东胜市少年儿童图书馆"，同时期图书馆公章亦为"东胜市少年儿童图书馆"。

② 索娅.内蒙古图书馆事业百年事典[M].呼和浩特：内蒙古教育出版社，2010：24.

馆馆舍面积由此减少到 270 平方米。

2001 年 2 月,国务院批准同意撤销伊克昭盟改设地级鄂尔多斯市,撤销县级东胜市设立东胜区。因撤盟改市、撤市设区,东胜市少年儿童图书馆更名为东胜区少年儿童图书馆。同年 10 月,图书馆迁入新址,搬入鄂尔多斯广场旁的科技少年宫大楼 4 层(宝日陶亥东街 10 号),馆舍总面积达到 1120 平方米,馆藏文献达 2.65 万册。

2002 年,由文化部、财政部共同组织实施的"全国文化信息资源共享工程"(简称"文化共享工程")开始启动。作为一项国家重大文化惠民工程,文化共享工程在我国公共文化服务体系建设中具有战略性、基础性地位。该工程应用现代信息技术,将中华优秀文化信息资源进行数字化加工与整合,依托各级公共图书馆、文化馆(站)等公共文化设施,通过互联网、广播电视网、无线通信网等新型传播载体,在全国范围内实现中华优秀文化资源的共建共享。2003 年 9 月,内蒙古在全自治区范围内启动文化共享工程。同年,东胜区少年儿童图书馆建立了西部第一家专门针对少年儿童开放的电子阅览室,该阅览室总投资 20 多万元,配有多种教育软件,且与北京 101 远程教育网达成合作协议。2005 年,全国文化信息资源共享工程东胜区支中心成立,设在东胜区少年儿童图书馆,并于 2 月22 日免费向广大读者开放。全国文化信息资源共享工程东胜区支中心是内蒙古自治区首批文化信息资源共享工程旗县级支中心试点之一,配有一台服务器、一台投影仪、一套卫星接收设备。支中心通过卫星接收设备,接收文化部下发的数字资源。此后,东胜区图书馆经常利用"文化信息资源共享工程"平台下载的资源为广大读者服务,如播放影片、讲座视频等。2007 年,东胜区少年儿童图书馆采购了 ILAS 小型版图书管理软件,建立起书目数据库,成为鄂尔多斯市旗县内第一家完成回溯建库工作的图书馆,率先实现文献资源自动化管理、并开始实行全面免费开放政策,实现无障碍、零门槛进入,公共空间设施场地全部免费开放,基本服务项目免费提供。

2006 年 5 月,王芳、贺银花到任,王芳任东胜区少年儿童图书馆馆长,贺银花任东胜区少年儿童图书馆副馆长。同年 9 月 20 日,东胜区少年儿童图书馆党支部选举王芳为支部书记、王志香为组织委员,刘桂琴为宣传委员。2009 年 10 月,杭霞被东胜区文化局任命为东胜区少年儿童图书馆副馆长。

2008 年 9 月,东胜区少年儿童图书馆被评定为"全国文化信息资源共享工程东胜区级支中心"。2009 年,文化共享工程东胜区支中心被列入内蒙古自治区文化厅 54 个旗县级支中心试点建设单位之一,完成设备更新。同年,东胜区文化局还投资 80 余万元,在东胜区的镇、街道办事处打造"文化信息资源共享工程基层服务点",并为每个文化共享工程基层服务点统一悬挂牌匾,配发投影仪、电脑等设备,建立管理制度,实行统一管理模式。2010 年,东胜区少年儿童图书馆开始试行总分馆制建设,首批设立的分馆有 4 个。

由文化部、财政部共同开展的"国家公共文化服务体系示范区(项目)创建工作"在 2011 年初启动,计划按照公益性、均等性、基本性、便利性的要求,在全国创建一批网络健全、结构合理、发展均衡、运行有效的公共文化服务体系示范区,培育一批具有创新性、带动性、导向性、科学性的公共文化服务体系项目,为我国公共文化服务体系建设探索经验、提供示范,推动公共文化服务体系建设科学发展。文化部、财政部还同时印发了《国家公共文化服务体系示范区(项目)创建标准》,对示范区创建提出了具体指标,包括公共文化设施网络建设、公共文化服务供给、公共文化服务组织支撑以及资金、人才和技术保障措施落实、公共文化服务评估等方面。这些标准与地市级及以下公共图书馆事业密切相关,涉及政策支持、经费保障、人才队伍建设、管理体制创新、设施体系完善、资源服务供给等各个方面,为基层图书馆事业的发展带来极大发展助力。2011 年 5 月,鄂尔多斯市成为首批创建国家公共文化服务体系示范区城市,东胜区少年儿童图书馆也由此迎来前所未有的发展机遇。2011 年,图书馆积极协调国家新闻出版总署等上级部门,与中国光华科技基金会达成捐赠协议。中国光华科技基金会先后为图书馆捐赠了 102 万册图书,用于充实图书馆馆藏图书资源。在这一年,东胜区委区政府为加快图书馆事业快速发展,11 月份通过人力资源和社会保障局为图书馆招录了 95 名工作人员(其中本科生 85 名),有力地扩充了图书馆人才队伍,使馆内工作人员达到 115 人。同年,东胜区少年儿童图书馆正式提出"总分馆"建设方案,随后大力开展总分馆服务体系建设。

2. 东胜区图书馆成立后的组织沿革

自 2009 年 7 月鄂尔多斯市图书馆搬迁至康巴什区后,东胜区出现成人图书馆空缺情况,东胜区少年儿童图书馆虽然实际上承担了部分为成人读者服务的职责,但馆名一直未变。直至 2012 年 5 月 21 日《鄂尔多斯市东胜区机构编制委员会关于成立鄂尔多斯市东胜区图书馆的通知》(东机编字〔2012〕28 号)文件印发,指出,为切实提高图书资源利用率,给广大市民提供优质、便捷的图书借阅服务,并进一步做好图书新增工作和图书馆管理员队伍建设工作,结合东胜区实际,并经区编委 2012 年第 1 次会议研究决定,成立鄂尔多斯市东胜区图书馆(加挂鄂尔多斯市东胜区少年儿童图书馆牌子),为鄂尔多斯市东胜区文化局二级事业单位。随后于 6 月 7 日,东胜区图书馆正式挂牌。

2012 年是鄂尔多斯市创建国家公共文化服务体系示范区工作的关键时期,鄂尔多斯市东胜区着力对所辖 11 个镇、街道办事处、53 个社区、

35 个行政村进行软硬件设施的全面打造。作为其中一项基本工作,东胜区的"文化信息资源共享工程基层服务点"也进行了全面建设及改善,在实现 100% 全覆盖的基础上,各服务点的人员、硬件设施、场所面积等方面均得到进一步完善。东胜区图书馆还在鄂尔多斯市东胜区的多个学校、社区以及其他机构成立分馆,并以农村社会的最基本单元"户"为基点,选代表、建阵地、搞活动、做示范,在馆外建立了 9 个文化户作为图书馆基层服务点,悬挂"东胜区图书馆服务点"的统一牌匾。同年,馆内管理工作也有了进一步的创新和发展,图书馆将原先使用的 ILAS 小型版图书管理软件升级更换为快捷、方便的 Interlib 图书自动化管理软件,实现馆藏文献智能化管理。并在 9 月 10 日正式开通了东胜区图书馆门户网站,网站分为 8 大板块,32 个栏目,不仅涵盖了图书馆的各项工作内容,还内嵌了图书馆 Interlib 自动化管理软件的读者模块链接,并开通了读者在线查询、续借、咨询、留言、微博互动等功能。2012 年 12 月,图书馆制定了《东胜区图书馆职工岗位聘用实施方案》,当月,遵照按需设岗、职工自主报岗、超编人员考试上岗原则,东胜区图书馆进行了全馆职工选岗、定岗,并对各科室副主任进行公开竞聘,最终确定了各科室的人员及科室副主任人选。

2013 年 4 月至 7 月,东胜区图书馆对科技少年宫大楼的馆舍进行了场馆改扩建及智能化系统升级,完成后,馆内服务窗口由原有的 4 个增至 10 个,增设了成人借阅室、盲人借阅室、地方文献室、培训室、馆外流通室等;安装了自助借还机、自助办证机、自助查询机等智能化设备;并采购 4 台 24 小时街区自助图书馆,分别安装在图书馆楼下、联邦大厦门前、林荫广场西南角、铁西公园北门,由东胜区图书馆网络信息中心负责日常监管与维护,并设专人每天为自助图书馆补充图书。至此,东胜区图书馆馆舍总面积达到 2520 平方米,工作人员达到 114 人,其中专业技术人员 58 人(包括正高级职称 1 人,副高级职称 4 人,中级职称 9 人,初级职称 44 人);服务网点建设方面,共设立馆外流通点 26 个,包括分馆 12 个、基层服务点(文化户)9 个以及机关图书流动点 5 个;还设立了 11 个"文化局社区阅读角",由图书馆负责统一管理、指导、督促、落实,采取干部包片制进行管理,每人负责 1 个社区,每周督察 1 次。此外,馆外"文化信息资源共享工程"基层服务点增至 15 个,建成公共电子阅览室 58 个,各服务点积极利用文化共享工程资源开展丰富多彩的活动。地方文献室设立后,东胜区图书馆从 2013 年 5 月开始,在全区范围内面向党政机关、事业单位、社会团体及广大民众开展地方文献的征集工作。同年 5 月 12 日起,东胜区图书馆将每天开放时间由原来的 8 小时延长为 12 小时,即从 8:30 至 20:30。由此,图书馆每周免费开放时间由 56 小时延长至 84 小时,并顺利在短时间内完成由对少儿读者服务向少儿和成人读者共同服务的过渡。同年 6 月 8 日,东胜区图书馆正式开通了微信公众平台,以方便读者更好地了解、利用公共图书馆资源。图书馆的发展进步得到充分肯定,在 2013 年开展的第五次全国县级以上公共图书馆评估定级工作中,鄂尔多斯市东胜区图书馆被评定为国家县级"一级图书馆"。

2014 年 1 月 10 日,东胜区图书馆进行了前一年度各科室及全体在岗职工岗位责任考核。随后,图书馆又开展了科室副主任竞聘,确定了各科室新一任副主任人员名单。同年 8 月 7 日,东胜区图书馆成立连环画室并面向读者免费开放,藏有连环画 1036 种、1045 册,内容包括纪念改革开放 30 周年优秀连环画作品选、庆祝中国共产党成立 90 周年百种红色经典连环画、中国古典名著连环画、经典传统连环画选本、志愿军英雄传画库等。2014 年,东胜区图书馆馆外 15 个文化共享工程基层服务点全年共上报活动信息 165 次。2015 年,东胜区图书馆新开放了蒙文资料室,并通过对不同阅读群体开展针对性服务,使服务内容更加细化、服务形式更加多样化。

2016 年,以新馆开放为契机,东胜区图书馆又迎来了一个新的发展高峰。东胜区图书馆新馆(即铁西总馆)位于风景秀丽的母亲公园东南角,馆址为东胜区永昌路 6 号,建筑面积 3.3 万平方米,设计藏书容量 100 万册,读者座席 900 余个。新馆自北向南分为 A 座、B 座、C 座。A、B 座是公共服务区,C 座是产业化运作区,包括少儿阅读体验馆、业务加工区、青少年图书区、24 小时自助图书馆等 22 个功能区。4 月 29 日,东胜区图书馆新馆部分功能区域开放,少儿阅读体验馆试开馆。6 月 30 日,东胜区图书馆铁西总馆正式开馆运行,并于当天推出"你阅读 我买单"读者荐购活动,颠覆了"采、编、藏、借"的传统图书馆服务模式,让读者成为图书馆的"主人",收获了良好口碑。新馆开放大大提升了东胜区图书馆的社会影响力,不仅使读者到馆量攀至一个新高峰,开馆当日接待读者近 2 万人次,还迎来了一批又一批的业内外人士参观考察。据统计,2016 年,东胜区图书馆在新馆开放后共接待政府部门领导、企业单位、图书馆同行、媒体等各界人士参观考察 23 次,接待人数 2000 余人。新馆启动后,位于科技少年宫大楼的老馆改为青少年宫分馆,并作为东胜区少年儿童图书馆继续运行。东胜区图书馆总分馆服务体系得到进一步完善,截至 2016 年底,东胜区图书馆共有分馆 19 个,机关图书流动点 8 个,基层服务点(文化户)9 个,共计 36 个馆外流通点,形成了以铁西馆为总馆,青少年宫分馆和镇(街道)、村(社区)、学校、机关单位图书室、文化户为分馆,24 小时街区自助图书馆和汽车图书馆为流动服务点的真正意义上的总分馆模式,实现了区域内资源共建共享和服务效能的提升。

图书馆管理工作得到进一步规范。为实现总分馆运作模式,提升图书馆服务能力,东胜区图书馆从 2016 年 6 月 24 日起实行"身份证一卡通"服务,身份证即为本人读者证,身份证号即为读者证号。为进一步深化图书馆管理体制及运行机制改革,推进法人治理工作,2016 年,东胜区图书馆理事会正式成立,第一届理事会包含 13 名成员,理事会讨论并通过《东胜区图书馆章程》《东胜区图书馆"十三五"规划》等重要文件。此外,东胜区图书馆还根据区文明办要求,建立"东胜区图书馆志愿服务队",注册"网络文明"志愿者 7 人、"志愿内蒙古"志愿者 24 人,积极按照上级文件要求开展志愿服务活动。2016 年 3 月,东胜区图书馆被列为旅游标准化试点单位。随后,图书馆严格按照旅游标准化要求细则,成立工作小组,对馆内标识标牌进行整改规范,对旅游标准化建设进行大力宣传,对职工进行培训。8 月 30 日,国家旅游局对东胜区旅游标准化创建工作进行了终期评估,东胜区图书馆顺利完成国家旅游标准化工作小组的验收工作,为东胜区创建全国旅游化标准化示范区增添亮色。2016年,图书馆被区文化体育旅游局列为城市精细化治理工作试点单位,图书馆按照精确、细致、深入的要求,对馆内管理各个环节实施精准化操作,并采取优化工作流程、细化管理标准、完善考核体系等措施,对原有的制度规章进行细化,制定了《东胜区图书馆精细化服务标准汇编》,进一步提升了图书馆整体服务能力与水平。

图书馆人才队伍结构进一步优化。2016 年,图书馆新进职工 17 人,共有 2 人通过图书馆馆员资格审核,1 人通过助理转系。至此,图书馆有职工 99 人,其中专业技术人员 81 人,含高级职称 1 人、副高职称 3 人、中级职称 13 人、初级职称 44 人。同年 6 月,东胜区图书馆新聘任了 3 位副馆长,分别是折俊梅、孙萌、郝文祥,加上原有的一位副馆长杭霞,图书馆副馆长达到 4 位,在馆长的统一领导下分管不同工作。其中,杭霞分管办公室日常事务、物业管理、党建、党风廉政建设、精神文明建设、财务等;郝文祥分管数字资源建设与推广运用,网络信息化服务,网络软硬件建设与管理,文化共享工程资源建设与利用,公共电子阅览室管理;孙萌分管总馆读者服务、采编加工、培训等业务工作;折俊梅分管读者活动、馆外流通点建设及分馆读者服务工作。7 月,东胜区图书馆竞选 11 位职工为科室主任,并明确各自职责,使图书馆领导班子结构得到进一步优化,领导班子建设得到进一步加强。

进入新时期以来,东胜区图书馆坚持以"海纳百川 书香万家 读者至上 服务第一"为宗旨,以新型智能化、数字化、网络化为定位,以打造东胜区市民学习资源中心、社会教育中心、信息传输中心、学术交流中心和文化休闲中心为一体的当代智慧图书馆为目标。2017 年 4 月,东胜区图书馆正式启动"馆长接待日",每月第二周、第四周的星期三上午,馆领导轮流值班,不仅扮演"向导"角色带领读者认识图书馆,更为读者提供咨询服务、解答读者疑问,广纳意见。9 月初,鄂尔多斯地区首个以企业命名的书架展区正式提供阅览外借综合服务。该企业家书架位于东胜区图书馆 B 座五楼,书架总面积 1100 平方米,设有海元物产集团、鄂尔多斯集团等 9 家企业的书架展区,包括社科类、文学类等各类图书资源。此外,30% 的文献资源为企业文化宣传展示类文献,充分树立品牌形象,传播企业优秀文化。

为提升图书馆服务能力和读者阅读体验,东胜区图书馆在 2018 年对馆内功能区布局做了进一步规划完善,新打造了书法馆、摄影馆、创客体验区等区域,并对位于总馆的 24 小时自助图书馆进行全新改址升级,还对古籍阅览室进行了改造。同时,东胜区图书馆也在不断升级创新借阅服务,包括:升级"你阅读 我买单"服务,将该借阅系统的借书地点设置在新华书店,给读者提供更多文献选择,还书地位增设为全区范围内图书馆任意一处自助借还设备上,更加方便读者就近借还;并在"你阅读 我买单"、人脸识别、手机扫码及身份证刷卡 4 项借还服务基础上,创新推出芝麻信用借还服务,以芝麻信用积分代替押金,为读者提供更加便捷高效的优质服务。至 2018 年底,东胜区图书馆"你阅读 我买单"服务实现荐购图书 8335 册,价值 29.7 万元;另共有 934 人通过支付宝申报新证,借还图书 4.3 万册。由此,东胜区图书馆的智能化、精准化、便捷化阅读服务平台建设得到进一步完善。

近年来,东胜区图书馆屡获佳绩。2017 年,迎来第六次全国县级以上公共图书馆评估定级工作,东胜区图书馆以此作为年度重要任务,积极参评,顺利完成各阶段工作,并于 2018 年 8 月 13 日再次被文化和旅游部评为"一级图书馆"。2018 年 12 月 4 日,中国图书馆学会公布 2017 年全民阅读工作有关名单,东胜区图书馆荣获"2017 年全民阅读优秀组织"荣誉称号,全国共有 21 家图书馆获此殊荣,东胜区图书馆是内蒙古自治区唯一上榜的图书馆。2018 年 12 月 14 日,中国图书馆学会公布 2018 年"书香城市(区县级)"发现活动名单,鄂尔多斯市东胜区作为年度华北地区代表、内蒙古自治区唯一入选区县,光荣成为全国仅 10 个上榜城市之一。

3. 图书馆科室设置情况

目前,东胜区图书馆总馆设有中文阅览区、报纸期刊阅览区、少儿阅读体验馆、音乐视听区、多媒体体验区、全国文化信息资源共享工程支中心、公共电子阅览区、蒙文阅览区、外文阅览区、地方文献阅览区、工具书阅览区、多功能报告厅、新书展示区、资源检索区、休闲阅览区、数字资源体验区、盲人阅览区、共享大厅、多功能展厅、活动大厅、古籍阅览区、24 小时自助图书馆、网络信息中心、书法钢琴培训室、创客体验区、业务加工区、活动办公室、物业办公室、业务综合办公室、行政综合办公室等。主要科室的情况如下:

（1）中文阅览区

中文阅览区包括中文阅览区（一）、中文阅览区（二）、中文阅览区（三），分别包含成人综合类图书、青少年图书及文学类图书，为读者提供图书借还、咨询、阅读指导等综合服务。

（2）报纸期刊阅览区

报纸期刊阅览区提供包括成人及少儿的纸质、电子期刊报纸及过刊过报的检索、查阅、资讯服务工作。

（3）地方文献阅览区

地方文献阅览区收藏包括东胜区地方出版物、史志、年鉴、鄂尔多斯市地方人物著作及相关人文、历史论述、各类简报及资料汇编等种类齐全、内容丰富的地方史料，具有浓郁的地方特色，设专架收藏，并有目录供读者查阅。

（4）工具书阅览区

工具书阅览区收藏中外文参考工具书及检索工具书，包括字典、词典、百科全书、大全、手册、年鉴等，为读者学习、研究提供便利。

（5）少儿阅读体验馆

少儿阅读体验馆是专为低幼儿童打造的集绘本阅读、亲子共读、益智娱乐为一体的多功能阅读互动区域。主要为幼儿提供有声读物的检索、咨询、阅读及电子报刊、电子图书的浏览与下载服务，并以绘画和讲故事为主要形式常年开展主题阅读推广活动。

（6）蒙文阅览区

蒙文阅览区作为少数民族特色馆藏区，设蒙古族专业人员，提供蒙文成人、少儿类书籍及报纸期刊阅览服务；同时，建立蒙古语数字资源服务平台，内含蒙古语少儿动漫资源库等，读者可通过图书馆官方网站数字资源版块点击访问。

（7）盲文阅览区

盲文阅览区为视障读者提供盲文书籍及盲人有声读物的借阅、咨询服务，并配备电脑等盲人专用设备用于播放盲人有声读物及有声电子图书等资源。同时还提供预约上门送书服务，以细致周到的服务切实满足视障读者的阅读需求，丰富他们的精神文化生活，帮助视障读者获得更多的文化知识，实现现代图书馆的个性化服务功能。

（8）古籍阅览区

古籍阅览区收藏古籍善本、普通古籍、地方志古籍、碑帖字画、中华再造善本、民国文献、书目文献等资源，供相关专业和对古籍感兴趣的读者阅览。

（9）网络信息中心

网络信息中心内设总服务咨询台、公共电子阅览区、音乐视听区、创客体验区及技术部,为读者提供咨询(包含人工和语音电话咨询及多媒体客服平台咨询)、办证、退证、借还书、挂失、丢失、赔偿、上网登记、电子资源访问、数字资源体验、资源检索、扫码看书、创客体验、系统维护、网络与设备维护等综合性服务。

(10)共享大厅

共享大厅为一楼总服务咨询台、数字资源体验区、资源检索区的总称,为读者提供咨询导引、查询检索等综合服务。

(11)休闲阅览区

休闲阅览区让读者在舒适自由的阅读空间中浏览各类图书,沐浴阳光,静心品书香。

(12)新书展示区

新书展示区设立新书排行、好书推荐专栏,让新书及时集中地展示给读者。

(13)企业家书架

企业家书架,充分展示当地企业文化建设成果和特色文化内涵,并宣传和提升企业文化形象。

(14)多功能厅

多功能厅配备专业的灯光音响、投影设施,不定期举办电影播放、知识讲座、艺术表演、学术讨论、专业培训等各类活动。

(15)业务综合办公室

业务综合办公室主要负责业务辅导、人员培训及 Interlib 系统书目数据库的维护工作。

(16)行政综合办公室

行政综合办公室是东胜区图书馆行政综合部门和办事机构,具有组织协调、管理服务和综合督办等职能。内设主任、副主任、文员、党务干事、网络信息发布员、会计及出纳。

(17)活动办公室

活动办公室主要负责馆内外阅读推广活动的策划、宣传、实施、统计等工作,并针对不同年龄人群的文化需求,提供内容丰富、形式多样的阅读推广活动,不断满足群众的精神文化需求。

(18)物业办公室

物业办公室成立于2016年9月,承担安全管理、卫生管理和设备管理等职能。负责制定、落实安全保卫、消防安全有关规章制度和各项防范措施;协同并监督物业公司做好馆内外安全防范工作,维护馆内秩序,做好馆内外大型活动、重要会议等的服务保障工作;负责馆内外的卫生保洁工作;负责监督管理馆内外设施设备的运行和维护工作。

图书馆党群工作

1. 加强基层党组织建设

1994 年 1 月,东胜市文化局批准东胜市少年儿童图书馆成立党支部,徐凤英任书记。1996 年 1 月,经东胜市直机关党委会议研究,同意东胜市少年儿童图书馆成立党支部,党支部只设书记。1996 年 10 月,因徐凤英退休,东胜市少年儿童图书馆党支部向东胜市文化局党总支报告改选支部书记,任贵全在全体党员大会上被选举为东胜市少年儿童图书馆党支部书记。2001 年 2 月,因撤盟改市、撤市设区,东胜市少年儿童图书馆更名为东胜区少年儿童图书馆,同时东胜市少年儿童图书馆党支部更名为东胜区少年儿童图书馆党支部。2005 年 11 月,任贵全离岗。2006 年 5 月,王芳到职担任馆长。2006 年 9 月 20 日,东胜区少年儿童图书馆党支部选举王芳为支部书记。2017 年 6 月,东胜区少年儿童图书馆党支部更名为东胜区图书馆党支部。

表 2-1 1996 年东胜市少年儿童图书馆党员名录

姓名	性别	出生年月	文化程度	民族	职务	入党时间	备注
徐凤英	女	1941 年 4 月	初中	汉	书记	1966 年 6 月	1996 年 7 月退休
任贵全	男	1953 年	初中	汉	书记	1988 年 6 月	
刘桂荣	女	1960 年 2 月	初中	汉		1994 年 6 月	
王志香	女	1964 年 12 月	中专	汉		1994 年 12 月	
徐美丽	女	1963 年	大专	汉		1993 年 12 月	

党支部是党的基础组织,担负直接教育党员、管理党员、监督党员和组织群众、宣传群众、凝聚群众、服务群众的职责。同时,发展党员也是党支部的一个基础任务。东胜区图书馆党支部成立后,积极发现、培养和推荐党员、群众中的优秀人才,对要求入党的积极分子进行教育和培养,刘桂琴、张彩云、田海军、杭霞、田永军等陆续发展为党员。2013 年 6 月下旬,图书馆支部委员会召开会议,专题研究新党员发展及优秀党员推选工作,确定了 1 名入党积极分子,有 1 名积极分子转为预备党员,1 名预备党员转为正式党员,并推选优秀党员 3 名。至 2018 年,东胜区图书馆党支部共有党员 38 名,其中在职正式党员 32 名、预备党员 1 名、退休党员 3 名、派驻村干部 2 名。

表 2-2 2018 年东胜区图书馆党员名录

序号	姓名	性别	民族	预备时间	转正时间	备注
1	王芳	女	汉	2000 年 12 月	2001 年 12 月	支部书记、馆长

序号	姓名	性别	民族	预备时间	转正时间	备注
2	杭霞	女	汉	2008 年 1 月	2009 年 1 月	支部副书记、副馆长
3	苏铁英	女	汉	2012 年 6 月	2013 年 6 月	组织委员
4	王维宏	女	汉	2010 年 12 月	2011 年 12 月	宣传委员
5	金亦珂	女	汉	2013 年 7 月	2014 年 7 月	纪检委员
6	田海军	男	汉	2009 年 7 月	2010 年 7 月	业务综合办公室
7	张瑞	女	汉	2007 年 12 月	2008 年 12 月	网络信息中心主任
8	郝静	女	汉	2008 年 1 月	2009 年 1 月	少儿阅读体验馆
9	程洁	女	汉	2011 年 6 月	2012 年 6 月	地方文献、工具书阅览区主任
10	刘弈鸿	女	汉	2008 年 12 月	2009 年 12 月	报纸期刊阅览区
11	王宇烨	女	汉	2009 年 6 月	2010 年 6 月	网络信息中心
12	折俊霞	女	汉	2010 年 1 月	2011 年 2 月	中文阅览区
13	赵艳	女	汉	2010 年 5 月	2011 年 5 月	业务综合办公室
14	王艳	女	汉	2010 年 5 月	2011 年 5 月	少儿阅读体验馆主任
15	郝文祥	男	汉	2011 年 6 月	2012 年 6 月	副馆长
16	严娜	女	蒙古	2011 年 6 月	2012 年 6 月	中文阅览区主任
17	萨如拉	女	蒙古	2012 年 6 月	2013 年 6 月	中文阅览区
18	庄晶	女	汉	2012 年 7 月	2013 年 7 月	公共电子阅览区（青少年宫分馆）
19	郭丽娜	女	汉	2014 年 7 月	2015 年 7 月	中文阅览区
20	杨燕	女	汉	2015 年 7 月	2016 年 7 月	网络信息中心
21	崔廷吉	女	汉	2015 年 7 月	2016 年 7 月	行政综合办公室
22	吴贺	女	汉	2015 年 7 月	2016 年 7 月	行政综合办公室
23	李倩	女	蒙古	2010 年 12 月	2011 年 12 月	网络信息中心
24	刘梦柯	男	汉	1995 年 7 月	1996 年 7 月	副馆长
25	温彪	男	汉	2003 年 3 月	2004 年 3 月	业务综合办公室
26	屈亚萍	女	汉	2006 年 8 月	2007 年 8 月	地方文献、工具书阅览区
27	石婷	女	汉	2013 年 7 月	2014 年 7 月	少儿阅读体验馆（青少年宫分馆）
28	张旭玲	女	汉	2014 年 6 月	2015 年 6 月	中文阅览区（青少年宫分馆）
29	罗浩琨	男	汉	2009 年	2010 年	工会、活动办

续表

序号	姓名	性别	民族	预备时间	转正时间	备注
30	聂慧	女	汉	2016年6月	2017年6月	行政综合办公室主任
31	奥磊	男	汉	2016年7月	2017年7月	网络信息中心
32	任慧杰	男	汉	2017年11月	2018年11月	物业办公室主任
33	任贵全	男	汉	1988年6月	1989年6月	退休
34	刘桂荣	女	汉	1994年6月	1995年6月	退休
35	徐凤英	女	汉	1966年6月	1967年6月	退休
36	贺银花	女	蒙古	1999年12月	2000年12月	驻村干部
37	刘桂琴	女	汉	1999年6月	2000年6月	驻村干部
38	李俊梅	女	汉	2018年10月	/	预备党员

东胜区图书馆党支部高度重视思想政治工作,坚持从严从实加强党建工作。1999年,图书馆制定了《东胜市少儿图书馆党员教育培训制度》,要求副科以上的党员干部积极参加党交的培训学习,一般党员参加机关党委举办的党员培训班,培训班吸收申请入党的积极分子参加。图书馆党支经常组织馆内党员开展或参与上级领导部门组织的政治理论学习活动,提高馆员的思想政治素质,发挥党员模范带头作用,在馆内打造爱岗敬业、尽职尽责的良好工作氛围。同时,坚持"读者至上 服务第一"的理念,围绕图书馆中心工作,把思想政治工作、党建和馆建结合起来,面向广大读者开展丰富多彩的活动,提升图书馆整体服务水平。如在每年"七一"前后举办庆祝建党周年纪念活动,包括征文演讲比赛、绘画比赛、朗诵比赛、展览、讲座等;积极开展爱国主义教育,清明节期间组织职工和读者在烈士陵园开展祭奠活动;组织在职党员和志愿者进社区、进敬老院、进特殊学校,慰问帮助弱势群体,为他们提供相应的图书馆服务。

近年来,图书馆党支部持续推进基层党组织建设,注重以思政工作促发展,以党建工作凝聚力量,发挥先锋示范作用,引领图书馆各项工作创新发展。每年召开党员大会,专题研究发展新党员,以及优秀党员、党务工作者推选工作。2013年9月15日,东胜区图书馆在成人借阅室特别设立了"廉政专栏",共采购图书54册,内容主要涵盖廉洁政治、拒腐防变的丰富内涵和党员干部应遵守的基本要求,以提醒广大读者和党员干部时刻铭记廉洁奉公、遵章守纪。基层党建和精神文明建设工作方面,2013年,图书馆扎实开展创先争优工作,加强学习型党组织建设,夯实支部党建各项工作,共上报党建信息20条;党风廉政建设和机关行政效能建设效果显著,共上报党风廉政信息13条;精神文明创建活动有声有色,及时上报了精神文明信息51条,并于当年9月被正式授予"市级文明单位"称号。

2014年,东胜区图书馆制定了《东胜区图书馆党的群众路线教育实践活动实施方案》,扎实有序地开展了党的群众路线教育实践活动,并于 11 月 11 日组织召开党的群众路线教育实践活动总结大会,深刻总结活动开展情况并开展民主评议工作。同时,积极组织开展相关主题实践活动,共上报党建信息 21 条;积极开展新党员的发展工作,1 名重点培养对象转为预备党员,1 名预备党员转为正式党员;积极开展廉政文化建设工作,共上报党风廉政信息 12 条;积极开展各种群众性精神文明创建活动,及时上报了精神文明信息 62 条。在 2014 年"晋位升级"工作中,东胜区图书馆党支部顺利由八星荣升为九星级党支部。

2015 年,东胜区图书馆加强创建学习型、服务型、创新型基层党组织,共上报党建信息 18 条;积极开展新党员的发展工作,4 名重点培养对象转为预备党员,1 名预备党员转为正式党员;积极开展廉政文化建设工作,上报党风廉政信息 12 条;组织干部职工参加祭奠先烈活动、举办健康知识讲座、开展道德讲堂等群众性精神文明创建活动,及时上报了精神文明信息 58 条。

为充分发挥基层党组织战斗堡垒作用和党员先锋模范作用,东胜区图书馆党支部一直十分重视加强馆内人员的党性教育修养,严格落实"三会一课"制度,按照"坚持、加强、创新"的要求,不断丰富"三会一课"内容,灵活"三会一课"形式,提高"三会一课"质量。2018 年,东胜区图书馆党支部共召开支委会会议 12 次,党员大会 7 次,学习党课 4 次,并认真记录在党支部活动记录本,及时将"三会一课"开展情况向东胜区文化体育旅游局机关党委进行报告、备案。每年年初,东胜区图书馆党支部都要召开党建专题会议研究和部署新一年的党建工作,按照党建"一岗双责"的总体要求,把党建工作与业务工作同安排、同部署、同实施、同检查,确保

图 2-31　图书馆党支部开展专题组织生活会

党建工作落到实处。馆内还经常开展专题研讨学习,引导全体党员不忘初心、牢记使命,增强"四个意识",提高政治站位,以更加坚定的政治信仰、更加强烈的责任担当诠释党员的先锋模范作用。东胜区图书馆党支部一直严格按照《中国共产党章程》要求认真做好党员日常管理工作,持续完善党员信息系统,及时接收、转出党员和录入家庭成员、党费交纳等党员具体信息;认真做好退休党员管理工作,将学习材料及时送至家中;党费收缴工作由专人负责,全体党员一直做到自觉、主动、按时、足额上交党费,2018 年共交纳党费 17 642 元。

在狠抓业务工作的同时,东胜区图书馆党支部还始终注重关爱特殊群体,党员干部每年带头深入特殊教育学校及养老院等弱势群体,通过不定期举办活动、配送资源等方式进行慰问关怀,并且每年认真落实结对帮扶辖区困难居民工作,以实际行动表达爱心,传递真情,争做合格共产党员,争做合格干部。2018 年,东胜区图书馆党支部以"主题党日"为载体统筹安排支部活动,在"+"上下足功夫,重点突出红色主题和廉政警示教育,通过"主题党日+扶贫帮困""主题党日+志愿服务"等体验式形式,丰富活动内涵,联合东胜区委宣传部党支部、东胜区委组织部党支部及鄂尔多斯市图书馆党支部共同开展各种主题党日活动共 12 次,包括"不忘初心　牢记使命"、"笔墨传情　书写温度"新春送对联、"党旗领航　绿色行动"美化绿植活动、学习郑德荣等 7 名全国优秀共产党员先进事迹,等等。

图 2－32　东胜区图书馆党支部组织党员关爱老人

党支部建立以来,凭借在党建、思想政治工作、阵地建设、两个文明建设等方面取得的显著成就,馆内多名党员获得表彰,被上级评为优秀共产党员,东胜区图书馆也多次获得"文明单位标兵""市级文明单位""先进基层党组织"等荣誉称号。

2. 积极开展"两学一做"学习教育

2016 年 2 月，中共中央办公厅印发了《关于在全体党员中开展"学党章党规、学系列讲话，做合格党员"学习教育方案》，并发出通知，要求各地区各部门认真贯彻执行。通知指出，开展"学党章党规、学系列讲话，做合格党员"（简称"两学一做"）学习教育，是面向全体党员深化党内教育的重要实践，是推动党内教育从"关键少数"向广大党员拓展、从集中性教育向经常性教育延伸的重要举措。

2016 年上半年，东胜区图书馆新馆启动筹备工作扎实有序推进，在做好各项业务工作的同时，图书馆还积极开展"两学一做"学习教育。2016 年 4 月 22 日下午，东胜区图书馆党支部在新馆书库设立临时会议室，现场召开"两学一做"专题学习动员会。会上，党支部书记王芳传达了上级党委"两学一做"学习教育会议精神，部署了图书馆"两学一做"学习教育工作，并结合新馆筹备工作做进一步安排与部署。她强调，既要把党章、党纪、习总书记系列讲话精神读懂、读透、读通，切实掌握习总书记讲话精神的科学内涵和精髓要义，又要把学习、领悟到的讲话精神转化为促进图书馆事业发展和全心全意为读者服务的思路和举措，转化为提高工作效能的具体方法和实际行动。当下正是新馆启动的关键时期，一定要将"两学一做"学习教育与图书馆各项业务工作做到"两不误、两促进"，既要使学习教育取得实际成效，又要确保各项业务工作的稳步推进。图书馆每位职工都要立足本职岗位争做合格党员、合格馆员，为实现全民阅读提供坚强有力的保障。

随后，东胜区图书馆党支部多次在馆内组织开展"两学一做"专题学习教育活动。为将"两学一做"学习教育抓紧抓好、抓出实效，将《党章》与习近平总书记系列重要讲话精神真正学深悟透、融会贯通，东胜区图书馆党支部以"扎实深入'学'起来，迅速行动'做'起来，示范引领'带'起来"作为"两学一做"为口号，将"两学一做"学习教育融入党员教育管理，掀起新一轮学习高潮，通过学习努力打造一支理论素养高、业务能力强、精神面貌新的图书馆队伍。一是扎实深入"学"起来。以领导领学、集中讲学、全员自学等方式深入开展"两学一做"，制订学习计划，坚持每周集中学习，坚持撰写学习笔记，使党员干部保持常学常新，加深思想认识，加强党性修养。二是迅速行动"做"起来。开展"两学一做"学习教育以来，党员干部个个干劲十足，尽管新图书馆工作环境艰苦，任务繁重，但大家都能团结一致克服工作中的种种困难，加班加点也没有丝毫怨言，兢兢业业完成新图书馆建设中的各项工作。三是示范引领"带"起来。通过学习优秀共产党员的先进事迹，全体党员干部树立看齐意识，切实增强政治意识、大局意识、核心意识，充分发挥先进典型引领示范作用，争做"优秀共产党员"。

图 2 - 33　图书馆党支部开展"两学一做"第八次集中学习

东胜区图书馆紧紧围绕"两学一做"学习要求,制定了《2016 年东胜区图书馆学习计划》,规定学习主要内容,明确学习方式和学习要求。坚持集中学习和自主学习相结合,全年共开展集中学习 36 次,每位党员撰写学习笔记 36 篇、心得体会 32 篇。在党员中开展专题研讨会 3 次,并完成专题研讨会发言稿 3 篇。2016 年,东胜区图书馆党支部共有党员 33 人,其中正式党员 28 人,退休党员 2 人,派驻村干部党员 2 人,预备党员 1 人;重点培养对象 11 名;新入党申请人 1 名。2016 年,东胜区图书馆党支部充分发挥党员干部先锋模范作用和基层党组织的战斗堡垒作用,带领全馆职工奋力拼搏,出色地完成上级交办的各项任务,开创党建工作新局面,赢得了业务工作和党务工作双丰收,被鄂尔多斯市委组织部授予"先进基层党组织"荣誉称号。

通过多次组织干部开展"两学一做"学习教育活动,东胜区图书馆党支部在党员同志和积极分子们中掀起了带头学、带头做的热潮,率先垂范,带领全体干部开展志愿服务,将优质服务不断向基层延伸,着力推进全民阅读工作,为品质东胜建设努力。一方面"带头学",学理论,学业务;自己学,带大家学。图书馆的党员同志和积极分子们不仅自己认真学习党的理论、政策和业务知识,还将自己掌握的业务知识、技能教给基层文化干事,积极举办业务知识培训班,进一步提高基层文化干事的服务水平和能力,更好地为基层百姓提供均等的、便捷的文化惠民服务。另一方面"带头做",东胜区图书馆党支部带领全体干部开展"送环保、送服务、送知识"三送活动。深入泊尔江海子镇什家梁村开展义务植树,一锹一锹挖下的近 2000 个树坑,植下的近 2000 棵小树,美化了这个村庄,净化了这里的空气,造福于民;深入泊尔江海子镇㴪家村、油坊壕村和 109 公路两侧开展环境卫生整治活动,帮助农户清理"五堆",为农户清扫院落,清理村户周边的白色垃圾等,为广大群众营造干净、整洁、优美、文明的生活生产环境,为美丽乡村建设贡献力量;开展流动文化下基层服务,启动汽车图书馆,利用一周的时间先后到罕台镇、泊尔江海子镇、铜川镇的共7个村开展现场办理读者证,现场借阅图书,送书、送报刊等服务,努力营造书香村镇,倡导全民阅读。

2018年,东胜区图书馆党支部进一步强化学习教育,提高党员思想认识。主要举措有:以"学习十九大,做合格党员,建合格支部"为抓手,推进"两学一做"学习教育常态化制度化,在微信、微博公众平台开设"学'习'堂"专栏,带领读者共同学习党建知识,在每周二组织职工集中学习党和国家重要法规条例以及党中央、自治区、市委、区委系列重要文件精神;推出"共读一本书"精品活动,利用馆内数字资源学习《习近平谈治国理政》(第二卷)等精品书籍,职工按序诵读分享上传至图书馆学习交流群,并每日在微信公众平台推送,让职工在巩固学习内容的同时提高普通话水平,并将每本书充分研读学习之后再以读书会形式分享心得体会。此外,还在馆内举办党的十九大知识、"弘扬新时代 扬帆新征程"等展览,围绕习近平新时代中国特色社会主义思想及社会主义核心价值观等内容开展读者活动。

图书馆理事会建设

建立健全以理事会制度为核心的公共图书馆法人治理结构,是我国公共图书馆管理体制和运行机制改革的一个重要内容。2013年11月15日,《中共中央关于全面深化改革若干重大问题的决定》正式发布,其中提出要"明确不同文化事业单位功能定位,建立法人治理结构,完善绩效考核机制。推动公共图书馆、博物馆、文化馆、科技馆等组建理事会,吸纳有关方面代表、专业人士、各界群众参与管理"。由此,公共图书馆法人治理结构建设逐渐在全国各地广泛开展。法人治理改革工作为社会力量参与公共图书馆治理提供了路径,便于图书馆科学决策,真正实现了政府与图书馆"管办分离",图书馆管理的专业化和"去行政化",提高了公众对公共文化事业的参与度,也提升了图书馆自身的决策管理水平和运行效率。随着改革试点经验的成熟,法人治理结构改革也在鄂尔多斯市各旗区图书馆稳步推进。

2016年11月11日,鄂尔多斯市东胜区文化体育旅游局发布《东胜区图书馆、文化馆法人治理结构工作实施方案》,要求建立健全图书馆组织框架,建立起科学的理事会管理制度,并充分发挥其职能,使之规范运行。随后,东胜区图书馆理事会正式成立,选举产生了13名理事会成员。

东胜区图书馆理事会作为决策机构和监督机构,向举办单位东胜区文化体育旅游局报告工作。理事会每届任期3年,理事每届任期与理事会每届任期相同。理事会的职权包括:提出和审议东胜区图书馆章程及章程修改意见;审定东胜区图书馆各项规章管理制度;审议东胜区图书馆发展战略和发展规划;审定东胜区图书馆年度工作计划和重大业务活动计划;审议东胜区图书馆财务预算和决算;拟定东胜区图书馆内设或分支机构设置方案;提名馆长、副馆长人选;提名副理事长人选;监督管理层执行理事会决议;审议管理层年度工作报告,评估法定代表人和管理层的年度工作,组织对图书馆的绩效评估工作;促进图书馆与政府、社会公众等的沟通;理事会届满前三个月内负责组建下届理事会,并报举办单位审核同意;决定其他重大事项。理事会由 13 名理事组成,分别为:政府方代表 4 名,社会团体代表 1 名,图书馆界专家代表 2 名,东胜区图书馆代表 3 名,社会方代表 3 名。理事会设理事长 1 人,副理事长 1 人。理事长由举办单位任免;副理事长由理事会提名,报举办单位批准。东胜区图书馆馆长为当然理事。东胜区图书馆管理层由馆长、副馆长、党支部书记组成,是理事会的执行机构。管理层向理事会负责,实行馆长负责制。

东胜区图书馆第一届理事会成员包括:

理事长:乔礼(鄂尔多斯市图书馆馆长)

副理事长:袁成(东胜区文化体育旅游局文化发展办副主任)

执行理事:王芳(东胜区图书馆馆长)

秘书长:杭霞(东胜区图书馆副馆长)

成员:郝凤玲(东胜区人事局副局长)

张波涛(东胜区财政局副局长)

贺睿韫(东胜区机构编制委员会办公室副局长)

韩鹏(东胜区文学艺术界联合会主席)

刘亚涛(鄂托克旗图书馆馆长)

郝文祥(东胜区图书馆副馆长)

郭芳(读者代表)

韩世飞(读者代表)

李鸿安(读者代表)

第一届理事会成立后,东胜区图书馆认真落实理事会制度,凡重要议事必召开理事会议,研究和讨论集体通过,促进民主决策、科学管理制度的建设和发展,为增强图书馆凝聚力,提高图书馆服务质量,构建和谐开放包容图书馆发挥积极作用。2017 年 4 月 10 日,东胜区图书馆第一届理事会第一次会议召开,会上讨论了理事会章程,并由王芳馆长汇报东胜区图书馆情况,理事会成员对图书馆"三重一大"项目展开讨论。东胜区图书馆第一届理事会第二次会议于 2017 年 5 月 26 日召开,会上讨论并通过了《东胜区图书馆"十三五"规划》《东胜区图书馆章程》等重要文件,不断深化图书馆管理体制及运行机制改革,推进法人治理工作。由此进一步深化了东胜区图书馆实行多年的图书馆人管理、社会人共同参与的办馆思路。

在理事会第二次会议上,东胜区图书馆党支部书记、馆长、理事会执行理事王芳向理事会汇报了《东胜区图书馆"十三五"规划》《东胜区图书馆章程》、近期工作进展、近期重大事件和各项制度。理事们在认真听取后进行了深入探讨,审议并表决通过《东胜区图书馆"十三五"规划》《东胜区图书馆章程》。来自不同行业的理事们从经费投入、馆舍建设、新媒体服务、阅读推广等方面畅所欲言,为图书馆业务建设和未来发展建言献策,提出恳切意见和宝贵建议。

图 2-34　第一届理事会第二次会议

会议最后,理事长乔礼做总结发言,梳理了理事意见,并安排了下一阶段具体工作。同时强调,东胜区图书馆作为事业单位法人治理结构改革试点单位,既是荣誉更是责任,应在明确理事承担宏观决策责任前提下探索理事会高效运行模式,有序推进,切忌急躁。他也希望理事切实负责,齐心协力为东胜区图书馆长远发展做实事,更好地发挥图书馆社会职能,不断为市民提供优质高效文化服务。

根据图书馆章程及服务发展趋势,东胜区图书馆审时度势,逐步完善管理制度,凝练服务章程。修订完善《图书馆职工目标责任考核办法》《图书馆职工绩效考核办法》《图书馆职工岗位目标责任考核办法》等制度。同时将各项制度汇编成册,明确各个岗位职责,目标任务清晰。健全的工作制度,促进了图书馆管理向科学化、制度化、精细化方面发展,形成了高效有力的管理格局。主要表现在:图书馆确立了以人为本的管理理念,形成"每月有工作计划、每月有工作总结"的管理机制;馆领导班子成员分工明确,各司其职;制定了科学、全面的考核办法;图书馆组织机构健全,内部实行分级管理和目标责任制,管理层次清晰,职责明确。

志愿者服务队伍

为弥补服务高峰期馆内人手不足问题,也为了扩大图书馆的社会影响,东胜区图书馆于2013年正式成立志愿者服务队,现已成为图书馆发展中一支不可缺少的社会力量。至2017年,东胜区图书馆志愿者服务队共接收社会各界志愿者300多人,他们有来自企事业单位的员工,也有在校学生,年龄从10岁到50岁不等。他们利用节假日志愿来到图书馆为广大读者服务。

每年东胜区图书馆都向社会公开招募志愿者。最初,图书馆在暑假期间招募"小小图书管理员",培养了一批小志愿者。随后,志愿者招募也向成人开放。有意成为志愿者的人士可在东胜区图书馆一楼总服务台报名,或通过东胜区图书馆微信公众号报名。根据报名人数,东胜区图书馆按照每期15—20人安排相关培训和上岗服务。志愿者在正式上岗服务前,都必须参加由东胜区图书馆组织的培训考核,培训内容包括图书馆基本情况、服务规则、志愿者工作程序、工作内容和服务要求等,图书馆讲解员还会带领志愿者参观图书馆各个区域并演练工作流程。考核分为两方面,即培训表现,以及试卷测评结果。考核合格后,志愿者由图书馆工作人员统一安排服务项目。上岗服务期间,志愿者应保证可以连续服务,每天服务时间不少于2小时,总服务时间不少于30小时。志愿者服务达到标准后可以获得图书馆颁发的志愿者证书一份,如志愿者为在校学生,图书馆可为其提供社会实践证明。

图 2 – 35 图书馆志愿者参加培训

东胜区图书馆招募志愿者的基本条件:①年满10周岁的公民,不分性别、民族、职业、身份、信仰;②热爱公益文化事业,具有服务他人、服务社会的意识,乐于通过志愿服务切实使公众和社会受益,有较好的道德修养、奉献意识和社会责任感;③自觉遵守法律、法规和各项规章制度,具有较强的志愿服务精神和服务意愿,富有责任感,团结协作意识,具备基本的身体素质、技能素质、不计报酬的社会各界人士;④自觉维护图书馆和志愿者的形象,自觉维护服务对象的合法权益,自觉抵制任何以志愿者身份从事赢利活动或其他违背社会公德的行为。

志愿者的服务内容主要包括:①在总服务台协助进行读者服务咨询、读者证办理、广播通知、读者意见登记;②在图书馆各服务区(共享大厅;中文、蒙文、外文图书区;青少年图书区;报纸期刊区;地方文献、工具书区;公共电子阅览室、共享工程、音乐视听、多媒体体验区)协助开展阅览室日常管理,图书报刊整理,读者借阅引导,少儿阅览体验馆;③对破损图书进行整理及修补;④参与组织、策划各项读书活动。

图 2-36　向优秀志愿者颁发证书

2016 年,东胜区图书馆根据区文明办要求,建立了"东胜区图书馆志愿服务队",其中注册"网络文明"志愿者 7 人、"志愿内蒙古"志愿者 24 人,并积极按照上级文件要求开展志愿服务活动围绕图书馆业务工作,将志愿服务工作细划为业务辅导、关爱特殊群体阅读、"家门口阅读"服务及帮扶助困等 14 个方向,通过形式多样的文化志愿服务活动全国建设"书香东胜",营造全民阅读氛围,在创新服务方式、传播文化志愿服务理念、丰富市民精神文化生活等方面发挥积极作用,其中志愿者在东胜区图书馆新馆开放前后的表现尤为突出,得到《鄂尔多斯晚报》《东胜报》等媒体多次报道。

为迎接新馆开放,东胜区图书馆地下书库共有 60 多万册图书需要分类上架,工作人员需要从密集书库里拆包挑选适合上架的图书,到分类、整理、打包、运到采编室,经过盖馆藏章、贴条码、录入数目信息等十道工序的加工,严格按照《中国图书馆分类法》进行分类,再运到图书区域上架。这是一项非常细致和庞大的工程,庞大的工作量和紧张的工期给图书馆工作人员带来了很大压力,而志愿者参与服务为东胜区图书馆如期顺利开馆提供了有效保障。从 6 月 14 日东胜区图书馆发出志愿者招募倡议后,不断有志愿者加入,仅一周左右的时间里,自发组织前来东胜区图书馆做志愿服务的市民就累计超过了 200 多人次。这些志愿者有来自徒步协会的成员,有附近小学的师生及家长,有来自东胜区装备制造基地管委会、爱丽雅家政公司等十多家单位的热心市民,还有来自东胜区委宣传部、东胜区城市管理局、东胜区科协、东胜区文联以及东胜区文化体育旅游局等机关单位的领导干部,如 6 月 16 日东胜区政协副主席刘兰香与东胜区政协副主席武飞雄亲自带领政协领导干部及蓝天社会帮扶中心 20 余名志愿者加入图书馆志愿服务的行列。他们和图书馆工作人员一起忙碌着,共同打包图书,搬运图书,或将成堆的图书进行分类并整齐地摆放到书架上。除此之外,还有社会各界通过其他方式提供的帮助,如东胜区鑫虹凯商贸有限责任公司为工作人员资助了价值近 2000 元的矿泉水。

图 2 - 37 铁西新馆开馆前紧张忙碌的志愿者

新馆开放后,东胜区图书馆进一步弘扬"奉献、有爱、互助、进步"的志愿者精神,在 2016 年 7 月 4 日面向社会各界发出招募志愿者的倡议,受到广泛关注,随后组织开展了多期志愿者服务活动。其中,第一期"图书管理员志愿者"于 7 月 7 日成立;7 月 11 日,对志愿者进行专业知识与技能培训;7 月 12 日完成培训考核;7 月 13 ∃,通过考核的首批志愿者正式上岗服务;7 月 27 日,第一期志愿者活动顺利结束。2018 年,东胜区图书馆发挥志愿者服务示范站点作用,开展"让阅读点亮人生"讲座进军营、清洁24小时街区自助图书馆等志愿服务活动共计20余项,共有近万人次受益;同时,招募暑期志愿者33名,进行引导读者借阅、查询、整理图书等日常工作,积极发扬志愿服务精神,暑期志愿者累计服务时长达1237.5小时。

图2-38　小小志愿者帮助读者检索图书

五、馆舍建设

　　馆舍作为图书馆开展业务工作、提供服务的场所,具有重要的、不可替代的空间价值。以藏为主的传统图书馆时期,馆舍建设更重视文献资源储藏空间,主要目标是收集保存更多文献。而发展到现在,图书馆更强调对资源的利用,这里的资源既包括一般意义上的文献资源,也包括图书馆的空间资源,即图书馆作为场所的利用价值。读者不仅仅可以在图书馆借书、看书、查找资料,也可以把图书馆作为学习空间、社交场所,参加在图书馆举办的各种活动,充分利用图书馆的空间。因而,图书馆在馆舍建设中更加注重布局设计,将馆内空间划分为不同功能分区,为广大读者提供更加多元、更加舒适便利的环境。

历年馆舍建设

　　东胜市少年儿童图书馆在1987年成立之初,馆址设在原东胜市文化馆儿童阅览室处,馆舍面积为222平方米,设有书库、借阅室、阅览室、采编室共4个科室,馆藏资源2000册。

　　1994年6月份,图书馆在上级有关部门的支持和帮助下,投资27万元购买了在人民影院旧址上新盖的文化大楼二楼,10月份交付使用,东胜市少年儿童图书馆主体迁入,使图书馆馆舍总面积达到 583 平方米。馆内藏书 7431 册,设有办公室、财务室、借阅室、阅览室、文明市民学校五个科室。

1997 年到 1999 年 10 月,图书馆又先后投资 7.2 万元购买了老干部活动中心和科技情报站(二、三楼),对馆舍进行扩建,新增馆舍面积 387 平方米。完成扩建后,新旧楼连接为一体,图书馆馆舍总面积达到 970 平方米。2000 年 5 月,东胜市政府总体规划进行拆迁,将图书馆的儿童阅览楼连同文化馆楼一起拆除,图书馆馆舍面积由此减少到 270 平方米。

2001 年 2 月,因撤盟改市、撤市设区,东胜市少年儿童图书馆更名为东胜区少年儿童图书馆。同年 10 月,图书馆迁新址,搬入鄂尔多斯广场旁的科技少年宫大楼 4 层(宝日陶亥东街 10 号),馆舍总面积达到 1120 平方米。2004 年,经申请,科技少年宫大楼 7 层的 3 个房间作为图书馆机房及公共电子阅览室使用,馆舍总面积由此增至 1446 平方米。

2012 年 5 月,东胜区图书馆正式成立,保留原东胜区少年儿童图书馆的牌子,馆址不变,仍在科技少年宫大楼。

为迎接鄂尔多斯市创建国家公共文化服务体系示范区的验收检查及东胜区图书馆在第五次公共图书馆评估定级工作中申报国家县级一级图书馆的评估定级,在各级领导的大力支持下,2013 年 4 月至 7 月,东胜区图书馆进行了场馆改扩建及智能化系统升级。7 月 8 日,图书馆场馆改扩建及智能化系统升级正式完工,面向读者开放。改扩建后,图书馆馆舍面积增至 2520 平方米,服务窗口由原有的 4 个增至 10 个,增设了成人借阅室、盲人借阅室、地方文献室、培训室、馆外流通室等;开通了百兆宽带网络,并实现了无线网络全覆盖;安装了自助借还机、自助办证机、自助查询机等智能化设备。较改扩建前,图书馆的流通人次、册次均有大幅提高,平均每天流通 230 余人次、510 册次,是改扩建前的 2 倍。图书馆每周免费开放时间由 56 小时延长至 84 小时,在短时间内完成由对少儿读者服务向少儿和成人读者共同服务的过渡。此外,图书馆还采购 4 台 24 小时街区自助图书馆,分别安装在图书馆楼下、联邦大厦门前、华莹小区(林荫广场西南角)、铁西公园北门,由东胜区图书馆网络信息中心负责日常监管与维护,并设专人每日为 24 小时自助图书馆补充图书。

2016 年 6 月 30 日,东胜区图书馆铁西新馆正式开放运行,新馆位于东胜区永昌路 6 号,面积 3.3 万平方米。而位于科技少年宫大楼的老馆舍仍保留开放,设为东胜区图书馆青少年宫分馆。由此,东胜区图书馆馆舍总面积达 35 520 平方米。

铁西新馆建设

1. 项目背景与项目规划

进入21世纪以来,鄂尔多斯市经济社会取得长足发展。2008年,鄂尔多斯经济总量跃过1600亿元大关,全市实现地区生产总值大1603.0亿元,按可比价计算,同比增长22.9%;按常住人口计算,全年人均生产总值102 128元,按可比价计算,同比增长19.9%。全市地方财政总收入继续实现高增长,完成265.0亿元,同比增长50.8%;全年地方财政支出168.4亿元,同比增长42.5%。人民生活水平显著提高,城镇居民人均消费支出不断增加,文化需求日益增长。因而,随着城市经济的快速发展,鄂尔多斯对文化的重视也日益加强,提出"鄂尔多斯不仅要挖煤,而且要'挖'文化",着力创建文化大市,打造文化品牌,建设文化景观,提升文化品位,发展文化旅游。东胜区作为鄂尔多斯的城市核心区,其经济发展水平多年来一直位居自治区前列,尤其在"十五"以来,东胜区利用资源优势和区位优势,充分构筑绒纺、煤炭、建材、林沙为主的工业体系,呈现出经济建设持续发展、社会事业整体推进、结构调整更加合理、城市功能日趋完善、生态建设成效显著、人与自然和谐相处的可持续发展态势。在2008年国家统计局公布的全国县域排名中,东胜区综合排名由2005年的第56位上升至第25位,成为自治区连续两年唯一入围全国县域百强的旗区。而当时,作为全市文化阵地重要成员的东胜区图书馆馆舍陈旧,且空间有限,藏书较少,无法满足人民群众日益高涨的文化需求。面对这一发展形势,东胜区图书馆改造升级被提上东胜区文化局的议事日程。

2009年4月,经报东胜区发展和改革局同意,东胜区文化局着力开展东胜区图书馆项目前期工作。2009年5月,鄂尔多斯市基本建设咨询公司受托完成《东胜区图书馆可行性研究报告》(简称《报告》),对在鄂尔多斯市东胜铁西二期开发区建设东胜区图书馆项目的必要性和可行性做出调研分析,指出:建设东胜区图书馆项目是完善城市功能的需要,是适应人民生活的需要,是建设城市核心区的需要,是解决就业的需要,是保存人类文化遗产的需要,是开发信息资源的需要。《报告》不仅对鄂尔多斯市和东胜区经济社会发展现状、人民生活水平发展状况、城市发展状况、城乡居民的文化消费需求进行了分析,还编制了项目建设方案、配套工程建设方案、项目实施计划等。《报告》指出,项目建成后将进一步改善东胜区文化基础设施条件,充分发挥图书馆在活跃群众文化生活方面的阵地作用,切实丰富人民群众的精神文化生活;通过对图书馆开发,可在完善城市基础设施、推动市场开发、拓展流通渠道、扩大对外交流、顺行外商投资、启动大市场、创造就业机会、促进旅游发展、改善市民生活质量等方面起到不可估量的作用,同时也将推动非公有制经济和第三产业的发展,使东胜区经济结构更加合理。

按照项目实施计划,东胜区图书馆项目设期为2年,项目分为三个阶段:前期准备阶段、项目实施阶段、项目完成阶段。前期准备阶段时长2个月,包括项目建议书、可行性研究、可研批准立项。项目实施阶段指的是从委托设计开始,到建筑施工安装的这一过程,具体来说可分为勘察设计、招投标阶段和施工期。在资金到位后委托勘察设计单位进行工程的勘察和设计,设计分为初步设计和施工图设计,施工图设计的同时进行设备订购,总进度为3个月。各招投标项目招投标阶段在施工前期和施工过程中进行,进度为2个月。施工期包括土建施工和安装以及辅助工程,总进度为16个月。施工期在施工图设计进行中开始,由设计单位提供部分先期可进行的施工图纸,而水、暖、电等配套工程安装及装修装饰工程可依土建施工进度进行安排,室外基础工程可提前安装。最后项目完成阶段即竣工验收,预计1个月完成。

2009年5月9日,位于鄂尔多斯市东胜铁西二期开发区的东胜区图书馆新馆建设项目获批立项。

2. 项目实施

东胜区图书馆新馆建设工程总投资近 .4亿元,由鄂尔多斯市东胜区政府投资,由北京中景恒基工程管理有限公司监理,由鄂尔多斯市东胜区建设工程质量监督站质监,由湖南德成建设工程有限公司总承包,由中国建筑设计研究院设计。

新馆项目位于鄂尔多斯市东胜铁西二期开发区,东临西贸路,南临鄂托克西街。根据规划,东胜区图书馆新馆建筑面积约为33 000平方米。建筑设计使用年限为50年,建筑总高度达23.2米,南北走向约220米,东西走向约150米,共五层,包括地下一层,地上四层。东胜区图书馆新馆以鄂尔多斯市市花"马兰花"为创意原型,主体建筑由三个"花瓣"组成。建筑层高从左到右分别为3层、5层、2层。一层约4000平方米,设业务功能区包括低幼阅览区、儿童借阅区、盲人借阅区;二层面积约9000平方米,设业务功能区包括中文借阅区、展览空间、报告厅;三层面积约6500平方米,设业务功能区包括报刊阅览区、工具书阅览区、外文借阅区、蒙文借阅区、展览空间;四层面积约1500平方米,设业务功能区包括精品视听区;五层面积约1200平方米,设业务功能区包括地方文献阅览区、古籍阅览区;另设展厅,约7000平方米,全力打造藏、借、阅、观、展、娱一体,现代化、数字化、全开放式图书馆。

鄂尔多斯地区有着优美的自然环境,沃野千里,大河环绕,水草丰美,气候湿润,资源富集,是人类生存的理想家园。东胜区图书馆新馆的建筑设计延续了鄂尔多斯地区的风情地貌,以蓝天、白云、羊群、草原为设计线,形成了草原上的图书馆这一设计理念。

图 2 - 39　新馆设计效果图

　　按照规划设计,东胜区图书馆铁西新馆的主要功能用房包括密集书库、儿童阅览室、电子阅览室、报告厅、图书馆大厅、开放式展厅、采编、编目、报纸期刊阅览区、科技阅览区、外文阅览区、社会科学阅览区、工具书阅览区、视听开架阅览区、规划模型、贵宾接待室等。新馆的室内设计亦以草原、羊群、白云为灵感来源,延续自然地貌与建筑语言而进行空间导引与区域划分,并展现了开放式图书馆的设计原则:平面布局灵活自由;公共区与阅读区有机排布,相互影响;垂直交通与公共服务区明确有序,便于识别。阅读区域与书架区完全开敞,形成一体。

图 2 - 40　图书馆大厅设计效果图

图 2 - 41　阅览室设计效果图

图 2 - 42　儿童阅览室设计效果图

图 2 - 43　报告厅设计效果图

图 2-44　新书展示区家具设计效果图

图 2-45　中文阅览区家具设计效果图

图 2 - 46 古籍阅览区家具设计效果图

2009 年 7 月,施工单位湖南德成建设工程有限公司的《鄂尔多斯市东胜区图书馆工程施工组织设计》和《鄂尔多斯市东胜区图书馆节能施工方案》通过审批。2009 年 9 月,东胜区图书馆工程开工建设。

2010 年 6 月,东胜区图书馆项目获得《建设用地批准书》和《建设工程施工许可证》。6 月 26 日,东胜区图书馆铁西新馆工程开始施工。

2011 年 3 月,湖南德成建设工程有限公司的《鄂尔多斯市东胜区图书馆工程亚麻地板施工方案》获批通过。

因建筑规模较大,且工程立面造型独特复杂,要求高,难度大,施工单位决定将工程分为四个阶段,具体为一"花瓣"、二"花瓣"、三"花瓣"及报告厅。为实现各个目标,施工期采取四级计划进行工程进度的安排和控制,主要包括:每日下午 4 点召开各分包的日计划检查和计划安排协调会,以解决当天计划落实过程中存在的矛盾问题并安排第二天的计划和所调整的计划,从而保证周计划的完成;每周与工程相关各方召开工作例会;通过周计划的完成保证月计划的完成;通过月计划的控制保证整体进度计划的实现。

2011 年 8 月 7 日,东胜区图书馆铁西新馆正式竣工。新馆建成后由东胜区政府投资工程基本建设办公室移交鄂尔多斯市东胜城市建设开发投资集团有限责任公司,2012 年 8 月完工验收。同时期,新馆楼内装修、家具招标、软件升级等工作也陆续开展。2011 年 8 月 11 日,申请了 ILAS Ⅲ大型版系统软件和网络信息监理的自行采购;2011 年 10 月 28 日,进行了书架、家具、办公桌椅、阅览桌的招标工作;2011 年 11 月 22 日,进行了图书馆智能化管理系统和云计算图书馆网络技术整合的招标工作。

2013 年,鄂尔多斯市国家公共文化服务体系示范区创建工作进入验收阶段,而且又逢全国县级以上公共图书馆第五次评估定级工作开展。如将东胜区图书馆整体搬迁至铁西新馆,时间紧迫,难以按期完成任务,可能影响到示范区创建验收工作和公共图书馆评估定级工作。东胜区政府研究决定,拟将东胜区图书馆变更迁至大盟凯德文化产业广场大楼,将铁西新馆大楼另作他用。但因大盟凯德文化产业广场大楼是以商场建筑标准建设,与图书馆建设标准相差甚远,且周边环境不利于读者阅读和研究,经东胜区图书馆多次申请,最终将位于科技少年宫大楼的图书馆馆舍进行改扩建。

2014年9月,东胜区图书馆铁西新馆启动工作开展,成立了东胜区图书馆启动运营筹备工作领导小组,与鄂尔多斯市东胜城市建设开发投资集团有限责任公司、东胜区政府投资工程基本建设办公室、国有资产监督管理委员会、档案局、机关事务管理局等部门协调移接交工作及后续完善工作。2014年9月底,深圳市明喆物业管理有限公司鄂尔多斯市分公司正式入驻东胜区图书馆铁西新馆,负责图书馆整体物业管理。2015年1月,东胜区图书馆开始对新馆进行功能区设计及内装修设备、家具等招投标工作。2015年12月9日,东胜区图书馆铁西新馆家具设备招标的书架阅览桌椅项确定中标供应商。

新馆开放与利用

2016年4月,东胜区图书馆铁西新馆筹备启动。4月14日,图书馆为此专门成立新馆搬迁领导小组,下设临时办公室,成立工作协调组、图书挑选组、过刊资料装订组、采编工作组、下乡辅导组、图书搬运组及宣传报道组。

东胜区图书馆的65位在岗人员在新馆筹备启动的3个月内,除4位处于产假期间,剩余61位同志每日坚守岗位,加班加点毫无怨言,除病假外无1人因私事请假。为充实馆藏资源,全馆人员通过加班加点在阴冷的密集书库挑选图书27万册、打包5431包,并将打包图书搬运至相应书架。仅有的6位男职工承担了大量的搬运工作,每一个人都出现了或重或轻的腰疼的症状;女职工们则扛起了其余的挑选、加工、上架等工作,部分女职工在阴冷的书库里连续工作60多天,每天穿戴着厚重的衣物一干就是6个小时,恰巧处于孕期的女职工们为不耽误工作,尽可能地将产检安排在节假日,坚持在岗做着自己力所能及的工作,与其他职工一起吃工作餐,一起加班加点。

为确保新馆启动运行,东胜区图书馆通过公开招投标共完成网络设备、报告厅灯光音响、触摸屏读报刊一体机、智能饮水系统、书架阅览桌椅、服务家具、图书资源、图书馆业务软件等11个项目的采购,采购经费总计2561万元。在新馆启动前期,东胜区图书馆抓紧对接广告策划公司,结合局领导外出考察成果及图书馆实际,如期完成了馆内标识标牌及各功能区域规章制度的制作。

在硬件设施方面，为确保新馆如期启动，东胜区图书馆与机关事务局、明喆物业等相关部门协调解决了大楼亟须解决的的部分问题：对消防系统、监控系统、空调制热系统、强弱电系统、排水系统等进行了调试、维修；为少儿阅读体验馆、共享工程电子阅览区及24小时自助图书馆增加灯管、灯带及 LED 灯，极大地改善了阅读的光照条件；为办公区域新增"饮水间"；为办公区域加装100片暖气片；按照城市精细化治理标准，在门口铺设430块盲道，直接将视障人士引导至盲人阅览区。

在软件服务方面，东胜区图书馆以新馆启动为契机，在馆内全智能化服务的基础上，实现"身份证一卡通"服务，新增200元押金读者类型，提供图书到期短信提醒，与鄂尔多斯图书馆、伊金霍洛旗图书馆实现三地图书通借通还，推出"你阅读 我买单"读者荐购服务，推出手机 APP 下载，引进FAQ 智能业务问答机器人及优弟幼教智能机器人，打造24小时永不打烊自助图书馆，开通图书馆微服务大厅便捷服务，同时实现 WiFi 馆内全覆盖等一系列形式新颖、内容丰富的创新惠民服务，得到社会一致认可。

志愿者队伍是新馆启动中的一抹亮色，因新馆启动时间短、任务重、难度大，东胜区图书馆在公众平台发布志愿者召集令后，各大公众平台纷纷转载为图书馆募集志愿者。开馆期间，共有来自徒步协会、爱丽雅家政公司等区政协组织志愿者30余名、文化系统工作人员30名、装备制造基地志愿者21人、区直单位志愿者18人以及20余名自发组织的志愿者，共计120余名志愿者在图书馆里挥洒汗水、建言献策。

东胜区图书馆铁西新馆启动时，分为图书馆公共服务区和产业化运作区，公共服务区包括 A 座和 B 座，分为儿童阅览区、青少年阅览区、成人阅览区等22个功能区。儿童阅览区、24小时自助图书馆和图书城于2016年4月29日开放试运行，启动了主题为"东胜，因热爱读书而受人尊重"2016大型图书节系列活动。新馆儿童阅览区为读者提供了最新绘本图书1万册，并配备了少儿多媒体学习机2台、"城堡"型玩具展示架2座。24小时自助图书馆则是内蒙古自治区旗县级首家引进的全智能图书馆，试运行期间上架图书12 000册，并可与24小时街区自助图书馆以及图书馆资源可以通借通还。至5月12日，儿童阅览区接待读者4000名，图书城实现古玩、字画、邮品、3D 打印、音像制品、咖啡甜品等22家企业和商户入驻。

2016年6月30日，东胜区图书馆（铁西新馆）举办开馆仪式，A 座及B 座的22大功能区域正式开放。鄂尔多斯市委常委、东胜区委书记于新芳，东胜区人大常委会主任郝军海，东胜区政协主席伊平出席开馆仪式，并与内蒙古自治区、鄂尔多斯市相关部门负责人一起按下启动球。东胜区委常委、宣传部部长贺海云致辞，副区长聂永胜主持仪式。来自东胜区各中小学、企事业单位及市民共1万多人参加了当天的开馆仪式。

图 2 - 47　铁西新馆大楼俯拍图

　　8 月 8 日,位于 C 座的图书城全面启动,作为创新服务的亮点,图书城与图书馆实行产业与事业相结合的运行模式,引进各类商家,聚合书业、文化、休闲、培训等经营业态,形成"以馆带城　以城促馆"的良好运作模式。

　　为提升图书馆服务能力和读者阅读体验,东胜区图书馆于 2017 年将 C 座图书城更改为展厅,用于开展全民阅读活动及展览等,将 B 座 4 楼的青少年阅读体验中心改建为地方文献、工具书、蒙文阅览区;于 2018 年对馆内功能区布局做了进一步规划完善,新打造了书法馆、摄影馆、创客体验区等区域,并对位于总馆的 24 小时自助图书馆进行全新改址升级,还对古籍阅览室进行了改造。

图 2 - 48　位于新馆 A 座一层的少儿阅读体验馆

图 2 - 49　位于新馆 A 座二层的中文图书区

图 2-50 位于新馆 A 座三层的报纸期刊阅览区　　　图 2-51 位于新馆 A 座三层的创客体验区

图 2-52 位于新馆 A 座三层的公共电子阅览区　　　图 2-53 位于新馆 A 座三层的音乐视听区

图 2-54 位于新馆 B 座的休闲阅览区　　　图 2-55 位于新馆 B 座二层的新书展示区

图 2 - 56　位于新馆 B 座一层共享大厅的总服务台

图 2 - 57　位于新馆 B 座二层的数字检索区

图 2 - 58　位于新馆 B 座三层的中文图书区

图 2 - 59　位于新馆 B 座四层的地方文献阅览区

图 2 - 60　位于新馆 B 座四层的蒙文阅览区

图 2-61 位于新馆 B 座五层的企业家书架 　　图 2-62 位于新馆 C 座一层的多功能展厅

六、技术建设

　　作为一个实践性很强的领域,图书馆的发展一直与各种新技术的应用密切相关。在进入信息时代后,计算机和互联网技术更是推动现代图书馆发生了巨大的变化,其中尤以数字图书馆为甚。数字图书馆是图书馆现代化发展的一个重要成果,体现为以计算机和通信网络技术为核心的多种现代化技术在图书馆领域的综合利用。

　　东胜区图书馆在数字图书馆建设方面的探索始于 2007 年,采购了 ILAS(图书馆自动化集成系统)小型版图书管理软件,建立起书目数据库,成功实现文献资源自动化管理。随着数字图书馆技术不断发展,新的功能也逐渐增加,如自助办证、借还、查询、网上咨询等,读者只需将借还的图书放在自助借还设备上,在屏幕上进行简单操作便可完成借还书等操作流程。这些新型功能让读者更加方便地使用图书馆资源,提高借还书效率,并可节约大量的人力资源。于是,在 2012 年,图书馆购入 Interlib 区域图书馆集群自动化管理系统,替换此前使用的 ILAS,并通过 Interlib 系统及相关配套智能化设备实现了自助办证、自助查询、自助借还等自助式服务。此后,图书馆根据外部发展环境变化和自身发展条件不断引入新技术新设备,坚持推进数字图书馆建设。

　　目前,东胜区图书馆已经全面完成自助化系统的建立,图书馆工作发生了深刻变化。它大大减少了传统图书馆工作中繁杂而又重复性强的手工劳动,提高了各种文献的加工处理和检索速度,并使图书馆提供的服务更加高效、方便和灵活多样,达到了一个前所未有的新水平。它还大大地加强了图书馆统计工作,能及时提供各种精确、详尽的统计数据,便于对图书馆工作的决策和研究。图书馆自助化网络系统的建立和发展,还有助于开展联合编目、馆际互借、馆际采购协调等,真正实现了资源共享,也更加方便了读者,同时使图书馆工作的标准化和规范化达到了新的水平。总之,东胜区图书馆自助化系统的应用和发展使图书馆工作发生了质的飞跃。

从现有成果来看,东胜区图书馆的数字图书馆建设可分为三个方面,分别是:业务自动化系统建设、办公自动化建设和数据库建设。

业务自动化系统建设

截至 2018 年底,东胜区图书馆共购买了 15 种业务软件,并已全部实现无缝对接。

1. 图书馆集群管理系统

东胜区图书馆采用的图书馆集群管理系统实现了文献资源采访、编目、流通、文献资源管理、合理分配等一整套流程,实现了文献资源的有效共享,同时可提供全文传递、个人图书馆等特色服务。

图 2 - 63　Interlib 图书馆集群管理系统

2. 图书馆 + 微服务模式

东胜区图书馆微服务大厅可将图书馆各种应用服务一键调用到微信前端,让用户能够更加方便、快捷地使用图书馆各种服务功能。

图 2 - 64　微信服务界面

3.短信平台服务

读者会在借阅的图书到期前收到东胜区图书馆的短信提醒。短信提醒,可促进读者按时归还图书,保证图书的流通。同时,读者也可通过短信简单便捷地完成书刊续借手续。此外,读者报名参加东胜区图书馆的某一活动后,在活动开始前也会收到相关短信提醒,这样可以方便读者更合理地安排自己的行程。

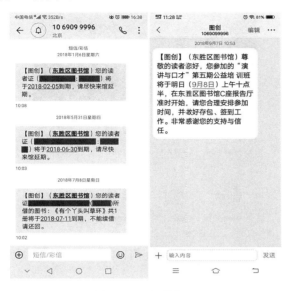

图 2-65　短信提醒

4.电话语音服务平台

东胜区图书馆电话语音服务平台包含自助语音服务和人工服务,可办理借阅查询、图书续借、读者证更改密码、读者证挂失等服务。

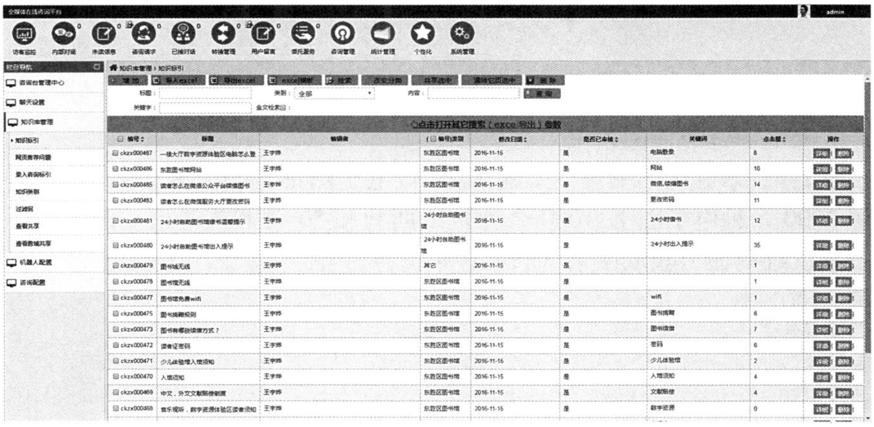

图 2-66　电话语音服务平台

5. 掌上图书馆

东胜区图书馆的掌上图书馆,即手机 APP"书香东胜",可提供读者借阅查询、续借、图书荐购、活动报名、电子资源阅览等服务。

图 2-67　书香东胜

6. 电子资源借阅系统

目前,东胜区图书馆共采购了 19 台电子图书、期刊、音乐借阅机,内置 3000 余种电子图书、1000 余种报纸期刊和 50 余万首音乐。读者通过扫描二维码便可获取图书、期刊、音乐资源。

图 2 – 68　电子资源借阅机

7. 全媒体客服平台

　　东胜区图书馆采用的全媒体客服系统是提供咨询、知识库服务的交流平台,并具有交互功能,具体包含智能机器人自助问答、在线交互、专家问答、知识库管理维护、移动应用、资源调度与协作、统计分析和服务评价。

图 2 – 69　智能机器人自助咨询

8. 图书馆活动报名系统

东胜区图书馆所使用的活动报名系统可用于传播扩散图书馆的活动消息、管理图书馆的活动、统计评估图书馆的活动价值,并与积分平台对接,有利于提高读者参加活动赚取积分的积极性。

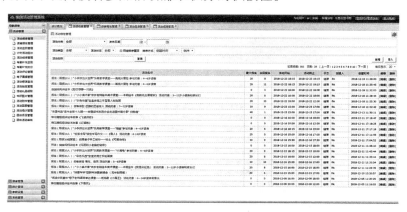

图 2－70　图书馆活动报名系统

9. 读者积分系统

东胜区图书馆的读者积分系统是以读者为中心、以支撑读者积分管理为目标而构建的管理系统平台。该系统的功能设计围绕着读者在图书馆借还书过程中产生的积分记录、读者参与活动产生的积分记录和在第三方平台产生的积分记录,归类后进行系统化管理。

读者积分兑换礼品

证号:15270119881125422X 姓名:张瑞 积分:102 头衔:未知

[个人信息] [退出系统]

兑换礼品 我的礼品 我的日志

我的积分日志

记录总数: 201 页数: 11 [1 2 3 4 5 6 7 8 9 10 | 下一页]

日志类型	发生馆	积分	产生时间	内容
活动积分	东胜区图书馆	-12	2019-02-23 23:10:00	活动名称:报名(限报20人)"元宵圆圆 爱团圆"妙趣手工主题活动 活动对象:5-12岁读者 10:00,考勤状态改变(未签到 -)未到)
活动积分	东胜区图书馆	2	2019-02-20 09:41:58	活动名称:报名(限报12人)丨"2019元宵节"乐高创意搭建赛 参赛对象:4-5周岁读者 09:30,活动得分:1,考勤得分:1,总分得:2
按时还书加分	东胜区图书馆	1	2019-02-19 17:25:01	按时还书加分,积分:1
按时还书加分	东胜区图书馆	1	2019-02-19 17:25:01	按时还书加分,积分:1
按时还书加分	东胜区图书馆	1	2019-02-19 17:25:00	按时还书加分,积分:1
按时还书加分	东胜区图书馆	1	2019-02-19 17:25:00	按时还书加分,积分:1
按时还书加分	东胜区图书馆	1	2019-02-19 17:04:50	按时还书加分,积分:1
按时还书加分	东胜区图书馆	1	2019-02-19 17:04:50	按时还书加分,积分:1
按时还书加分	东胜区图书馆	1	2019-02-19 17:04:50	按时还书加分,积分:1
按时还书加分	东胜区图书馆	1	2019-02-19 17:04:49	按时还书加分,积分:1
借书加分	东胜区图书馆	1	2019-02-19 17:04:41	借书加分,图书条码号:0100100062417,积分:1
借书加分	东胜区图书馆	1	2019-02-19 17:04:39	借书加分,图书条码号:0100100155014,积分:1
活动积分	东胜区图书馆	2	2019-02-17 18:26:27	活动名称:报名(限报20人)丨"彩色乐园"宝宝涂鸦之"春节的年夜饭"亲子黏土制作,活动得分:1,考勤得分:1,总分得:2
按时还书加分	东胜区图书馆	1	2019-01-31 16:06:21	按时还书加分,积分:1
按时还书加分	东胜区图书馆	1	2019-01-31 15:52:39	按时还书加分,积分:1
借书加分	东胜区图书馆	1	2019-01-31 15:51:39	借书加分,图书条码号:0100200046534,积分:1
按时还书加分	东胜区图书馆	1	2019-01-30 09:31:20	按时还书加分,积分:1
借书加分	东胜区图书馆	1	2019-01-30 09:31:12	借书加分,图书条码号:0100200094398,积分:1
续借加分	东胜区图书馆	1	2019-01-30 09:31:04	续借加分,积分:1
按时还书加分	东胜区图书馆	1	2019-01-10 09:35:53	按时还书加分,积分:1

合作伙伴 广州图创计算机软件开发有限公司 |

主办单位:鄂尔多斯东胜区图书馆　技术支持:广州图创计算机软件开发有限公司

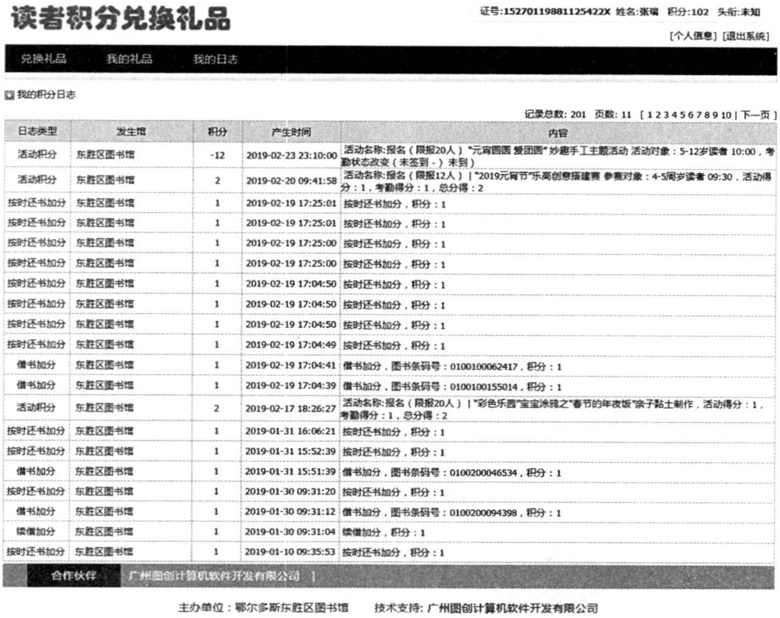

图 2－71　读者积分系统

10. 电子资源馆外访问系统

东胜区图书馆的电子资源馆外访问系统以建立数字图书馆门户为目标,并可实现电子资源远程访问和统一认证、电子资源整合、电子资源利用统计分析。通过统一认证系统,读者在网络中进行一次系统登录认证后可访问已授权的所有数字资源。

图 2-72 电子资源馆外访问系统

11. "你阅读 我买单"开放式采购系统

东胜区图书馆的"你阅读 我买单"开放式采购系统可让读者参与图书馆文献采访工作,并向图书馆推荐所需要的文献资源。读者参与荐购工作,可以充分发挥图书馆员与读者的智力优势,促进图书馆文献资源建设良性发展;可加强采访工作的针对性和实用性,有利于实现文献资源建设的完整性和专业性,提高文献资源的利用率。

图 2-73 "你阅读 我买单"荐购系统

12. 读者服务大数据分析系统

东胜区图书馆读者服务大数据分析系统建立在云计算应用的基础上,对海量结构化/非结构化数据整体利用,深度对业务数据进行各维度分析,联合其他平台数据对读者行为进行挖掘分析,进行读者聚类,自动定义标签,挖掘读者历史借阅数据,不但可以让图书馆管理人员更好地制定决策,也可让读者更有效率地享受图书馆的各项服务。

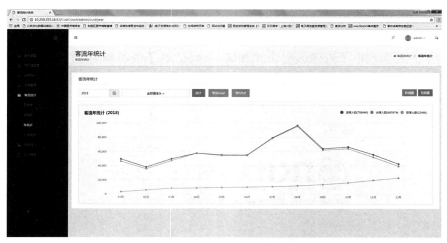

图 2-74 读者服务大数据分析系统

13. Wi-Fi 无线认证系统

东胜区图书馆无线认证系统以网络接入安全认证为基础,是集网络数据分析、读者行为管理、读者信息记录、网站信息公告为一体的面向读者而建的服务体系。读者可通过读者证登录,并进行网上阅读。

图 2-75 无线认证系统

14. 电子阅览室登记系统

图书馆电子阅览室使用电子阅览室登记系统,凡满 18 周岁的读者在本区域进行实名登记,即可免费上网、学习、浏览电子资源。

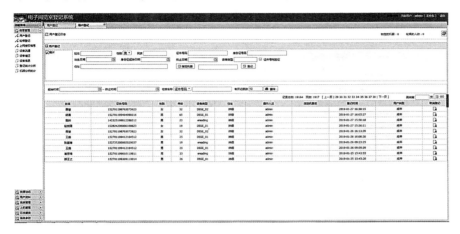

图 2-76　电子阅览室登记系统

15. 馆际互借系统

东胜区图书馆积极配合鄂尔多斯市图书馆推进全市公共图书馆总分馆建设,现已实现东胜区、康巴什区、伊金霍洛旗三地图书通借通还。

图 2-77　图书通借通还管理页面

办公自动化建设

1. 自动化办公系统

东胜区图书馆采用鄂尔多斯电子公文交换平台,实现信息共享与交换。平台将电子政务的交换共享等基本需求、安全机制、数据存储层与应用层的有效隔离功能等有机地结合在一起,使电子政务的应用与其底层的数据结构和存储方式无关。各应用系统与电子公文交换平台相连,通过电子公文交换平台来实现路由、数据交换和共享,为各业务系统的有效协同提供了支撑,同时又能保证各应用系统的相互独立性和低耦合性,从整体上提高了系统运作效率和安全性。

图 2-78　鄂尔多斯电子公文交换平台用户登录页面

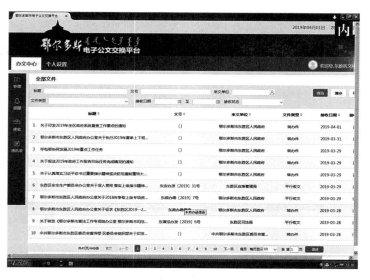

图 2-79　鄂尔多斯电子公文交换平台界面

2. 财务自动化办公系统

东胜区图书馆财务人员也使用东胜区财政局综合业务系统进行办

公,实现全方位、精细化管理,这样可以更安全科学地处理一切与财务有关的管理工作,达到业务流程一体化。

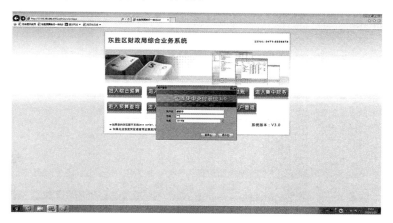

图2-80 东胜区财政局综合业务系统登录界面

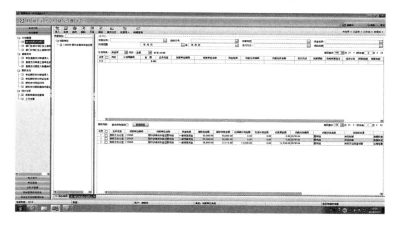

图2-81 财政业务信息处理平台系统界面

图2-82 预算单位财务服务平台登录界面

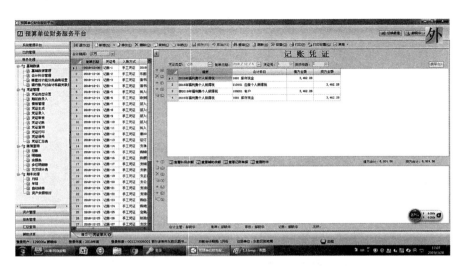

图 2-83　预算单位财务服务平台系统界面

数据库建设

1. 数字资源建设概况

截至 2018 年底,东胜区图书馆拥有中国党建期刊文献总库、中国知网、易趣、e 线图情、哲摄线等 39 个数字资源库,内含电子图书近 8 万册,电子期刊 1000 多种,音乐资源 50 万余首,视频资源 1000 多小时。数字资源总量累计已超过 25TB,其中自建数字资源总量达到 6TB。

2. 数字资源建设方式

图书馆数字资源建设的方式主要包括:缴送、购买、数字化、共建共享、网络资源采集、资源导航、自建数据库等,这些方式可以在数字资源建设中并存。东胜区图书馆对各种数字资源建设方式进行选择时主要考虑如下原则:

①有成熟市场机制的资源,主要通过购买方式,在获得资源的同时也获得相应的知识产权授权。

②在平等互惠的原则下,图书馆与图书馆之间,图书馆与有关机构之间,如档案馆、博物馆、文化馆等,进行数字资源的共建与共享,如资源交换。

③馆藏特色资源,主要通过数字化加工的方式获得相应的数字资源。主要是地方文献、地方志及音视频资料的数字化加工工作。

3. 数字资源共享

相比其他载体形式的资源,数字资源的最大优势便是可共享性。随着数字资源数量与类型的不断增加,东胜区图书馆将不断对这些数字资源进行整合,扩大其共享范围,为各类用户提供更有效的服务。

截至目前,东胜区图书馆相继推出了手机电子报服务系统、手持电子

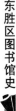

图书阅读系统、电子报纸触摸屏阅读系统,并推出微信、微博等移动终端设备的新服务,包括知识视界、乐儿图书馆、博看期刊、博看图书、博看报纸。例如,东胜区图书馆,提供手持电子书阅读器,读者可根据自己的阅读喜好,通过网络服务平台下载数字资源;将各媒体发布的电子报纸、电子期刊,采用触摸屏方式提供阅读服务;利用移动通信平台,将信息的传播与用户的选择结合起来,推出了个性化的移动数字图书馆服务平台,使移动终端用户成为图书馆的读者,随时获得东胜区图书馆的资源服务。

2016 年,东胜区图书馆与鄂尔多斯市地区图书馆、东胜区博物馆、东胜区文化馆实现了资源交换,信息共享。

七、服务创新

文献资源建设

文献资源建设是一个系统性活动,包括对馆藏文献资源的规划、收集、采访、编目、组织和管理等具体工作。馆藏文献资源是图书馆开展一切服务工作的基础和依据,而在馆藏文献资源建设中,采访和编目工作又是最基础、最重要的。在传统图书馆中,采编工作是图书馆的核心业务,多凭手工操作。而随着计算机技术和信息技术的发展,传统图书馆逐渐向现代图书馆发展,图书馆采编也逐渐走向自动化、网络化。编目人员使用的工具从纸质的目录卡片变成计算机图书编目管理系统,采编工作对象除传统的印本资源外,还新增了电子资源、网络信息资源等。我国图书馆事业发展相对欧美等发达国家来说稍显落后,但到了 20 世纪 90 年代后期,图书馆自动化管理系统也已开始被用于国内图书馆中。文献编目标准化是实现自动化的前提,图书馆业务自动化进程的到来,以及馆藏资源类型的不断丰富更使得采编工作的标准化、规范化日益重要。

为更好地开展图书馆服务工作,东胜区图书馆自成立以来,一直不断推进采编工作的规范化、标准化。当前,我国图书馆界普遍使用的《中国图书馆分类法》(简称《中图法》)第一版于 1975 年 10 月出版,原称《中国图书馆图书分类法》。《中图法》出版后又进行了多次修订,第二版于 1980 年 6 月出版;第三版于 1990 年 2 月出版;第四版于 1999 年 3 月出版,并正式改名为《中国图书馆分类法》;第五版于 2010 年 8 月出版,已广泛应用于当前国内图书馆界。此外,在《中图法》的基础上,我国还发布了其他的系列版本及工具书,如适用于藏书为 20 万册以下的中小型图书馆的《中国图书馆分类法·简本》(简称《中图法·简本》);适用于少年儿童图书馆(室)、中小学图书馆(室)、电化教育图书馆的《中国图书馆图书分类法(儿童图书馆·中小学图书馆版)》(简称《少图版》)。《中图法·

简本》是在《中图法》基础上缩编而成,一直与《中图法》同步修订,其第二版至第五版分别于 1980 年、1991 年、2000 年、2012 年出版。《少图版》是在《中图法》第三版和第四版草稿的基础上编制完成的,《少图版》第一版于 1991 年出版,第二版于 1998 年出版,第三版于 2004 年出版。东胜区图书馆在建立初期的文献编目工作中所使用的是《中图法》。1995 年 8 月 25 日至 9 月 4 日,当时的东胜市少年儿童图书馆将图书分类方法由《中图法》改为《少图版》,使馆内文献分类编目更符合少儿读者的检索习惯。

2007 年,东胜区少年儿童图书馆建立 ILAS(小型版)书目数据库,采用七位条码的加工方式完成图书回溯建库工作,业务工作开始由传统手工借阅模式逐步向自动化管理模式过渡。2007 年 3 月 10 日,东胜区少年儿童图书馆成为鄂尔多斯市旗县内第一家完成回溯建库工作的图书馆。2008 年,东胜区少年儿童图书馆被定为全国文化信息资源共享工程东胜区级支中心,借助文化资源共享工程平台优势,馆藏资源结构更加合理,类型更加丰富。由此,图书馆进一步加强了文献编目工作,在 2008 年顺利完成了 ILAS 数据库期刊录入工作。2011 年,图书馆对入库的 11 000 条书目记录进行认真修改完善,为进入新馆和 ILAS 数据软件的升级做了充分的准备。

图 2 - 84　东胜区少年儿童图书馆采编室

在馆藏建设中,为确保书目数据制作的标准化、规范化,东胜区图书馆一直严格按照《中文图书机读目录格式手册》《中国分类主题词表》《中图法(第五版)》等有关标准编制书目数据。同时,图书馆坚持把全馆的采编工作作为一项重要工作来做,并做到与时俱进,高度重视馆内人员的业务培训和知识更新,不断加强对采编人员编目规则和机读目录格式的培训。2009年4月,图书馆派出一名职工参加由内蒙古文化厅组织的为期3天的共享工程培训班;另外,还派出两名职工去鄂尔多斯市图书馆进行 ILAS 数据软件的深入学习,以增强职工专业技术水平;9月4日,馆内面向采编人员专门举办了一期"图书分类知识"培训班;11月9日,针对图书馆在全国县级以上公共图书馆第四次评估验收中存在的不足,东胜区少年儿童图书馆还特邀请鄂尔多斯市图书馆段丽敏老师做现场辅导。2012年3月17日至19日,东胜区少年儿童图书馆组织人员参加在鄂尔多斯市图书馆举办的图书馆业务知识培训,特邀请内蒙古自治区图书馆界资深专家、研究馆员常作然和内蒙古图书馆学会秘书长林盛担任主讲老师,深入讲解图书分类、主题词标引、机读目录著录等方面的专业知识。同年还组织馆内新入职的83名职工在鄂尔多斯市图书馆进行了30天的业务知识学习培训和实践操作,使相关人员对图书馆的业务流程有了更进一步的熟悉和掌握。

2012年,为了进一步提高图书馆工作效率和服务水平,加强图书馆网络化、信息化管理,图书馆决定将原先使用的 ILAS(小型版)图书管理软件升级为更为快捷、方便的 Interlib 图书馆集群自动化管理软件,以实现馆藏文献智能化管理。2012年2月27日,东胜区图书馆与广州图创计算机软件开发有限公司签署合同,购入 Interlib 区域图书馆集群自动化管理系统 V2.0,并于3月份开始使用该系统。软件升级后,图书馆对原有的4万册图书进行了新条码更换以及逐册图书的信息更新录入,在实践的过程中对所遇到的问题进行了及时的解决,使图书馆的馆藏资源建设水平又上了一个新的台阶。

Interlib 图书馆集群自动化管理系统中包含多个子系统,可实现图书馆的文献资源采访、编目、流通、文献资源管理、合理分配等一整套流程,十分有利于图书馆馆藏资源建设。换用 Interlib 图书馆集群管理系统后,2012年4月3日至18日,东胜区图书馆邀请了 Interlib 软件公司的工程师来馆进行为期半个月的软件学习培训。同时,遵循图书分类排架规则,对书库16 971种、58 946册图书进行全面到架、整架、剔旧,实现严密规范排架,从而更好地利用有限的馆舍,使文献资源得到最大化利用,使各服务工作更加贴近读者。同年7月3日,图书馆再次邀请 InterLib 软件公司的工程师到图书馆进行第二次培训。培训中,职工们结合实践操作中使用 InterLib 软件时遇到的问题,有针对性地请教工程师,与其共同讨论研究,最终将实际应用中遇到的所有问题予以解决。此后,图书馆多次组织人员进行学习培训,加强对 Interlib 图书馆集群管理系统的掌控。如2013年7月24日至26日,为巩固职工 Interlib 图书软件操作,图书馆再次邀请 Interlib 软件开发公司工程师来馆进行软件学习培训。此外,图书馆还多次组织人员赴其他图书馆实地考察,学习其先进经验。

为使采编工作更加规范,东胜区图书馆还根据本馆情况制定了相关制度。采编部门参照《中图法(第五版)》合理制定了东胜区图书馆图书分类细则与分类标准,参照《新版中国机读目录格式使用手册》制定了各文种的编目细则,包括如何对蒙文图书和非书资料进行编目。

在不断加强馆内编目工作规范化、标准化的同时,东胜区图书馆还将加强馆际书目数据资源共建共享列为图书馆文献编目工作中的一项重要内容。近年来,东胜区图书馆更是积极参与国家图书馆、陕西省图书馆、天津市图书馆、内蒙古图书馆、鄂尔多斯图书馆等多地的联合编目工作,并做了深入的探索。2013年,东胜区图书馆统一置换图书条码采用九位条码,与鄂尔多斯市图书馆进行联合编目;8月,采用鄂尔多斯市图书馆进行条码分区,统一使用十三位条码,并逐步替换原来的条码。2014年,东胜区图书馆与内蒙古图书馆签订联合编目工作协议,并在之后的几年陆续参加内蒙古图书馆的编目工作培训、联合编目研讨会。2016年4月26日,东胜区图书馆签署协议,正式加入全国图书馆联合编目中心,成为其成员馆,馆内编目数据成功对接全国图书馆联合编目中心数据平台,进一步实现编目数据标准化、规范化。此后,东胜区图书馆积极参与全国图书馆联合编目,从国家图书馆下载馆藏目录9989条。2017年,东胜区图书馆获得全国图书馆联合编目中心联合制作书目数据库的权限,并上传馆藏目录84 383条。

自助式服务

自助式服务是图书馆现代化发展中的一个重要表现。简单来说,自助式服务指的是读者借助图书馆的设备终端或网络平台实现自我服务的一种模式。自助式服务是对传统图书馆服务的一大突破,改变了图书馆服务统一由馆内工作人员提供的传统做法,读者可以根据自身需求自行利用图书馆的各种资源,如图书借还、查询等。

目前,图书馆自助式服务主要包括两种模式,一种是借助各类实体的自助服务设备完成自助服务,如自助图书查询机、自助借还机、24小时自助图书馆等;另一种是通过虚拟网络平台实现各种自助服务,如图书馆网站、微信公众平台、APP等。从服务内容看,图书馆自助式服务主要应用于程序化且重复性较强的图书馆基础服务方面,如文献检索、文献借还、书刊复印、文献下载、网上预约、网上续借以及常见问题在线咨询等。这些服务实现自助式服务后,可以解放出更多人力,让馆员能够将服务重心转向为读者提供更高级、更具附加值的服务,从而推动图书馆服务创新、优化和转型。

图书馆自助式服务的兴起与互联网通信技术的发展密切相关,其中,无线射频识别(RFID)技术是图书馆实现自助式服务的一大核心技术。

作为一种无线通信技术,RFID 技术可以通过无线电讯号识别特定目标并读写相关数据,而无须识别系统与特定目标之间建立机械或者光学接触。国内图书馆最早应用 RFID 技术是在 2006 年,首批为厦门集美大学诚毅学院图书馆和深圳图书馆,随后,越来越多图书馆引进 RFID 技术。而现在,RFID 技术已广泛应用在图书馆的多个方面,包括读者自助借还图书,图书排架、整架工作,馆藏图书盘点工作以及防盗门禁系统等。

在此之前,图书馆主要是利用条码和磁条技术对馆藏图书进行借还记录,与之相比,RFID 技术更具有明显优势。条码和磁条技术需要工作人员打开图书找到条码后再进行扫描和消磁,无法同时对多本图书进行操作,而 RFID 技术可实现非接触式读取信息,并且可以同时对多本图书进行读取和识别,大大提高了工作效率,也给读者带来更多便利。另外,在防盗监控方面,RFID 技术的精确度和准确率也要远远高于传统的磁条防盗。总而言之,RFID 技术在图书馆的系统化运用,可推动图书馆的整个工作流程、服务模式和管理模式转型,使图书馆的自动化程度得到显著提升。

2013 年,以馆舍改扩建为契机,东胜区图书馆引入 RFID 技术,在自助式服务实践方面迈开了一大步。2013 年 7 月 8 日,图书馆场馆改扩建及智能化系统升级正式完工,面向读者开放,馆内 RFID 技术的引入实现了图书防盗检测,并安装了自助借还机、自助办证机、自助查询机等智能化设备。读者最常用的基本借阅服务均可实现全自助服务,使图书馆的管理和服务从自动化迈向智能化。2016 年,东胜区图书馆利用 RFID 技术实现智能图书导航。2017 年,东胜区图书馆通过大数据分析实现了图书馆流通能力动态分析。

馆外自助服务方面,东胜区图书馆在内蒙古自治区 108 个旗县级图书馆中率先引进城市街区 24 小时自助图书馆,采购了 4 台 24 小时街区自助图书馆。2013 年 7 月 18 日,东胜区图书馆楼下、联邦大厦门前的 2 台自助图书馆正式启动。8 月底,东胜区图书馆设在铁西公园北门、林荫广场西南角的两处自助图书馆开始运行。自助图书馆是集数字化、人性化、智能化为一体的新型图书馆发展模式,体现了完全意义的延伸服务——地点延伸、时间延伸、窗口服务延伸、资源延伸、网络延伸等。东胜区图书馆的自助图书馆采用 24 小时全开放、无工作人员的自助服务模式,市民可直接自主完成办证、借还书、续借、电子书下载、浏览等操作。这些分布城区各处的服务终端打破了传统图书馆在服务时间上的限制,为市民借阅提供 24 小时便捷服务,将公共图书馆的图书资源以更加无限制的方式送达读者,让市民享受便利的同时,对外展示城市阅读文化形象,有力提升城市品位。

而在虚拟平台的自助式服务方面,东胜区图书馆的起步还要更早——

些。2012 年 9 月 10 日，东胜区图书馆正式开通了门户网站。网站分为 8 大板块，32 个栏目，不仅涵盖了图书馆的各项工作内容，还内嵌了图书馆 Interlib 自动化管理软件的读者模块链接，开通了读者在线查询、续借、咨询、留言、微博互动等功能。2015 年，东胜区图书馆网站完成全面改版，新版网站以全新的面貌上线为读者服务。2017 年，东胜区图书馆网站增加了蒙文网页和外文网页，可满足不同访客需求。除自建网站外，东胜区图书馆还积极利用其他网络社交工具和平台与读者互动并提供自助服务。2013 年 6 月 8 日，东胜区图书馆正式开通微信公众平台。2014 年 8 月，东胜区图书馆对微信公众平台进行升级。全新的微信公众平台除了可以浏览图书馆定期发布的新闻动态和图书资源外，还新增了"借阅查询""资源推荐"及"服务公告"三个服务模块。读者只要轻松点击菜单就可获取内容，通过微信公众平台可进行书目检索、读者借阅信息、图书续借等借阅查询服务，还可随时随地轻松掌握新书通报、借阅排行榜的资源推荐信息，足不出户即可体验图书馆数字化阅读推广服务。

2016 年 6 月，东胜区图书馆搬入新馆，设立了馆内"24 小时自助图书馆"，并正式向社会开放。该 24 小时自助图书馆占地 200 平方米，能容纳 1 万多册图书、杂志，提供的馆藏资源种类丰富，包括中文普通图书、少儿图书、蒙文图书、中文期刊、电子资源等，是一个微缩的永不打烊的智能型综合图书馆，为读者提供自助借还书、自助申办新证、文献检索、自学等服务。为提升图书馆服务能力和读者阅读体验，东胜区图书馆在 2018 年对位于总馆的 24 小时自助图书馆进行全新改址升级。改址升级后的 24 小时自助图书馆占地 700 平方米，共设 202 个阅览座椅，有 2.4 万册图书可供借阅，8 月 1 日重新开放以来，深受读者热捧，成为读书人"永不打烊"的阅读根据地。至 2018 年底，此 24 小时自助图书馆共接待读者 14.5 万人次，是 2017 年同期接待人次的 4 倍。

近几年，东胜区图书馆一直大力推广自助服务，采购的多种自助设备陆续投入使用，读者凭身份证、自助借阅设备，即可自助进行借阅。随着全市图书馆"通借通还"工作的推进，越来越多的读者可以在自助设备上完成书籍的借、还、查询和续借等手续。这些自助设备便捷、快速、简易的借阅服务，深受广大读者欢迎。在 2018 年 4 月，图书馆还引入支付宝借阅，读者通过芝麻信用认证体系认证后即可免押金借阅图书。2018 年，东胜区图书馆共有 934 人通过支付宝申报新证，借还图书 4.3 万册。目前，东胜区图书馆有 5 种借阅方式可供读者选用：第一种是身份证借阅，即读者带身份证交押金便可借阅；第二种是支付宝借阅，读者不用交押金，只需支付宝的芝麻信用积分满 550 分即可借阅图书；第三种是微信扫码借阅，读者关注东胜区图书馆微信公众号后，进入扫码功能，根据提示即可借阅图书；第四种是刷脸借阅，读者进入微信服务大厅选择微信录脸功能,将人脸录入到人脸框内点拍照,确认上传后即可在自助借阅机上选择人脸识别借阅;第五种是彩云服务即"你阅读 我买单"图书借阅服务,读者可持有效读者证直接到新华书店借阅图书,这实现了图书的共采共建。

表2-3 东胜区图书馆自助设备统计表

设备名称	数量	服务项目	投入时间
24小时街区自助一体机	4台	通过RFID安全检测仪、自助设备,实现无人值守24小时街区自助办证、借还、查询等服务	2013年7月
自助办证机	4台	实现二代身份证防伪识读读者信息,通过集成收钞模块防伪收钞,通过系统接口与后台业务系统进行读者ID查重、读者信息创建、财经信息创建修改,通过集成发卡器读卡、发卡,通过集成微型热敏打印机打印用户单据	2016年6月
OPAC查询机	11台	支持图书馆系统文献联合查询,可根据题名、责任者、主题词、中图法分类号、索书号、丛书名、ISBN等关键词进行多级文献检索,支持书位查询、图书定位和智能路径提示	2016年6月
自助借还机	9台	可与图书馆后台管理系统实现无缝对接;配置读者证卡识别、查询、图书借阅、图书归还、异常操作提醒、凭条打印功能;可对粘贴有RFID标签的流通资料进行扫描、识别和借丢处理;系统具备定时开关机、开启服务与关闭服务的功能	2016年6月
24小时室外自助还书机及图书分拣系统(9分拣)	1台	满足图书馆因开闭馆时间限制而无法在指定时间内还书的设备,设备能对粘贴有RFID标签的流通资料进行读取、识别和归还处理,用于读者自助式流通资料的归还操作	2016年6月
24小时自助阅览室集成系统	1套	通过RFID安全检测仪、自助设备,实现无人值守24小时自助阅览室的方案 自助阅览室入口安装图书馆读卡器,读者需刷卡确认合法后方可进入自助阅览室 如果出现读者违规操作情况图书未借阅强行离开阅览室,门禁控制器将强制锁闭,同时通过声光报警通知管理人员	2016年6月

设备名称	数量	服务项目	投入时间
馆员工作站	15台	RFID馆员工作站是以PC机为基础,对RFID标签进行识别和流通状态处理,辅助以其他装置用于流通部门对粘贴有RFID标签及条形码的流通资料进行快速的借还操作,提高工作人员的流通资料借还工作效率	2016年6月
移动式清点设备	9套	移动式清点设备是一种用于图书馆在架FRID流通资料信息采集和数据统计的设备,系统自带RFID手持天线,可快速读取在架流通资料的RFID标签信息,通过设备配备的软件,实现图书馆在架流通资料的清点、信息采集、辅助上架功能	2017年6月
信用借还机	3台	可与图书馆后台管理系统实现无缝对接;配置读者证卡识别、查询、图书借阅、图书归还;可对粘贴有RFID标签的流通资料进行扫描、识别和借还处理;可实现支付宝借还、读者证借还、扫码借还、刷脸借还多种借还方式	2018年4月

阅读推广服务

《中华人民共和国公共图书馆法》明文规定:"公共图书馆是社会主义公共文化服务体系的重要组成部分,应当将推动、引导、服务全民阅读作为重要任务。"这为我国公共图书馆开展阅读推广服务提供了有力的法律保障。而实际上,我国图书馆阅读推广工作在这之前已得到迅速发展。

1995年11月15日,联合国教科文组织正式将每年的4月23日确立为"世界读书日"。这也成为全球各地图书馆及其他相关机构开展阅读推广服务的一个重要日期。我国在1997年1月,由中央宣传部、文化部、国家教委、国家科委、广播影视部、新闻出版社、全国总工会、共青团中央、全国妇联九个部委共同发出了《关于在全国组织实施"知识工程"的通知》,决定成立全国"知识工程"领导小组,并要求在全国范围内推广和组织实施"知识工程",鼓励人们多读书、读好书,让全社会每个人都能走进图书馆、利用图书馆,增强全社会的图书馆意识。由此,拉开了我国"全民阅读"的序幕,而我国图书馆阅读推广服务也自此开始兴起。2000年,全国"知识工程"领导小组将每年12月定为"全民读书月"。2004年,全国"知识工程"领导小组将每年的"全民阅读月"活动交由中国图书馆学会承办,并将活动时间调整为每年4月23日"世界读书日"前后。于是,我国全民阅读实现与国际接轨,图书馆阅读推广工作发展更为迅速。2006年,中国图书馆学会成立科普与阅读指导委员会,并于2009年改名为阅读推广委员会。该委员会负责在全国范围内规划、指导、协调、组织阅读推广及相关学术研究活动。有了中国图书馆学会阅读委员会的引领指导,我国图书馆的阅读推广工作开展得卓有成效,在图书馆业务体系中的重要性也日益突出,从原本比较边缘的工作发展成为图书馆必不可少的核心业务和核心活动①。

东胜区图书馆自建立以来,一直积极面向读者开展各种阅读推广活动。从 1987 年正式建立东胜市少年儿童图书馆,2001 年改称东胜区少年儿童图书馆,到 2012 年 5 月更名为东胜区图书馆之前,一直为少年儿童图书馆,主要面向少年儿童读者群体服务。在这一时期,一方面,图书馆利用节假日在馆内开展丰富多样的文娱比赛、游艺活动,开设不同培训班为读者提供读写能力的相关培训服务,举办展览。例如,图书馆每年都在春节、元宵节、六一儿童节、寒暑假举办公共文化活动,有书法绘画比赛、演讲比赛、歌舞比赛、有奖猜谜、游艺活动、书画培训班、电脑培训班、英语培训班、电子琴培训班等。另一方面,图书馆深入东胜区街头、公园、学校以及乡村举办图书信息咨询、图书馆服务宣传、科普知识和法律法规宣传、送书捐书等活动,并组织读者参与盟市、内蒙古自治区以及全国范围的各类文化活动。此外,图书馆还定期发布黑板报,进行"新书推荐",编印自办刊物《东胜少图简报》《知识小报》,吸引、鼓励更多人参与阅读和走进图书馆。

2012 年更名为东胜区图书馆后,图书馆的服务对象发生改变,从主要服务少年儿童群体到服务全体社会公众,这也让东胜区图书馆的阅读推广服务大为拓展。如上所述,阅读推广工作在整个图书馆行业的业务体系中的地位发生改变。在此发展形势下,东胜区图书馆对阅读推广的重要性也更加明确,坚持将阅读推广视为图书馆人义不容辞的使命和职责,认为馆员具有阅读服务者和推广人的双重身份,应尊重并支持每个社会成员终身阅读的梦想,并把影响和鼓励每个社会成员养成阅读习惯作为工作立足点。

东胜区图书馆一直在为促进阅读推广工作不断创造良好条件。馆内普通图书全部开架借阅,从 2007 年起实行免费开放,目前每周平均开馆时间 73.5 小时,开放时间为周一至周日 8:30—19:00,馆内 24 小时图书馆全天开放,节假日不休息。2016 年,东胜区图书馆与鄂尔多斯市图书馆和伊金霍洛旗图书馆实现一卡通通借通还,与内蒙古图书馆、榆林市星元图书馆等 21 家图书馆实现馆际互借与文献传递,并开展纸质图书、电子信息资源等的传递工作。2013 年至 2016 年,东胜区图书馆年平均到馆人次为585 449 人,年读者人均到馆量为 1.16 次;年平均文献外借量 63.66 万册次,

225

① 刘锦山. 吴晞:为阅读插上翅膀(图)[DB/OL]. [2018 - 08 - 30]. http://www.chinalibs.net/ArticleInfo.aspx? id =384706.

其中电子资源年外借量 17.85 万册次,年数字阅读量占比为 28.04%;分馆年外借量为 10.85 万册次,占总外借的 17.04%;馆外流动服务点年借阅量 15 846 册,包括汽车图书馆和 24 小时街区自助图书馆的外借。

2013 年以来,东胜区图书馆进一步确定了以活动引领阅读的发展理念,大力开展各种阅读推广活动,开创了"人人可参与、周周有精彩"的活动新局面,并逐步创建了书香特色活动品牌。2013 年至 2016 年间,东胜区图书馆利用馆内良好的条件,成功举办计算机培训、蒙古语培训、鄂尔多斯文化专题讲座等形式多样的培训、讲座 163 次,参与人数达 10 639 人次;举办年俗展、书法展、剪纸展等展览 50 次,参观人数达 48 560 人次;举办"幸福树"儿童系列、"大手牵小手・幸福一起走"亲子系列、"我们的节日"传统节日系列、"童心绽放 梦想飞扬"成长系列等丰富多彩的阅读推广活动 204 次,参与人数达 131 094 人次。而从 2016 年开始,以"东胜因热爱读书而受人尊重"为主题的全民阅读活动更是在全区蔚然成风。东胜区图书馆在全民阅读推广工作中积极发挥阵地作用,通过健全组织,逐层深入,逐步形成"政府推动、部门承办、全民参与、资源整合、上下联动"的全民阅读活动举办网络体系,极大地提高了群众的阅读兴趣与阅读积极性。据东胜区图书馆 2013 年至 2017 年的统计数据显示,东胜区图书馆每年开展活动约 80 场次,这些活动的参与总人数达 12 万人次,影响家庭 1 万多个。2018 年,东胜区图书馆共开展全民阅读活动 110 项 400 余场次,约 10 万人次参与受益。在大力开展阅读指导活动的同时,东胜区图书馆还通过设立专栏、设立新书推荐区、摆放宣传手册及设立导读岗等形式开展阅读指导工作,吸引更多的读者进行阅读,使图书馆的馆藏文献得到更有效的利用。

图 2-85　2018 年开展的"4・23"世界读书日主题活动

阅读推广要因人而异,根据不同年龄、职业、民族等开展个性化的阅读推广。作为民族地区图书馆,东胜区图书馆高度重视传承民族文化、增强民族认同、推动民族团结,馆内所有标识标牌均配有蒙古文,在正门醒目位置增设了蒙古文献的免费开放公示栏,并专门设有蒙文阅览区,至2018年底已藏有蒙文图书21 800册、报纸3种、期刊36种,工作人员均为蒙古族,还特别新增了蒙古文绘本图书50册,以填补蒙古文低幼文献缺口,有力地促进了少数民族地区全民阅读工作。东胜区图书馆每年针对不同读者群体开展不同类型的读书活动,包括:面向低幼儿童开展亲子活动,如亲子手工制作、读绘本·译故事亲子故事会;面向青少年开展朗读比赛、书法绘画比赛、"阳光网络　快乐驿站"青少年计算机培训;针对成年人读者开展知识竞赛、读书分享会、"习一技之长　得十分之趣"成年人免费计算机培训;针对老年人开展健康知识讲座、茶话会活动、"学无止境　快乐老年"老年人计算机培训,并为他们配备老花镜,提供人性化服务;为方便残障人士走进图书馆,东胜区图书馆专门配备了无障碍停车位、无障碍通道、盲道、残障人士阅览席、残障人洗手间等设施,馆藏中有专门为视障读者提供的盲文书籍、有声读物、网络信息等,于2011年建立了盲人借阅室,并根据弱势群体的信息需求不定期开展上门送书、送报、送信息的服务。同时,东胜区图书馆还将东胜区特殊教育学校定为长期定点服务单位,为其配置了图书,每年坚持走进学校开展形式多样的主题活动,为那里的学生带去盲文书籍、影像资料和生活用品。这项活动让更多的残障人士均等地享受到公共图书馆的各项服务,在阅读中获取信息,可以促进残障人士自身素质和生活技能提高,以及更好地融入社会。

图2-86　图书馆亲子活动

全民阅读推广的目标是培养国民阅读习惯,让阅读成为一种生活方式。在开展阅读推广工作中,东胜区图书馆特别重视活动的常态化。从2012年至2018年,东胜区图书馆已经成功开办了7期计算机培训,按照不同年龄段分别展开培训,惠及广大青少年、中老年人读者,其中,受益的中老年人读者达308人,他们经培训已基本掌握网页浏览、资源下载、网络聊天、数字资源查询等操作。东胜区图书馆组织人员利用中国传统节日"中秋节""重阳节"走进社会福利中心的活动也已连续开展5年,通过做游戏、表演节目等方式陪同老人共度佳节。东胜区图书馆还连续6年与特殊教育学校联合开展朗诵、手工制作、体验日等活动,为残障儿童送上盲文读物和有声电子书等资源,并联合社会资源,募集物资,这些学生送去社会的关爱与温暖,让他们享受到均等的阅读权利,为他们创造更多的学习机会。

2016年,东胜区图书馆铁西新馆开馆,馆内未成年人服务区域共2906平方米,设有青少年图书区、少儿阅读体验馆和电子阅览室,馆藏少儿图书有近4万册,少儿报刊3945册。有了更加宽敞的阅读空间和多元化的数字资源,东胜区图书馆发挥优势资源,开创了萌娃爱上图书馆、琪琪妈妈讲绘本、棉花糖姐姐讲故事、宝宝涂鸦等阅读推广品牌,并开展了一系列活动,取得了较大的社会反响。尤其在节假日,很多家长带领孩子来到图书馆,积极参与讲故事、做手工类的亲子活动。这些活动可以帮助家长更加科学地对待儿童早期教育,促进亲子关系的建立。面向成人的阅读推广服务也越来越丰富。从2016年12月开展第一期读书会活动以来,东胜区图书馆就坚持与利荣读书会、樊登读书会等机构长期合作开展读书会活动,希望以此让人们养成良好的阅读习惯,提升阅读品位,通过

图2-87 萌娃爱上图书馆

民间读书会的交流分享,每个人都能找到适合自己的阅读方法。该活动逐渐发展为每月举办一期,到2018年底已举办18期,初步形成"东图书韵"读书会的品牌效应,并辐射发展出一系列活动。例如,"东图书韵"声音书房"悦读越动听"朗诵系列活动,邀请专业老师对参加朗诵活动的选手进行指导,提供一个展现自我的舞台,进行朗诵展演活动,在2018年共举办8次;"东图书韵"心理健康沙龙,邀请心理咨询师帮助大家远离抑郁焦虑,了解自闭症等心理健康问题,在2018年共举办5期。

图2-88 棉花糖姐姐讲故事

图2-89 "东图书韵"读书会活动

此外,东胜区图书馆还大力创新阅读推广服务模式。树立阅创空间建设理念,在保留图书馆藏书功能的同时,引进如3D打印技术、互动拍照、海洋馆、电报机操作等科技融合型活动。同时,开创微信图书推荐专栏,建立微信共读群,邀请知名作家开展读书讲座,举办我身边的朗读达人评选、朗诵比赛、知识竞赛、评选阅读之星等一系列活动,将阅读和创新结合,力求常态活动有创新,创新活动有突破。

图2-90　东胜区图书馆组织的"诗意书香·全城亲子朗诵会"活动

2018年1月1日,《中华人民共和国公共图书馆法》正式实施。以此为契机,东胜区图书馆顺应现代图书馆资源和服务呈"融合趋势"的发展方向,着力探索建立"图书馆+"多联盟合作模式,如"图书馆+社会力量"分馆建设运行系统、"图书馆+公益国学组织"传统文化推广工程、"图书馆+科技"知识创新服务平台、"图书馆+企业"等项目工程,多点多面、协同合作、齐步推进,以推动实现社会力量与图书馆建设共赢局面。其中,"图书馆+公益国学组织"传统文化推广工程是图书馆发挥传承传统文化作用的重要载体之一,东胜区图书馆积极外联当地国学培训教育等社会公益机构——如与孔子学院建立合作,通过公益讲座、公益课堂的形式,在全社会范围内弘扬国学经典,传承中华优秀传统文化。"图书馆+企业"方面也已取得重要进展,2017年8月12日,东胜区图书馆企业家书架正式对外开放,这是内蒙古地区首个以企业命名的书架展区。该企业家书架位于东胜区图书馆B座五楼,书架总面积1100平方米,设有海元物产集团、鄂尔多斯集团等9家企业的书架展区,包括社科类、文学类等各类图书资源。企业家书架的设立旨在集聚展示鄂尔多斯本土优秀知名企业的经营理念和企业文化,引导企业在发展实体经济的同时,更加注重企业文化建设,积极参与全民阅读,努力创建书香企业,促进经济高质量发展。

图 2-91　图书馆组织开展鄂尔多斯孔子学院开笔礼活动

而"图书馆 + 科技"知识创新服务平台方面,东胜区图书馆正在积极打造鄂尔多斯市首家县级"公共图书馆 + 文化创客空间"项目。自 2014年 9 月国务院总理李克强公开发出"大众创业""万众创新"的号召后,我国掀起了一股创客空间建设热潮,多地图书馆也积极响应。经过数年发展,国内东、中部较发达地区的创客空间建设发展已取得较为显著的成绩,但西部地区仍处于初级萌芽阶段,尤其对于一个西部地区的县级图书馆来说。东胜区作为鄂尔多斯市经济、科技、文化、金融、交通和信息中心,创客产业起步较晚,创客公益资源和服务都极为匮乏。为弥补当地公益创客的缺口,东胜区图书馆于 2014 年引入"创客体验"概念,在成功举办一系列创客体验活动基础上,在馆内打造全新的创客空间功能区,以聚合优质资源建立科技交流、智慧创新服务平台,为大力推行以阅读文化为先导的特色服务创造良好环境。2017 年,东胜区图书馆投入 60 多万元经费购买创客器材,在 2018 年 3 月设立了创客体验区,邀请厂家对馆内创客老师进行专业培训,随后于 2018 年 4 月正式启动创客体验区并开展了丰富多样的活动。4 月 23 日世界读书日,东胜区图书馆举办大规模的创客体验活动,参与人数达到 200 人次;六一儿童节,东胜区图书馆创客体验区举办专门场次活动,参与人数达到 100 人次。东胜区图书馆遵循以文化为先导、以资源为依托、以科技为动力的原则,着力为创客们建立一个从作品到产品的生态圈,为创客们建立线上线下作品分享及交换平台。这一体验区采取以年龄分区设计,主要为创客提供场地、工具、技术资料及交流展示平台,包括创意制作、创意培训、创意体验、创意展览。此外,东胜区图书馆还结合自身的专业服务为创客提供阅读书目推荐、文献检索和传递、信息咨询、项目跟踪、专利查新等服务。同时,开展"企业沙龙""创客作品巡展"等活动,促进创客们分享作品、思想和创意,在自由碰撞交流中激发公众创造活力,促进创客资源整合,扩大创客影响力。东胜区图书馆建立这一创客体验区的另一重要使命还在于,基于现代科技促进技术传承和发扬地域文化,充实"图书馆+"弘扬传统文化的功能作用。东胜地区作为蒙元文化的传承地,拥有众多的蒙古历史文化遗产,东胜区图书馆计划通过创客空间建设鼓励和支持利用现代科技对地域文化的深度挖掘和传承,建立文化品牌的再造及文化产品的创意推广链。

东胜区图书馆在全民阅读推广中的广泛探索取得了显著成效,通过策划开展内容丰富、形式多样的阅读推广活动,产生了较大的社会影响力,已成为我国图书馆界推动全民阅读的典型代表,并受到高度肯定。2018年12月4日,中国图书馆学会公布2017年全民阅读工作有关名单,鄂尔多斯市东胜区图书馆被评为"2017年全民阅读优秀组织"。

参考咨询服务

图书馆提供参考咨询服务为时已久,随着时代发展,图书馆参考咨询服务的重要性正不断加强,其服务方式、服务内容、服务对象、服务观念方面也都产生了巨大改变,从为读者提供一般咨询服务发展到为各行业的用户和机构提供情报服务,从帮助读者利用馆藏发展到直接提供情报和指引情报源,从手工服务发展到计算机辅助参考服务[1]。

1. 一般参考咨询服务

通常来说,参考咨询服务指的是图书馆通过各种方式为读者搜集、存储、检索、揭示和传递文献信息的业务过程。最为常见的就是图书馆设立咨询处为读者解答问题,属于一般参考咨询服务,包括在馆内常设的咨询台,以及在馆外临时开展的咨询服务。例如,东胜区图书馆每逢"六一"都会在馆外举办庆祝儿童节图书咨询活动,开展送书进课堂活动,还经常到特殊学校、偏远农村开展图书咨询活动。

1990年,图书馆将学校少先队日活动转移到阅览室中,为少儿读者提供阅读辅导服务,引导学生多读书、读好书、学雷锋、学赖宁、办好事、见行动,有效提高了图书馆藏书的利用率,扩展了少儿读者的阅读范围。针对少儿读者求知欲较强、在选择书刊时针对性较强的特点,图书馆为提高

---

① 詹德优.关于新时期参考咨询服务的思考[J].图书馆杂志,2003,22(10):2-7.

参考咨询服务质量也采取了相应的对策。一是主动提供阅读指导,向少儿读者介绍各种书刊的内容提要,使其在自由选择读物时能对书刊的内容先有粗浅的了解;二是当少儿读者提出所需知识门类时,馆员有目的、有选择地推荐合适读物;三是将少儿读者日常借阅情况作为图书馆图书采购的重要依据,有针对性地采购更受少儿读者喜爱的图书。

2001 年,东胜区少年儿童图书馆迁新址后,为了吸引更多读者走进图书馆、利用图书馆,图书馆在书刊借阅室开展了科普知识展,共展科普新书 9500 册,吸引了近万名小读者进馆,并安排馆员向读者们介绍馆藏情况和如何利用图书馆阅览图书。图书馆还针对借阅需求强化服务功能,增设了服务窗口,开设百分之八十的儿童文学图书开架借阅室,向读者提供查询、课题咨询、电话预约、集体借阅、资料待查等服务。而近年来,东胜区图书馆的参考咨询服务也有了较大发展和创新。东胜区图书馆各对外部室均设有信息咨询服务台,负责日常读者咨询,有专职人员负责微信实时咨询回复。

2. 地方文献参考咨询服务

东胜区图书馆还面向读者提供地方文献特色服务。作为少数民族地区的图书馆,东胜区图书馆十分注重文献资源的独特性,先后成立地方文献区、蒙文图书区、古籍阅览区等特色文献区,挖掘利用馆藏地方文献资源,以建设蒙古语与汉语语系相结合的地方文献资源库为方向,着力征集具有时代性、参考性、价值性的地方文献,保护和传承地方文化资源。

东胜区图书馆地方文献室成立于 2013 年 5 月 7 日,配备了专职工作人员,其中的文献均是自采自加工,还制定了专门的地方文献加工编目细则。2016 年 6 月,搬入铁西新馆后,馆内为地方文献设置了专属展示和藏书区,文献载体包括图书、报刊、宣传册、音视频文献等,截至 2017 年 7 月,共有地方文献 10 172 册(件),其中完整家谱 1 部、地方志 9 种。在日常工作中,地方文献区职工一直积极收集文献资源并通过分析读者的需求为读者提供专向参考咨询服务。2018 年,地方文献区共收集文献 966 册,加工文献资源 821 册;共接待读者 290 人次,提供参考咨询服务 35 人次,提供参考文献 46 册。读者参考咨询的内容主要涉及鄂尔多斯市革命史料、鄂尔多斯市方言词典、东胜区教育、改革开放以来东胜城区变化、鄂尔多斯市民俗文化专家何知文的著作、建筑设计、汉语词典等方面。

东胜区图书馆还不断加大投入力度,开展地方文献数据库建设,于 2016 年 12 月采购了公共文化服务与地方特色展示平台(地方文献数据库),并陆续开通使用。

3. “两会”参考咨询服务

从 2016 年开始,在东胜区“两会”召开期间,东胜区图书馆特别走进“两会”现场,设立咨询服务点,以传统咨询手段和现代技术相结合的形式为参会人员提供全方位信息服务,受到东胜区人民政府的表彰通报。具体服务包括:馆藏文献咨询,信息检索,资料的传递、下载、复印和打印,"移动图书馆"的使用等。

2017年东胜区"两会"期间,东胜区图书馆在服务区设立2台电脑,与东胜区图书馆数字图书馆连接,由专业工作人员进行现场信息咨询服务;同时在馆内设专项服务组,由专人值守咨询电话和网络,确保第一时间解答代表们的咨询和提供咨询结果;并在会场设置了电子图书借阅机,内容涵盖"两会"专题、经济建设、文化教育、历史军事、政治法律、生活保健等社会热点,包括近6万册的电子图书,代表、委员只需用手机轻轻一扫,即可将图书"放进"移动终端,轻松体验数字化阅读;设置移动阅读平台——触摸屏读报刊一体机,供代表、委员在会议之余便捷阅览1000余种电子报纸、期刊,满足其随时随地获取文化信息的需求;开通现场办证服务,代表、委员携二代居民身份证就可在会场办理借阅证,真正享受"零距离"贴心服务;图书馆还与新华书店合作,精心挑选300余册契合热点的图书供代表、委员现场借阅,使其充分体验"你阅读 我买单"带来的业态服务新模式。此外,东胜区图书馆还精心编制了《两会专题资料汇编》。这一汇编资料紧跟当前国民经济和社会发展的热点、焦点问题,以及鄂尔多斯市、东胜区的发展重点,由图书馆工作人员多方收集、精心遴选出"大政方针""政策解读""大数据统计""两学一做"等专题内容,为"两会"代表及委员提供了科学、深入的专题信息服务,成为"两会"期间借阅率最高的图书。

据东胜区图书馆统计,2017年东胜区"两会"期间,共有200余人次前来使用触摸屏报刊阅览系统,接待咨询120余人次,发放各类参考资料40余份,借还图书近40册次,"你阅读 我买单"荐购图书20余册,办理借阅证10余张。东胜区图书馆优质、全面、快捷的信息服务再次赢得领导及代表委员的欢迎和好评。

此外,东胜区图书馆还开展了政府公开信息服务。将信息发布平台打造成政府与民众密切联系的桥梁和纽带,整合地方政务信息,及时通畅地为民众送政策、送文化、送科技信息,在践行政务信息传播职能中扩充自身发展空间,增强图书馆吸引力与社会影响度。

八、体系建设

为切实延伸图书馆服务,深入推动全民阅读,解决基层公共文化资源匮乏导致的公共文化服务不均等、效率低的问题,东胜区图书馆于2011年开始正式探索实施图书馆总分馆制建设,着力构建布局合理、发展均衡、覆盖面广、全面开放的图书馆总分馆体系,促进城乡公共文化服务标准化、均等化。经过 7 年时间的探索与实施,东胜区图书馆现已建成三地五级总分馆体系建设,即构建东胜、康巴什、伊金霍洛旗三地通借通还服务圈及市图书馆、区图书馆、镇(街道)分馆、村(社区)分馆、文化户五级网络化全覆盖的总分馆建设。

对总分馆制建设的探索实践

总分馆制是我国公共图书馆事业管理体制改革方面的一个重要探索。公共图书馆面向社会全体公众开放,应向所有人提供平等的服务。但单体图书馆服务半径有限,图书馆之间的联合与合作已是必然发展趋势。从管理层面来看,我国公共图书馆一直以来实行的是分级财政基础上的多层管理体制和多元建设主体,长期以来形成了"一级政府建设并管理一个图书馆"的基本格局①。这一格局为图书馆之间的共建共享造成诸多不便,为打破这一藩篱,我国图书馆界借鉴欧美等国普遍采取的总分馆制进行管理体制改革。通常来说,图书馆总分馆体系指的是由同一个建设主体资助、同一个主管机构管理的图书馆群,其中一个图书馆处于核心地位作为总馆,其他图书馆处于从属地位作为分馆,分馆接受总馆管理②。

我国图书馆界对于总分馆制的探索是在 2000 年开始的,上海、北京、佛山、深圳率先展开探索实践,苏州、嘉兴、杭州、广州、东莞等地积极跟进,所得成果斐然,形成多个各具特色的公共图书馆服务体系建设模式。在此基础上,中国图书馆学会组织了一系列理论研讨和经验交流活动,推动总分馆制建设的理念普及和实践进展。2006 年 9 月 13 日,我国首个专门部署文化建设的中长期规划发布,即中共中央办公厅、国务院办公厅印发的《国家"十一五"时期文化发展规划纲要》,明确提出在"县(市)图书馆逐步实行分馆制,丰富藏书量,形成统一采购、统一编目的图书配送体系,充分发挥县图书馆对乡镇、村图书室的辐射作用,促进县、乡图书文献共享"。总分馆制由此上升为国家级的图书馆发展战略。随后,我国又陆续发布了《公共图书馆建设用地指标》(建标〔2008〕74 号)、《公共图书馆建设标准》(建标 108—2008)、《公共图书馆服务规范》(GB/T 28220—2011)等标准,从多个方面对总分馆制建设进行规范,使总分馆制成为我国公共图书馆建设和服务的一大标配。2011 年初,文化部、财政部联合启动了"国家公共文化服务体系示范区(项目)创建工作",计划每两年进

---

① 金武刚,李国新. 中国公共图书馆总分馆制建设:起源、现状与未来趋势[J]. 图书馆杂志,2014,33(5):4–15.

② 邱冠华,于良芝,许晓霞. 覆盖全社会的公共图书馆服务体系:模式、技术支撑与方案[M]. 北京:北京图书馆出版社,2008:8.

行一次示范区(项目)申报、创建、验收工作,用 6 年时间在全国东、中、西部创建示范区 90 个左右,示范项目 180 个左右,覆盖全国近三分之一的市(区)县。而总分馆制建设被纳入示范区创建标准之一,在全国得到广泛实践,公共图书馆总分馆制建设进入快速发展期。

2011 年开始,东胜区图书馆大力实施图书馆总分馆服务体系建设。但在此之前,为有效延伸图书馆服务范围,东胜区图书馆已展开了一些积极而有效的探索,主要表现在图书流动服务网点、文化共享工程基层服务点、草原书屋等的建设上。自建馆以来,东胜区图书馆与其服务区域内的多家学校、机构进行合作,建立了多个图书流动服务网点,作为图书馆馆外基层服务点,并为每个服务点配备图书。东胜区图书馆最早成立于1987 年,第二年,即 1988 年,图书馆在东胜市第一小学、东胜市第五小学、塔拉壕村民办小学建立了 3 个图书流动点,给每个流动点配备图书150 册。到了 2009 年,图书馆已设立馆外基层服务点 25 个。

文化共享工程基层服务点建设方面。文化共享工程基层服务点主要是开展数字资源的推广与共享。2003 年 9 月,内蒙古自治区全面启动文化共享工程。同年,东胜区图书馆即建立了西部第一家专门针对少年儿童开放的电子阅览室。2005 年 2 月 22 日,图书馆建立了"文化信息资源共享工程"东胜区支中心并免费向广大读者开放,随后一直积极利用文化共享工程的丰富资源为广大读者服务。2009 年,文化共享工程东胜区支中心被列入内蒙古自治区文化厅 54 个旗县级支中心试点建设单位之一,完成设备更新,基本满足了东胜区支中心的硬件设施建设需求。同年,东胜区文化局投资 80 余万元,在东胜区的镇、街道办事处打造"文化信息资源共享工程基层服务点",并为每个文化共享工程基层服务点统一悬挂牌匾,配发投影仪、电脑等设备,建立管理制度,实行统一管理模式。2009年在巴音门克街道、河额伦街道、天骄街道、交通街道、富兴街道成立 5 个文化共享工程基层服务点,2011 年又在建设街道、林荫街道、幸福街道、铜川镇、罕台镇、泊尔江海子镇新成立 6 个。其中,泊尔江海子镇文化共享工程基层服务点成为内蒙古自治区文化厅建设的基层服务点示范点。

草原书屋建设方面。2007 年 3 月 6 日,新闻出版总署、中央文明办、国家发展和改革委员会、科技部、民政部、财政部、农业部、国家人口和计划生育委员会联合发布《"农家书屋"工程实施意见》,计划"十一五"期间在全国建立 20 万家"农家书屋",并要求各地有关部门密切配合,加强领导,把"农家书屋"工程同当地经济社会发展和新农村建设紧密结合,加大投入力度,引导和动员社会力量参与"农家书屋"建设,确保"农家书屋"工程取得实效。"农家书屋"是为满足农民文化需要,在行政村建立的、农民自己管理的、能提供农民实用的书报刊和音像电子产品阅读视听条件的公益性文化服务设施,也是我国公共文化服务体系建设中的重要

236

一部分。在内蒙古,"农家书屋"工程被称为"草原书屋"工程。2009年,内蒙古自治区在重点实施的"十项民生工程"中提出了建设农家书屋工程,在全区拟建草原书屋1500个,后因资金未到位此项目延期至2010年实施。2011年7月27日,《内蒙古自治区人民政府办公厅关于做好全区"草原书屋"工程建设工作的通知》发布,指出,"草原书屋"工程是党中央、国务院确定实施的一项公共文化惠民工程和民生工程。自治区党委、政府高度重视"草原书屋"工程建设,在2011年政府工作报告中明确将其列入"全区五大文化体系工程"之一。全区计划在2011年完成4480家"草原书屋"建设任务,使"草原书屋"工程覆盖全区85%的嘎查村,并实现蒙文书屋全覆盖的目标。东胜区从2009年开始试点"草原书屋"建设,至2010年,已建成26家草原书屋,图书馆经常组织人员为东胜区的草原书屋配送图书、整理图书,为丰富广大农牧民的精神文化生活、推动东胜区公共文化服务体系建设发挥了重要作用。

此外,还有万村书库建设。1993年12月,我国成立文化扶贫委员会,开展文化扶贫工作,送文化下乡。1994年10月,文化扶贫委员会、新闻出版署、共青团中央、四川省委宣传部、农民日报等共同发起"万村书库"工程,为全国2万个村各建一个图书室,向每个图书室无偿赠书100种。至2007年,东胜区共建立4个万村书库。

2010年,东胜区图书馆开始试行总分馆模式,在东胜区滨河小学、东胜区培正中学、东胜区第四小学以及团结社区挂牌新设了4个分馆,原有的基层服务点继续保持运行。

2011年5月,鄂尔多斯市成为首批创建国家公共文化服务体系示范区城市,至2013年11月通过评审验收。这一时期是东胜区图书馆总分馆服务体系建设的快速发展阶段。2011年,东胜区图书馆正式提出"总分馆"建设方案并大力实施,至2011年底,东胜区图书馆共设有分馆6个。2012年,东胜区图书馆分馆增至11个。2013年,东胜区图书馆分馆增至12个。

东胜区图书馆总分馆服务体系除作为总馆的东胜区图书馆以及各分馆外,还涵盖了各基层服务点(文化户)、机关图书流动点、24小时自动图书馆、汽车图书馆等。东胜区地广人稀,居民居住较为分散,为尽量扩展总分馆服务体系的覆盖面,东胜区图书馆在总分馆制建设方面做出创新探索,建立起形式灵活多样的馆外基层服务点。

2012年2月3日,文化部、财政部以文社文发〔2012〕5号印发《"公共电子阅览室建设计划"实施方案》。该计划以未成年人、老年人、进城务工人员等群体为重点服务对象,依托文化共享工程的服务网络、文化共享工程及国家图书馆的数字资源,与文化共享工程建设、乡镇文化站建设、街道(社区)文化中心(文化活动室)建设以及中央文明办组织实施的

"绿色电脑进西部"工程相结合,在城乡基层大力推进公共电子阅览室建设,努力构建内容安全、服务规范、环境良好、覆盖广泛的公益性互联网服务体系。东胜区在 2012 年也积极开展了公共电子阅览室建设,至 2013年,已建成 58 个公共电子阅览室。2012 年,东胜区图书馆还从最贴近农民群众的地方着手,以农村社会的最基本单元"户"为基点,选代表、建阵地、搞活动、做示范,以点带面推进农村文化阵地建设,新建立了 9 个基层服务点(文化户)。这些文化户均悬挂"东胜区图书馆服务点"的统一牌匾。东胜区图书馆分别为每户配送图书 300 册、杂志 7 种、报纸 5 种。2012 年 10 月,为提高公共文化服务水平和服务能力,鄂尔多斯市政府统一为市内公共文化服务机构配送一批文化设备。东胜区图书馆将分配到的汽车打造为流动汽车图书馆,并利用该汽车图书馆走进各镇、街道、社区,开展移动阅读、移动办证、移动借还、消夏电影展播等服务。该汽车图书馆以中型客车为载体,配备开放式书架、活动式阅览桌椅等一整套自动化管理服务系统,造型美观、设备先进、功能齐全,可实现图书通借通还。2012 年,东胜区的 11 个文化信息资源共享工程基层服务点也进行了全面建设及改善,各服务点的人员、硬件设施、场所面积等方面均得到进一步完善。

2013 年,东胜区图书馆选取东胜区委宣传部、大型活动办公室、东胜区档案局、东胜区卫生局及东胜消防二中队 5 处新建了 5 个机关图书流动点,平均配送图书 500 册;采购了 4 台 24 小时街区自助图书馆,分布在科技少年宫大楼楼下、联邦大厦门前、铁西公园北门和林荫广场西南角;还设立了 11 个"文化局社区阅读角",由图书馆负责统一管理、指导、督促、落实,为各社区阅读角订购 5 种报纸、20 种期刊,在管理方式上采取干部包片制,每人负责 1 个社区,每周督察 1 次。同年,东胜区图书馆还在公园街道、纺织街道、民族街道、兴胜街道新成立 4 个文化共享工程基层服务点,使全区文化共享工程基层服务点增至 15 个。

为推动区域内各分馆、基层服务点和公共电子阅览室的规范化管理,东胜区图书馆对街道(镇)文化站、社区(村)图书室、公共电子阅览室、草原书屋,及各分馆、社区阅读角、图书流动点进行了多次基层业务辅导。2013 年 11 月,鄂尔多斯市以西部 12 个创建城市中第三名的优秀成绩通过示范区创建验收,被文化部、财政部命名为全国首批"国家公共文化服务体系示范区"。作为示范区创建中的一部分,东胜区图书馆的总分馆体系建设也取得了初步成果,基本建成了区—街道(镇)—社区(村)—家庭文化户四级服务网络。

在示范区后续建设中,东胜区图书馆继续坚持加强总分馆制建设,遵照鄂尔多斯市政府出台的《鄂尔多斯市创建国家公共文化服务体系示范区后续建设规划(2014—2016 年)》和《关于加快构建现代公共文化服务体系的意见》,并结合内蒙古自治区实施的农村牧区"十个全覆盖"①工程,进一步完善各级服务机构和服务点的设施设备,不断提升其服务能力和服务水平。2014年,东胜区图书馆馆外分馆增至16个。2015年,东胜区图书馆馆外分馆为15个,机关图书流动点则增至6个。东胜区图书馆一直坚持做好各馆外流通点的图书配送及更新工作,让广大群众在图书馆以外的地方仍然可以充分享受到优质便利的阅读服务,极大地满足广大读者的文化需求。

2016年6月,东胜区图书馆搬入铁西新馆,还在新馆内设立了24小时自助图书馆,并正式向社会开放,位于科技少年宫大楼的旧馆舍则改为少年儿童图书馆,并作为青少年宫分馆继续运行。同年10月,原联邦大厦门口处的24小时街区自助图书馆搬至东胜区图书馆铁西新馆东门南侧。至此,4台24小时街区自助图书馆的位置变为:东胜区图书馆东门南侧、科技少年宫大楼下、铁西公园北门、林荫广场西南角。截至2016年底,东胜区图书馆共有分馆19个,机关图书流动点8个,基层服务点(文化户)9个,共计36个馆外流通点;另外还有文化共享工程基层服务点15个、公共电子阅览室58个、草原书屋26个及万村书库4个、24小时街区自助图书馆4台、馆内馆24小时自助图书馆1个,及汽车图书馆1辆。至此,东胜区图书馆总分馆体系建设取得显著成效,形成了以铁西新馆为总馆,青少年宫分馆和街道(镇)、社区(村)、学校、机关单位图书室、文化户为分馆,24小时街区自助图书馆为流动服务点的真正意义上的总分馆模式,实现资源共建共享和服务效能的提升。

2016年12月26日,鄂尔多斯市人民政府办公厅发布《鄂尔多斯市公共图书馆总分馆建设实施方案》,提出建设以鄂尔多斯市图书馆为龙头、各旗区图书馆为骨干,服务网点遍布全市,文献资源共建共享,文献信息传递通畅的图书馆网络体系。2016年12月29日,文化部等五部委出台《关于推进县级文化馆图书馆总分馆制建设的指导意见》(文公共发〔2016〕38号),提出到2020年,全国具备条件的地区因地制宜建立起上下联通、服务优质、有效覆盖的县级图书馆总分馆制,使广大基层群众享受的基本公共文化服务内容更加丰富,途径更加便捷,质量显著提升,均等化水平稳步提高。这一重要文件的出台大大推进了我国基层图书馆总分馆制建设的步伐。2017年,第六次全国县级以上公共图书馆评估定级

---

① 2014年1月13日,内蒙古自治区农牧区工作会议上提出,内蒙古将按照"生产发展、生活宽裕、乡风文明、村容整洁、管理民主"要求,扎实推进新农村新牧区建设。其中,计划利用3年时间实施农村牧区"十个全覆盖"工程,以提高公共服务水平。"十个全覆盖"工程包括:一是危房改造工程;二是安全饮水工程;三是街巷硬化工程;四是电力村村通和农网改造工程;五是村村通广播电视和通信工程;六是校舍建设及安全改造工程;七是标准化卫生室建设工程;八是文化室建设工程;九是便民连锁超市工程;十是农村牧区常住人口养老医疗低保等社会保障工程。

工作全面开展,总分馆建设在评估标准中占据重要分值,这更是为图书馆总分馆建设提供了极大助力。2017年,东胜区图书馆对照第六次评估标准不断完善总分馆体系建设,使公共图书馆服务延伸到街道、社区、学校、军营、敬老院等地,全面覆盖辖区内15个二级行政区、72个社区,并通过资源整合全部实现与总馆图书通借通还,以方便社会公众就近借还。

2018年8月10日,鄂尔多斯市人民政府办公厅印发《鄂尔多斯市推进公共图书馆总分馆建设工作方案》,提出以鄂尔多斯市图书馆为中心馆、旗区图书馆为总馆、苏木乡镇综合文化站为一级分馆、嘎查村综合文化服务中心为二级分馆建设图书馆总分馆服务体系,并要求东胜区年内完成80%的一级分馆和60%的二级分馆建设任务。为此,东胜区图书馆成立分馆建设工作小组,历时4个月,对辖区内的70个基层图书室、近2万册图书进行集中加工,在镇、街道办事处共建成一级分馆12个,在村、社区共建成二级分馆62个,全面完成建设任务。而且,各级分馆在与总馆实现图书统一平台通借通还的基础上,还在鄂尔多斯全市范围内率先将各级分馆纳入"三地通"馆际互借流通体系,实现东胜区、康巴什区、伊金霍洛旗三地图书资源共建共享,通借通还,不断在全区构建服务高效的公共图书馆服务网络,更好地满足人民群众的精神文化需求。

总分馆建设模式

自开始总分馆制建设以来,东胜区图书馆一直致力于创建新型的"总分馆"管理体系,并确立了区域内公共图书馆服务体系建设的总体目标,即根据国际图联的标准,以国内先进城市为参照,以切实保障市民文化、信息权利为出发点,创新公共图书馆的发展模式,立足基层、面向大众,结合"全国文化信息资源共享工程"建设,建立覆盖全区、面向社会、服务全民的城区公共图书馆网络,完善公共图书馆服务体系,为市民、企业及政府提供功能完善、快捷高效的公共图书馆服务,使东胜区图书馆整体服务水平达到一个更高的层面,基本满足市民读书、信息需求,为提高市民文化素质、支持城市知识创新、营造学习型社会、促进东胜的可持续发展提供良好的文化环境和智力支持。

近年来,随着总分馆建设不断完善,东胜区图书馆进一步提出近期发展的具体目标,并做出规划。按照规划,东胜区图书馆不断加强与学校图书室、社区图书室共建共享的服务网络建设,并为其做业务指导、文献保障、技术支持和专业培训,使其成为全区公共图书信息服务网络的中心;东胜区图书馆实行总分馆制的运营模式,整合15个街道(镇)、72个社区(村)资源,建立服务网络覆盖城乡、组织结构科学合理、文献资源统一调配、服务质量基本一致、运行高效节约、普遍均等的公共图书馆服务体系;力争到"十三五"期末,实现街道(镇)、社区(村)公共图书室服务网络全覆盖,全区人均拥有图书馆的建筑面积、藏书量以及公共图书馆服务水平居领先位置。

东胜区图书馆现行总分馆模式有以下特点:第一,东胜区图书馆模式跨越了公共图书馆、社区图书馆、学校图书馆、机关图书馆等多个类型的分馆形态,改变了过去松散的服务方式,实现了资源的相对优势互补和馆际之间相对紧密的合作和共享,为进一步在三级行政区全面实施积累了丰富的经验。第二,东胜区图书馆模式的总分馆关系主要基于业务指导关系,总馆选定统一的 Interlib 图书馆集群管理系统,制定统一的管理制度和读者服务制度。第三,文献建设方面实行总馆统一采购、统一分编、统一配送,建立统一的文献检索平台,实现总分馆通借通还,而分馆馆舍、人员和维护则由分馆自行解决。

东胜区图书馆总馆作为各街道(镇)、社区(村)图书室服务的中心,承担对各分馆业务的规划、指导、管理、监督和评估等工作。东胜区图书馆通过互联网与 Interlib 系统将体系内的各图书室联合起来,组成一个图书馆群,构建成一个总分馆的集群体系,建立了一个区域图书馆群的电子化、数字化、网络化的信息空间,实现体系内各图书室之间的资源共建共享和服务互动,实现"统一编目、统一管理、通借通还"的总分馆模式,打破过去图书室各自为政的局面。无论是学校图书馆、企事业机构图书馆、还是各分馆,都可以统一使用集群自动化网络管理平台,统一共享东胜区图书馆总馆的服务器、设备、技术,避免购买相同的设备,节省了大量的成本,提高了各成员馆的办馆效益。通过一体化和专业化管理,实现了各图书室之间资源的共享和服务的互动互联,从而为市民群众提供更加便捷的公共图书馆服务。

241

体系内各街道(镇)、社区(村)图书室统一设施建设标准。按照馆舍建筑面积与服务人口规模相匹配的原则,遵照国家住建部、发改委下发的《公共图书馆建设标准》规定,在此基础上,结合东胜区实际,各乡镇公共图书室的馆舍面积、馆藏总量积极争取达到上限标准,并预留一定的发展空间。根据要求,各镇公共图书室达到 20 平方米,配置 200 册图书;达到 40 平方米,配置 500 册图书;达到 60 平方米,配置 1000 册图书;达到 90 平方米,配置 2000 册图书。同时,要求各街道(镇)、社区(村)基层图书室的建设与农家书屋工程建设有机结合,即与 26 个草原书屋、4 个万村书库有机结合。建设标准按照东胜区图书馆分馆建设标准统一执行。基层图书室建成后作为东胜区图书馆的分馆统一纳入总分馆服务体系中。

经费方面,体系内各街道(镇)、社区(村)图书室建设经费按照多级投入、集中管理的原则以财政投入为主,投入比例由各地自行确定。基层图书室年购书经费按照人均不低于 1 元的标准,并确保每年有新书增加。由东胜区图书馆根据文献资源建设的规划、分工和部署,合理指导文献资源购置。为落实经费保障,东胜区政府加大了对图书馆服务体系建设的支持力度,将建设资金纳入年度财政预算,通过调整财政支出结构,保证图书馆建设与事业发展各项经费足额到位;并根据本地区经济社会发展情况确保图书馆购书经费每年有所增长。同时,建立补助机制。东胜区政府根据对基层图书室的评估考核和验收结果,拨专款对各街道(镇)、社区(村)图书室及农家书屋、万村书库的建设予以补助,补助款项主要用于东胜区图书馆分馆、农家书屋、万村书库藏书建设。

人员方面,要求体系内各级图书馆(室)科学定岗,按照国家有关标准配备专业图书管理人员。每建成一个图书分馆,总馆要负责做好业务辅导工作,并配置本馆人员间接管理。东胜区政府负责确保公共图书馆从业人员工资福利待遇,对纳入事业编制管理的人员,确保其享受事业单位工资福利待遇,并按照有关规定参加事业单位社会保险。图书馆其他性质的工作人员也应遵循按劳分配与工作创新、岗位贡献相结合的原则,实行按需设岗、按岗聘用、竞争上岗的管理模式,按照东胜区政府有关事业单位绩效工资的要求,形成具有图书馆行业特色、与岗位管理相配套的薪酬制度,建立有利于调动从业人员工作积极性与创造性的收入分配与激励机制。同时,加强图书馆的人才队伍建设,分层次引进各类专业性人才,满足现代公共图书馆的各种需求,而不只局限于传统图书馆的模式。逐步改善图书馆人员结构,提高图书馆的服务效率。鼓励图书馆从业人员参加各类继续教育,与其他图书馆建立人才交流制度。建立定期培训制度,每年组织从业人员参加业务培训,要求东胜区图书馆从业人员每人每年至少要参加 2 次以上专业培训,基层图书室从业人员每人每年至少参加 1 次以上专业培训。

建设规模与成就

总分馆制是以有效利用资源、提高服务效益为目的,通过一体化和专业化管理,实现区域内各图书室之间的资源共享和服务的互动。自 2011 年以来,东胜区图书馆坚持"特色化、常态化、可持续"总分馆制发展思路,根据《东胜区图书馆总分馆制实施方案》,开展软硬件设施设备建设,不断完善系统,整合条件成熟的街道(镇)综合文化站、社区(村)基层图书室,实行统一配备、统一管理、统一编目、统一服务,大力构建东胜区图书馆总分馆体系,着力形成全覆盖、均等便捷、实用高效的公共图书馆服务体系。截至 2018 年,东胜区图书馆已建成以铁西馆为总馆,以青少年宫分馆和街道(镇)、社区(村)、学校、机关单位图书室、文化户为分馆,以 24 小时街区自助图书馆和汽车图书馆为流动服务点的真正意义上的总分馆模式,共有分馆 83 个[①],其中,一级分馆 12 个、二级分馆 62 个、特色分馆 9 个。

---

① 因公园街道办事处分馆所辖范围包含青少年宫分馆,故在统计分馆数量时已将青少年宫分馆计入公园街道办事处分馆范围内,不另计数。因此,2018 年东胜区图书馆分馆总数为 83 个。

东胜区图书馆所有分馆每周开放时间不少于 36 小时并对外公示。东胜区图书馆总分馆体系中所有图书已建成书目数据库,由总馆统一调配,并由总馆安排工作人员不定期为各分馆更换图书。各分馆均提供图书借还等基础服务。总馆还组织分馆开展业务指导和读者活动,每年与分馆举办亲子"读绘本·译故事"、送爱心、读报纸等群众文化活动。目前,分馆运行情况良好,取得了较好的社会效果;网络信息中心每年都会为 15 个文化共享工程基层服务点、58 个电子阅览室下放电子资源;在公园、广场等人口密集区域设立 24 小时街区自助图书馆服务网点;流动汽车图书馆经常进各社区为流动读者提供现场办理借阅证、借还图书及播放优秀电影等服务。

1. 东胜区图书馆铁西总馆

东胜区图书馆位于风景秀丽的母亲公园东南角,地址为东胜区永昌路 6 号,建筑面积 33 000 平方米,设计藏书容量 100 万册,读者座席 900 余个。东胜区图书馆铁西总馆自北向南分为 A 座、B 座、C 座。A、B 座是公共服务区,C 座是产业化运作区,共 22 个功能区。目前,馆内设有总服务台、咨询台、少儿阅读体验馆、中文阅览区(一、二、三)、报纸期刊阅览区、音乐视听区、多媒体体验区、全国文化信息资源共享工程支中心、公共电子阅览区、蒙文阅览区、外文阅览区、地方文献阅览区、工具书阅览区、多功能报告厅、新书展示区、资源检索区、休闲阅览区、数字资源体验区、盲人阅览区、共享大厅、多功能展厅、活动大厅、古籍阅览区、24 小时自助图书馆、网络信息中心、书法钢琴培训室、创客体验区、业务加工区、活动办公室、办公室。

243

2. 东胜区图书馆青少年宫分馆

东胜区图书馆青少年宫分馆,同时也是鄂尔多斯市东胜区少年儿童图书馆,是东胜区图书馆老馆舍,位于科技少年宫大楼四楼,馆舍面积 2520 平方米,设有儿童外借室、成人借室、儿童阅览室、电子阅览室、亲子互动室、自习阅览室。

图 2-92　东胜区图书馆青少年宫分馆内景

图 2 - 93　东胜区图书馆青少年宫分馆外景

3. 东胜区图书馆流动服务点

目前,东胜区图书馆流动服务点包括分布多处的 24 小时自助图书馆以及汽车图书馆,具体为:

①位于科技少年宫大楼楼下的 24 小时街区自助图书馆;

②位于林荫广场西南角的 24 小时街区自助图书馆;

③位于铁西公园北门的 24 小时街区自助图书馆;

④位于总馆东门南侧的 24 小时街区自助图书馆;

⑤位于总馆 C 座的 24 小时自助图书馆;

⑥汽车图书馆。

4. 东胜区图书馆分馆

2018 年,东胜区图书馆共有分馆 83 个。

其中,一级分馆 12 个,分别为:铜川镇分馆、罕台镇分馆、泊尔江海子镇分馆、兴胜街道办事处分馆、纺织街道办事处分馆、富兴街道办事处分馆、林荫街道办事处分馆、交通街道办事处分馆、民族街道办事处分馆、天骄街道办事处分馆、公园街道办事处分馆、诃额伦街道办事处分馆。

二级分馆 62 个,分别为:添漫梁村分馆分馆、铜川村分馆、常青村分馆、潮脑梁村分馆、枳机塔村分馆、万利小学分馆、查干村分馆、布日都村分馆、九城宫村分馆、灶火壕村分馆、色连村分馆、和硕社区分馆、撒家塔村分馆、永胜村分馆、庆丰社区分馆、罕台村分馆、田园社区分馆、润泽社区分馆、海畔村分馆、泊尔江海子村、什股壕村分馆、巴音敖包村分馆、海子湾村分馆、宗兑村分馆、城梁村分馆、漫赖村分馆、柴登村分馆、新园社区分馆、昆都仑社区分馆、春晖社区分馆、滨河社区分馆、南湖社区分馆、三台基社区分馆、便民社区分馆、兴农社区分馆、吉劳庆社区分馆、锦绣社区分馆、航空社区分馆、祥和社区分馆、陈家渠社区分馆、永兴社区分馆、新建社区分馆、碾盘梁村分馆、天骄社区分馆、安达社区分馆、康和社区分馆、园丁社区分馆、伊煤社区分馆、家园社区分馆、和谐社区分馆、闻莺社区分馆、格舍壕村分馆、育才社区分馆、通顺社区分馆、前进社区分馆、亿利金威社区分馆、桥西社区分馆、文苑社区分馆、技工社区分馆、伊欢社区分馆、蒙欣社区分馆、瑞祥社区分馆。

特色分馆 9 个,分别为:东胜区委宣传部分馆、东胜区鸿波小学分馆、东胜区香水湾小区分馆、东胜区文化旅游投资集团有限公司分馆、武警执勤一中队分馆、鄂尔多斯监狱分馆、东胜区廉政教育管理中心分馆、三度书吧分馆、东胜区民政福利中心分馆。

以下为部分分馆图片:

图 2 - 94 天骄街道办事处分馆

图 2 - 95 海畔村分馆

图 2 - 96　泊尔江海子村分馆

图 2 - 97　亿利金威社区分馆

图 2 - 98　武警执勤一中队分馆

图 2 - 99　鄂尔多斯监狱分馆

图 2 - 100　东胜区民政福利中心分馆

九、评估定级

　　自 1994 年我国首次开展全国县级以上公共图书馆评估工作至 2018 年底,每四年开展一次的评估定级工作已经进行了六次,每次评估定级所依据的图书馆评估标准也成为一定时期内我国公共图书馆建设发展的方向,对各级公共图书馆工作具有明确的导向作用。图书馆评估定级工作直接而深刻地影响到了我国公共图书馆事业的建设和发展,效果颇为显著。自第一次评估定级工作开展以来,东胜区图书馆一直积极参与历次评估定级工作,实现以评促建,并屡获荣誉。东胜区图书馆最近参与的一次评估定级,即第六次评估定级工作于 2017 年 3 月至 2018 年 6 月开展。2018 年 8 月 13 日,《文化和旅游部关于公布第六次全国县级以上公共图书馆评估定级上等级图书馆名单的通知》发布,鄂尔多斯市东胜区图书馆被评为"一级图书馆"。

第一次评估定级

为了加强对图书馆事业的管理,进一步摸清图书馆事业的状况,更好地推动图书馆事业的发展,提高图书馆的工作水平和工作质量,使图书馆工作规范化、标准化,文化部决定在 1994 年开始对全国县以上公共图书馆开展评估、定级工作。1994 年 3 月 7 日,《文化部关于在县以上公共图书馆进行评估定级工作的通知》(文图发〔1994〕10 号)正式发布,其中指出,第一次评估定级工作的主要内容是各级图书馆的基本工作条件和工作质量,评估标准分为省级图书馆、地级图书馆、县级图书馆三个级别,并指出,少年儿童图书馆的评估标准另行制定。1995 年 5 月 15 日,《文化部关于在县以上公共系统少年儿童图书馆进行评估、定级工作的通知》(文图发〔1995〕2 号)发布,同时发布的还有省级、地市级以及县级少年儿童图书馆评估标准。根据这一通知,少年儿童图书馆的评估工作于 1995 年 9 月、10 月进行,且必须于 10 月底之前结束。《县级少年儿童图书馆评估标准》包括六大部分共 1000 分,分别是:"办馆条件"255 分;"基础业务建设"180 分;"读者服务工作"310 分;"业务研究、业务辅导、协作协调"80 分;"管理"145 分;"提高指标"30 分。

东胜区图书馆(时为东胜市少年儿童图书馆)于 1995 年第一次参加公共图书馆评估定级工作。1995 年 8 月,按照文化部要求,东胜市少年儿童图书馆重新清点书库,并将图书分类方法由此前实行的《中图法》改为《中国图书馆图书分类法(儿童图书馆·中小学图书馆版)》(简称《少图版》),使馆内文献分类编目更符合少儿读者的检索习惯。

1994 年 12 月 20 日至 23 日,全国公共图书馆评估工作总结暨文明图书馆表彰大会在京举行。根据首次评估定级工作结果显示,全国共有 1144 个地、县级图书馆达到三级以上图书馆标准,其中一级图书馆 68 个[①]。1996 年 4 月 17 日,文化部在京召开全国公共系统少年儿童图书馆评估定级工作总结会,东胜市少年儿童图书馆在全国少年儿童图书馆评估定级工作中,被中华人民共和国文化部评定为"三级少年儿童图书馆",并获颁牌匾和证书。

---

① 谷峰. 提高认识　强化服务　迎接评估:对全国第二次公共图书馆评估定级工作的几点认识[J]. 江苏图书馆学报,1998(1):27-30.

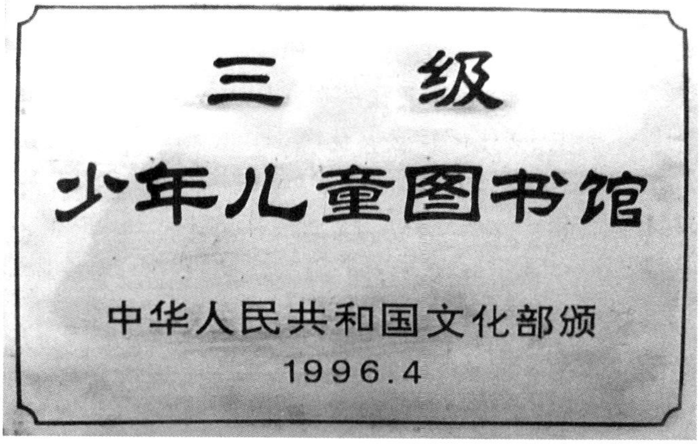

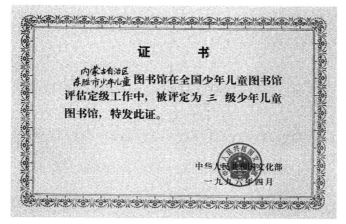

图 2－101　东胜市少年儿童图书馆获颁“三级少年儿童图书馆”牌匾

证　　书

内蒙古自治区东胜市少年儿童图书馆在全国少年儿童图书馆评估定级工作中，被评定为三级少年儿童图书馆，特发此证。

中华人民共和国文化部
一九九六年四月

图 2－102　东胜市少年儿童图书馆获颁“三级少年儿童图书馆”证书

第二次评估定级

文化部于 1997 年至 1998 年在全国开展了第二次县以上公共图书馆评估定级工作。根据与文化部《关于 1998 年对县以上公共图书馆进行评估定级工作的通知》同时发布的《县级少年儿童图书馆评估标准》，第二次评估定级标准分为六大部分，满分共 1000 分，其中：“办馆条件”300 分；“基础业务建设”200 分；“读者服务工作”295 分；“业务研究、辅导、协作协调”80 分；“管理”105 分；“表彰、奖励”20 分。

根据文化部通知，第二次评估采取由上一级文化行政主管部门组织评估组对下一级图书馆实地评估对方式进行。1998 年 3 月赤峰会议后，内蒙古自治区的评估定级工作全面展开。6 月 10 日至 7 月 1 日，内蒙古自治区文化厅组成两个评估组分赴东、西部各盟（市）进行实地评估验收工作。第二次评估中，内蒙古自治区共有 101 个公共图书馆参评，其中盟

（市）图书馆 12 个、旗（县、区）图书馆 87 个、县级少年儿童图书馆 2 个，分别是赤峰市松山区民族少年儿童图书馆和东胜市少年儿童图书馆①。

1999 年 10 月 8 日至 9 日，文化部在沈阳召开了公共图书馆评估定级工作总结会议。会上，文化部社会文化图书馆司副司长周小璞宣布了《文化部关于命名一、二、三级图书馆的决定》。全国共有 1551 个图书馆达到三级以上图书馆标准，一级馆 215 个、二级馆 581 个、三级馆 755 个。东胜市少年儿童图书馆在全国公共图书馆第二次评估定级工作中，被中华人民共和国文化部评定为"三级图书馆"，获颁牌匾和证书。

图 2 - 103　东胜市少年儿童图书馆获颁"三级图书馆"牌匾

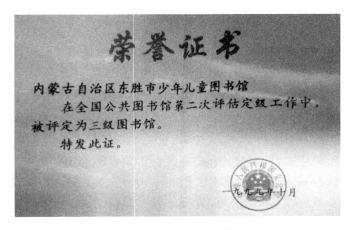

图 2 - 104　东胜市少年儿童图书馆获颁"三级图书馆"证书

---

① 齐宝海，常作然，白俊明. 以评估为契机，促进事业发展［J］. 内蒙古图书馆工作，1998（4）：1 - 7.

第三次评估定级

根据文化部《关于开展 2003 年县以上公共图书馆评估定级工作的通知》(文社图发〔2002〕54 号)精神,为贯彻落实"三个代表"重要思想和党的十六大精神,进一步推动图书馆事业的建设和发展,提高各级公共图书馆在新时期的服务水平和办馆效益,文化部决定 2003 年在全国开展第三次公共图书馆评估定级工作。根据文化部发布的《县少年儿童图书馆评估标准》,第三次评估定级标准依然分为六大部分,总分共 1000 分,但与第二次评估定级标准相比,在评估分值上有所变化,其中:"办馆条件" 260 分;"基础业务建设"245 分;"读者服务工作"270 分;"业务研究、辅导、协作协调"90 分;"管理"105 分;"表彰、奖励"30 分。

2004 年 6 月 28 日,东胜区少年儿童图书馆完成《县级少儿图书馆评估结果报表》,自评估总得分为 891 分,其中:"办馆条件"228 分;"基础业务建设"205 分;"读者服务工作"248 分;"业务研究、辅导、协作协调"86 分;"管理"102 分;"表彰、奖励"22 分。

2004 年 7 月 1 日,内蒙古文化厅派人员前来东胜区少年儿童图书馆进行评估验收。

2005 年 6 月 22 日,《文化部办公厅关于对全国公共图书馆第三次评估定级结果进行公示的通知》发布。2005 年 8 月 1 日,评估定级结果正式公布,鄂尔多斯市东胜区少年儿童图书馆在全国公共图书馆第三次县级以上公共图书馆的评估定级工作中,被国家文化部评为国家"二级图书馆",并获颁证书和牌匾。

251

图 2 - 105　东胜区少年儿童图书馆获颁"二级图书馆"牌匾

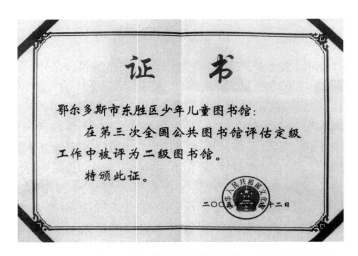

图 2 - 106　东胜区少年儿童图书馆获颁"二级图书馆"证书

第四次评估定级

2009 年 6 月 19 日,《文化部办公厅关于开展县以上公共图书馆第四次评估定级工作的通知》发布,指出,为深入贯彻落实科学发展观和党的十七大精神,进一步加强对图书馆事业的管理,推动图书馆事业的发展,提高图书馆的工作水平,更好地发挥图书馆在全面建设小康社会和构建社会主义和谐社会中的作用,文化部决定 2009 年在全国开展第四次公共图书馆评估定级工作,此次评估定级的对象是全国省、地、县级公共图书馆,包括少年儿童图书馆。根据通知,第四次评估定级工作分为四大步骤进行:2009 年 8 月至 10 月对地、县级图书馆进行评估;2009 年 10 月至 12 月对省、副省级、计划单列市图书馆进行评估;2009 年 10 月底前,各省(区、市)文化厅(局)将地、县图书馆的评估结果和总结报告报送文化部社会文化司;2009 年底,经文化部审核并征求各省(区、市)文化厅(局)意见后,确定评估定级结果,并命名一、二、三级图书馆。

根据第四次评估定级工作的要求,东胜区少年儿童图书馆①组织人员对照《县图书馆评估标准》的每项指标,逐一认真地进行了检查评估。该标准分为七大部分,总分共 1000 分,其中:"办馆条件"240 分;"基础业务建设"255 分;"读者服务工作"260 分;"业务研究、辅导、协作协调"90 分;"文化共享工程建设"50 分;"管理"85 分;"表彰、奖励"20 分。和此

---

①　因 2009 年 7 月鄂尔多斯市图书馆搬迁至康巴什区,东胜区出现成人图书馆空缺情况,为此,东胜区少年儿童图书馆实际上承担起部分为成人读者服务的职能。因而,在第四次全国公共图书馆评估定级工作中,东胜区少年儿童图书馆便以"鄂尔多斯市东胜区图书馆"之名作为县级图书馆(而非县级少年儿童图书馆)参与此次评估定级,最终被评为二级图书馆。

前相比,有多处评估指标做出修订,如在"读者服务工作"方面新增加了"免费开放程度""为特殊群体、弱势人群服务"的指标项,在"业务研究、辅导、协作协调"方面新提出了基层图书馆(室)的覆盖率要求,由此强调公共图书馆的公益性以及普惠全体民众、促进社会公平的服务理念;新增了网络对外接口、建立图书馆网站、参加地区联网服务、数据库建设等方面的指标项,强调了图书馆对互联网新技术的应用;首次增设"文化共享工程建设"为一级评估指标,同时也被列为上等级必备条件,凸显了国家在推动"文化共享工程"建设的坚定决心和政策导向。

2009 年 7 月 19 日,东胜区少年儿童图书馆完成对本馆的自查自评工作,自评估总得分为 818 分,其中:"办馆条件" 175 分;"基础业务建设" 230 分;"读者服务工作" 233 分;"业务研究、辅导、协作协调" 75 分;"文化共享工程建设" 35 分;"管理" 67 分;"表彰、奖励" 3 分。

2009 年 10 月 28 日,第四次全国县级以上公共图书馆评估专家组到东胜区少年儿童图书馆开展评估验收工作。

图 2-107 第四次评估专家组在东胜区少年儿童图书馆进行评估验收

2009 年 11 月 9 日,针对全国公共图书馆第四次评估验收中存在的不足,东胜区少年儿童图书馆特邀请鄂尔多斯市图书馆段丽敏老师做现场辅导。

2010 年 1 月 21 日,文化部社会文化司根据《文化部办公厅关于开展县以上公共图书馆第四次评估定级工作的通知》(办社文发〔2009〕8 号)要求,公示拟上等级公共图书馆名单。2010 年 1 月 29 日,文化部以文社文发〔2010〕5 号文件向全国各省、自治区、直辖市文化局下发《文化部关于公布一、二、三级图书馆名单的通知》。根据通知,全国有 1784 个图书馆达到三级以上图书馆标准，其中，一级图书馆480个、二级图书馆410个、三级图书馆894个。与第三次评估结果相比，一级图书馆增加136个，二级图书馆减少2个，三级图书馆增加210个，总数增加344个。鄂尔多斯市东胜区少年儿童图书馆最终在评估定级工作中被国家文化部评为"二级图书馆"，并获颁证书和牌匾。

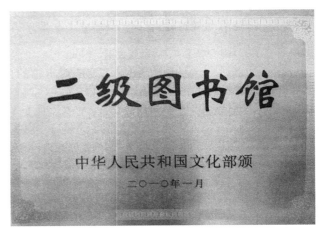

图2-108　东胜区少年儿童图书馆获颁"二级图书馆"牌匾

图2-109　东胜区少年儿童图书馆获颁"二级图书馆"证书

第五次评估定级

2012年11月16日，《文化部办公厅关于开展县以上公共图书馆第五次评估定级工作的通知》（办公共函〔2012〕523号）发布，指出，为深入贯彻党的十八大精神，用科学发展观指导图书馆事业建设，进一步加强对图书馆事业的管理，推动图书馆事业的发展，提高图书馆的工作水平，更好地发挥图书馆在全面建设小康社会和构建社会主义和谐社会中的作用,文化部决定2013年在全国开展第五次公共图书馆评估定级工作。根据通知,第五次评估定级工作分为四大步骤进行:2013年4月至5月对市、县级图书馆进行评估;2013年6月至7月对省、副省级、计划单列市图书馆进行评估;2013年7月底前,各省(区、市)文化厅(局)将市、县图书馆的评估结果和总结报告报送文化部公共文化司;2013年底前,经文化部审核并征求各省(区、市)文化厅(局)意见后,确定评估定级结果,并命名一、二、三级图书馆。和通知同时发布的还有第五次公共图书馆评估系列标准,分为两类(普通公共图书馆和少年儿童图书馆)三级(省级、市级、县级)共六个标准,以及普通公共图书馆和少年儿童图书馆定级必备条件各一个。

公共图书馆是民主社会制度公正的产物,负有保障公民文化权利、维护社会信息公平的重要使命。公共图书馆的发展离不开政府的支持。2005年10月11日,党的十六届五中全会宣议通过了《中共中央关于制定国民经济和社会发展第十一个五年规划的建议》,其中提出"加大政府对文化事业的投入,逐步形成覆盖全社会的比较完备的公共文化服务体系"。由此,我国公共图书馆事业迎来了新的发展局面。至第五次评估定级工作开展时,我国公共图书馆事业所处发展环境有了明显变化:国家出台了一系列支持公共文化事业发展的政策文件,《公共图书馆建设用地指标》《公共图书馆建设标准》《公共图书馆服务规范》等多个标准颁布实施;政府在文化事业上的投入不断加大,各地图书馆新馆建设如火如荼,初步建成了覆盖城乡的公共文化设施体系;各地在公共文化服务体系建设方面积极展开探索和实践,并涌现了一批具有重要引领和示范作用的先进典型,如在公共图书馆领域,总分馆制、图书馆联盟、流动图书馆、自助图书馆等新机制已有积极探索;文化共享工程、数字图书馆推广工程、公共电子阅览室建设计划先后在全国范围为大力实施,数字图书馆技术与服务发展迅速;公共图书馆免费开放工作形成规范,并建立了完备的组织、经费、管理和监督保障机制。因此,第五次公共图书馆评估标准和前四次评估标准相比,也有很大改变。第五次评估定级的《县级图书馆评估标准》分为七大部分,总分共1000分,其中:"设施与设备"150分;"经费与人员"140分;"文献资源"160分;"服务工作"290分;"协作协调"80分;"管理与表彰"90分;"重点文化工程"90分。

按照要求,东胜区图书馆专门成立自评小组,成员包括馆长王芳、副馆长刘桂琴、副馆长杭霞、副馆长田永军以及会计郝晓华。2013年4月20日,东胜区图书馆以公共图书馆第五次评估定级的《县级图书馆评估标准》为依据,经过严格自评、自查,完成第五次评估的自评估工作。东胜区图书馆的自评得分为:"设施与设备"143分;"经费与人员"140分;"文献资源"156分;"服务工作"286分;"协作协调"得分80分,"管理与表彰"90分,"重点文化工程"90分,总计985分,且7项县级一级图书馆必备条件均已具备。

2013年11月2日,文化部以"文公共发〔2013〕52号"文件向全国各省、自治区、直辖市文化局下发《关于公布第五次公共图书馆评估定级上等级图书馆名单的通知》。根据通知,全国有2230个图书馆达到三级以上图书馆标准,其中一级图书馆859个、二级图书馆640个、三级图书馆731个。鄂尔多斯市东胜区图书馆被评定为国家县级"一级图书馆",并获颁证书和牌匾。

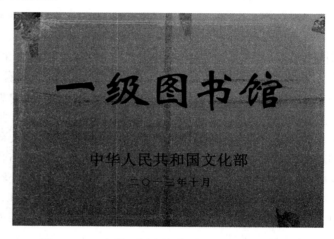

图2-110 东胜区图书馆获颁"一级图书馆"牌匾

第六次评估定级

2016年6月30日,文化部公共文化司在中央文化管理干部学院组织召开第六次全国县级以上公共图书馆评估定级试评估工作会议。文化部公共文化司副司长陈彬斌、监督管理处副处长朱春雷,中国图书馆学会秘书长霍瑞娟,标准研制专家组组长、中国图书馆学会学术研究委员会副主任、南开大学信息资源管理系教授柯平,中国图书馆学会学术研究委员会副主任、武汉大学信息管理学院教授黄如花以及来自试评估地区的文化部门负责人和试评估单位负责人等共28人出席会议。会议部署了试评估工作安排,完成了对试评估地区和单位的动员和培训,确立了试评估工作各单位对接人并建立沟通机制。为做好第六次全国县级以上公共图书馆评估定级工作,检验评估定级标准的科学性和可行性,文化部公共文化司在全国选择部分省份和地区开展了试评估工作,并在试评估工作的基础上完成2017年第六次全国县级以上公共图书馆评估定级评估标准的定稿和发布。参与此次试评估的有8家单位,分别是吉林省图书馆、吉林省龙井市图书馆、浙江省图书馆、浙江省德清县图书馆、重庆图书馆、重庆市南岸区图书馆、安徽省合肥市少年儿童图书馆、福建省厦门市集美区少儿图书馆①。

2017 年 1 月 5 日,《文化部办公厅关于开展第六次全国县级以上公共图书馆评估定级工作的通知》发布,指出,为贯彻落实《中共中央办公厅、国务院办公厅关于加快构建现代公共文化服务体系的意见》精神,发挥以评促建、以评促管、以评促用的作用,促进全国公共图书馆事业发展,按照每 4 年进行 1 次全国县级以上公共图书馆评估定级工作的要求,文化部定于 2017 年开展第六次全国县级以上公共图书馆评估定级工作。通知还公布了第六次评估定级工作的评估范围、评估标准及方式、职责分工、工作步骤等。由此,第六次图书馆评估定级工作正式启动。

根据文化部发布的通知,第六次评估定级工作安排为:2017 年 3 月上旬,文化部组织召开第六次全国县级以上公共图书馆评估定级工作部署会,开展评估定级工作业务培训;2017 年 4 月至 6 月,县级以上参评公共图书馆按照评估标准进行自查自评,将自评数据录入"全国公共图书馆评估定级管理服务平台",经本级文化行政部门审定后报送;2017 年 7 月至 8 月,各省(区、市)文化厅(局)、新疆生产建设兵团文化广播电视局组织评估工作小组,对所辖地市级、县级公共图书馆进行实地评估,审核辖区内地市级、县级公共图书馆上报的数据;2017 年 9 月至 10 月,文化部会同中国图书馆学会组织评估工作小组,对省级和副省级公共图书馆进行实地评估,审核省级和副省级公共图书馆上报的数据,同时,每个省份随机抽查两个县级公共图书馆;2017 年 10 月底,各省(区、市)文化厅(局)、新疆生产建设兵团文化广播电视局将评估工作总结报告分别报送文化部公共文化司和中国图书馆学会;2017 年 11 月至 12 月,文化部对评估结果进行审核并公示后,确定定级结果,命名一、二、三级公共图书馆。

第六次评估定级工作启动后,东胜区图书馆积极参加,并申报国家县级一级图书馆。和此前五次评估不同的是,第六次评估从建设性为中心的评估转向以效能为中心的评估,以求尽力发挥以评促建、以评促投、以评促管、以评促用、以评促效的作用,推动各地公共图书馆的发展。作为评估定级工作开展的依据,第六次公共图书馆评估标准中的指标体系发生了巨大变化,共分为 3 大模块:服务效能、业务建设和保障条件,其中增加了多个全新指标。在"服务效能"方面,新增了一级指标"读者服务创新和推广",新增了 9 个二级指标,主要集中在数字阅读、新媒体服务、服务数据显示度和服务品牌建设等。"业务建设"主要考察公共图书馆的各项具体业务能力建设,在这方面,新增的二级指标有 20 个,主要包括基础业务方面的馆藏专项规划、编目文献占比、采用规范控制数据,技术应

---

① 中国图书馆学会. 第六次全国县以上公共图书馆评估定级试评估工作启动[DB/OL]. [2018 – 09 – 06]. http://www. chinalibs. net/ArticleInfo. aspx? id = 402144.

用方面的数字资源与传统文献的关联揭示、新技术应用,重点业务方面的地方文献工作组织、公共图书馆服务网点建设,管理方面的社会合作、用户管理、图书馆业务研究的组织和管理、使命、愿景与团队建设、荣誉体系建设、社会化管理和创新,等等。"保障条件"强调了整个公共文化服务在政策、人、财、物方面的保障作用,新增了 8 个二级指标,分别是政策保障、法制保障、图书馆章程、地方发展规划中的图书馆条款、图书馆"十三五"规划制定与实施、经费结构、功能适用性和智能化管理。

第六次公共图书馆评估标准中,评估指标分值在基本分之外增添了加分项,基本分总分依然为 1000 分,另设加分分值总共 500 分,如表 2 - 4 所示。而且还在"图书馆等级必备条件"方面做了进一步细化,根据《县级图书馆等级必备条件和评估标准》,按照地域划分为"东部、中部、西部"地区图书馆,按照行政级别分为"县级"和"地级市下辖区"图书馆,相应必备条件项的分值和要求也有所区别(如表 2 - 5 所示)。此外,评估方式也有了前所未有的改变,评估采取线上数据审核、实地评估和第三方测评相结合的方式进行。线上数据主要采取人工填报和平台自动更新的方式进行采集。除实地评估外,还需要通过线上数据审核和第三方测评。

表 2 - 4　第六次评估县级图书馆评估标准

部分	基本分值	加分分值
服务效能	400	200
业务建设	300	150
保障条件	300	150
合计	1000	500

表 2 - 5　第六次评估县级一级馆必备条件

必备条件		东部		中部		西部	
		县级	地级市下辖区	县级	地级市下辖区	县级	地级市下辖区
服务效能	年文献外借量(万册次)	13	13	12	12	11	11
	年每万人参加读者活动人次	4	4	3	3	2	2
	读者满意率(%)	85	85	85	85	85	85
业务建设	本区域服务体系规划与共建共享(分)	15	15	15	15	15	15
	业务统计分析(分)	10	10	10	10	10	10

必备条件		东部		中部		西部	
		县级	地级市 下辖区	县级	地级市 下辖区	县级	地级市 下辖区
保障 条件	年财政拨款总额（万元）	160	160	150	150	140	140
	年人均新增文献入藏量（册/件）	0.03	0.03	0.02	0.02	0.01	0.01
	建筑面积（万平方米）	0.6	0.55	0.5	0.45	0.4	0.35

为迎接第六次公共图书馆评估定级，2016年9月10日，东胜区图书馆就召开了第六次公共图书馆评估定级动员大会，东胜区文化体育旅游局党组书记、局长刘向东，东胜区图书馆馆长王芳和副馆长杭霞、郝文祥、孙萌、折俊梅以及图书馆全体工作人员参加了会议。会上，刘向东局长做了重要讲话，希望东胜区图书馆的同志们充分认识到这次评估工作的重要性，认真工作，克服困难，取得好的成绩。王芳馆长代表东胜区图书馆全体同志表态，一定认真贯彻刘局长的指示，努力工作，取得好成绩，从而为图书馆创造更好的发展条件，为读者和市民提供更好的服务。

2016年9月至2017年5月，为了更好地完成评估定级工作，东胜区图书馆多次组织馆内人员参加由中国图书馆学会、内蒙古自治区图书馆学会、鄂尔多斯市图书馆学会等机构举办的评估培训会议。2016年9月11日至14日，东胜区图书馆派王芳、杭霞、聂慧、张瑞、乔建芬前往达拉特旗参加了由内蒙古自治区图书馆学会主办的"内蒙古自治区西部盟市旗县两级公共图书馆第六次评估定级培训"。2017年3月3日至5日，东胜区图书馆派王芳、郝文祥、金亦珂、王维宏、张瑞、刁娅鑫、乔建芬赴天津参加由中国图书馆学会主办的第六次全国县级以上公共图书馆评估定级培训班。2017年3月19日至21日，东胜区图书馆派王芳、王维宏、金亦珂参加由北京雷速科技有限公司、北京碧虚文化有限公司联合中国图书馆学会民族文献阅读推广专业委员会、呼和浩特市图书馆、包头市图书馆、通辽市图书馆等主办的"绩效评估与民族文献阅读推广研讨会"。2017年4月9日，东胜区图书馆派郝文祥、金亦珂、王维宏、张瑞、刁娅鑫、乔建芬参加"评估定级填报系统培训"。2017年5月6日至8日，东胜区图书馆派郝文祥、乔建芬、张瑞赴呼和浩特市参加由内蒙古自治区图书馆学会主办的"第六次全国公共图书馆评估条目详解研讨会"。2017年5月11日至14日，东胜区图书馆派郝文祥、张瑞、王维宏、金亦珂、刁娅鑫、乔建芬、程洁等参加由内蒙古自治区图书馆学会、鄂尔多斯市图书馆主办的"第六次全国公共图书馆评估条目详解研讨会"。2017年5月26日，东胜区图书馆派郝文祥、张瑞、王维宏、金亦珂、刁娅鑫、乔建芬、程洁等参加由同方知网（北京）技术公司主办的"评估定级填报系统培训"。

2017 年 4 月至 6 月,作为第六次评估的参评公共图书馆,东胜区图书馆严格按照评估标准进行自查自评,将自评数据录入"全国公共图书馆评估定级管理服务平台"。7 月 7 日,东胜区图书馆完成自评估工作,以第六次评估标准为依据,经过严格自评、自查,东胜区图书馆自评估总得分1443 分,其中基本分项得分 997 分、加分项得分 446 分。另外,读者满意率调查问卷共采集问卷 578 份。7 月 10 日上午,为使全市公共图书馆在第六次评估定级中取得良好成绩,贯彻执行《鄂尔多斯市图书馆学会关于组织鄂尔多斯市图书馆、东胜区图书馆业务骨干分赴全市各公共图书馆开展第六次评估定级辅导推进工作》要求,经东胜区图书馆馆务会研究决定,选派三名业务骨干赴达拉特旗图书馆与准格尔旗图书馆开展业务辅导。7 月 11 日,东胜区图书馆刁娅鑫、乔建芬、张瑞 3 人到达拉特旗图书馆参观,并就第六次公共图书馆评估定级资料的整理、上传、自评等方面等工作展开交流及辅导。7 月 12 日,东胜区图书馆刁娅鑫、乔建芬、张瑞3 人到准格尔旗图书馆参观,并开展第六次公共图书馆评估定级资料的整理、上传、自评等方面的交流及辅导。7 月 15 日,东胜区图书馆完成第六次评估的系统资料的上传工作,并于 9 月 11 日完成全国公共图书馆第六次评估定级复评检查工作。

2018 年 5 月 14 日,《文化和旅游部办公厅关于公示第六次全国县级以上公共图书馆评估定级结果的公告》发布,公布了评估定级结果拟确定的全国上等级公共图书馆名单。公示环节结束后,2018 年 8 月 13 日,《文化和旅游部关于公布第六次全国县级以上公共图书馆评估定级上等级图书馆名单的通知》发布。根据通知,全国共有 2522 个公共图书馆达到三级以上公共图书馆标准,其中,969 个公共图书馆被评为"一级图书馆"、519 个公共图书馆被评为"二级图书馆"、1034 个公共图书馆被评为"三级图书馆"。鄂尔多斯市东胜区图书馆被评为"一级图书馆"。

第三部分 统计数据

一、图书馆发展年表

表3-1 图书馆发展年表

时间(年)	馆舍面积(平方米)	馆藏图书量①(册)	职工②(人)	持证读者(人)
1987	222	2000	7	
1988	222	2000	9	
1989	222	2706	9	1750
1990	210	3800	12	1750
1991	313	7000	13	2270
1992	313	7100	13	4120
1993	313	5922	14	5280
1994	583	7431	12	6031
1995	583	13 664	13	6866
1996	583	19 393	12	8000
1997	970	21 378	13	8468
1998	970	24 000	12	9014
1999	970	26 000	13	9419
2000	270	26 488	13	9829
2001	1120	26 701	14	9954
2002	1120	29 245	16	10 174
2003	1120	31 245	17	10 374
2004	1446	32 438	17	10 574
2005	1446	32 870	15	10 894
2006	1446	33 769	15	11 214
2007	1446	37 340	15	11 634
2008	1446	38 726	16	12 071

① 馆藏图书量不含馆藏电子文献资源藏量以及报刊等其他文献资源藏量。
② 职工包含在岗职工和退养职工。

261

续表

时间(年)	馆舍面积(平方米)	馆藏图书量(册)	职工(人)	持证读者(人)
2009	1446	40 322	21	12 811
2010	1446	41 272	25	13 096
2011	1446	639 257	115	13 746
2012	1446	658 517	115	14 317
2013	2520	710 000	114	15 066
2014	2520	729 000	105	22 247
2015	2520	740 000	102	26 468
2016	35 520	848 000	99	34 603
2017	35 520	859 000	90	43 623
2018	35 520	876 000	81	50 713

二、图书馆经费统计

表 3－2　图书馆经费表

时间(年)	经费(元)	购书经费(元)
1987	6975	329
1988	21 525	159
1989	25 700	4219
1990	27 670	537
1991	33 310	3857
1992	38 240	200
1993	51 270	1881
1994	65 590	5263
1995	80 026	8000
1996	122 400	38 373
1997	171 060	8055
1998	144 100	10 061
1999	186 300	10 000
2000	146 906	8678
2001	224 231	18 139
2002	234 824	12 146

时间(年)	经费(元)	购书经费(元)
2003	278 058	15 744
2004	391 044	16 624
2005	385 663	5173
2006	366 814	32 660
2007	532 165	50 704
2008	874 764	52 555
2009	1 238 397	40 000
2010	1 965 948	128 989
2011	6 154 566	3 534 934
2012	7 272 430	539 829
2013	10 377 786	170 158
2014	6 573 249	232 000
2015	8 141 479	53 000
2016	19 347 488	1 680 000
2017	13 918 598	995 088
2018	11 142 570	350 000

三、图书馆服务统计

表3－3　图书馆服务统计表

时间 (年)	服务人口 (人)	到馆读者 (人次)	印本借阅 (册次)	馆外流通点 数量①(个)
1987	130 770	10 000		
1988	134 509	3600	3600	3
1989	138 194	10 080	12 960	5
1990	142 307	31 500	4300	8
1991	145 072	19 670	13 800	12
1992	144 419	21 156	10 114	14
1993	148 148	20 600	8300	14

① 馆外流通点数量包括设在图书馆(总馆)外的图书流动点、图书室、机关图书流动点、基层服务点(文化户)、分馆在内,不含24小时自助图书馆和汽车图书馆等。

时间 （年）	服务人口 （人）	到馆读者 （人次）	印本借阅 （册次）	馆外流通点 数量（个）
1994	150 864	29 000	48 000	16
1995	154 719	15 400	20 450	18
1996	163 601	180 000	400 000	21
1997	169 973	23 758	41 180	18
1998	175 171	24 674	33 576	15
1999	183 944	20 483	32 400	16
2000	190 473	20 500	32 500	14
2001	275 424	16 999	33 751	12
2002	291 768	25 025	34 558	12
2003	312 121	41 092	35 079	12
2004	325 268	53 392	36 189	12
2005	345 000	51 400	88 519	18
2006	446 000	48 027	91 219	18
2007	477 600	43 773	44 590	21
2008	517 300	40 417	69 940	24
2009	555 700	122 000	87 000	25
2010	586 300	10 804	17 531	4
2011	601 200	18 861	31 069	6
2012	602 300	39 659	92 314	20
2013	605 700	446 410	335 159	26
2014	609 800	496 600	344 347	30
2015	505 800	255 625	412 530	30
2016	508 500	837 717	601 232	36
2017	512 400	809 411	437 470	38
2018	515 900	1 395 157	409 357	83

表3-4　图书馆总分馆建设现状一览表

名称	地址	面积 （平方米）	文献藏量 （册）	成立时间 （年）	备注	服务人口 （人）
东胜区图书馆（总馆）	东胜区永昌路6号	33000	945 383	2016		515 900

名称	地址	面积 （平方米）	文献藏量 （册）	成立时间 （年）	备注	服务人口 （人）
铜川镇分馆	铜川镇镇府文化站	120	1500	2018		2500
罕台镇分馆	罕台镇政府文化站	80	1000	2018	与田园社区分馆、润泽社区分馆共享	10 000
泊尔江海子镇分馆	泊尔江海子镇海畔村	30	1781	2009	与海畔村共享	22 710
兴胜街道办事处分馆	兴胜街道办事处	100	1500	2018	与滨河社区共享	31 560
纺织街道办事处分馆	纺织街道办事处	30	1095	2018	与便民社区、三台基社区共享	56 294
富兴街道办事处分馆	富兴街道办事处	30	1300	2018	与兴农社区共享	63 085
林荫街道办事处分馆	林荫街道办事处	30	1000	2018		45 471
交通街道办事处分馆	交通街道办事处	30	1000	2018	与吉劳庆社区共享	68 013
民族街道办事处分馆	民族街道办事处	30	1000	2018	与陈家渠社区共享	9400
天骄街道办事处分馆	蒙南律师事务所	60	600	2018		43 666
公园街道办事处分馆	科技大楼青少年宫	2520	60 000	2016	青少年宫分馆	41 000
诃额伦街道办事处分馆	铁西管委会	60	400	2017		52 000
添漫梁村分馆	添漫梁村村委会	80	1560	2009	草原书屋	1400
铜川村分馆	铜川村村委会	30	947	2009	草原书屋	1000

名称	地址	面积（平方米）	文献藏量（册）	成立时间（年）	备注	服务人口（人）
常青村分馆	常青村村委会	30	1007	2009	草原书屋	800
潮脑梁村分馆	潮脑梁村村委会	30	981	2009	草原书屋	500
枳机塔村分馆	枳机塔村村委会	40	998	2007①	草原书屋、万村书库	1000
万利小学	万利小学	30	1754	2009	草原书屋	600
查干村分馆	查干村村委会	40	774	2009	草原书屋	1000
布日都村分馆	布日都村村委会	80	808	2009	草原书屋	386
九城宫村分馆	九城宫村村委会	15	468	2009	草原书屋	20
灶火壕村分馆	灶火壕村村委会	30	598	2009	草原书屋	3000
色连村分馆 和硕社区分馆	色连村村委会	30	348	2009	草原书屋	5000
撖家塔村分馆	撖家塔村村委会	60	1313	2009	草原书屋	1000
永胜村分馆	罕台镇文化站	80	386	2009	暂设置在罕台镇文化站	5000
庆丰社区分馆	庆丰社区	40	1774	2009	草原书屋	1400
罕台村分馆	罕台村村委会	60	2280	2007	万村书库	5000
海畔村分馆	海畔村村委会	30	1794	2009	草原书屋	100

---

① 枳机塔村于2007年建立万村书库,2009年试点建立了草原书屋,2018年更名为枳机塔村分馆。

名称	地址	面积 （平方米）	文献藏量 （册）	成立时间 （年）	备注	服务人口 （人）
泊尔江海子村	泊尔江海子村村委会	25	1261	2009	草原书屋	100
什股壕村分馆	什股壕村村委会	30	852	2009	草原书屋	100
巴音敖包村分馆	巴音敖包村村委会	40	690	2009	草原书屋	50
海子湾村分馆	海子湾村村委会	30	1161	2009	草原书屋	100
宗兑村分馆	宗兑村村委会	20	1117	2009	草原书屋	50
城梁村分馆	城梁村村委会	20	725	2009	草原书屋	100
漫赖村分馆	漫赖村村委会	20	1723	2007	万村书库	100
柴登村分馆	柴登村村委会	60	2496	2007	万村书库	100
新园社区分馆 昆都仑社区分馆	新园社区	40	1200	2018		4400
春晖社区分馆	春晖社区	30	1400	2018		2000
南湖社区分馆	南湖社区	60	1000	2018		5000
锦绣社区分馆	锦绣社区	30	500	2018		5000
航空社区分馆	航空社区	70	500	2018		7552
祥和社区分馆	祥和社区	40	864	2018		10000

名称	地址	面积（平方米）	文献藏量（册）	成立时间（年）	备注	服务人口（人）
永兴社区分馆	永兴社区	40	1000	2018		4000
新建社区分馆	新建社区	50	1000	2018		6700
碾盘梁村分馆	碾盘梁村村委会	60	1101	2009	草原书屋	100
天骄社区分馆	天骄社区	30	760	2018		7000
安达社区分馆	安达社区	80	1524	2018	草原书屋	3000
康和社区分馆	康和社区	80	2118	2009	草原书屋	7000
园丁社区分馆	园丁社区	50	503	2018		7000
伊煤社区分馆	伊煤社区	50	1000	2018		6700
家园社区分馆	家园社区	35	300	2017		6200
和谐社区分馆	和谐社区	40	700	2018		6000
闻莺社区分馆 / 格舍壕村分馆	闻莺社区	60	2574	2009	草原书屋，文莺社区分馆与格舍壕村分馆共享	8000
育才社区分馆	育才社区	40	360	2018		5800
通顺社区分馆	通顺社区	40	380	2018		6000
前进社区分馆	前进社区	20	416	2018		6500

名称	地址	面积（平方米）	文献藏量（册）	成立时间（年）	备注	服务人口（人）
亿利金威社区分馆	亿利金威社区	100	1200	2018		7500
桥西社区分馆	桥西社区	40	1000	2018		4000
文苑社区	文苑社区	40	500	2018		4000
技工社区	技工社区	30	601	2018		3500
伊欢社区	伊欢社区	30	500	2018		4500
蒙欣社区	蒙欣社区	40	501	2018		5600
瑞祥社区	瑞祥社区	40	520	2018		5200
东胜区宣传部分馆	党政大楼808室	20	148	2011		400
东胜区鸿波小学分馆	东胜区第五中学旧址	108	462	2013		1426
香水湾分馆	纺织西街21号街坊香水湾小区南门	200	356	2016		3000
文化旅游投资集团有限公司分馆	现代城17楼	25	300	2017		500
武警执勤一中队分馆	罕台镇西5公里处	80	500	2018		1000
鄂尔多斯监狱分馆	罕台镇西5公里处	80	1000	2018		2000
东胜区廉政教育管理中心分馆	联邦大厦银座北	50	1000	2018		3000
三度书吧分馆	东胜区第四小学对面	60	600	2018		5000
民政福利中心分馆	罕台民政福利中心	60	500	2018		400

四、图书馆部门发展

表 3 - 5　图书馆科室部门发展表

时间（年）	科室部门设置
1987	阅览组、采编组、借阅组、财务组
1988—1993	阅览组、采编组、借阅组、财务组、书库、少儿图书阅览室
1994	借阅室、阅览室、文明市民学校、财务室、办公室
1995—1998	借阅室、阅览室、馆长室、财务室、办公室
1999	借阅室、综合阅览室、电教室、培训室、办公室
2000	图书借阅室、报刊阅览室、过刊阅览室、声像服务室、天文观测室、办公室
2001—2002	馆长室、副馆长室、图书借阅室、报刊阅览室、过刊阅览室、声像服务室、天文观测室、办公室
2003	馆长室、副馆长室、图书借阅室、报刊阅览室、过刊阅览室、声像服务室、天文观测室、办公室、电子阅览室
2004	馆长室、副馆长室、图书借阅室、报刊阅览室、过刊阅览室、声像服务室、天文观测室、电子阅览室、采编（辅导）部、办公室
2005—2010	馆长室、副馆长室、图书借阅室、报刊阅览室、过刊阅览室、声像服务室、天文观测室、电子阅览室、全国文化信息资源共享工程县级支中心、办公室
2011—2012	馆长室、副馆长室、图书借阅室、报刊阅览室、过刊阅览室、天文观测室、电子阅览室、全国文化信息资源共享工程县级支中心、盲人借阅室、办公室
2013	馆长室、副馆长室、成人借阅室、儿童阅览室、儿童外借室、公共电子阅览室、音乐视听室、全国文化信息资源共享工程县级支中心、地方文献室、盲人借阅室、馆外流通室、辅导培训室、网络信息中心、采编室、天文观测室、办公室
2014	馆长室、副馆长室、成人借阅室、儿童阅览室、儿童外借室、公共电子阅览室、音乐视听室、全国文化信息资源共享工程县级支中心、地方文献室、盲人借阅室、馆外流通室、辅导培训室、网络信息中心、采编室、天文观测室、连环画室、办公室

时间(年)	科室部门设置
2015	馆长室、副馆长室、成人借阅室、儿童阅览室、儿童外借室、公共电子阅览室、音乐视听室、全国文化信息资源共享工程县级支中心、地方文献室、盲人借阅室、馆外流通室、辅导培训室、网络信息中心、采编室、连环画室、蒙文资料室、天文观测室、办公室
2016	总馆:总服务台、咨询台、少儿阅读体验馆、青少年图书区、报纸期刊区、地方文献区、工具书区、全国文化信息资源共享工程支中心、公共电子阅览区、音乐视听区、多媒体体验区、盲人阅览区、数字资源体验区、中文图书区、蒙文图书区、外文图书区、新书展示区、资源检索区、休闲阅览区、共享大厅、多功能厅、专家研究室、古籍阅览室、贵宾接待室、24 小时自助图书馆、网络信息中心、采编室、馆外流通室、培训室、物业办公室、办公室 青少年宫分馆:儿童外借室、成人借阅室、儿童阅览室、电子阅览室、天文观测室
2017	总馆:总服务台、咨询台、少儿阅读体验馆、青少年图书区、报纸期刊区、地方文献区、工具书区、全国文化信息资源共享工程支中心、公共电子阅览区、音乐视听区、多媒体体验区、盲人阅览区、数字资源体验区、中文图书区、蒙文图书区、外文图书区、新书展示区、资源检索区、休闲阅览区、共享大厅、多功能厅、专家研究室、古籍阅览室、贵宾接待室、24 小时自助图书馆、网络信息中心、采编室、馆外流通室、培训室、物业办公室、企业家书架、办公室 青少年宫分馆:儿童外借室、成人借阅室、儿童阅览室、电子阅览室、自习阅览室、亲子互动室、天文观测室
2018	总馆:总服务台、咨询台、少儿阅读体验馆、中文阅览区(一、二、三)、报纸期刊阅览区、音乐视听区、多媒体体验区、全国文化信息资源共享工程支中心、公共电子阅览区、蒙文阅览区、外文阅览区、地方文献阅览区、工具书阅览区、多功能报告厅、新书展示区、资源检索区、休闲阅览区、数字资源体验区、盲人阅览区、共享大厅、多功能展厅、活动大厅、古籍阅览区、24 小时自助图书馆、网络信息中心、书法钢琴培训室、创客体验区、业务加工区、活动办公室、办公室 青少年宫分馆:儿童外借室、成人借阅室、儿童阅览室、电子阅览室、亲子互动室、自习阅览室、天文观测室

五、图书馆馆级领导

表 3—6　馆长任职年表

姓名	单位名称	职务	任职时间	备注
边嵋山	东胜县图书馆	馆长	1980 年 3 月 6 日—1982 年 2 月 22 日	
温云山	东胜县图书馆	馆长（兼）	1982 年 2 月—1982 年 10 月 19 日	
胡永德	东胜市少年儿童图书馆	负责人	1987 年 6 月 3 日—1987 年 10 月	1982 年 10 月—1987 年 6 月,东胜市图书馆与东胜市文化馆机构合并,未任命图书馆馆长和负责人
杨根明	东胜市少年儿童图书馆	负责人	1987 年 10 月—1988 年 3 月	
徐凤英	东胜市少年儿童图书馆	负责人	1988 年 3 月—1990 年 10 月	
	东胜市少年儿童图书馆	馆长	1990 年 10 月—1994 年 1 月	
任贵全	东胜市少年儿童图书馆	馆长	1994 年 1 月—2001 年 2 月	2001 年 2 月因撤市设区,东胜市少年儿童图书馆更名为东胜区少年儿童图书馆
	东胜区少年儿童图书馆	馆长	2001 年 2 月—2005 年 11 月	
王　芳	东胜区少年儿童图书馆	馆长	2006 年 5 月—2012 年 5 月	2012 年 5 月,东胜区图书馆成立,同时挂东胜区少年儿童图书馆牌子
	东胜区图书馆东胜区少年儿童图书馆	馆长	2012 年 5 月至今	

注:2005 年 11 月至 2006 年 5 月,由文化局分管副局长兼管图书馆工作。

表3－7　副馆长任职年表

姓名	单位名称	职务	任职时间	备注
张秉德	东胜市少年儿童图书馆	副馆长	1991年3月—1994年4月	
徐美丽	东胜市少年儿童图书馆	副馆长	1996年10月—2005年6月	1994年4月—1996年10月间副馆长一职空缺,未任命
贺银花	东胜区少年儿童图书馆	副馆长	2006年5月—2012年5月	2012年5月,东胜区图书馆成立,同时挂东胜区少年儿童图书馆牌子
	东胜区图书馆	副馆长	2012年5月—2015年11月	
刘桂琴	东胜区少年儿童图书馆	副馆长	2009年10月—2012年5月	
	东胜区图书馆	副馆长	2012年5月—2015年11月	
杭　霞	东胜区少年儿童图书馆	副馆长	2009年10月—2012年5月	
	东胜区图书馆	副馆长	2012年5月至今	
田永军	东胜区图书馆	副馆长	2012年5月—2013年6月	
郝文祥	东胜区图书馆	副馆长	2016年9月至今	
孙　萌	东胜区图书馆	副馆长	2016年9月至今	
折俊梅	东胜区图书馆	副馆长	2016年9月—2018年1月	
刘梦柯	东胜区图书馆	副馆长	2018年1月至今	

表3－8　书记任职年表

姓名	单位名称	职务	任职时间	备注
徐凤英	东胜市少年儿童图书馆党支部	书记	1994年1月—1996年6月	1994年1月,东胜市文化局批准东胜市少年儿童图书馆成立党支部;1996年1月,经东胜市直机关党委会议研究,同意东胜市少年儿童图书馆成立党支部
任贵全	东胜市少年儿童图书馆党支部	书记	1996年10月—2001年2月	2001年2月因撤市设区,东胜市少年儿童图书馆更名为东胜区少年儿童图书馆,党支部亦随之更名
	东胜区少年儿童图书馆党支部	书记	2001年2月—2005年12月	

续表

姓名	单位名称	职务	任职时间	备注
王芳	东胜区少年儿童图书馆党支部	书记	2006年9月—2017年6月	2017年6月，东胜区少年儿童图书馆党支部更名为东胜区图书馆党支部
	东胜区图书馆党支部	书记	2017年6月至今	

表3-9 副书记任职年表

姓名	单位名称	职务	任职时间	备注
杭霞	东胜区少年儿童图书馆党支部	副书记	2012年3月—2017年6月	2017年6月，东胜区少年儿童图书馆党支部更名为东胜区图书馆党支部
	东胜区图书馆	副书记	2017年6月至今	

六、图书馆职工名录

表3-10 2018年图书馆职工名录表

序号	姓名	性别	出生年月	入职时间	学历	职务
1	王芳	女	1968年2月	2006年5月	本科	馆长
2	杭霞	女	1980年12月	2001年9月	本科	副馆长
3	郝文祥	男	1989年5月	2011年11月	本科	副馆长
4	孙萌	女	1989年6月	2011年12月	本科	副馆长
5	刘梦柯	男	1971年6月	2016年7月	本科	副馆长
6	聂慧	女	1987年3月	2011年11月	本科	办公室主任
7	李海霞	女	1975年6月	2010年3月	大专	办公室副主任
8	郝晓华	女	1977年11月	2009年12月	本科	会计
9	崔廷吉	女	1989年8月	2011年11月	本科	出纳
10	吴贺	女	1989年7月	2011年11月	本科	公众平台管理员
11	苏铁英	女	1986年6月	2011年11月	本科	党务干事
12	金亦珂	女	1989年1月	2013年4月	本科	蒙文阅览区主任
13	毛宁	女	1974年6月	2009年11月	本科	蒙文阅览区干部
14	萨如拉	女	1979年3月	2011年6月	本科	蒙文阅览区干部
15	松德日	女	1988年1月	2011年11月	大专	蒙文阅览区干部
16	王维宏	女	1988年7月	2011年11月	本科	活动办公室主任

序号	姓名	性别	出生年月	入职时间	学历	职务
17	刁娅鑫	女	1988 年 3 月	2011 年 11 月	本科	活动办公室干部
18	罗浩琨	男	1984 年 8 月	2017 年 9 月	本科	活动办公室干部
19	任慧杰	男	1986 年 9 月	2011 年 11 月	本科	物业办公室主任
20	张 瑞	女	1988 年 11 月	2011 年 11 月	本科	网络信息中心主任
21	董育林	男	1987 年 3 月	2011 年 11 月	本科	网络信息中心干部
22	奥 磊	男	1990 年 1 月	2018 年 1 月	本科	网络信息中心干部
23	布音希迪	男	1991 年 8 月	2018 年 1 月	本科	网络信息中心干部
24	连鲜红	女	1986 年 1 月	2011 年 11 月	本科	网络信息中心干部
25	杨 燕	女	1987 年 4 月	2011 年 11 月	本科	网络信息中心干部
26	王宇烨	女	1988 年 4 月	2011 年 9 月	本科	网络信息中心干部
27	王雅珺	女	1987 年 4 月	2011 年 11 月	本科	网络信息中心干部
28	刘 梅	女	1981 年 2 月	2016 年 7 月	本科	网络信息中心干部
29	乔建芬	女	1985 年 4 月	2011 年 9 月	本科	网络信息中心干部
30	庄 晶	女	1988 年 6 月	2013 年 11 月	本科	网络信息中心干部
31	郭丽娜	女	1987 年 10 月	2011 年 11 月	本科	网络信息中心干部
32	吕海艳	女	1989 年 8 月	2011 年 11 月	本科	网络信息中心干部
33	李俊梅	女	1986 年 12 月	2011 年 11 月	本科	业务综合办公室主任
34	赵 艳	女	1987 年 4 月	2011 年 11 月	本科	业务综合办公室干部
35	任 洁	女	1987 年 11 月	2011 年 11 月	本科	业务综合办公室干部
36	田海军	男	1976 年 3 月	1998 年 8 月	本科	业务综合办公室干部
37	李喜光	男	1976 年 11 月	2011 年 12 月	大专	业务综合办公室干部
38	严 娜	女	1988 年 11 月	2011 年 11 月	本科	中文阅览区主任
39	马 慧	女	1990 年 12 月	2010 年 12 月	本科	中文阅览区干部
40	杜 惠	女	1978 年 11 月	2011 年 11 月	本科	中文阅览区干部
41	李思萱	女	1985 年 11 月	2011 年 11 月	本科	中文阅览区干部
42	齐雅琼	女	1990 年 5 月	2012 年 2 月	本科	中文阅览区干部
43	李 倩	女	1988 年 9 月	2016 年 7 月	硕士研究生	中文阅览区干部
44	张耀文	女	1985 年 11 月	2008 年 11 月	大专	中文阅览区干部
45	温 彪	男	1981 年 4 月	2016 年 7 月	大专	中文阅览区干部
46	庞翠玲	女	1975 年 2 月	2016 年 7 月	大专	中文阅览区干部
47	卢美丽	女	1972 年 11 月	2016 年 7 月	本科	中文阅览区干部
48	徐 静	女	1989 年 4 月	2011 年 11 月	本科	中文阅览区干部

续表

序号	姓名	性别	出生年月	入职时间	学历	职务
49	马文飒	女	1970年1月	2011年11月	大专	中文阅览区干部
50	折俊霞	女	1987年11月	2011年11月	本科	中文阅览区干部
51	张兰英	女	1982年5月	2009年11月	本科	中文阅览区干部
52	李翠萍	女	1977年3月	2012年2月	大专	中文阅览区干部
53	李艳枝	女	1973年2月	2012年2月	中专	中文阅览区干部
54	张旭玲	女	1988年4月	2016年4月	本科	中文阅览区干部
55	张观存	男	1984年8月	2016年6月	大专	中文阅览区干部
56	杜银花	女	1976年12月	2018年7月	本科	中文阅览区干部
57	方芳	女	1982年12月	2018年7月	硕士研究生	中文阅览区干部
58	边瑞	女	1982年2月	2016年8月	大专	中文阅览区干部
59	王艳	女	1987年10月	2011年11月	本科	少儿阅读体验馆主任
60	郝静	女	1988年4月	2011年11月	本科	少儿阅读体验馆干部
61	达丽雅	女	1987年11月	2011年11月	本科	少儿阅读体验馆干部
62	杨千柳	女	1985年6月	2011年11月	本科	少儿阅读体验馆干部
63	许圆梅	女	1987年11月	2016年7月	本科	少儿阅读体验馆干部
64	高子涵	女	1989年6月	2016年7月	本科	少儿阅读体验馆干部
65	代淑琴	女	1981年1月	2011年11月	中专	少儿阅读体验馆干部
66	石婷	女	1991年8月	2017年2月	本科	少儿阅读体验馆干部
67	王晶晶	女	1988年4月	2009年5月	本科	少儿阅读体验馆干部
68	王宁	女	1984年1月	2012年1月	本科	报纸期刊区干部
69	张敬	女	1986年2月	2011年11月	本科	报纸期刊区干部
70	邵彩霞	女	1982年5月	2012年1月	本科	报纸期刊区干部
71	王萍	女	1974年5月	2016年7月	本科	报纸期刊区干部
72	冯春燕	女	1986年10月	2011年11月	本科	报纸期刊区干部
73	刘弈鸿	女	1987年6月	2011年11月	本科	报纸期刊区干部
74	程洁	女	1986年8月	2011年11月	本科	地方文献区主任
75	屈亚萍	女	1977年10月	2016年8月	本科	地方文献区干部
76	刘先飞	女	1977年10月	2009年10月	本科	地方文献区干部
77	折紫霞	女	1987年11月	2011年11月	本科	地方文献区干部
78	杨树林	男	1990年4月	2018年1月	本科	借调至东胜区水务和水土保持局

序号	姓名	性别	出生年月	入职时间	学历	职务
79	周永亮	男	1973 年 3 月	2018 年 7 月	高中	借调至东胜区非法集资资产协调处置中心
80	贺银花	女	1968 年 1 月	2006 年 5 月	本科	驻村干部
81	刘桂琴	女	1963 年 10 月	1987 年 12 月	本科	驻村干部

七、图书馆科研成果

表 3－11　图书馆科研成果统计表

发表时间	作品主题	作品发表情况	作者
1992 年	《浅议少儿图书管理员的职业道德》	《鄂尔多斯文化》	徐凤英
1998 年 6 月	《浅谈图书馆如何发展少儿教育职能》	伊克昭盟公共图书研究经验交流表彰大会论文	王志香
1999 年 3 月	《浅谈图书馆如何发挥少儿教育职能》	《鄂尔多斯文化》	王志香
1999 年 6 月 18 日	《在市场经济条件下少儿图书馆如何为少年儿童的健康成长创造良好的文化环境》	1999 年度全国公共图书馆事业发展研讨会论文	刘桂琴
2000 年 2 月	《在市场条件下少儿图书馆如何为少年儿童的健康成长创造一个良好的文化环境》	《鄂尔多斯论坛》	刘桂琴
2000 年 3 月	《浅谈在市场经济条件下少儿图书馆的发展》	《内蒙古图书馆工作》2000 年第 3 期	温丽
2000 年 3 月	《浅谈少儿图书馆工作的重要性》	《内蒙古图书馆工作》2000 年第 3 期	徐美丽
2002 年 11 月	《档案工作要全力服务西部大开发》	《东胜报》2002 年 11 月 20 日	刘桂琴
2003 年 10 月	《浅谈对孩子的兴趣爱好和特长的培养》	《东胜报》2003 年 10 月 28 日	杭霞

续表

发表时间	作品主题	作品发表情况	作者
2003 年 11 月	《充分发挥少年儿童图书馆的职能》	《内蒙古图书馆工作》2003年第 4 期	徐美丽
2003 年 12 月	《如何为少儿健康成长创造一个良好的文化环境》	《内蒙古教育》	徐美丽
2004 年 4 月	《我与图书馆》	《书海听涛：我与图书馆全国征文优秀作品选》浙江人民出版社 2004 年第 4 版	徐美丽
2005 年 6 月	《图书馆员必须多读书》	《内蒙古图书馆工作》2005年第 2 期	王志香
2005 年 11 月	《网络时代的少年儿童图书馆的人文教育》	《内蒙古图书馆工作》2005年第 4 期	田海军
2005 年 11 月	《浅谈对新世纪图书馆员的素质要求》	《内蒙古图书馆工作》2005年第 4 期	王琪琴
2005 年 11 月	《少儿图书馆如何在新课程标准下发挥优势和作用》	《内蒙古教育》2005 年增刊	王志香
2006 年 2 月	《谈现代少儿图书馆读者服务工作》	《图书情报工作研究》2006年第 2 期	刘桂琴
2006 年 3 月	《破除"重藏轻用"的观念，加大档案馆开放力度》	《新世纪科学发展优秀文库》文教科技改革篇	王志香
2006 年 3 月	《以改革和创新推动文化建设》	《新世纪科学发展优秀文库》文教科技改革篇	王志香
2006 年 3 月	《现代化图书馆推动先进文化发展的作用》	《内蒙古图书馆工作》2006年第 1 期	王志香
2006 年 3 月	《新世纪少儿图书馆馆员素质浅论》	《内蒙古图书馆工作》2006年第 3 期	刘桂琴
2006 年 4 月	《少儿图书馆与新世纪人才培养》	《内蒙古图书馆工作》2006年第 4 期	刘桂琴
2007 年 2 月	《浅谈社区图书馆》	《内蒙古图书馆工作》2007年第 2 期	温　丽
2007 年 3 月	《坚持以人为本构建和谐少儿图书馆》	内蒙古学术研讨会论文	王　芳

发表时间	作品主题	作品发表情况	作者
2007 年 3 月	《浅谈少儿图书馆与素质教育的关系》	《内蒙古图书馆工作》2007年第 3 期	王 芳
2008 年 3 月	《发挥文化载体功能 推进和谐社区创建》	《内蒙古群文论坛》2008 年第 3 期	陈美秀
2008 年 4 月	《从文化建设看社区发展》	《内蒙古群文论坛》2008 年第 4 期	陈美秀
2008 年 7 月	《浅谈少儿图书馆读者服务工作创新》	《图书情报工作研究》	温 丽
2008 年 7 月	《浅议新世纪少儿图书馆馆员的素质》	《图书情报工作研究》	温 丽
2008 年 10 月	《浅谈少儿图书馆在构建和谐社会中的地位和作用》	《中国教育教学论坛杂志》2008 年第 10 期	王 芳
2008 年 10 月	《重视和加强少儿阅读辅导工作》	《中国教育教学论坛杂志》2008 年第 10 期	温 丽
2008 年 10 月	《探索少儿图书馆新发展》	《内蒙古图书馆工作》2008年第 4 期	温 丽
2008 年 11 月	《坚持以人为本 构建和谐少儿图书馆》	《中国教育教学论坛杂志》2008 年第 11 期	王 芳
2009 年 6 月	《面向 21 世纪的图书馆网络化信息资源建设》	《中国教育教学论坛杂志》2009 年第 6 期	田永军
2009 年 6 月	《浅谈少儿图书馆馆员的素质要求》	《中国教育教学论坛杂志》2009 年第 6 期	田海军
2009 年 6 月	《新环境下少儿图书馆的发展思路》	《中国教育教学论坛杂志》2009 年第 6 期	陈冰芙
2009 年 6 月	《浅谈少儿图书馆与学生素质教育》	《中国教育教学论坛杂志》2009 年第 6 期	李 萍
2009 年 6 月	《如何创建和谐少儿图书馆》	《信息管理导论》吉林文史出版社 2009 年第 1 版	杭 霞
2009 年 6 月	《浅论公共图书馆地方文献的收集》	《信息管理导论》吉林文史出版社 2009 年第 1 版	温 丽
2009 年 6 月	《浅谈少儿图书馆工作的重要性》	《信息管理导论》吉林文史出版社 2009 年第 1 版	贺银花

发表时间	作品主题	作品发表情况	作者
2009 年 6 月	《浅议少儿图书馆在少年儿童健康教育中的作用》	《信息管理导论》吉林文史出版社 2009 年第 1 版	康　锐
2009 年 7 月	《以人为本　开发图书馆人力资源》	《中国教育教学论坛杂志》2009 年第 7 期	贺银花
2009 年 7 月	《浅谈社区图书馆建设》	《图书情报工作研究》2009 年第 7 期	贺银花
2009 年 8 月	《少儿图书馆与儿童素质教育》	《中国教育教学论坛杂志》2009 年第 8 期	王志香
2009 年 8 月	《浅议在少图工作中践行"以读者为本　以服务至上"》	《中国教育教学论坛杂志》2009 年第 8 期	刘桂琴
2009 年 12 月	《对少图工作中以人为本的再思考》	《中国教育教学论坛杂志》2009 年第 12 期	贺银花
2010 年 8 月	《网络环境下图书馆信息服务工作浅探》	《中国教育教学论坛杂志》2010 年第 8 期	田永军
2010 年 9 月	《浅谈新时期少儿图书馆读者服务的延伸》	《中国教师教学研究》2010 年第 9 期	王　芳
2010 年 9 月	《以人为本:少年儿童图书馆读者工作初探》	《中国教师教学研究》2010 年第 9 期	张耀文
2010 年	《论提高图书馆员的素质》	《北方论丛》当代世界出版社 2009 年 11 月第 1 版	陈冰芙
2010 年 11 月	《浅谈新时期少儿图书馆队伍建设》	《中国教师教学研究》2010 年第 11 期	杭　霞
2011 年 4 月	《图书馆应承担起对少年儿童网络道德教育的责任》	《中国教育教学研究》2011 年第 2 期	郝晓华
2011 年 4 月	《浅论少儿图书馆信息资源建设》	《中国教育教学研究》2011 年第 2 期	康　锐
2011 年 6 月	《浅谈少儿读者服务工作》	《现代教育教学杂志》2011 年第 3 期	张兰英
2011 年 8 月	《论少儿图书馆与少儿思想道德建设》	《中国当代教育科研》2011 年第 7 卷第 4 期	王晶晶
2011 年 8 月	《图书馆管理策略浅论》	《中国当代教育科研》2011 年第 7 卷第 4 期	刘桂琴

发表时间	作品主题	作品发表情况	作者
2011 年 10 月	《浅谈少儿图书馆创新型人才的培养》	《中国教师教学研究》2011年第 10 期	王 芳
2012 年 4 月	《浅谈网络环境下少儿图书馆网络信息服务工作》	《课程教育研究》2012 年第 4 期	萨如拉
2012 年 5 月	《前进中的文化"信息资源"共享工程东胜区支中心——东胜区少儿图书馆》	《鄂尔多斯文化》2012年总第 41 期	田永军、刘桂琴
2012 年 6 月	《浅谈少儿图书馆的读者服务工作》	《课程教育研究》2012 年第 6 期	邵彩霞
2012 年 7 月	《以创建国家公共文化服务体系示范区为契机,东胜区少儿图书馆免费开放——真心服务读者,温馨传播书香》	《鄂尔多斯晚报》2012 年 7 月 6 日第 6 版	王 芳、王尚琪
2012 年 8 月	《浅议少儿图书馆与儿童阅读建设》	《教育新知》2012 年第 4 期	刘先飞
2012 年 10 月	《网络与少儿读者服务工作》	《现代教育创新》2012 年第 10 期	张兰英
2013 年 4 月	《古籍文献数字化学科建设探究以及在当今社会的发展利用》	《科教新时代》2013 年总第 226 期	程 洁
2013 年 4 月	《试论网络环境下的图书馆员工素质的提升和读者服务工作》	《科教新时代》2013 年总第 226 期	郝文祥
2013 年 4 月	《做好网络环境下少儿图书馆的读者活动工作》	《中国当代教育研究》2013年第 2 期	王晶晶
2013 年 4 月	《东胜区基层图书室建设现状》	《鄂尔多斯文化》2013 年总第 46 期	聂 慧
2013 年 5 月	《浅谈高校图书馆未来发展前景与方向的探索》	《现代教育实践与研究》2013 年第 4 期	王 芳
2013 年 5 月	《东胜区图书馆建设亮点》	《鄂尔多斯文化》2013 年第 5、6 期合刊	杭 霞

发表时间	作品主题	作品发表情况	作者
2013 年 8 月	《浅谈图书馆管理人员工作素质研究》	《现代教育实践与研究》2013 年第 8 期	李海霞
2013 年 9 月	《如何为少儿健康成长创造一个良好的文化环境》	《祖国》2013 年 9 月（上）	田海军
2013 年 10 月	《东胜区图书馆建设亮点》	《鄂尔多斯文化》2013 年第 5 期	杭 霞
2013 年 10 月	《浅谈基层社区图书室建设》	《内蒙古图书馆工作》2013 年第 3 期	杭 霞、张婧怡
2013 年 10 月	《浅谈创新少儿图书馆服务工作》	《课程教育研究》2013 年	田海军
2013 年 10 月	《浅议如何做好图书馆少儿阅览推广工作》	《内蒙古教育》2013 年	折俊梅
2013 年 11 月	《浅谈公共图书馆的读者服务工作》	《现代教育实践与研究》2013 年第 11 期	陈冰芙
2013 年 11 月	《浅谈少年儿童图书馆电子阅览室管理》	《现代教育实践与研究》2013 年第 11 期	萨如拉
2013 年 12 月	《新形势下图书信息化的管理》	《数字化用户》2013 年第 32 期	王晶晶
2014 年 4 月	《新时期图书馆少儿室面临的问题及其对策》	《祖国》2014 年 4 月（上）	王 宁
2014 年 4 月	《浅谈中小型图书馆少儿服务的创新》	《祖国》2014 年 4 月（上）	齐雅琼
2014 年 8 月	《公共文化服务体系建设下的图书馆对图书管理人员的素质要求》	《祖国》	刘桂琴
2014 年 8 月	《鄂尔多斯公共图书馆与公共文化服务体系研究》	《中国素质教育探索》光明日报出版社 2014 年 8 月第 1 版	田海军
2014 年 9 月	《谈现代化图书馆推动先进文化发展的作用》	《速读》	田海军
2014 年 9 月	《东胜区：文化惠民　加分幸福》	《鄂尔多斯日报》2014 年 9 月 30 日第 3 版	杨 丽

发表时间	作品主题	作品发表情况	作者
2014 年 11 月	《信息技术时代如何提高东胜区公共图书馆电子阅览室的服务和管理水平》	《鄂尔多斯日报》2014 年 11 月 21 日第 3 版	王晶晶
2014 年 11 月	《浅析少年儿童阅读心理》	《课程教育研究》2014 年第 13 期	张兰英
2015 年 1 月	《浅析图书馆信息服务功能的发展与完善》	《速读》	金亦珂
2015 年 1 月	《论图书馆的数字化建设》	《速读》	任慧杰
2015 年 1 月	《创新思维在图书馆传统服务中的作用》	《速读》	王维宏
2015 年 1 月	《浅谈图书馆网络化信息资源建设》	《中国教育创新与实践》	田海军
2015 年 3 月	《刍议新形势下的数字图书馆》	《现代交际》2015 年 3 月刊，总第 404 期	杜　惠
2015 年 11 月	《少儿图书馆应承担起对少年儿童网络道德教育的责任》	《速读》	郝晓华
2015 年 11 月	《如何积极发挥少儿图书馆的职能》	《中国教育创新与实践》	郝晓华
2016 年 1 月	《浅谈如何做好图书馆外借服务工作》	《社会科学》	邵彩霞
2016 年 4 月	《浅析少儿图书馆的服务与创新》	《关爱明天》	王晶晶
2016 年 6 月	《浅谈公共图书馆少儿阅读的推广》	《教育》	邵彩霞
2016 年 5 月	《创新思维在图书馆传统服务中的作用》	《速读》	刁娅鑫
2016 年 8 月	《让图书馆服务更贴近基层群众——东胜区图书馆建设与服务创新实践》	《基层图书馆建设与服务创新》国家图书馆出版社 2016 年 8 月	王　芳
2016 年 8 月	《新世纪少儿图书馆员的素质要求》	《读书文摘》	郝晓华

发表时间	作品主题	作品发表情况	作者
2016 年 9 月	《浅谈少年儿童素质教育的新课堂图书馆》	《中国素质教育创新研究》光明日报出版社 2016 年 9 月	郝晓华
2016 年 10 月	《鄂尔多斯市东胜区图书馆:创新机制 服务基层》	《城市图书馆发展模式研究——以铜陵市图书馆为例》国家图书馆出版社 2016 年 10 月	王 芳、杭 霞
2016 年 11 月	《如何在公共文化服务体系建设中发挥公共图书馆作用》	《课程教育研究》2016 年第 31 期	郝晓华
2016 年 12 月	《如何推动图书馆先进文化发展的作用》	《读书文摘》	李海霞
2016 年 12 月	《阅读推广的理论引领与服务创新——以东胜区阅读推广为例》	《中文信息》2016 年第 12 期,总第 228 期	杭 霞
2016 年 12 月	《浅谈网络环境下的图书馆读者服务工作》	《中文信息》2016 年第 12 期,总第 228 期	邵彩霞
2017 年 3 月	《论公共图书馆的采编工作》	《中国西部》	张 瑞
2017 年 3 月	《数字化图书馆读者服务工作的发展趋势分析》	《中国西部》	王宇烨
2017 年 4 月	《县级图书馆全面推行总分馆运行模式思考——以东胜区图书馆为例》	《新教育时代》2017 年第 14 期	杭 霞
2017 年 6 月	《论移动互联网时代图书馆的发展趋势》	《中国西部》	严 娜
2017 年 7 月	《数字化图书馆读者服务工作的发展趋势分析》	《中国西部》	刘弈鸿
2017 年 10 月	《浅谈网络化图书馆的信息资源建设》	《中国西部》	吕海艳
2017 年 12 月	《浅谈新时期县级公共图书馆转型发展探索》	《中国西部》	金亦珂

发表时间	作品主题	作品发表情况	作者
2018 年 3 月	《浅谈如何融合社会力量参与建设书香社会》	《图书情报》2018 年第 3 期	杭 霞、金亦珂
2018 年 5 月	《创新图书馆践行阅读推广的有效策略》	《新教育时代》	王 萍
2018 年 7 月	《探讨公共图书馆如何促进全民阅读推广》	《新教育时代》	冯春燕
2018 年 10 月	《图书馆电子阅览室功能及其服务探讨》	《科学与信息化》2018 年 10 月（上），总第 595 期	庄 晶
2018 年 10 月	《图书馆开展少儿阅读推广活动的路径探究》	《科学与信息化》2018 年 10 月（上），总第 595 期	代淑琴
2018 年 10 月	《青少年心理健康教育图书出版策略信息化分析》	《科学与信息化》2018 年 10 月（上），总第 595 期	李翠萍
2018 年 10 月	《浅析如何发挥移动终端设备在县级图书馆转型发展中的作用》	《明日》	乔建芬

八、图书馆获奖情况

表 3 - 12 集体获奖表

获奖时间	奖项名称或获奖原因	颁奖单位
1992 年 3 月	内蒙古自治区首届少儿电子琴"彩虹杯"比赛组织奖	内蒙古自治区文化厅、教育厅、广播电视厅、文联、音协、团委、妇联、键盘学会
1992 年 4 月	一九九一年文化系统目标管理考核验收一等奖	东胜市文化局
1992 年 12 月	文明单位	东胜市交通街道办事处党委、东胜市文化局总支
1993 年 4 月	一九九二年文化系统目标管理一等奖	东胜市文化体育局
1993 年 5 月	全市第二届书法（硬笔）展览组织奖	东胜市文联、工会、团委、妇联等

获奖时间	奖项名称或获奖原因	颁奖单位
1993 年 9 月	东北、华北、西北"三北"希望杯少儿书画大赛组织奖	东北、华北、西北希望杯绘画、书法、篆刻大赛办公室
1994 年 10 月	青少年社会教育基地	中共东胜市委员会、东胜市人民政府
1995 年 3 月	一九九四年目标管理一等奖	东胜市文化体育局
1995 年 4 月	文明单位	中共东胜市委员会、东胜市人民政府
1996 年 3 月	爱国主义教育基地	中共东胜市委员会、东胜市人民政府
1996 年 4 月	一九九五年目标管理责任制一等奖	东胜市文化局
1996 年 4 月	在全国少年儿童图书馆评估定级工作中被评为三级少年儿童图书馆	中华人民共和国文化部
1997 年 4 月	一九九六年文化目标管理一等奖	东胜市文化局
1998 年 3 月	一九九七年度文化目标管理考核二等奖	东胜市文化局
1999 年 4 月	一九九八年度目标管理二等奖	东胜市文化局
1999 年 10 月	机关档案工作目标管理自治区三级先进单位	内蒙古自治区档案局
1999 年 10 月	在全国公共图书馆第二次评估定级工作中被评定为三级图书馆	中华人民共和国文化部
2000 年 4 月	一九九九年度目标管理责任制一等奖	东胜市文化局
2000 年 4 月	标兵文明单位	中共东胜市委员会、东胜市人民政府
2000 年 6 月	创建全国文化市先进集体	中共东胜市委员会、东胜市人民政府
2001 年 4 月	2000 年度目标管理责任制一等奖	鄂尔多斯市东胜区文化局
2002 年 5 月	2001 年度目标管理责任制考核"工作实绩突出单位"（奖励 500 元）	鄂尔多斯市东胜区文化局

获奖时间	奖项名称或获奖原因	颁奖单位
2003 年 3 月	2002 年度目标管理责任制一等奖（奖金 3000 元）	鄂尔多斯市东胜区文化局
2003 年 5 月	文明单位标兵	中共鄂尔多斯市东胜区委员会、鄂尔多斯市东胜区人民政府
2004 年 3 月	2003 年度目标管理责任制一等奖	鄂尔多斯市东胜区文化局
2005 年 4 月	2004 年度文化工作目标责任制考核"实绩突出单位"	鄂尔多斯市东胜区文化局
2005 年 6 月	在第三次全国公共图书馆评估定级工作中被评为二级图书馆	中华人民共和国文化部
2006 年 6 月	"十五"期间文化强区建设先进集体	中共鄂尔多斯市东胜区委员会、鄂尔多斯市东胜区人民政府
2007 年 1 月	2006 年度"先进会员单位"	鄂尔多斯市图书馆学会
2008 年 5 月	2007 年度文化工作目标责任制考核验收"实绩突出单位"	鄂尔多斯市东胜区文化局
2008 年 5 月	在蒲公英第八届（2008）青少年优秀艺术新人选拔活动中评为蒲公英青少年优秀艺术新人选拔活动内蒙古赛区"优秀组织奖"	中华儿童文化艺术促进会
2008 年 6 月	2007 年度"平安单位"	鄂尔多斯市东胜区创建平安东胜领导小组办公室
2009 年 5 月	2008 年文化责任目标考核"实绩突出单位"	鄂尔多斯市东胜区文化局
2009 年 12 月	鄂尔多斯市首届公共图书馆业务知识竞赛中荣获团体三等奖	鄂尔多斯市图书馆学会
2010 年 1 月	在第四次全国公共图书馆评估定级工作中被评为二级图书馆	中华人民共和国文化部
2011 年 8 月	2011 年"全国文化信息资源共享工知识与技能竞赛"鄂尔多斯分赛区选拔赛团体优秀组织奖	鄂尔多斯市图书馆、鄂尔多斯市图书馆学会

获奖时间	奖项名称或获奖原因	颁奖单位
2011 年 10 月	文明单位标兵	中共鄂尔多斯市东胜区委员会、鄂尔多斯市东胜区人民政府
2012 年 2 月	2011 年文化工作目标责任制考核实绩突出单位	鄂尔多斯市东胜区文化局
2012 年 3 月	2011 年度鄂尔多斯市图书馆学会"优秀会员单位"	鄂尔多斯市图书馆学会
2012 年 10 月	全市爱国歌曲大合唱优秀组织奖	鄂尔多斯市东胜区委组织部
2013 年 7 月	先进基层党组织	中共鄂尔多斯市东胜区委员会
2013 年 9 月	全市文明单位	中共鄂尔多斯市委员会、鄂尔多斯市人民政府
2013 年 11 月	在第五次全国公共图书馆评估定级工作中被评为一级图书馆	中华人民共和国文化部
2014 年 10 月	数字图书馆推广工程参赛作品获机构组优秀奖	国家图书馆数字图书馆推广工程办公室
2014 年 12 月	创建国家公共文化服务体系示范区先进集体	鄂尔多斯市文化新闻出版广电局
2015 年 7 月	先进基层党组织	中共鄂尔多斯市东胜区委员会
2015 年 9 月	2010—2014 年度先进集体	内蒙古自治区图书馆学会
2015 年 10 月	2013—2014 自治区十佳图书馆	内蒙古自治区文化厅
2016 年 7 月	先进基层党组织	中共鄂尔多斯市委员会
2017 年 11 月	2016—2017 年度先进集体	内蒙古自治区图书馆学会
2017 年 11 月	全区首届"书香草原　大美北疆——蒙古娃少年儿童美术作品大赛"优秀组织奖	内蒙古自治区图书馆学会、内蒙古自治区图书馆
2017 年 11 月	2015—2016 年度自治区十佳图书馆	内蒙古自治区文化厅

获奖时间	奖项名称或获奖原因	颁奖单位
2017 年 11 月	公共数字文化服务工作"先进集体"	内蒙古自治区图书馆、全国文化信息资源共享工程内蒙古自治区分中心
2018 年 3 月	2017 年度全市文明服务"示范窗口"	鄂尔多斯市精神文明建设委员会
2018 年 4 月	东胜区"最佳志愿服务组织"	鄂尔多斯市东胜区志愿者联合会
2018 年 5 月	鄂尔多斯市"双美双优文明服务示范窗口"	鄂尔多斯市精神文明建设委员会
2018 年 5 月	鄂尔多斯市"创建第五届全国文明城市工作先进单位"	中共鄂尔多斯市委员会、鄂尔多斯市人民政府
2018 年 12 月	2017 年度全民阅读优秀组织	中国图书馆学会
2018 年 12 月	书香城市(区县级)荣誉称号	中国图书馆学会

表 3 - 13　个人获奖表

获奖时间	获奖人	奖项名称或获奖原因	颁奖单位
1987 年 7 月	徐凤英	优秀共产党员	中共东胜市直属机关委员会
1989 年 12 月	徐凤英	优秀共产党员	中共东胜市直属机关委员会
1989 年	徐凤英	全盟图书馆事业改革与发展研讨会上获优秀论文三等奖	
1990 年 10 月	徐凤英	全盟家庭教育先进工作者	伊克昭盟儿童少年工作委员会
1990 年 11 月	任贵全	先进工作者	东胜市宣传系统
1990 年 12 月	徐凤英	宣传系统先进工作者	伊克昭盟宣传部
1991 年 3 月	徐凤英	全盟宣传战线先进工作者	伊克昭盟宣传部
1991 年 5 月	徐凤英	全区热爱儿童先进工作者	内蒙古自治区儿童少年工作委员会
1991 年 6 月	徐凤英	儿少事业先进工作者	伊克昭盟儿童少年工作委员会

获奖时间	获奖人	奖项名称或获奖原因	颁奖单位
1991 年 12 月	徐凤英	优秀共产党员	中共东胜市直属机关委员会
1991 年 12 月	任贵全	1991 年度优秀共产党员	中共东胜市直属机关委员会
1991 年 12 月	边巧兰	1991 年度先进工作者	东胜市文化局
1991 年 12 月	刘桂荣	1991 年度先进工作者	东胜市文化局
1992 年 3 月	徐凤英	1991 年度"巾帼建功女标兵"	东胜市妇联
1992 年 3 月	任贵全	1991 年度优秀共产党员	文化系统
1992 年 3 月	任贵全	1991 年度优秀共产党员	中共东胜市直属机关委员会
1992 年 6 月	徐凤英	全国少年儿童校外教育先进工作者	
1993 年 3 月	徐凤英	1992 年度"巾帼建功标兵"	东胜市妇联
1993 年 3 月	刘桂琴	1992 年度先进工作者	东胜市宣传部
1993 年 9 月	徐凤英	东北、华北、西北希望杯绘画、书法、篆刻大赛评比中获一等奖	
1993 年 9 月	张彩云	东北、华北、西北希望杯绘画、书法、篆刻大赛评比中获一等奖	
1994 年 5 月	徐凤英	经成果评审和资格认定特入编《当代中国科学家与发明家大辞典》并颁发证书	
1995 年 3 月	徐凤英	"巾帼建功"标兵	中共东胜市委员会、东胜市人民政府
1995 年 5 月	张彩云	全市第二届硬笔书展二等奖	东胜市文妇联团委
1996 年 6 月	徐凤英	全国"小百花杯"少年儿童书法绘画摄影大赛"优秀伯乐奖"	全国"小百花杯"少年儿童书法绘画摄影大赛组委会
1997 年 2 月	王志香	1996 年度"巾帼建功"标兵	
1997 年 10 月	张彩云	国际"观鹤杯"硬笔书法精英邀请赛中获"青年组精英奖"	

获奖时间	获奖人	奖项名称或获奖原因	颁奖单位
1998 年 6 月	刘桂荣	1997 年度优秀共产党员	东胜市文化局
1998 年 7 月	任贵全	优秀共产党员	
1998 年 12 月	张彩云	绘画作品被评为"国泰民安杯"书画大赛优秀奖	国家级专家
1999 年 4 月	徐美丽	1998 年度"全市宣传思想工作先进个人"	东胜市委宣传部
1999 年 5 月	刘桂琴	1999 年东胜市大学习大讨论有奖知识竞赛二等奖	
1999 年 5 月	张彩云	1999 年东胜市大学习大讨论有奖知识竞赛二等奖	
1999 年 6 月	张彩云	第三届"文华杯"全国硬笔书法大赛段位评审委员会评定授予"五段"位安全生产先进工作者	东胜市安全生产委员会
1999 年 6 月	张彩云	硬笔书法作品在 20 世纪全国硬笔展览作品中获得一等奖	
1999 年 6 月	张彩云	书法作品"精英奖"命名为"海峡两岸德艺双馨艺术家"称号	中国文学艺术界联合会评审委员会
1999 年 6 月	张彩云	硬笔书法作品"正书""六段"、行草书"一段"获段位证书	全国硬笔书法大赛段位评审委员会
1999 年 7 月	张彩云	东方之子书法大赛中获得"红鹰杯"银奖	
1999 年 7 月	任贵全	优秀共产党员	中共东胜市直属机关委员会
1999 年 7 月	徐美丽	1999 年度文化系统"优秀共产党员"	东胜市文化局
2000 年 3 月	张彩云	首届"鄂尔多斯杯"硬笔书法大赛中获得二等奖	
2000 年 3 月	任贵全	其业绩献辞已收入由中国科技报研究会编辑中国社会出版社出版的《中国人才世纪献辞》一书,并获荣誉证书	

获奖时间	获奖人	奖项名称或获奖原因	颁奖单位
2000 年 9 月	王志香	2000 年度"家庭教育优秀家长"	东胜市教育体育局、东胜市妇女联合会
2000 年 11 月	张彩云	《书法对联》入选第三届王子杯海峡两岸书画艺术展并获"佳作"奖,特授"优秀艺术家"称号	国际美术家联合会、中国书画家协会委员会
2001 年 3 月	徐美丽	2000 年度"优秀共产党员"	东胜市文化局党支部委员会
2001 年 4 月	任贵全	"九五"期间"全市小康文化工程建设先进个人"	中共东胜市委员会、东胜市人民政府
2001 年 5 月	张彩云	书法作品在鄂尔多斯市首届"湘泉杯"书画大赛中获一等奖	
2001 年 6 月	任贵全	2000 年度优秀党务工作者	东胜区文化局党支部委员会
2002 年 7 月	王志香	2001 年度"优秀共产党员"	东胜区文化局
2002 年 7 月	刘桂琴	优秀共产党员	东胜区文化局
2003 年 2 月	贺银花	2001—2002 年全区"扫黄打非"集中行动先进个人	内蒙古自治区"扫黄、打非"工作小组
2003 年 3 月	张彩云	2002 年度《东胜文化信息》优秀通讯员	
2003 年 7 月	任贵全	优秀共产党员	中共鄂尔多斯市东胜区委员会
2003 年 7 月	张彩云	书法作品在鄂尔多斯市业余书法比赛中获三等奖	
2003 年 7 月	任贵全	抗击非典先进个人荣誉称号	中共鄂尔多斯市东胜区委员会、东胜区人民政府
2004 年 4 月	徐美丽	《我与图书馆》在参加《中国文化报》征文比赛中获三等奖	
2004 年 6 月	张彩云	2004 年度优秀共产党员	中共东胜区文化局总支委员会
2004 年 7 月	任贵全	2004 年度优秀共产党员	中共鄂尔多斯市委员会

获奖时间	获奖人	奖项名称或获奖原因	颁奖单位
2004 年 7 月	刘桂琴	优秀共产党员	中共鄂尔多斯市直属机关委员会
2005 年 4 月	张彩云	2004 年度《文化信息》优秀通讯员	东胜区文化局
2005 年 7 月	王志香	优秀共产党员	中共鄂尔多斯市东胜区文化局总支部
2007 年 7 月	王志香	优秀共产党员	中共鄂尔多斯市东胜区文化局总支部
2008 年 7 月	王 芳	优秀共产党员	中共鄂尔多斯市东胜区文化局总支部
2009 年 6 月	王 芳	2009 年度优秀共产党员	中共鄂尔多斯市东胜区文化局党总支
2009 年 12 月	杭 霞	全市首届公共图书馆业务知识竞赛二等奖	鄂尔多斯市图书馆、鄂尔多斯市图书馆学会
2010 年 4 月	王 芳	2009 年度文化系统先进工作者	东胜区文化局
2010 年 4 月	王 芳	东胜区首届"万家乐"元宵文化节先进个人	中共东胜区委员会、东胜区人民政府
2010 年 6 月	其木格	东胜区"学党史、弘扬作风、树形象、创先争优"知识竞赛三等奖	
2010 年 6 月	王 芳	全市未成年人思想道德建设先进工作者	鄂尔多斯市精神文明建设委员会
2010 年 11 月	王 芳	公共文化设施管理先进个人	文化部主管中国文化管理学会
2011 年 11 月	杭 霞	创建全国文明城市先进工作者	中共鄂尔多斯市东胜区委员会
2011 年 6 月	田永军	东胜区文化系统优秀共产党员	东胜区文化局党委
2011 年 12 月	王 芳	基层图书馆优秀馆长	内蒙古自治区图书馆学会
2012 年 1 月	王 芳	创建全国文明城市先进工作者	中共鄂尔多斯市委员会、鄂尔多斯市人民政府

获奖时间	获奖人	奖项名称或获奖原因	颁奖单位
2012 年 3 月	王　芳	东胜区"三八"红旗手	中共鄂尔多斯市东胜区委员会
2012 年 3 月	杭　霞	鄂尔多斯市图书馆学会优秀会员	鄂尔多斯市图书馆、鄂尔多斯市图书馆学会
2012 年 6 月	杭　霞	东胜区文化系统优秀党员	东胜区文化局党委
2012 年 9 月	王　芳	东胜区民族团结进步模范个人	中共鄂尔多斯市东胜区委员会
2013 年 7 月	王　芳	2013 年度文化系统优秀党务工作者	中共鄂尔多斯市东胜区文化局委员会
2013 年 7 月	严　娜	2013 年度优秀共产党员	中共鄂尔多斯市东胜区文化局委员会
2013 年 7 月	郝文祥	2013 年度文化系统优秀共产党员	中共鄂尔多斯市东胜区文化局委员会
2014 年 5 月	赵　艳	文化系统演讲比赛二等奖	中共鄂尔多斯市东胜区文化局委员会
2014 年 6 月	王维宏	"心系群众跟党走　为民务实转作风"知识竞赛团体赛二等奖	中共鄂尔多斯市东胜区委组织部
2015 年 7 月	严　娜	2015 年度文化系统优秀共产党员	中共鄂尔多斯市东胜区文化局委员会
2015 年 7 月	金亦珂	2015 年度文化系统优秀共产党员	中共鄂尔多斯市东胜区文化局委员会
2015 年 7 月	王维宏	2015 年度优秀党务工作者	中共鄂尔多斯市东胜区文化局委员会
2015 年 9 月	王维宏	《美在东胜》拍客大赛优秀奖	东胜区委宣传部
2015 年 9 月	屈亚萍	2010—2014 年度先进个人	内蒙古自治区图书馆学会
2015 年 9 月	王　芳	2010—2014 年度先进个人	内蒙古自治区图书馆学会
2016 年 6 月	程　洁	在"第十一届鄂尔多斯市图书馆学会年会暨图书馆论坛"征文活动中荣获优秀奖	鄂尔多斯市图书馆学会

获奖时间	获奖人	奖项名称或获奖原因	颁奖单位
2016 年 6 月	屈亚萍	在"第十一届鄂尔多斯市图书馆学会年会暨图书馆论坛"中被评为鄂尔多斯市图书馆学会优秀会员	鄂尔多斯市图书馆学会
2016 年 6 月	任慧杰	在"第十一届鄂尔多斯市图书馆学会年会暨图书馆论坛"中被评为鄂尔多斯市图书馆学会优秀会员	鄂尔多斯市图书馆学会
2016 年 6 月	王　芳	在"第十一届鄂尔多斯市图书馆学会年会暨图书馆论坛"中被评为鄂尔多斯市图书馆学会优秀会员	鄂尔多斯市图书馆学会
2016 年 6 月	杭　霞	在"第十一届鄂尔多斯市图书馆学会年会暨图书馆论坛"中被评为鄂尔多斯市图书馆学会优秀会员	鄂尔多斯市图书馆学会
2016 年 6 月	郝文祥	在"第十一届鄂尔多斯市图书馆学会年会暨图书馆论坛"中被评为鄂尔多斯市图书馆学会优秀会员	鄂尔多斯市图书馆学会
2016 年 6 月	郝文祥	在"第十一届鄂尔多斯市图书馆学会年会暨图书馆论坛"征文活动中荣获优秀奖	鄂尔多斯市图书馆学会
2016 年 7 月	王　芳	2015—2016 年度"优秀共产党员"	中共鄂尔多斯市东胜区文化体育旅游局党组
2016 年 7 月	杭　霞	2015—2016 年度"优秀党务工作者"	中共鄂尔多斯市东胜区文化体育旅游局党组
2016 年 7 月	郝文祥	2015—2016 年度"优秀共产党员"	中共鄂尔多斯市东胜区文化体育旅游局党组
2016 年 7 月	严　娜	2015—2016 年度"优秀共产党员"	中共鄂尔多斯市东胜区文化局委员会
2016 年 7 月	孙　萌	最美基层干部	中共鄂尔多斯市东胜区文化体育旅游局党组

获奖时间	获奖人	奖项名称或获奖原因	颁奖单位
2016 年 7 月	聂 慧	最美基层干部	中共鄂尔多斯市东胜区文化体育旅游局党组
2016 年 8 月	郝文祥	2016 年度数字图书馆业务技能能手	中国图书馆学会
2016 年 8 月	郝文祥	2016 年度数字图书馆业务技能菁英	中国图书馆学会
2016 年 8 月	郝文祥	"2016 年度数字图书馆业务技能竞赛"决赛中荣获三等奖	中国图书馆学会
2016 年 8 月	董育林	2016 年度数字图书馆业务技能能手	中国图书馆学会
2016 年 8 月	张 瑞	2016 年度数字图书馆业务技能能手	中国图书馆学会
2016 年 8 月	程 洁	2016 年度数字图书馆业务技能能手	中国图书馆学会
2016 年 8 月	邵彩霞	2016 年度数字图书馆业务技能能手	中国图书馆学会
2016 年 8 月	折俊霞	2016 年度数字图书馆业务技能能手	中国图书馆学会
2016 年 8 月	刘弈鸿	2016 年度数字图书馆业务技能能手	中国图书馆学会
2016 年 8 月	金亦珂	2016 年度数字图书馆业务技能能手	中国图书馆学会
2016 年 8 月	王雅珺	2016 年度数字图书馆业务技能能手	中国图书馆学会
2016 年 9 月	萨如拉	学习使用蒙古语文模范个人	东胜区民族宗教事务局
2017 年 7 月	王维宏	2016 年度优秀党务工作者	东胜区文化体育旅游局
2017 年 7 月	郝文祥	2016 年度优秀党员	东胜区文化体育旅游局
2017 年 7 月	张 瑞	2016 年度优秀党员	东胜区文化体育旅游局
2017 年 7 月	吴 贺	2016 年度优秀党员志愿者	东胜区文化体育旅游局
2017 年 7 月	董育林	最美基层干部	东胜区文化体育旅游局
2017 年 7 月	折俊梅	2016 年度先进工作者	东胜区文化体育旅游局
2017 年 7 月	任慧杰	2016 年度先进工作者	东胜区文化体育旅游局

获奖时间	获奖人	奖项名称或获奖原因	颁奖单位
2017 年 7 月	杜 惠	2016 年度先进工作者	东胜区文化体育旅游局
2017 年 7 月	刘奕鸿	2016 年度先进工作者	东胜区文化体育旅游局
2017 年 7 月	金亦珂	2016 年度先进工作者	东胜区文化体育旅游局
2017 年 7 月	闫晓宇	2016 年度先进工作者	东胜区文化体育旅游局
2017 年 7 月	孙 萌	2016 年度先进工作者	东胜区文化体育旅游局
2017 年 7 月	张瑞	转型发展与创客空间建设研讨会暨 2017 e 线图情年会征文活动中荣获优秀奖	内蒙古自治区图书馆学会、上海市浦东新区图书馆学会、《图书与情报》编辑部、呼和浩特市图书馆学会、包头市图书馆学会、呼伦贝尔市图书馆学会、通辽市图书馆学会、赤峰市图书馆、鄂尔多斯市图书馆学会、鄂尔多斯市东胜区图书馆、北京碧虚文化有限公司、北京雷速科技有限公司
2017 年 7 月	郝文祥	转型发展与创客空间建设研讨会暨 2017 e 线图情年会征文活动中荣获优秀奖	内蒙古自治区图书馆学会、上海市浦东新区图书馆学会、《图书与情报》编辑部、呼和浩特市图书馆学会、包头市图书馆学会、呼伦贝尔市图书馆学会、通辽市图书馆学会、赤峰市图书馆、鄂尔多斯市图书馆学会、鄂尔多斯市东胜区图书馆、北京碧虚文化有限公司、北京雷速科技有限公司

获奖时间	获奖人	奖项名称或获奖原因	颁奖单位
2017 年 7 月	杭霞	转型发展与创客空间建设研讨会暨 2017 e 线图情年会征文活动中荣获优秀奖	内蒙古自治区图书馆学会、上海市浦东新区图书馆学会、《图书与情报》编辑部、呼和浩特市图书馆学会、包头市图书馆学会、呼伦贝尔市图书馆学会、通辽市图书馆学会、赤峰市图书馆、鄂尔多斯市图书馆学会、鄂尔多斯市东胜区图书馆、北京碧虚文化有限公司、北京雷速科技有限公司
2017 年 7 月	程洁	转型发展与创客空间建设研讨会暨 2017 e 线图情年会征文活动中荣获优秀奖	内蒙古自治区图书馆学会、上海市浦东新区图书馆学会、《图书与情报》编辑部、呼和浩特市图书馆学会、包头市图书馆学会、呼伦贝尔市图书馆学会、通辽市图书馆学会、赤峰市图书馆、鄂尔多斯市图书馆学会、鄂尔多斯市东胜区图书馆、北京碧虚文化有限公司、北京雷速科技有限公司
2017 年 7 月	苏铁英	转型发展与创客空间建设研讨会暨 2017 e 线图情年会征文活动中荣获优秀奖	内蒙古自治区图书馆学会、上海市浦东新区图书馆学会、《图书与情报》编辑部、呼和浩特市图书馆学会、包头市图书馆学会、呼伦贝尔市图书馆学会、通辽市图书馆学会、赤峰市图书馆、鄂尔多斯市图书馆学会、鄂尔多斯市东胜区图书馆、北京碧虚文化有限公司、北京雷速科技有限公司

获奖时间	获奖人	奖项名称或获奖原因	颁奖单位
2018 年 5 月	李俊梅	2018 年度知识竞赛活动初赛"研学之星"	中国图书馆学会
2018 年 5 月	郝文祥	2018 年度知识竞赛活动初赛"研学之星"	中国图书馆学会
2018 年 5 月	王维宏	2018 年度知识竞赛活动初赛"研学之星"	中国图书馆学会
2018 年 5 月	任慧杰	2018 年度知识竞赛活动初赛"研学之星"	中国图书馆学会
2018 年 5 月	王 艳	2018 年度知识竞赛活动初赛"研学之星"	中国图书馆学会
2018 年 5 月	张 瑞	2018 年度知识竞赛活动初赛"研学之星"	中国图书馆学会
2018 年 5 月	苏铁英	2018 年度知识竞赛活动初赛"研学之星"	中国图书馆学会
2018 年 5 月	赵 艳	2018 年度知识竞赛活动初赛"研学之星"	中国图书馆学会
2018 年 5 月	达丽雅	2018 年度知识竞赛活动初赛"研学之星"	中国图书馆学会
2018 年 5 月	金亦珂	2018 年度知识竞赛活动初赛"研学之星"	中国图书馆学会
2018 年 5 月	杭 霞	2018 年度知识竞赛活动初赛"研学之星"	中国图书馆学会
2018 年 5 月	杨树林	2018 年度知识竞赛活动初赛"研学之星"	中国图书馆学会
2018 年 5 月	任 洁	2018 年度知识竞赛活动初赛"研学之星"	中国图书馆学会
2018 年 5 月	孙 萌	2018 年度知识竞赛活动初赛"研学之星"	中国图书馆学会
2018 年 5 月	代淑琴	2018 年度知识竞赛活动初赛"研学之星"	中国图书馆学会
2018 年 5 月	刘弈鸿	2018 年度知识竞赛活动初赛"研学之星"	中国图书馆学会

获奖时间	获奖人	奖项名称或获奖原因	颁奖单位
2018 年 5 月	王　芳	2018 年度知识竞赛活动初赛"研学之星"	中国图书馆学会
2018 年 5 月	程　洁	2018 年度知识竞赛活动初赛"研学之星"	中国图书馆学会
2018 年 5 月	乔建芬	2018 年度知识竞赛活动初赛"研学之星"	中国图书馆学会
2018 年 5 月	萨如拉	2018 年度知识竞赛活动初赛"研学之星"	中国图书馆学会
2018 年 5 月	马　慧	2018 年度知识竞赛活动初赛"研学之星"	中国图书馆学会
2018 年 5 月	刘　梅	2018 年度知识竞赛活动初赛"研学之星"	中国图书馆学会
2018 年 5 月	温　彪	2018 年度知识竞赛活动初赛"研学之星"	中国图书馆学会
2018 年 5 月	李翠萍	2018 年度知识竞赛活动初赛"研学之星"	中国图书馆学会
2018 年 5 月	刘梦柯	2018 年度知识竞赛活动初赛"研学之星"	中国图书馆学会
2018 年 5 月	王　萍	2018 年度知识竞赛活动初赛"研学之星"	中国图书馆学会
2018 年 5 月	邵彩霞	2018 年度知识竞赛活动初赛"研学之星"	中国图书馆学会
2018 年 5 月	徐　静	2018 年度知识竞赛活动初赛"研学之星"	中国图书馆学会
2018 年 5 月	毛　宁	2018 年度知识竞赛活动初赛"研学之星"	中国图书馆学会
2018 年 5 月	张　敬	2018 年度知识竞赛活动初赛"研学之星"	中国图书馆学会
2018 年 5 月	郝文祥	知识学习竞赛活动"研学菁英奖"	中国图书馆学会

获奖时间	获奖人	奖项名称或获奖原因	颁奖单位
2018 年 6 月	郝文祥	图书馆可持续发展与公共文化服务体系建设研讨会暨2018 e 线图情年会征文活动中荣获优秀奖	呼伦贝尔市文化新闻出版广电局,内蒙古自治区图书馆学会,上海市浦东新区图书馆学会,《图书与情报》编辑部,呼和浩特市图书馆,包头市图书馆学会,鄂尔多斯市图书馆学会,赤峰市图书馆,通辽市图书馆学会,乌兰察布市图书馆,兴安盟图书馆,锡林郭勒盟图书馆,巴彦淖尔市图书馆,乌海市图书馆,阿拉善盟图书馆,呼伦贝尔市图书馆学会,呼伦贝尔市图书馆,北京碧虚文化有限公司,北京雷速科技有限公司
2018 年 11 月	王维宏	2018 年度东胜区优秀通讯员	鄂尔多斯市东胜区区委宣传部
2018 年 11 月	金亦珂	东胜区创建第五届全国文明城市工作先进个人	鄂尔多斯市东胜区精神文明委员会
2018 年 12 月	郝文祥	第一届全国灰色文献年会征文活动中荣获优秀奖	东莞图书馆、赤峰市图书馆、鄂尔多斯市东胜区图书馆、《图书馆建设》编辑部、《图书与情报》编辑部、北京雷速科技有限公司、北京碧虚文化有限公司
2018 年 12 月	杭霞	第一届全国灰色文献年会征文活动中荣获优秀奖	东莞图书馆、赤峰市图书馆、鄂尔多斯市东胜区图书馆、《图书馆建设》编辑部、《图书与情报》编辑部、北京雷速科技有限公司、北京碧虚文化有限公司

获奖时间	获奖人	奖项名称或获奖原因	颁奖单位
2018 年 12 月	程洁	第一届全国灰色文献年会征文活动中荣获优秀奖	东莞图书馆、赤峰市图书馆、鄂尔多斯市东胜区图书馆、《图书馆建设》编辑部、《图书与情报》编辑部、北京雷速科技有限公司、北京碧虚文化有限公司
2018 年 12 月	聂慧	第一届全国灰色文献年会征文活动中荣获优秀奖	东莞图书馆、赤峰市图书馆、鄂尔多斯市东胜区图书馆、《图书馆建设》编辑部、《图书与情报》编辑部、北京雷速科技有限公司、北京碧虚文化有限公司
2018 年 12 月	金亦珂	第一届全国灰色文献年会征文活动中荣获优秀奖	东莞图书馆、赤峰市图书馆、鄂尔多斯市东胜区图书馆、《图书馆建设》编辑部、《图书与情报》编辑部、北京雷速科技有限公司、北京碧虚文化有限公司
2018 年 12 月	苏铁英	第一届全国灰色文献年会征文活动中荣获优秀奖	东莞图书馆、赤峰市图书馆、鄂尔多斯市东胜区图书馆、《图书馆建设》编辑部、《图书与情报》编辑部、北京雷速科技有限公司、北京碧虚文化有限公司
2018 年 12 月	郝晓华	第一届全国灰色文献年会征文活动中荣获优秀奖	东莞图书馆、赤峰市图书馆、鄂尔多斯市东胜区图书馆、《图书馆建设》编辑部、《图书与情报》编辑部、北京雷速科技有限公司、北京碧虚文化有限公司

获奖时间	获奖人	奖项名称或获奖原因	颁奖单位
2018 年 12 月	刘梦柯	第一届全国灰色文献年会征文活动中荣获优秀奖	东莞图书馆、赤峰市图书馆、鄂尔多斯市东胜区图书馆、《图书馆建设》编辑部、《图书与情报》编辑部、北京雷速科技有限公司、北京碧虚文化有限公司

第四部分　附录

一、东胜区图书馆章程

总则

第一条　规范东胜区图书馆(下称"本馆")行为,确保公益目标实现,根据国家法律法规及其他有关规定,制定本章程。

第二条　本馆名称是东胜区图书馆。本馆是鄂尔多斯市东胜区人民政府设立的公益性事业单位。

第三条　本馆地址是东胜区永昌路6号。

第四条　本馆经费来源为财政拨款。

第五条　东胜区图书馆开办资金为人民币3648.5万元。

第六条　本馆的举办单位是东胜区文化体育旅游局。

第七条　本馆的登记管理机关是东胜区事业单位登记管理局。

第二章　宗旨和业务范围

第八条　本馆职能是收集、整理、保存、开发、应用文献信息资源,提供平等服务,启迪智慧、愉悦心灵、传播知识、传承文明,促进文化繁荣,推动社会进步。

第九条　本馆业务范围包括:

(一)信息资源建设

1.收集各种类型文献信息资源,对资源进行科学加工整序和管理维护。

2.推进东胜区文献保障体系建设,促进资源共建、共知与共享。

3.开展特色文献信息资源建设。全面收集东胜区地方文献资源,保护开发古籍等特色资源;开展特色资源数字化,形成特色数字资源库。

(二)公共文化服务

1.提供文献服务。包括文献借阅、数字资源利用、文献推荐、馆际互借和文献传递等。

2.提供读者活动。包括教育培训、讲座展览、阅读推广和参观体验等。

3.提供信息服务。包括参考咨询、代查代检、专题信息服务、政府信息公开和为政府决策提供服务等。

4.提供空间服务。包括提供公众学习交流、文化休闲、讲座分享等。

5.为特殊人群提供适应其需求的服务。特殊人群包括老年人、未成年人和残障人士等。

6.提供文献修复、复制、数据加工等非营利性延伸服务和其他辅助性服务。

（三）协作协调工作

1.开展东胜区图书馆服务网络建设,促进公共图书馆事业整体发展。

2.参与跨区域、跨系统图书馆间的协作和交流,促进图书馆事业发展。

3.开展基层辅导和培训,提高基层图书馆工作者的服务水平。

4.协助鄂尔多斯市图书馆学会工作,促进全市图书馆工作者业务交流和学术研究。

5.开展文献信息资源共建共享。

6.开展与社会各界的交流和合作。

（四）其他有关业务。

第三章　权利和义务

第十条　举办单位的权利

（一）提出东胜区图书馆的宗旨和业务范围；

（二）组建东胜区图书馆第一届理事会；

（三）向东胜区图书馆理事会委派相关理事；

（四）任免东胜区图书馆的理事长；

（五）任免东胜区图书馆的管理层人员；

（六）批准理事会工作报告；

（七）监督东胜区图书馆运行；

（八）审核章程草案及章程修改草案；

（九）行使法律法规规定的举办单位权利。

第十一条　举办单位的义务

（一）按照法律法规和国家政策,在核准登记的宗旨和业务范围内开展活动,提供具有基本性、均等性、便捷性、公益性的社会服务；

（二）按照有关规定向政府有关部门和举办单位报告重大事项；

（三）依法披露有关信息；

（四）依法接受政府有关部门的监管和社会的监督。

第四章　组织机构

第一节　理事会的构成及职责

第十二条　东胜区图书馆设立理事会作为决策机构和监督机构,理事会向举办单位报告工作。理事会每届任期3年。

第十三条　理事会有13名理事组成,其来源与名额、产生方式为:

(一)政府方代表4名:区人事局、区财政局、区编办、区文化体育旅游局代表各1名,由各部门委派产生;

(二)社会团体代表1名:区文联1名,由部门委派产生;

(三)图书馆界专家代表2名:市图书馆专家1名,旗县图书馆专家1名,由市图书馆推选产生;

(四)东胜区图书馆代表3名:馆长1名,为当然理事;副馆长代表2名,由东胜区图书馆推选产生;

(五)社会方代表3名:社会知名人士或服务对象,由东胜区图书馆在读者中推选产生。

第十四条　理事会行使下列职权:

(一)提出和审议东胜区图书馆章程及章程修改意见;

(二)审定东胜区图书馆各项规章管理制度;

(三)审议东胜区图书馆发展战略和发展规划;

(四)审定东胜区图书馆年度工作计划和重大业务活动计划;

(五)审议东胜区图书馆财务预算和决算;

(六)拟定东胜区图书馆内设或分支机构设置方案;

(七)提名馆长、副馆长人选;

(八)提名副理事长人选;

(九)监督管理层执行理事会决议;

(十)审议管理层年度工作报告,评估法定代表人和管理层的年度工作,组织对图书馆的绩效评估工作;

(十一)促进图书馆与政府、社会公众等的沟通;

(十二)理事会届满前三个月内负责组建下届理事会,并报举办单位审核同意;

(十三)决定其他重大事项。

第十五条　理事会设兼职秘书1名,经理事会会议予以认定,由理事长聘任,向理事会负责。理事会秘书应当严守秘密,不得私自公开理事会的信息。秘书在理事会的领导下开展如下工作:

(一)负责理事会的文件起草、资料收集整理、文件保管等日常事务;

(二)负责理事会会议的安排、会议纪要的编写,并及时提供给所有理事;

(三)负责理事会成员之间的联络。

第二节　理事

第十六条　理事每届任期与理事会每届任期相同。任期届满,应按照原产生方式换届。理事可以连选连任。理事不因理事资格在东胜区图书馆领取薪酬,因履行理事职责产生的交通、通讯等费用,可按有关规定列支。

第十七条　理事应具备履职的知识和能力,熟悉并遵守有关法律法规和国家政策,能根据东胜区图书馆的宗旨,忠实、诚信、勤勉地履行职责。

第十八条　理事享有以下权利:

(一)出席理事会会议,享有会议发言权、提议权、表决权、选举权和被选举权;

(二)对理事会会议及东胜区图书馆开展业务活动情况的知情权、建议权、监督权;

(三)接受东胜区图书馆邀请参与社会活动的权利;

(四)理事会赋予的其他权利。

第十九条　理事应当履行以下义务:

(一)遵守国家法律法规、本章程及有关规定;

(二)遵守并执行理事会会议决议;

(三)按时参加理事会会议及相关活动;

(四)不得擅自公开东胜区图书馆涉密信息;

(五)不得凭借理事身份,为本人或他人从东胜区图书馆牟取不当利益;

(六)理事会规定的其他相关义务。

第二十条　理事可以在任期内提出辞职。辞职应向理事会递交书面报告,经理事会表决通过后,理事资格方可终止。委派产生的理事辞职须经委派方统一。

第二十一条　理事发生以下情形的,理事会应按程序终止其理事资格:

(一)无正当理由连续三次以上(含三次)不参加理事会会议的;

(二)因本人身体健康和工作等原因,不能继续履行理事职责的;

(三)违反法律法规,被追究刑事责任的;

(四)法律法规和本章程规定的其他情形。

第二十二条　理事推选方或委派方提出更换理事的,经理事会表决通过后,按理事原产生方式及程序予以更换。

第二十三　理事推选方或委派方提出更换理事的,经理事会表决通过后,按理事原产生方式及程序予以更换。

第三节　理事长

第二十四条　理事会设理事长 1 人,副理事长 1 人。理事长由举办单位任免;副理事长由理事会提名,报举办单位批准。

第二十五条　理事长除了享有理事权利外,还行使下列职权:

307

（一）主持理事会日常工作；

（二）负责召集和主持理事会会议；

（三）确认理事会会议议题；

（四）执行理事会决议，督察和检查决议落实情况；

（五）签署理事会重要文件；

（六）理事会赋予的其他职权。

第二十六条　副理事长协助理事会工作。理事长因特殊原因不能行使职权时，由理事长指派的副理事长或委托的其他理事行使职权。

第四节　理事会会议

第二十七条　理事会会议分为定期会议和临时会议。定期会议每年召开两次，分别在第一季度和第三季度。理事会会议一般由理事长召集和主持，如遇特殊情况可另行调整时间。

第二十八条　提议召开理事会会议，并确定会议议题（理事会会议议题根据理事会章程确定，理事会在职权范围内可提交补充议题，补充议题须在理事会会议召开前以书面方式提出，由理事长决定是否列入当次会议议题）；

（一）提前十个工作日将会议通知（时间、地点、议题等）及相关材料送达全体理事；

（二）就会议议题进行讨论；

（三）表决并形成理事会决议；

（四）做好会议记录，制作会议纪要。

第二十九条　理事会会议须有全部理事的三分之二以上出席方能召开。因特殊原因确实无法出席理事会会议的理事，可以书面委托其他理事代为表决。

第三十条　理事会会议采取记名方式投票表决，每名理事享有一票表决权。理事会决议一般事项须经全部理事的半数以上通过。重大事项须经全部理事三分之二以上通过。重大事项如下：

（一）审议东胜区图书馆章程及章程修改意见；

（二）审议东胜区图书馆发展战略和发展规划；

（三）审定东胜区图书馆重大业务活动计划；

（四）提名馆长、副馆长人选；

（五）审议东胜区图书馆财务预算和决算；

（六）审议管理层工作报告。

第三十一条　理事会决议违反法律、法规和本章程规定的，在表决中投赞成票的理事应承担相应的责任，不赞成的不承担责任。

第三十二条　理事会会议应当有会议记录及会议纪要，出席会议的理事和记录人，应当在会议记录上签名。理事会会议记录及会议纪要应

当作为重要档案妥善保存。

第三十三条　理事会会议记录应当载明以下内容：

（一）出席理事会会议的历史人员，列席人员，缺席人员及事由；

（二）召开会议的日期、地点；

（三）会议主要议题及议程；

（四）各位理事的发言要点；

（五）提交表决事项的表决结果；

（六）理事会认为需载入会议记录的其他内容。

第三十四条　理事会应确保其决策的科学、合理性：

（一）对涉及专业性的重大事项应咨询专家意见；

（二）对不清楚的事项应咨询相关管理人员；

（三）对涉及全体员工切身利益的事项应按规定提请职工代表大会讨论或审议。

第三十五条　理事会决议经理事长签署后生效。所决议事项管理权限须报有关部门批准的，应履行报批手续。

第三十六条　根据本馆实际需要，经理事长或馆长同意，本馆相关人员可以列席理事会会议。

第五节　管理层

第三十七条　东胜区图书馆管理层由馆长、副馆长、党支部书记组成，是理事会的执行机构。管理层实行馆长负责制。

第三十八条　管理层向理事会负责，履行下列职责：

（一）执行理事会决议；

（二）拟定和实施年度工作计划等业务管理；

（三）按要求编制年度经费预算和财务决算，执行上级审定的经费预算，按国家的有关规定进行财务核算和资产管理；

（四）拟定东胜区图书馆基本管理制度草案；

（五）拟定东胜区图书馆内设或分支机构设置方案草案；

（六）日常工作人员管理；

（七）定期向理事会汇报工作；

（八）理事会赋予的其他职权。

第三十九条　东胜区图书馆馆长、副馆长由理事会提名，报举办单位任免。党支部书记根据党章有关规定，选举产生。

第四十条　馆长行使下列职权：

（一）按照理事会决议主持开展工作；

（二）全面负责东胜区图书馆业务、人事、财务、资产等各项管理工作。

（三）决定聘任或解聘除应由理事会决定聘任或解聘以外的管理

人员；

（四）法律法规、本章程规定的其他职责。

第四十一条　馆长最为拟任法定代表人选，经东胜区事业单位管理局核准登记后，取得东胜区图书馆法定代表人资格。

第五章　资产和财务的管理

第四十二条　东胜区图书馆的合法资产受法律保护，任何单位、个人不得侵占、私分、挪用。

第四十三条　东胜区图书馆的经费使用应符合预算和财政预算支出管理的相关规定，符合东胜区图书馆的宗旨和业务范围。

第四十四条　东胜区图书馆执行国家统一的事业单位会计制度，本馆依法接受税务、会计、审计等主管部门监督。

第四十五条　东胜区图书馆财务人员按照有关法律法规和会计制度的规定配备、管理。

第四十六条　东胜区图书馆的人员工资、社保、福利待遇按照国家有关规定执行。

第四十七条　理事会换届和法定代表人（馆长）离任前，应当进行经济责任审计。由举办单位或授权图书馆聘请第三方专业机构进行审计，审计结果应报举办单位和东胜区事业单位管理局及相关部门备案。

第六章　信息披露

第四十八条　东胜区图书馆承诺严格按照国家法律法规和东胜区事业单位管理局的规定，真实、完整、及时地披露以下信息：

（一）东胜区图书馆章程；

（二）东胜区图书馆发展计划、重大决策等事项；

（三）东胜区图书馆年度计划、年度工作报告；

（四）东胜区图书馆年度服务数据统计资料；

（五）东胜区图书馆年度公共服务经费使用情况；

（六）东胜区图书馆馆藏及读者服务信息；

（七）理事会认为需要公开的其他信息。

第七章　终止和剩余资产处理

第四十九条　东胜区图书馆有以下情形之一，应当终止：

（一）经审批机关决定撤销；

（二）因合并、分立解散；

（三）因其他原因依法应当终止的。

第五十条　东胜区图书馆自行决定解散，应由理事会表决通过，理事会的终止决议应报举办单位审查同意。

第五十一条　东胜区图书馆在申请注销登记前,理事会在举办单位和其他有关部门的指导下,成立清算组织,开展清算工作。清算期间不开展清算以外的活动。

第五十二条　清算工作结束,应形成清算报告,经理事会通过,报举办单位审查同意,向东胜区事业单位管理局申请注销登记。

第五十三条　东胜区图书馆终止后的剩余财产,在举办单位和有关机关的监督下,按照有关法律法规和本单位章程进行处置。

第八章　章程修改

第五十七条　东胜区图书馆有下列情形之一的,应当修改章程:

(一)章程规定的事项与修改后的国家法律、行政法规的规定不符的;

(二)章程内容与实际情况不符的;

(三)理事会认为应当修改章程的其他情形。

第五十八条　理事会决议通过的章程修改案,应经东胜区图书馆职工代表大会或者职工大会讨论,报举办单位审核同意后,报东胜区事业单位管理局核准备案。涉及事业单位法人登记事项的,须向东胜区事业单位管理局申请变更登记。

第五十九条　涉及本章程主要内容发生重大改变或理事会认为应当进行整体性修改的,需实施整体性修改;其他修改的,采取在原章程后附加相关说明方式。

第九章　附则

第六十条　本章程2017年4月9日经理事会表决通过。

第六十一条　本章程内容如与法律法规、行政规章及国家政策相抵触的,应以法律法规、行政规章及国家政府的规定为准。涉及事业单位法人登记事项的,以东胜区事业单位管理局核准颁发的《事业单位法人证书》刊载内容为准。

第六十二条　本章程的解释权属于理事会。

第六十三条　本章程自事业单位管理局核准之日起生效。

二、东胜区图书馆"十三五"规划

"十三五"时期(2016年至2020年),是东胜区建成更高标准的小康社会的决定性阶段,是建成宜居宜业塞北名城的重要时期。文化服务、支持、促进社会发展的任务更加艰巨。根据《东胜区国民经济和社会发展第十三个五年规划纲要(草案)》《东胜区文化发展"十三五"规划》等要求,结合实际,制定《东胜区图书馆"十三五"规划》(以下简称《规划》)。

一、指导思想

以邓小平理论、"三个代表"重要思想、科学发展观为指导,全面贯彻党的十八大和十八届三中、四中、五中、六中全会精神,深入贯彻习近平总书记系列重要讲话精神,按照公益性、基本性、均等性、便利性的要求,坚持"海纳百川 书香万家 读者第一 服务至上"的宗旨,着力丰富人民精神文化生活,提高图书馆服务效能,创新体制机制,完善覆盖城乡、结构合理、功能健全、实用高效的公共文化服务体系,努力实现"广覆盖、高效能",全面提升我区公共文化服务均等化水平,保障全区广大人民群众的基本文化权益。

二、"十二五"回顾总结

"十二五",是图书馆发展史上划时代的五年,旧馆改扩建改造,新馆完工落成,基础设施建设逐年上台阶,免费开放工作顺利实施,读者服务日臻完善,服务领域不断拓展,满足了人民群众日益增长的基本文化需求。

(一)基础设施建设日益完善

"十二五"期间,图书馆新馆落成,位于风景秀丽的母亲公园东南角,建筑面积3.3万平方米,造型充分彰显地域文化特点,以鄂尔多斯市市花"马兰花"为原型,延续地方风情地貌,以蓝天、白云、羊群、草原为引,形成了"草原上的阅读殿堂"这一设计理念。旧馆完成改扩建工作,馆舍面积增至2520平方米,设有公共电子阅览室、成人借阅室、儿童外借室、儿童阅览室、音乐视听室、盲人借阅室、地方文献室等10个服务窗口;开通了百兆宽带网络,实现了无线网络全覆盖;安装了自助借还机、自助办证机、自助查询机等智能化设备。在自治区108个旗县级图书馆中率先引进4台24小时街区自助图书馆,设置在鄂尔多斯广场、联邦大厦等人口较集中的区域,取得良好的社会效益。

"十二五"期间,在全国第五次图书馆评估定级中,东胜区图书馆被评为一级图书馆。

（二）服务功能充分发挥

"十二五"期间，图书馆实现了无障碍、零门槛免费开放，本着公益性、平等性的原则，把提高服务质量、拓展服务空间、最大限度培养公民阅读意识作为工作目标。举办各类公益性讲座、培训、展览，开展图书下乡等流动服务，开展电话预约借书、为残疾人或老年读者送书上门等服务，馆内免费提供老花镜、雨伞、纸杯和饮用水。在馆外共设立分馆15个，机关图书流动点6个，基层服务点（文化户）9个、"文化共享工程"基层服务点15个、公共电子阅览室58个、草原书屋26个及万村书库4个及24小时城市街区自助图书馆4台，拓展了服务空间和范围。周到细致的服务，让更多的读者走进图书馆爱上图书馆，充分发挥了图书馆的公共社会教育职能。

"十二五"期间，图书馆进一步加大了地方文献收集整理和保护力度，年均收集各类地方志、宗志、族谱和本土作家作品3500余册，丰富了馆藏特色文献，为地方历史文化的传承和发展提供了研究资源。

"十二五"期间，数字资源建设方面，购买多种数据库、电子读报机，建立短信服务平台、手机掌上图书馆，着力打造成为资源丰富，广覆盖、无疆界的数字图书馆，向社会公众提供方便快捷的数字信息资源服务，拥有10TB的数字文献资源。

（三）队伍建设不断加强

"十二五"期间，图书馆现有职工112人（其中辅助岗人员77人，正式职工35人），大专以上学历的有93人，大学专科14人，中专及中专以下5人；初级职称46人，中级职称8人，高级职称6人（2013年一级图书馆评定数据）。馆内高度重视人才队伍建设，采取走出去请进来等方式对职工进行专业技术知识培训，业务人员岗位培训、继续教育人均120学时。

三、"十二五"期间存在的主要问题

（一）图书馆转型升级处于攻坚期，建设符合现代需求的图书馆任务艰巨

鉴于东胜区图书馆的软硬件环境，在过去几年的快速发展中，始终秉承"服务第一，读者至上"的办馆理念，在履行公共图书馆基本职能和满足社会公众文化需求方面成绩显著，但与图书馆转型升级的发展预期尚存在不小的差距。在打造符合现代化图书馆功能需求的"阅读空间""学习空间""交流空间""主题空间""休闲空间"等五大空间方面，还存在诸多不足。

（二）公共财政投入不足严重制约东胜区图书馆的进一步发展

公共图书馆是我国公共文化服务体系的重要组成部分,其功能的实现和进一步发展很大程度上取决于公共财政投入的力度。东胜区图书馆目前的购书经费、信息化建设经费、日常运行经费、人员经费等各项经费仍然十分紧张,新馆落成但暂未搬迁、资源短缺问题日渐突出,很多时候我们是有思路、有想法、有抓手,但缺乏必要的人员和经费保障,严重制约东胜区图书馆的进一步发展。

（三）图书馆综合管理需要进一步加强

采用图书馆集群化管理系统,管理效率逐渐显现,增强了图书馆可持续性发展能力,提高了东胜区图书馆的核心竞争力。但在人力资源管理、财务管理、后勤保障、安全保卫等方面,还有许多需要完善的地方。

四、规划理念

免费开放、惠及民众、分享阅读、交换快乐。坚持"海纳百川　书香万家　读者第一　服务至上"的宗旨,真正做到图书馆服务"零门槛,零距离";惠及城乡民众,尤其是弱势群体和特殊群体,为他们的工作、生活、生产、学习提供帮助;大力推广阅读,丰富群众文化生活,改善农民文化生活单调的现状。

五、使命

东胜,因热爱读书而受人尊重。

东胜区图书馆坚持"海纳百川　书香万家　读者第一　服务至上"的宗旨,不断深化服务内涵,创新服务模式,提升服务质量,实行全免费开放,真正做到图书馆服务"零门槛,零距离",全面满足读者需求。

六、愿景

以新型智能化、网络化、数字化为定位,打造成为东胜区市民学习资源中心、社会教育中心、信息传输中心、学术交流中心和文化休闲中心为一体的当代智慧图书馆。

七、总体目标

学习国内外先进的图书馆发展和管理理念,不断引进现代化、智能化的图书馆服务设施、设备,推进软件、硬件、人力资源和服务建设,把图书馆打造成为居民的学习和创新场所、舒适的文化休闲场所、开放的社会参与场所;建立和完善城乡图书馆一体化共享服务网络,到2020年,力争建成为自治区较一流、具有地方特色的国家县级一级公共图书馆。

八、"十三五"重点工作和主要任务

县级公共图书馆是国家公共文化服务体系的重要组成部分,"十三五"期间,图书馆将抓住国家文化大发展大繁荣的政策和机遇,按照《内蒙古自治区公共图书馆管理条例》,本着公益性均等性原则,推进图书馆事业顺利发展,使之成为市民喜爱的免费文化教育场所。

(一)鉴于图书馆现处位置和面积明显不足的现状,"十三五"期间,新馆启动,以满足铁西城区群众的需求

(二)立足资源共建共享,建设线上线下全面覆盖的阅读网络

1.实现真正意义上"总分馆三级服务网络"运作模式

计划新建图书馆分馆 20 处、机关图书流动点 20 处、爱心图书接力站 10 处、文化基层服务点 25 个、草原书屋 10 个、万村书库 5 个、社区图书阅读角 30 个。以区图书馆作为总馆,将分馆逐步纳入管理考核体系,即由总馆对分馆实行统一管理、统一技术支撑、统一采编、统一资源配置,对分馆的建设、运作资金进行合理配置、集中使用。通过建立遍布机关、学校、社区等人流密集地的"家门口"阅读服务网络,方便读者就近借阅,充分发挥馆外流通点的作用,推动书香城市及"图书馆城"的建设工作,真正实现图书馆的普惠服务。

2.以自助服务为突破口,打造智慧城市软实力

申请在城区内增设 24 小时图书馆;在人流密集的机关单位、广场、商场等地设置电子图书借阅机。通过广泛分布的服务系统终端直接帮助市民自主办理图书借还、电子图书下载等服务,将公共图书馆的图书资源和电子资源以更加无限制的方式送达读者,让市民享受便利的同时,对外展示城市阅读文化形象,提升城市品位。

3.逐步扩大跨区域通借通还范围,以资源互通为读者创造便利

扩大跨地域联动服务网络,最大限度的整合各地区图书资源,努力实现互联互通,以弥补单一图书馆资源有限的短板,最大限度方便读者借阅。深入实施文化信息资源共享工程,城乡覆盖率达到 100%。

(三)成立图书馆理事会,推动东胜区深化文化管理体制改革、推进政府职能转变

(四)大力推行数字化阅读,树精致阅读新形式

1.着力实现向纸质文献与数字资源并重的复合型图书馆转型

加大文献资源建设力度,争取到 2020 年全区人均藏书量达到 1 册。顺应传统阅读载体与新阅读平台的融合趋势,把握科技进步的新趋势,大力发展新阅读,在扩充纸质资源的同时,不断加强数字图书馆建设,丰富数字资源种类和数量,建设具有馆藏特点的特色数据库,推动实体阅读和虚拟阅读协同发展。

2.建立完善的网络服务平台,实现读者与图书馆、读者与读者的顺畅交互

通过开通门户网站、掌上图书馆("书香东胜"手机 APP)、微信服务大厅等在线服务,提供电话短信及电话语音服务,打造集全媒体客服、数字数据索引及移动数字图书馆为一体的综合网络服务平台,建立"互联网 +"的云服务模式,带给读者全新的"云阅读"体验。

(五)以科技创新为动力,建立智慧服务平台让阅读更便捷更有趣

1.紧密围绕"服务"核心架构管理系统,智能服务更加人性化

充分利用科技手段将资源、服务有机结合,在馆内全智能化服务的基础上,实现"身份证一卡通"服务,并引进 FAQ 智能业务问答机器人及优弟幼教智能机器人等智能设备。下一步,将逐步扩大一卡通的服务范围及服务内容,引进更多智能化管理服务系统及服务设备,以先进的服务载体推动服务模式创新。

2.以品牌活动为引领,提升全民阅读影响力

继续强化城市推崇阅读、阅读改变人生的理念,突出全民阅读活动的公益性、社会性、文化性等核心内涵定位,强化品牌活动的创新性、持续性、有效性,进一步提升全民阅读的认知度和影响力。

九、保障措施

1.思想保障

以邓小平理论、"三个代表"重要思想、科学发展观为指导,全面贯彻党的十八大和十八届三中、四中、五中、六中全会精神,深入贯彻习近平总书记系列重要讲话精神,依循"保基本、强基层、建机制、重实效"的基本思路,坚持"海纳百川 书香万家 读者第一,服务至上"的宗旨,更好地用党的理论创新成果指导实践、推动工作,坚持以人为本,坚持开拓创新。加强图书馆事业研究,深刻认识图书馆事业发展规律,把握我国公共文化服务领域的发展方向和世界图书馆事业的最新发展趋势,立足本馆实际,以战略思维、长远眼光来认识规划,组织和落实规划。

2.人才保障

以建设高素质人才队伍为目标,进一步完善岗位聘用制和绩效考核机制,优化人员专业结构,制定切实可行的人才培养、培训计划,采取灵活多样的方式培养和提高全体馆员的业务素质和业务技能,造就一支素质优良、能适应数字环境下图书馆事业发展需要的馆员队伍,为规划落实提供人才保障。

3.资金保障

积极争取区财政经费投入,合理规划和使用经费,保证图书馆建设发展的需要,为规划落实提供资金保障。优化资金配置,预算安排和资金投

入优先保障图书馆日常运行和读者服务的基本需要、保证重点建设项目。进一步完善图书馆的财务管理体制,完善预算管理和预算执行制度,加强专项资金管理,管好、用好办馆经费,厉行节约,提高资金使用效益。

4. 制度保障

建立规划实施考核机制,明确规划考核的责任主体。将规划实施责任落实到相关部门和人员,分清责任并根据责任配置资源,加强规划建设的可考核性。在本规划实施的中期阶段,要对规划实施情况进行中期评估。建立规划调整机制。在坚持总体发展战略不变的前提下,可根据外部环境的变化和图书馆事业的发展,对规划任务和建设目标做适当的补充和调整。

关于《东胜区图书馆"十三五"规划》(2016—2020 年)的编制说明

在东胜区委、区政府及文体旅局的正确领导和支持下,东胜区图书馆认真落实《东胜区图书馆"十二五"发展规划》,围绕优化服务、拓展图书馆教育和信息的功能,以读者服务、业务管理、读书活动为切入点满足不同层次读者的需求,为新时期图书馆实现跨越式发展奠定了坚实的基础。

为确保全民阅读推广活动深入推进,加快书香东胜建设进程,将东胜区图书馆建设成为具有本地特色和民族特色的内蒙古西部地区较一流公共图书馆,在区文体旅局的领导下,东胜区图书馆于 2015 年 8 月正式启动《东胜区图书馆"十三五"发展规划》(2016—2020 年)的编制工作,边总结编规划。现就《东胜区图书馆"十三五"发展规划》的编制情况,说明如下:

一、规划的编制依据

本规划的编制紧密结合并参考党中央和国务院以及本地区各级政府近年来出台的一系列政策法规、方针路线的重要指示和精神,主要包括:2015 年 1 月 14 日中共中央办公厅、国务院办公厅印发的《关于加快构建现代公共文化服务体系的意见》和同时印发的《国家基本公共文化服务指导标准(2015—2020 年)》,2015 年 12 月 9 日发布的《中华人民共和国公共图书馆法(征求意见稿)》,2016 年 2 月国家新闻出版广电总局关于《全民阅读促进条例》的征求意见稿,2016 年 12 月 17 日国家新闻出版广电总局发布的《全民阅读"十三五"时期发展规划》,2016 年 3 月出台的《中华人民共和国国民经济和社会发展第十三个五年规划纲要》,2016 年 5 月《中华人民共和国公共文化服务保障法(草案)》征求意见稿,2016 年 12 月 29 日文化部等 5 部委联合下发的《关于推进县级文化馆图书馆总分馆制建设的指导意见》以及 2016 年 3 月内蒙古自治区党委办公厅自治区人民政府办公厅印发《关于加快构建现代公共文化服务体系的实施意见》的通知等。

二、规划的编制队伍

为保证规划编制的科学化、民主化和可操作性,特成立规划编制领导小组和工作小组。其中,领导小组负责规划编制的动员、指导、支持和监督等工作;工作小组负责前期的调研、信息收集以及整个规划编制的组织实施和文本审核工作。

领导小组名单:

刘向东　东胜区文体旅局局长、文化发展办主任

袁　成　东胜区文体旅局文化发展办副主任

王　芳　东胜区图书馆馆长

杭　霞　东胜区图书馆副馆长

折俊梅　东胜区图书馆副馆长

郝文祥　东胜区图书馆副馆长

孙　萌　东胜区图书馆副馆长

工作小组名单:

李海霞、冯春燕、刘弈鸿、程洁、严娜、任慧杰、金亦珂

三、规划编制过程

本规划的编制工作自2015年9月起正式启动,分为以下几个阶段:

1. 前期准备和调研阶段(2015年9月—2015年12月)

2015年9月,规划编制工作正式启动。围绕"十三五"规划的编制要求,由工作小组开展了前期的调研工作,对图书馆目前的发展状况进行了详细的调研和统计。

2. 规划的编制阶段(2015年12月—2016年2月)

工作小组先后提交了3稿规划草案,期间东胜区图书馆先后多次召开规划编制工作会议,召集全馆人员对规划草案进行审阅讨论,并邀请区文体旅局领导进行指导。

3. 基本定稿阶段(2016年2月—2016年5月)

3月20日,工作小组提交了规划第4稿,经馆务会讨论修改后征求了文体旅局领导的意见,并面向读者和全体馆员再次征询意见。

4月15日,工作小组开始对规划展开修改工作。

5月10日,工作小组提交了规划第5稿,经东胜区图书馆馆务会及邀请文体旅局领导讨论研究,一致认为规划对未来5年东胜区公共图书馆的发展做出了切实可行的、符合本地区实际的、符合当下公共图书馆发展方向的细致规划。最后确定了规划的最终修改方案。

4. 论证和审定规划阶段(2017年4月)

4月9日,经过再一轮修改后的《东胜区图书馆"十三五"发展规划》(2016—2020年)经东胜区图书馆理事会审议通过。

东胜区图书馆

2017年4月10日

三、东胜区图书馆支委会会议制度

第一条　为更好地贯彻执行民主集中制原则,落实党支部会议职责,提高会议效能和议事效率,使党支部会议进一步规范化、制度化,根据《中国共产党章程》结合本单位实际制定本制度。

第二条　会议由支委委员组成,根据工作需要可增加有关人员列席。会议由党支部书记召集和主持。

第三条　支委会会议原则上一个月召开一次。根据情况党支部书记可随时决定召开。

第四条　支委会会议主要内容:

(一)传达学习党的路线、方针、政策和上级党组织的决议决定、工作部署和文件精神;

(二)根据党的路线、方针、政策和上级重要文件、重要会议精神和重大工作部署,研究制定本单位的具体贯彻落实措施;

(三)研究讨论党支部的工作总结,制定工作计划和工作制度;

(四)研究党支部在思想建设、组织建设、作风建设、党风廉政建设和反腐败工作方面的重要问题;

(五)研究决定本单位党员发展工作,对入党积极分子进行培养和考察、讨论接收新党员和预备党员转正;

(六)讨论决定对党员的奖励和处分;

(七)对党支部的重大问题作出决议、决定,讨论决定报请上级党组织审批的重要事项;

(八)讨论工会、共青团等群众组织工作中的重大问题;

(九)研究讨论宣传工作和思想政治工作的有关问题;

(十)讨论党员活动补助经费使用方案;

(十一)讨论决定其他重大问题。

第五条　支委会会议坚持民主集中制的原则,严格组织纪律,共同维护党支部集体的团结。

第六条　支委会会议指定专人通知,会议的召开时间、地点、议题一般应在会议召开前两天通知各支委成员和有关人员。

第七条　支委会成员若因故不能参加会议,应在会前请假,其意见可用书面形式表达。

第八条　党支部会议坚持重大问题集体研究决定的原则,并采取以下程序进行:

(一)会议议题由党支部书记确定。凡属重大决策或政策性较强的问题,提交会议讨论前必须进行调查研究,采取个别酝酿、会议决定的形式。

（二）会议必须有半数以上成员到会方能举行,必须有超过三分之二的委员参加方能做出决定。

（三）会议对需要做出决定的议题要按照民主集中制的原则进行表决,会议表决时赞成票超过应到人数的半数为通过,未到会成员的书面意见不计入票数。表决视情况可采取口头、举手、划票方式进行。

第九条 会议形成的决议全体成员必须坚决贯彻执行,如有不同意见可以保留。

第十条 对党支部会议讨论决定的问题,参加会议人员除有传达任务外,应对会议内容予以保密。

第十一条 党支部会议应由专人做好记录。会议记录、会议纪要及其他相关材料应按照文书归档要求立卷归档。

第十二条 本制度由党支部负责解释。

第十三条 本制度自发布之日起执行。

四、东胜区图书馆"三重一大"集体决策制度工作细则

第一章 总则

第一条 为全面贯彻落实东胜区人民政府推进依法治区,健全依法行政决策机制,规范行政决策行为,提高行政决策水平,根据《鄂尔多斯市委市人民政府关于印发〈鄂尔多斯市贯彻落实"三重一大"事项集体决策制度实施办法〉的通知》(鄂党发〔2015〕13 号)、《鄂尔多斯市人民政府关于公布〈鄂尔多斯市政府重大行政决策程序规定〉的通知》(鄂府发〔2015〕115 号)和《东胜区落实"三重一大"制度加强廉政风险防控的若干规定》(东党发〔2015〕8 号)、《东胜区重大事项决策流程式管理办法(试行)》(东党发〔2016〕11 号)、《东胜区人民政府重大行政决策程序规定(试行)》(东政发〔2016〕147 号)要求,结合本单位工作实际,制定本工作细则。

第二条 "三重一大"即重大决策、重要人事任免、重大项目安排和大额度资金使用。严格执行"三重一大"决策制度,是落实全面从严治党的基本要求,也是有效预防腐败的重要手段。

第三条 "三重一大"决策以邓小平理论、"三个代表"重要思想、科学发展观为指导,深入贯彻习近平总书记系列重要讲话精神,落实"四个全面"战略布局和五大发展理念,坚持党的领导、依法行政、集体决策、廉洁高效、责任追究的基本原则。

第四条 "三重一大"决策必须充分发扬民主,充分发挥班子集体智慧和整体作用,做到科学决策、民主决策、依法决策。坚持集体领导、民主集中、个别酝酿、会议决定的原则,凡属本单位职责范围内的"三重一大"事项,必须集体讨论决定,任何领导不得以个别商议替代会议讨论,不得以会前沟通、领导传阅等形式替代集体决策。

第五条 领导班子成员要以身作则,严守政治纪律和政治规矩,带头遵守制度、带头执行决议、带头接受监督、带头做出表率。

第二章 "三重一大"决策内容

第六条 关于重大决策事项

一、关于贯彻落实党的路线方针政策及中央、自治区党委、市委、区委重大决策部署等方面的事项

1. 传达学习习近平新时代中国特色社会主义思想和习近平总书记重要批示、指示精神,研究贯彻落实意见。

2. 传达学习党的全国代表大会、中央全会、中央经济工作会议和自治

区党代会、自治区党委全会、市党代会、市委全会、区党代会、区委全会等重要会议精神研究贯彻落实意见。

3. 传达学习党中央、国务院、自治区党委、政府市委、市政府和区委、区政府重要会议及文件精神，研究贯彻落实意见。

4. 传达学习中央领导同志、自治区党委、市委、区委领导同志重要讲话、重要批示，研究贯彻落实意见。

5. 传达中央、自治区、鄂尔多斯市和东胜区对处置突发事件和紧急情况的重要指示精神，研究处置意见。

二、关于向区委的重要请示、报告和决定出台的重要文件等方面的事项

6. 研究向上级部门呈报的重大问题的请示、重要工作的报告。

7. 研究工作规则和工作制度。

8. 研究党支部议事决策规则等重要文件。

9. 研究出台的规范性文件。

10. 研究其他需经党支部审议的重要文件。

11. 重大工作部署等方面事项。

12. 研究图书馆发展总体规划和中长期规划。

三、关于改革及各科室重要汇报和工作开展情况等方面的事项

13. 研究关于图书馆体制改革重要事项。

14. 每年听取并研究各科室的重要工作汇报和年度述职。

15. 听取并研究各科室重要工作汇报、请示，对提出的重要问题、请示的重要事项做出决定。

16. 研究年度工作要点。

17. 研究安全生产工作。

18. 研究部署重大突发事件处置工作和社会稳定维护工作。

19. 研究其他关系图书馆事业长远发展、涉及群众切身利益和依法行政等方面的重要事项。

四、关于全面从严治党等方面的事项

20. 研究加强班子自身建设工作。

21. 研究加强党的政治建设、思想建设、组织建设、作风建设、纪律建设、制度建设、反腐败斗争等重大安排和重要文件。

22. 研究党的组织建设、党内专题教育方面出台的重要文件和制度。

23. 研究宣传思想文化和意识形态工作责任制的安排部署。

24. 研究政法、维稳、信访工作方面的重要问题。

25. 研究统战、民族宗教方面的重要问题。

26. 研究加强和改进群团组织方面的重大问题。

27. 研究进一步巩固军民融合发展、人民武装方面的重要问题。

第七条　关于干部任免事项

28.研究确定后备干部考察对象建议人选。

29.研究干部任免。

30.研究需报上级批准的机构设置和人员编制调整事项。

31.研究干部、人事、人才工作中的重大制度和重要问题。

32.研究单位年度综合考评工作。

33.研究党支部换届人事安排工作。

34.研究表彰奖励及向上级党组织推荐上报表彰奖励名单等方面的重要事项。

35.研究对干部党纪处分和免于党纪处分的案件。

第八条　关于重点工作安排事项

36.研究区委、区政府及上级主管部门重点工作贯彻落实情况。

37.重大活动和节庆活动筹备实施情况。

38.研究其他需要集体研究决定的事项。

第九条　关于大额度资金使用事项

39.研究年度预算安排。

40.研究上级各类专项资金分配和使用。

41.研究5000元以上大额资金分配和使用。

42.研究系统政府性债务化解、规范资产管理等工作。

43.研究其他需要集体研究决定的事项。

第三章　"三重一大"决策程序

第十条　凡属本单位"三重一大"决策事项都应经馆务会议集体讨论做出决策;如重大突发事件和紧急情况,来不及召开会议的,馆领导班子成员可先做出应急安排并及时提请馆务会议集体讨论决定。

第十一条　实行决策事项末位表态制。主要领导在馆务成员充分发表意见后再表态,最后汇总每人最终意见作为会议决议。

第十二条　"三重一大"事项决策时,与会人员应当充分发表意见,逐个明确表示同意、不同意或缓议的意见,并说明理由。班子成员因故不能参加会议的,可以书面形式表达意见。主要领导应在其他领导班子成员充分发表意见后,发表结论性意见,对审议的决策事项做出通过、不予通过或者暂缓再议的决定。对决策事项必须经纪检干事"签字背书"后方可实施。

第十三条　"三重一大"事项决策会议记录要全程如实记录,与会人员必须遵守有关保密纪律。

第十四条　建立"三重一大"事项决策案卷归档制度。对做出决策的重大事项,要将决策过程中的各类文件、佐证材料、会议记录、影像资料及其他涉及的重要资料全部收集整理,归入重大事项决策案卷。

第四章　"三重一大"决策执行监督管理

第十五条　重大事项决策做出后,由馆务领导班子成员按照分工和职责组织实施并及时向馆务会通报决策执行情况。

第十六条　办公室要根据会议纪要对会议决策事项进行分解,明确责任人及时下达相关科室抓好会议决策落实。

第五章　"三重一大"决策责任追究

第十七条　出现下列情形之一的,应当对相关责任人员实施责任追究:

一、"三重一大"事项决策严重失误或涉嫌违纪违法,造成重大损失或恶劣影响的;

二、个人或少数人违反集体决策程序,擅自决定"三重一大"事项的;

三、不履行或不正确履行"三重一大"事项决策程序的;

四、擅自改变、错误执行、执行不力或拒不执行集体决策并造成严重后果的;

五、特殊情况下临时变更决策,事后未及时补办决策程序或未及时报告的;

六、其他违反"三重一大"决策程序的情形。

第十八条　对参与决策的领导班子成员实行终身责任追究。凡"三重一大"事项因决策失误应当追究责任的,不论参与决策的领导干部职务和岗位发生何种变化,都要进行相应的责任追究。

第十九条　对违反第十七条所列情形的党员领导干部,根据情节轻重,给予批评教育、责令做出检查、诫勉谈话、通报批评或者调离岗位、责令辞职、免职、降职等处理。应当追究党纪政纪责任的,依照《中国共产党纪律处分条例》《行政机关公务员处分条例》等有关规定给予相应的党纪政纪处分。涉嫌违法犯罪的按照国家有关法律规定处理。

第六章　附则

第二十条　本细则自印发之日起执行。

五、东胜区图书馆24小时自助图书馆管理制度

24小时自助图书馆是免费向市民全天候提供自主学习、申办新证、自助借还图书、图书检索及电子图书借阅等服务的小型图书馆。请读者文明阅读并自觉遵守本馆规章制度。

1. 本馆需刷卡进入，将身份证放到入口右侧"身份证感应区"，听到"嘀"的声响后即可进入。离开时请按出口右侧"出口"按钮。

2. 借阅图书需办理读者证。凡持第二代居民身份证的中国公民及外籍人士均可办证读者证。具体请参考《自助办证机操作流程》及《自助借还书机操作流程》。

3. 24小时自助图书馆为视频监控区域，请您自重，并自觉爱护室内的图书、设备及其他公共财物，如有损坏须按规赔偿。

4. 请妥善保管贵重物品，离开时带好自己的随身物品，严禁任何形式的占座，安保人员将定期清理阅览桌及存包柜。

5. 请将手机调至静音状态，请勿在馆内接打电话，严禁聊天及大声喧哗。

6. 请自觉爱护馆内卫生，请勿乱贴乱画，乱扔纸屑、果皮等杂物。

7. 禁止在馆内吸烟和使用明火，禁止携带易燃易爆、有毒等危险品及宠物入内。

8. 请勿在馆内从事与24小时自助图书馆所提供服务无关的活动。

六、东胜区图书馆分馆管理制度

东胜区图书馆各级分馆以加分、扣分的形式进行管理,总分100分,具体参照考核细则进行,年底将根据各分馆得分情况进行评比。

1. 需要设立分馆的单位须认真填写《东胜区图书馆分馆设立申请表》,总馆根据实地查看场地、设施等条件决定是否成立分馆。

2. 分馆须严格遵守总馆的各项规章制度,认真办理与总馆之间的文献、设备交接手续,不得擅自转移、挪用总馆配送的文献、设备。

3. 分馆须与总馆签订《东胜区图书馆分馆协议书》,须确保配送文献、设备不丢失、不损坏。

4. 分馆根据各自情况安排开放时间。开馆时间一级分馆每周不得少于48小时、二级分馆每周不得少于40小时、特色分馆每周不得少于42小时,经抽查发现未按规定时间开放的,发现1次以上者,不得参加年度的评优活动,累计发现3次及以上取消分馆资格。

5. 分馆须配备1名专职工作人员,按时开馆闭馆,遵守工作纪律,对待读者要语言文明,态度和蔼,自觉接受读者监督。读者书面批评或投诉1次以上者,不得参加年度的评优活动,累计投诉超过3次(含3次)取消分馆资格。

6. 认真办理书刊借阅手续,做到借出有记录,及时修补破损书刊。

7. 需要调拨文献、设备进行业务辅导时,须提前2个工作日提出申请,总馆统一安排工作人员。

8. 积极配合总馆开展阅读推广活动,一级分馆每年举办不少于10次阅读推广活动,二级分馆每年举办不少于6次的阅读推广活动,特色分馆每年举办不少于4次的阅读推广活动。阅读推广活动次数不足的,依据考核细则酌情扣分。

七、东胜区图书馆分馆借阅制度

1. 图书馆分馆免费向市民提供读者证办理、图书的导读、检索、咨询、借还等服务,组织开展全民阅读活动。

2. 禁止在室内吸烟,严禁携带易燃、易爆物品进入阅览室。

3. 读者应自觉保持阅览室的整洁、安静,不得在室内吃东西、乱丢纸屑、大声喧哗,不得在室内拨打或接听电话。

4. 读者凭借阅证借阅图书,100 元押金一次最多可外借 2 册图书,200 元押金最多可外借 4 册图书。

5. 借阅期限均为 30 天,到期前可续借 1 次,续期为 10 天。读者可通过东胜区图书馆网站、微信公众平台及 24 小时自助图书馆进行续借,超期图书不可续借。

6. 图书借出时,应当面检查,如发现有错号、破损、污渍等现象时,应立即向工作人员声明;如还书刊时被发现由借阅者负责。

7. 读者应爱护图书,不得在图书上画线、圈点、批注等。读者借书时,应仔细检查所借图书,如发现所借图书有污损、残缺等情况,应向工作人员说明,并由工作人员加盖识别标记后,方可借出。否则,由借书者负责赔偿。读者因保管不善,造成图书严重破损,无法修补或收藏,按遗失图书规定处理。

8. 如遇特殊情况,虽然读者所借的图书未到归还日期,而本馆需要调回此图书,读者应予以配合,提前归还图书。

9. 读者应自觉遵守公共秩序,尊重和服从工作人员的管理。对违反图书馆各项规章制度且不接受教育的读者,图书馆有权停止其借阅权。

第五部分 大事记

1979年9月28日，东胜县文化馆图书组分出，设立为东胜县图书馆。

1982年10月19日，东胜县图书馆并入东胜县文化馆，复为东胜县文化馆图书组。

1984年3月26日，在东胜市文化馆内设东胜市图书馆，实行两个牌子一套人马的管理体制，股级建制。

1987年6月3日，东胜市少年儿童图书馆成立，为股级事业单位，隶属东胜市文化局。

1987年7月18日，图书馆正式开馆，馆址设在原东胜市文化馆儿童阅览室处。

1992年3月，获得内蒙古自治区首届少儿电子琴"彩虹杯"比赛组织奖。

1993年9月，获得东北、华北、西北"三北"希望杯少儿书画大赛组织奖。

1994年1月，东胜市少年儿童图书馆党支部成立。

1994年10月，图书馆主体迁入在人民影剧院旧址上新盖的文化大楼的二楼。

1996年4月，在第一次全国县以上公共系统少年儿童图书馆评估定级工作中被评为三级少年儿童图书馆。

1999年9月，馆舍扩建完工，馆舍总面积达到970平方米。

1999年10月，获得内蒙古自治区档案局颁发的机关档案工作目标管理自治区三级先进单位。

1999年10月，在第二次全国县以上公共图书馆评估定级工作中被评为三级图书馆。

2001年2月26日，东胜市少年儿童图书馆更名为东胜区少年儿童图书馆，同时东胜市少年儿童图书馆党支部更名为东胜区少年儿童图书馆党支部。

2001年10月，图书馆迁新址，搬入鄂尔多斯广场旁的科技少年宫大楼4层（宝日陶亥东街10号）。

2005年，全国文化信息资源共享工程东胜区支中心成立，设在东胜区少年儿童图书馆，并于2月22日免费向广大读者开放。

2005年6月，在第三次全国县级以上公共图书馆评估定级工作中被评为二级图书馆。

2007年1月,被鄂尔多斯市图书馆学会评为2006年度"先进会员单位"。

2007年,图书馆建立ILAS(小型版)书目数据库,在鄂尔多斯市全部旗县馆中率先完成图书回溯建库工作,业务工作开始由传统手工借阅模式逐步向自动化管理模式过渡。

2008年5月,在蒲公英第八届(2008)青少年优秀艺术新人选拔活动中被中华儿童文化艺术促进会评为蒲公英青少年优秀艺术新人选拔活动内蒙古赛区"优秀组织奖"。

2009年12月,在鄂尔多斯市首届公共图书馆业务知识竞赛中荣获团体三等奖。

2010年1月,在第四次全国县级以上公共图书馆评估定级工作中被评为二级图书馆。

2010年,开始试行总分馆制建设,首批设立的分馆有4个。

2011年8月,获得2011年"全国文化信息资源共享工知识与技能竞赛"鄂尔多斯分赛区选拔赛团体优秀组织奖。

2012年3月,将馆内管理系统升级为Interlib区域图书馆集群自动化管理系统,开始实现馆藏文献智能化管理。

2012年3月,获得2011年度鄂尔多斯市图书馆学会"优秀会员单位"。

2012年9月10日,东胜区图书馆网站正式开通。

2012年5月21日,鄂尔多斯市东胜区图书馆(加挂鄂尔多斯市东胜区少年儿童图书馆牌子)成立,为鄂尔多斯市东胜区文化局二级事业单位。

2013年6月8日,东胜区图书馆微信公众平台正式开通。

2013年7月,图书馆场馆改扩建及智能化系统升级正式完工,馆舍面积增至2520平方米。

2013年7月至8月,在内蒙古自治区旗县馆中率先引进4台24小时街区自助图书馆,完成安装并启动运行。

2013年9月,被中共鄂尔多斯市委员会、鄂尔多斯市人民政府评为全市"文明单位"。

2013年11月,在第五次全国县级以上公共图书馆评估定级工作中被评为一级图书馆。

2014年10月,获得国家数字图书馆推广工程"图书馆故事随手拍"创意微视频大赛机构组优秀奖。

2014年12月,被鄂尔多斯市文化新闻出版广电局评为创建国家公共文化服务体系示范区先进集体。

2015年9月,被内蒙古自治区图书馆学会评为2010—2014年度"先进集体"。

2015 年 10 月，被内蒙古自治区文化厅评为 2013—2014 年度自治区十佳图书馆。

2016 年 6 月 30 日，铁西新馆正式开放运行，新馆位于东胜区永昌路6 号，面积 3.3 万平方米。同时，位于科技少年宫大楼的老馆舍仍保留开放，设为青少年宫分馆。

2016 年 7 月，被中共鄂尔多斯市委员会评为"先进基层党组织"。

2016 年 11 月，东胜区图书馆理事会正式成立，并选举产生了 13 名理事会成员。

2016 年，与鄂尔多斯市图书馆、伊金霍洛旗图书馆实现一卡通通借通还，另外与内蒙古图书馆、榆林市星元图书馆等 21 家图书馆实现馆际互借与文献传递。

2016 年底，图书馆总分馆服务体系建设取得显著成效，共设有分馆19 个、机关图书流动点 8 个、基层服务点（文化户）9 个、文化共享工程基层服务点 15 个、公共电子阅览室 58 个、草原书屋 26 个、万村书库 4 个、24 小时街区自助图书馆 4 台、馆内馆 24 小时自助图书馆 1 个及汽车图书馆 1 辆。

2017 年 6 月，东胜区少年儿童图书馆党支部更名为东胜区图书馆党支部。

2017 年 7 月 5 日，由中国图书馆学会主办的 2017 全国"阅读推广人"培育行动第八期培训班在东胜区图书馆举办。

2017 年 7 月 22 日至 23 日，"转型发展与创客空间建设"研讨会暨2017 e 线图情年会在东胜区图书馆举行。

2017 年 11 月，被内蒙古自治区图书馆学会评为 2016—2017 年度"先进集体"。

2017 年 11 月，在全区首届"书香草原　大美北疆——蒙古娃少年儿童美术作品大赛"中获得内蒙古自治区图书馆学会、内蒙古自治区图书馆颁发的"优秀组织奖"。

2017 年 11 月，被内蒙古自治区文化厅评为 2015—2016 年度自治区十佳图书馆。

2017 年 11 月，被内蒙古自治区图书馆、全国文化信息资源共享工程内蒙古自治区分中心评为公共数字文化服务工作"先进集体"。

2017 年 12 月，与北京碧虚文化有限公司达成合作协议，在东胜区图书馆建立"碧虚优秀企业文献长期保存示范基地"。

2018 年 3 月，被鄂尔多斯市精神文明建设委员会评为 2017 年度全市文明服务"示范窗口"。

2018 年 5 月，被鄂尔多斯市精神文明建设委员会评为鄂尔多斯市

"双美双优文明服务示范窗口"。

2018 年 5 月,被中共鄂尔多斯市委员会、鄂尔多斯市人民政府评为鄂尔多斯市"创建第五届全国文明城市工作先进单位"。

2018 年 8 月,在第六次全国县级以上公共图书馆评估定级工作中被评为一级图书馆。

2018 年 12 月 6 日至 8 日,第一届全国灰色文献年会在广东省东莞图书馆举行。此次年会由北京雷速科技有限公司、北京碧虚文化有限公司联合鄂尔多斯市东胜区图书馆、东莞图书馆、赤峰市图书馆、《图书馆建设》编辑部、《图书与情报》编辑部共同举办。

2018 年 12 月,获得中国图书馆学会"书香城市"(区县级)称号。

2018 年 12 月,获得中国图书馆学会"2017 年全民阅读优秀组织"称号。

2018 年底,持续推进总分馆建设,在东胜区镇、街道办事处共建成一级分馆 12 个,在村、社区共建成二级分馆 62 个,还与机关单位、学校、企业等合作共建成特色分馆 9 个。

参考文献

1. 邱冠华,于良芝,许晓霞.覆盖全社会的公共图书馆服务体系:模式、技术支撑与方案[M].北京:北京图书馆出版社,2008.
2. 张树华,张久珍.20 世纪以来中国的图书馆事业[M].北京:北京大学出版社,2008.
3. 索娅.内蒙古图书馆事业百年事典[M].呼和浩特:内蒙古教育出版社,2010.
4. 谷峰.提高认识　强化服务　迎接评估:对全国第二次公共图书馆评估定级工作的几点认识[J].江苏图书馆学报,1998(1).
5. 齐宝海,常作然,白俊明.以评估为契机,促进事业发展[J].内蒙古图书馆工作,1998(4).
6. 詹德优.关于新时期参考咨询服务的思考[J].图书馆杂志,2003,22(10).
7. 金武刚,李国新.中国公共图书馆总分馆制建设:起源、现状与未来趋势[J].图书馆杂志,2014,33(5).

后　记

　　经过多年推进,公共文化服务体系建设已经取得了很大成效。向基层下沉、真正解决最后一公里问题成为公共文化服务体系建设的攻坚战。作为公共文化服务体系重要组成部分的公共图书馆总分馆服务体系亦是如此。县级图书馆在公共图书馆总分馆服务体系中承上启下,地位十分重要。县级图书馆的发展水平直接影响着县域公共图书馆总分馆服务体系的发展水平。因此,加强县级图书馆的建设,具有十分重要的意义。

　　多年来,在地方政府的支持下,鄂尔多斯市东胜区图书馆不断加强自身建设,积极推动总分馆服务体系建设,取得了令人瞩目的成绩。正是在这一背景下,东胜区图书馆启动了馆史编修工作。

　　2015 年 6 月,王芳馆长和项目组多次商讨,初步确立了本书的编撰大纲。本书的主体部分由编年发展史、专题发展史、统计数据、附录和大事记五大部分组成,此外还设有图书馆愿景与使命、所获重要荣誉、图书馆沿革表、馆员签名、彩色插图与参考文献等内容,由此全方位地展现1979 年以来东胜区图书馆 40 年的发展变迁。根据东胜区图书馆建制变化,本书将图书馆建馆以来的历史分为四个发展阶段:文化馆图书组时期(1979 年 9 月—1987 年 5 月)、东胜市少年儿童图书馆时期(1987 年 6 月—2001 年 2 月)、东胜区少年儿童图书馆时期(2001 年 2 月—2012 年 4 月)、东胜区图书馆时期(2012 年 5 月—2018 年 12 月)。在馆史编撰期间,东胜区图书馆又发生了铁西新馆开放、参与第六次全国县级以上公共图书馆评估定级工作并再次被评为一级图书馆等重大事件。最终,本书记录的年代定为 1979 年至 2018 年。

　　与改革开放相伴而行,东胜区图书馆 40 年发展历程,是我国公共图书馆事业 40 年发展历程的缩影。见微知著,纵观东胜区图书馆的发展历程,我们可以充分感受到 40 年来我国公共图书馆事业所发生的巨变和取得的卓越成就。基层公共图书馆与群众的接触最为紧密,目前,基层公共文化服务以及基层公共图书馆的发展正受到越来越多的关注,可以说,基层公共图书馆的发展是我国现代公共文化服务体系建设成功的一大关键。在 2019 年中国图书馆年会召开之际,本书的出版,不仅是东胜区图书馆"十三五"时期的一大工作成果,还能以史为鉴指引东胜区图书馆更好地开展未来的工作。同时,也希望本书能为兄弟图书馆提供有益借鉴,从而对我国现代公共文化服务体系建设有所助益。

是为记。

刘锦山

2019 年 4 月 3 日